Clemens Eisenmann
Spiritualität als soziale Praxis

Qualitative Soziologie

Herausgegeben von
Jörg R. Bergmann
Stefan Hirschauer
Herbert Kalthoff

Band 26

Clemens Eisenmann

Spiritualität als soziale Praxis

Zur Konstruktion von Wirklichkeit im Yoga

DE GRUYTER
OLDENBOURG

ISBN 978-3-11-064870-6
e-ISBN (PDF) 978-3-11-065280-2
e-ISBN (EPUB) 978-3-11-064877-5
ISSN 1617-0164

Library of Congress Control Number: 2021948242

Bibliografische Information der Deutschen Nationalbibliothek
Die Deutsche Nationalbibliothek verzeichnet diese Publikation in der Deutschen
Nationalbibliografie; detaillierte bibliografische Daten sind im Internet über
http://dnb.dnb.de abrufbar.

© 2022 Walter de Gruyter GmbH, Berlin/Boston
Coverabbildung: Ralph A. Clevenger/Corbis
Druck und Bindung: CPI books GmbH, Leck

www.degruyter.com

Inhalt

Abbildungsverzeichnis

https://doi.org/10.1515/9783110652802-203

1 Einleitung

Abb. 1: *Gaṇeśa. »Oṃ gaṃ gaṇapataye namaḥ«*[1]
(Om, Gam, Ehrerbietung dem Gebieter der Scharen)

Spiritualität bezieht sich einerseits auf das eigene Selbst und damit auf zutiefst Innerliches sowie persönlich Erfahrbares. Andererseits betrifft Spiritualität etwas, das die private Individualität übersteigt und als Transzendenz (lat. *transcendere*: überschreiten) auf unterschiedliche Weise bezeichnet wird. Dieses Buch unternimmt anhand der ethnografischen Untersuchung von Yoga den Versuch, eine weitere und andere Sichtweise einzuführen: Spiritualität als eine soziale Praxis. Im Yoga selbst steht die *spirituelle Praxis* im Zentrum; die Analyse folgt hingegen der *sozialen Praxis*, d. h. dem, was zwischen Menschen geschieht: auf andere bezogene, von anderen erlernte, wechselseitig beobachtete, zum Teil besprochene und *gemeinsam vollzogene Tätigkeiten*. Es geht mir also darum, die sozialen Dimensionen von Spiritualität und ihre elementaren verkörperten Grundlagen sowohl im Yoga als auch im ganz alltäglichen Tun – in der Koordination, Kooperation und wechselseitigen Verständigung – aufzuzeigen. Diese sind selbst an unseren grundlegendsten (Selbst-)Wahrnehmungen, dem körperlichen In-der-Welt-Sein und innerlichen Erfahrungen beteiligt. Wie ich mit diesem Buch zeigen möchte, lässt sich die *spirituelle Konstruktion von Wirklichkeit* in sozialen Praktiken verorten – und damit vielleicht auch das gegenwärtige Verständnis von Yoga, Spiritualität und Soziologie erweitern. Ihren Ausgangspunkt nimmt diese *Ethnografie der Yogapraxis in Deutschland* jedoch in einem Kloster im Himalaya in Indien, wo auch meine eigene Reise in die Welt des Yoga begann.

---

[1] Begrifflichkeiten sowie wörtliche Zitate aus dem Untersuchungsfeld sind in Guillemets gesetzt, um diese von Quellenangaben aus der Literatur zu unterscheiden. Sanskrit-Termini (*saṃskṛtam*) werden in wissenschaftlicher Transliteration (IAST) eingeführt, bei späteren Nennungen folge ich den verbreiteten Schreibgepflogenheiten (z. B. Ganesha statt *gaṇeśa*, Aschram statt *āśrama*).

https://doi.org/10.1515/9783110652802-001

1.1 Feldeinstieg im indischen Yoga-Aschram

Im Herbst 2004 besuchte ich für mehrere Monate einen Aschram (*āśrama*, ein Kloster) in Rishikesh im Norden Indiens. An meinem zweiten Tag luden mich zwei deutsche Männer (ca. 40 und 45 Jahre alt), die seit vielen Jahren ihre Winter dort verbrachten, in ihr kleines Zimmer zum Essen ein. Nachdem wir uns etwas länger unterhalten hatten, kamen die beiden zu dem Schluss: »Den Jungen müssen wir erst mal ein paar Tage auf den Kopf stellen.« Auf mein Nachfragen wurde klar, dass sie von der Yogahaltung des Kopfstandes sprachen, die ich mehrere Stunden praktizieren sollte, damit sich meine Weltanschauung wandelt. Ich hielt dies eher für einen Spaß, bis ich am nächsten Vormittag einen anderen Mann beobachtete, der auf dem Korridor vor meinem Zimmer mehrere Stunden lang auf einem kleinen Kissen mit geschlossenen Augen die Füße gen Himmel streckte. Einer der beiden, der in Deutschland als Handwerker arbeitete, erläuterte mir den Zusammenhang von Yoga und psychischer Gesundheit. Durch die richtigen körperlichen Yogaübungen könne man psychisch gesund bleiben bzw. erst einmal gesund werden, wofür es unabdingbar sei, dass sich die Schulterblätter nach hinten und unten öffnen. Nach seiner Ansicht seien allerdings die meisten Menschen aufgrund ihrer falschen Körperhaltung chronisch depressiv. Der andere betonte hingegen spirituelle Aspekte des Yoga; er arbeitete an der »Auflösung des Ichs« mit dem Ziel der Erleuchtung und fokussierte sich auf Meditationspraxis und die Rezitation von Mantras (*mantra*). Dabei handelt es sich um kurze Gebetsformeln auf Sanskrit, wie etwa »oṃ gaṃ gaṇapataye namaḥ«, ein Ganesha-Mantra, das sich insbesondere für den glückenden Beginn jedweder Tätigkeiten eigne, da der Elefantenköpfige die Hindernisse beseitige (vgl. Abb. 1).

Wieder ein anderer, der im Garten des Klosters häufig Qigong und Kung-Fu praktizierte, erläuterte mir die Wahrnehmung von »*prāṇa*« (feinstofflicher Energie) als zentrale Dimension von Yoga und Meditation. Er versuchte mir diese zu vermitteln, indem er mich bat, meine Augen zu schließen und dann seine Hand mit etwas Abstand an meiner vorbeiführte und fragte, ob ich »Es« denn spüren könne? Zwei Koreanerinnen diskutierten mit mir, dass meine westliche, dualistische und naturwissenschaftliche Logik, der ich ihrer Ansicht nach (noch) verhaftet war, auf dem »spirituellen Weg« nicht greifen würden, da dieser eher »zyklisch« zu verstehen sei und »anderen Gesetzmäßigkeiten« folge und eben keiner »linearen Fortschrittsrationalität«. Beim Abendessen berichtete ein Amerikaner von seiner einsamen, zurückgezogenen Meditationspraxis im Himalaya und den sich dort befindlichen Tigern, die ihm in seiner Abgeschiedenheit kein Haar gekrümmt hätten, was daran läge, dass er selbst »*ahiṃsā*« (Gewaltlosigkeit) praktiziere. Eine weitere Person aus England saß täglich mit einem großen Stapel an Büchern an einem Tisch auf der Veranda und befasste sich mit seiner eigenen Übersetzung der „Bhagavad-Gītā“ ins Englische, wobei es sich um eine zentrale Schrift des Hinduismus handelt, die auch für den Yoga von Bedeutung ist. Wieder andere beschäftigten sich mit yogischen Kochkursen, Ayurveda (*āyurveda*), chinesischer Astrologie, Partnerübungen, *Tantra*-Lehre, Chakra-Büchern (*cakra*) usw. Ein Teil der Aschram-Besucher/-innen war gerade aus einem zehntägigen *Vipassanā*-Meditations-Retreat (ein spiritueller Rückzug in der buddhistischen Tradition nach Goenka) zurückgekehrt und einige praktizierten das dort übliche Schweigen, das auch auf Blickkontakt verzichtet, ganz selbstverständlich im Aschram weiter. Wieder andere machten einen kurzen Zwischenstopp auf ihrer Weltreise und probierten Yoga als Bestandteil ihrer *individuellen Selbsterfahrung* zum ersten Mal aus – wie dies etwa die Novelle „Are you experienced?" von William Sutcliffe (1998) deutlich überzeichnet, teilweise aber auch treffend beschreibt. An manchen Abenden trafen sich einige Besucher/-innen auf dem Dach des Aschrams, um gemeinsam zu Gitarrenmusik Mantras zu singen. Nahezu alle ernährten sich vegetarisch, verzichteten auf Alkohol und praktizierten *Haṭha*-Yoga (Körperübungen) in den angebotenen Kursen. Dafür suchten sie auch andere Aschrams und Hotels in der Nähe auf, die unterschiedliche Yogastile anboten, etwa *Iyengar, Ashtanga, Sivananda, Kundalini* usw., wovon einige sehr schweißtreibend und technisch sind und eher an Sport erinnern.

Der örtliche *Swami* (Mönch), mit langem Bart und Haar, saß an den Nachmittagen in einem orangenen Gewand im Lotussitz auf einem kleinen Podest vor einem Mikrofon; daneben ein Altar mit Abbildungen von *Gurus* (spirituelle Lehrer/-innen), Gottheiten und Jesus sowie ein gedruckter Flipchart mit täglich wechselnden Sanskritbegriffen und Diagrammen. Der Swami unterrichtete einen zweieinhalbmonatigen und täglich (außer an Sonntagen) stattfindenden, zweistündigen »*Advanced-Yoga-Philosophy*«-Kurs. Dabei erläuterte er, dass körperliche Übungen als Vorbereitung und Reinigung durchaus wichtig seien, dass es aber nicht um »Verrenkungen und Gymnastik« gehe, sondern vielmehr um den philosophischen Hintergrund und das »spirituelle Wissen der über 5.000 Jahre alten indischen Tradition«, die ihm zufolge eine Wissenschaft (»*the science of yoga*«) darstellt. Dieses Wissen sei von Bedeutung, um die Praktizierenden in ihrer »*sādhana*« (spirituellen Praxis) anzuleiten und sie auch in die Lage zu versetzen, eigene spirituelle Erfahrungen richtig deuten und einschätzen zu können. Denn viele Menschen aus dem Westen kämen, so führte er weiter aus, aufgrund von teilweise verstörenden oder verängstigenden spirituellen Erfahrungen in die »Hauptstadt des Yoga«, also nach Rishikesh, um einen Umgang mit diesen Dimensionen zu lernen, da es im Westen, nach seiner Einschätzung, kaum kompetente Lehrer/-innen gebe.

(Beobachtungsprotokoll, Rishikesh, 2004)

Anhand dieser kurzen ethnografischen Beschreibung der Lebenswelt eines indischen Yoga-Aschrams lassen sich bereits erste Dimensionen der Yogapraxis verdeutlichen. Hierzu gehören:

(1) Die Sozialität der Yogapraxis mit ihren Interaktionsformen und Darstellungspraktiken, die hier den Ethnografen in das Feld einführen und zunächst im Gegensatz zur Bedeutung von zutiefst subjektiven Erfahrungen und der potenziellen Einsamkeit der Yogapraxis stehen.

(2) Bezüge auf eine 5.000 Jahre alte indische Tradition mit einer Vielzahl philosophischer Schriften und einer Yogatheorie mit spezifischer Terminologie in Sanskrit, welche für die ‚authentische' Yogapraxis als wichtig erscheint.

(3) Durchaus unterschiedliche und vermischte (hybride) Deutungsangebote und Sinnhorizonte zwischen Sport, Wissenschaft, Medizin und Religion.

Ausgehend von der ethnografischen Beschreibung werden diese drei Dimensionen im Folgenden einleitend besprochen, um Yoga als Forschungsgegenstand zu verorten und daran anschließend die Fragestellung, das Untersuchungsfeld und den Aufbau dieses Buches vorzustellen.

1.2 Sozialität der Yogapraxis

Yoga kann alleine und isoliert, sozusagen im stillen Kämmerlein, praktiziert werden, und die Erfahrungen, auf die es abzielt, erscheinen als zutiefst innerlich und subjektiv. Ferner entziehen sich auch die unterschiedlichen Transzendenzbezüge auf Energien, Erleuchtung, das wahre Selbst oder Gott der externen (wissenschaftlichen)

Beobachtbarkeit. Die einsame und individuelle Praxis findet sich im Einstiegsbeispiel etwa als ein Topos des im Himalaya zurückgezogenen und in der Höhle meditierenden Yogis – ein durchaus verbreitetes Narrativ in den Biografien von spirituellen Lehrer/-innen (vgl. Yogananda 1946). Auch im Kopfstand mit geschlossenen Augen oder in der schweigenden Interaktionsverweigerung der Aschram-Besucher/-innen wird dies deutlich. In der erwähnten „Bhagavad-Gītā" (Kap. 6, Vers 10) heißt es: „Der Yogi soll sich beständig mühen in der Einsamkeit", und auch das »Zurückziehen der Sinne nach innen« (*pratyāhāra*), das als eines der acht Glieder des Yogaweges u. a. im Yogaphilosophie-Kurs erläutert wird, erscheint in Gruppen zunächst weniger plausibel. Demgegenüber sind es allerdings soziale Situationen mit körperlich anwesenden anderen, wie eben im Aschram, in Yogakursen, Aus- und Weiterbildungen, Meditations-Retreats und Workshops, auf Mantra-Abenden und Festivals etc., in denen Yoga gemeinsam praktiziert, erlernt, eingeübt, wechselseitig besprochen, teilweise infrage gestellt oder validiert und somit in seiner Sozialität beobachtbar wird.

Das Einstiegsbeispiel deutet einige Elemente dieser Sozialität an. Die beiden Männer, die den Ethnografen zum Essen einladen, scheinen über ein spezifisches Wissen und Erfahrungen zu verfügen, die es ihnen ermöglichen, einschätzen zu können, dass der Ethnograf noch Übungen wie den Kopfstand praktizieren sollte. Auch der Lehrer – als Swami mit der institutionellen Autorität eines hinduistischen Mönchstitels ausgestattet – gibt an, über die Expertise und Kompetenz zu verfügen, die für die Interpretation entsprechender Erfahrungen essenziell zu sein scheint. Es geht um die Lehr- und Lernbarkeit von Yoga und Spiritualität, die sich auch in den beschriebenen Gesprächen über spirituelle Weltanschauungen oder den Erfahrungsaustausch zur Wahrnehmung von Energie zeigt. Auch eigene Selbst- und Körperwahrnehmungen werden unter Bedingungen körperlicher Kopräsenz von den Teilnehmenden *gemeinsam* und im wechselseitigen Austausch erlernt und eingeübt. Yogalehrende unterweisen nicht nur in philosophischen Konzepten und korrigieren körperlich Übende in einzelnen Körperhaltungen. Sie vermitteln mit ihren Selbstdarstellungen und der Art und Weise ihres Unterrichts durchaus mehr als reine Körpertechnik oder Philosophie. Dazu gehören vom äußerlichen Auftreten über den Gang, die Sitzhaltung, Gestik und Mimik auch bspw. ein etwas längeres Innehalten vor dem nächsten Gesprächszug; ferner die materielle Gestaltung von Räumen, etwa mit Altar und Räucherstäbchen; sowie die Sitzhaltung, Anordnung und insbesondere das oftmals andächtige Verhalten der Zuhörerschaft. Es handelt sich um Darstellungspraktiken und spezifische Interaktionsordnungen, um die Performanz von Spiritualität, die im gemeinsamen Tun wechselseitig etabliert wird – und durchaus auch scheitern kann.

Ein markantes Beispiel bietet das beschriebene Schweigen, das alleine – etwa in einer Höhle – wenig spektakulär erscheint, während es im Alltag durchaus zu Irritationen und Interaktionskrisen führen würde. Jedoch bilden sich im Aschram andere Interaktionsordnungen heraus. Hier entschuldigten sich eher die Personen, deren Gesprächseröffnung mit einem Kopfschütteln abgelehnt wurde: »Oh I'm so sorry, I didn't know that you are practicing silence right now.« Es sind solche unscheinbaren und kleinen Interaktionssituationen, in denen spirituelle Selbst- und Weltbezüge in ihrer wechselseitigen Verfertigung beobachtbar werden.

Zusammenfassend lässt sich also festhalten, dass Yoga, entgegen seinen Selbstbeschreibungen von reiner Körpertechnik und anthropologisch-subjektiver Transzendenz, als ein soziales und in seinen Praktiken beobachtbares Phänomen zum Untersuchungsgegenstand dieser Forschungsarbeit wird (vgl. ferner Kap. 1.5).

1.3 Zur Historisierung einer globalen und modernen Praxis

Der Verweis auf eine über 5.000 Jahre alte indische Tradition bildet einen zentralen Referenzpunkt, der die Authentizität des Yoga in unterschiedlichsten Kontexten zu gewährleisten scheint. In diesem Zusammenhang wird eine Vielzahl von philosophischen Schriften genannt, um die Bedeutung und den Ursprung von Yoga zu verdeutlichen. Dies gilt nicht nur für die Ausführungen des Mönchs in Rishikesh, sondern findet sich sogar in einem kleinen Buch zu „30 Minuten Business Yoga" (Sterzenbach 2010: 14), in dem anhand der „Upanishaden, alten indischen Schriften aus der Zeit um 800 v. Chr.", Bedeutung und Herkunft von Yoga unter dem Titel: „Wer hat's erfunden?" erläutert werden. Auch in den Interviews, die Tietke (2008) mit relevanten Vertreter/-innen deutscher Yogaschulen geführt hat, finden sich jeweils Abgrenzungen zu weniger authentischen Yogaformen und mindestens der Verweis auf das „Yoga-Sūtra" von Patañjali, das – neben der „Bhagavad-Gītā", den „Upanischaden" und einigen Haṭha-Yoga- und Tantra-Schriften – als zentraler Referenztext fungiert.

Entgegen diesen Selbstbeschreibungen und Authentifizierungsstrategien wird zeitgenössisches Yoga in der historischen und kulturanthropologischen Forschung als ein spezifisch modernes und globales Phänomen verortet. In „Positioning Yoga: Balancing Acts Across Cultures" beschreibt Strauss (2005), wie sie ihre Forschung mit dem Ziel begonnen hatte, eine „traditionelle Ethnografie" in Rishikesh durchzuführen. Sie reiste dann jedoch weiter in die USA, in die Schweiz und nach Deutschland, da erst eine „multi-lokale Ethnografie" es ihr ermöglichte, die transnationale *community of practice* zu beschreiben, als welche sich ihr Yoga in Rishikesh präsentierte (vgl. ferner zum Yogatourismus Liberman 2004b).

Die Modernität gegenwärtiger Yogapraxis findet zudem Eingang in breitere Diskussionszusammenhänge. So etwa in der Zeitschrift „Der Spiegel": „Erlöser ohne Erlösung. Forscher enthüllen die wahre Herkunft der indischen Spiritualität: Die angeblich uralten Geisteslehren sind eine Erfindung der westlichen Moderne und das gymnastische Yoga haben europäische Turner und Bodybuilder entwickelt" (Dworschak 2013). In der „Neuen Zürcher Zeitung" heißt es: „Yoga als Erzeugnis eines fortgesetzten Kulturaustauschs [...] kaum älter als hundert Jahre" (Michaels 2011). Eine Referenzgröße in beiden Artikeln ist Swami Vivekananda, der mit seinen Reden beim Weltparlament der Religionen 1893 in Chicago prominent in Erscheinung

getreten ist. Dazu schreibt „Der Spiegel": „Damit beginnt die Karriere eines historischen Irrtums, der bis heute besteht: Die uralte indische Spiritualität, wie sie jeder zu
kennen glaubt, hat es nie gegeben. Vivekananda hat sie erfunden."

Entgegen diesen eher plakativen Zuordnungen zeigt De Michelis (2004) in „History of Modern Yoga" differenziert auf, wie Swami Vivekananda westliche Einflüsse
aus Christentum, Wissenschaft, Neugeist-Bewegung, Spiritismus und Mesmerismus
(vgl. hierzu auch Baier 2009) aufnahm und diese, im Sinne eines *pizza effects* (Bharati 1970), auch nach Indien zurückimportierte. Gleichwohl wurden hiermit zum Teil
bereits frühere östliche Einflüsse (vgl. Baier 1998) re-importiert, was sich mit Camp-
bells (2007) These der „Yogaisierung des Westens" in Verbindung bringen lässt und
damit auf eine ungleich komplexere Verflechtungsgeschichte verweist. Singleton
(2008: 85) verdeutlicht, wie Patañjalis „Yoga-Sūtra" erst zum „unassailable imagined
status of source-authority for, and essence of, yoga as a whole" gemacht wurde und
hinterfragt den reinen Indienbezug mit Verweisen auf die Einflüsse von Gymnastik,
Bodybuilding und dem Sportunterricht der *Young Men's Christian Association*, die in
den Zeitungsartikeln zuvor genannt wurden (vgl. auch Singleton 2010). Dabei hat Alter (2004) darauf hingewiesen, wie sich Yoga bereits in Indien transformiert hatte und
Modernisierungs- und Rationalisierungsprozesse keineswegs ein rein westliches
Phänomen darstellen. In diesem Zusammenhang zeigt Alter sehr deutlich die Grenzen sowohl von dichotomen Zuordnungen als auch von populären Erfindungsmy-
then auf.

Das sogenannte *Making of Modern Yoga* verortet sich in einem weltgesellschaftlichen Kontext – in Spannungsfeldern zwischen Orient und Okzident, Religion und
Säkularisierung, Tradition und Moderne, Körper und Geist. Im Indienbild der Rom-
antiker, der westlichen Indologie und Philosophie (bspw. bei Max Müller), dem Orientalismus, in der theosophischen Rezeption und Aneignung, in den Einflüssen von
Gymnastik, Wrestling, Körperkultur und Sport, indischem Nationalismus, Lebensre-
form- und Neugeist-Bewegung, Idealismus, Humanismus, Psychologie, Medizin,
Esoterik und New Age sowie in der Rezeption von berühmten Yogalehrer/-innen findet Yoga einen polyvalenten, d. h. mehrdeutigen und überaus vielschichtigen, modernen Ausdruck.

Die Veränderbarkeit der Yogapraxis und ihre Anpassungsfähigkeit an unterschiedlichste Kontexte lässt sich bereits für sogenannte prämoderne Yogaformen
festhalten (vgl. Davidson 2002; Samuel 2008; Wallace 2011) und setzt sich bis zum
Yoga in der Konsumkultur fort, wie es Jain (2015) in „Selling Yoga" untersucht hat.
Jain (2015: xvi) betont in diesem Zusammenhang: „Yoga has been perpetually con-
text-sensitive, so there is no ‚legitimate', ‚authentic', ‚true', or ‚original' tradition,
only contextualized ideas and practices organized around the term yoga."

Im Folgenden stehen in diesem Sinne die gegenwärtigen Praktiken im Zentrum
und nicht die Rekonstruktion und Darstellung der Yogaschriften oder ihrer Geschichte (vgl. für einen guten Überblicksartikel zum historischen Forschungsstand
Baier 2012; spezifisch für die Zeit des Nationalsozialismus in Deutschland Tietke 2011;

vgl. einführend bspw. die „Genealogie der Yogapraxis" bei Schnäbele 2009: 15–87). Vielmehr geht es also um die Frage, *wie* unterschiedliche Bezüge auf Yogaphilosophie und Schriften, Indien und historische Hintergründe in Erscheinung treten und in der gegenwärtigen Yogapraxis relevant werden.

1.4 Spirituelle und mannigfaltige Deutungen: »Alles ist Yoga!«

Diese komplexe und mehrschichtige Geschichte des Yoga und seiner Rezeption bildet den Ausgangspunkt dafür, dass Yoga auch in der Gegenwart ganz unterschiedlich wahrgenommen und verortet wird. Dazu gehören schweißtreibende Yogakurse, die als Sport praktiziert werden können, oder gesundheitliche und psychologische Schwerpunktsetzungen, wie sie im einleitenden Beobachtungsprotokoll etwa der deutsche Handwerker – mit Blick auf die Bekämpfung von Depression – als zentral erachtet. Da gesundheitliche Wirkungen, wie die Reduzierung von Stress (vgl. Michalsen et al. 2005), in der Forschung bereits relativ gut belegt sind, kommt eine medizinische Studie zu dem Schluss: „We suggest that employers should consider offering yoga classes to their employees" (Hartfiel et al. 2010: 1).

Dies unterscheidet sich allerdings maßgeblich vom „äußerste[n] Radikalismus der Weltablehnung" (Weber [1921] 1972: 172) der „weltverneinendsten Formen von religiöser Ethik, welche die Erde hervorgebracht hat", als welche Max Weber (Weber [1921] 1972: 536) indische Religiosität noch betrachtet hat. Anstatt allerdings in unüberbrückbare Spannungen mit den Wertsphären der rationalisierten Moderne zu geraten oder einer völligen Entzauberung anheimzufallen, scheinen unterschiedlichste Deutungen des Yoga zugleich möglich zu sein, wie sie etwa vom Zimmernachbarn des Handwerkers im Streben nach der »Ich-Auflösung« oder vom Swami in Abgrenzung zu »Verrenkungen und Gymnastik« verfolgt werden. So beschreibt auch De Michelis (2004: 260) für den überaus körperorientierten *Iyengar*-Yoga in England: „The ultimate teleology of ,God'- and ,Self-realization' may or may not be adopted by followers, but it will nevertheless remain as a possible background option."

Insbesondere in den 1960er und 1970er Jahren war es verbreitet, indische und philosophische Begriffe sowie spirituelle Bedeutungen auszuklammern und durch säkulare Begriffe zu ersetzen. Dies zeigte sich bspw. in Kareen Zebroffs „Yoga für Jeden" (1973)[2] und fand einen Raum insbesondere in Volkshochschulkursen, deren

---

2 Auf einem Yoga-Blog heißt es hierzu: „An der Yogalehrerin Kareen Zebroff scheiden sich die Geister. Die einen meinen, sie habe den traditionell ganzheitlich geprägten Yoga-Gedanken auf praktikable Trimm-dich-Übungen reduziert. Die anderen sehen in ihr eine verdienstvolle Asana-Pionierin des Hatha Yoga im Westen. Zebroff holte Mitte der 70er-Jahre die Yogamatte in deutsche Wohnstuben [...]. Hatte Yoga bis dahin noch als tendenziell sektenverdächtig und esoterisch gegolten, machte plötzlich ganz Deutschland mit." (URL: http://www.yogabox.de/blog/das-yoga-programm-von-kareen-zebroff [Letzter Aufruf: 08.07.2021]).

Besucher/-innen zu über 80 % weiblich waren (vgl. Fuchs 1990; vgl. Newcombe 2008 für England). Seit den 1990er Jahren lässt sich jedoch ein entgegengesetzter Trend hin zu einer spirituellen Rahmung des Yoga beobachten (vgl. zu diesen Entwicklungen in den USA Syman 2010; und für ähnliche Beobachtungen im „New Age" Bochinger 1994). Ein Ausdruck dieser Re-Spiritualisierung findet sich in der Verbreitung von *Yoga Vidya* in Deutschland, mit mittlerweile über 18.000 Yogalehrenden in dieser Tradition und einem expliziten Spiritualitäts-, Indien- und Guru-Bezug (vgl. hierzu überaus kritisch Utsch 2005). Campbell (2007: 35) fasst diese Entwicklungen folgendermaßen zusammen:

> Whereas in the early postwar years those who wished to persuade Westerners of the merits of yoga usually had to play down its spiritual significance, now, if anything, the tendency is rather the opposite [...]. Thus, while the values of physical fitness, health, and youth are still seen as attainable through the practice of yoga, the spiritual dimension is now seen not as irrelevant, but rather necessary for the achievement of these goals.

Spiritualität wird dabei in diesem Buch als ein *emischer* Begriff, d. h. als eine Ethno-Kategorie, behandelt und umfasst somit alles, was die Praktizierenden selbst als spirituell bezeichnen. Nach Knoblauch (2006, 2009) zeichnet sich Spiritualität durch die Betonung der eigenen Erfahrung, eine Ausrichtung auf Ganzheitlichkeit, die Generalisierung des Charismas – was bedeutet, dass alle, und nicht nur religiöse Virtuosen, Zugang zur Transzendenz haben[3] – sowie durch eine Abgrenzung von Dogmen und etablierten Religionen aus. Dabei sind zwei Diskurszusammenhänge zu unterscheiden, da Spiritualität nicht nur in Abgrenzung zur Religion, sondern auch als ihr Wesenskern verstanden werden kann (vgl. ausführlicher Eisenmann/Klein et al. 2016).

In einem Radiobeitrag von „Deutschland Radio Kultur" (2013) mit dem Titel „Wie viel ‚OM' braucht Yoga? Eine Gratwanderung zwischen Sport und Religion" dienten, wie in diesem Buch, das Yogafestival in Berlin und der Aschram in Horn-Bad Meinberg als zentrale Beispiele zur Veranschaulichung von Yoga in Deutschland.[4] Die Frage nach Spiritualität wird hier als optional behandelt:

> Auch Yoga hat sich im Laufe seiner Geschichte immer wieder verändert und sich seiner Umwelt angepasst. Für Yogapraktizierende kann das heute heißen, auf das OM als Symbol einer

---

3 Es sei angemerkt, dass sich diese Dimensionen gegenwärtiger Spiritualität durchaus im gesellschaftlichen Wandel der Moderne wissenssoziologisch verorten lassen. So schreibt etwa Mannheim (1956: 184): „For the authoritarian, aristocratic mind, however, it is axiomatic that only sublime intellects and superior individuals can attain truth, or that God will reveal Himself only to chosen persons. Obviously, this concept of ‚revealed truth' is inconsistent with democracy. The democratic mind rejects all alleged knowledge that must be gained through special channels, open to a chosen few only. It accepts as truth only that which can be ascertained by everybody in ordinary experience, or that which can be cogently proved by steps that everybody can reproduce."
4 URL: https://www.deutschlandfunkkultur.de/manuskript-wie-viel-om-braucht-yoga.media.7fc9-c081af1c70dd50da45944386d999.pdf (Letzter Aufruf: 10.07.2021).

hinduistischen Ausrichtung zu verzichten. Denn auch ohne Mantren und religiöse Rituale kann Yoga mehr sein als nur Gymnastik. Genauso gilt aber: Wer Yoga nur für seine Gesundheit üben will, kann das tun. Wer Yoga als philosophischen Weg gehen will, kann das tun. Und wer im Yoga indische Spiritualität sucht, wird auch die finden.

Die folgende Untersuchung zielt darauf ab herauszuarbeiten, wie solche Wahlmöglichkeiten in der sozialen Praxis hervorgebracht werden und wie sich diese im Detail gestalten. Im Yoga kann Spiritualität entsprechend zunächst als eine Art Platzhalter für ein nicht weiter spezifiziertes *Mehr* der Yogapraxis gesehen werden. Es ist dieses Mehr, das Yoga von Sport, Gymnastik oder Wellness unterscheidet. Dabei handelt es sich um eine wechselseitige Durchlässigkeit: Während spirituelle Praxis in säkularen, bspw. gesundheitlichen, Kategorien beschrieben werden kann, lässt sich umgekehrt auch jegliche noch so scheinbar banale Tätigkeit als spirituell oder als Ausdruck von Yoga begreifen:

> Eigentlich kann man jede Handlung als Yoga bezeichnen. Das klingt jetzt vielleicht etwas abstrakt, aber Yoga besteht nicht nur aus den Körperübungen, wie Kopfstand, Kerze oder Fisch. Yoga heißt ‚sich verbinden‘, und da alles im Universum miteinander verbunden ist, ist alles eine Ausdrucksform des Yogas. Sogar wenn wir miteinander sprechen, ist es Yoga. Yoga bezeichnet das Leben an sich.
>
> (Datt 2013)

Diese vielleicht zunächst einfach anmutende Argumentation von Stefan Datt, der gemeinsam mit Miriam Kretzschmar das Yogafestival in Berlin organisiert, wird im Yoga durchaus weiter differenziert – zum einen durch die Unterscheidung unterschiedlicher Ebenen: absolute und relative Erkenntnis, bzw. physisch, emotional, mental, energetisch, feinstofflich, geistig, kausal etc.; zum anderen durch die Differenzierung unterschiedlicher Yogawege. So kann bspw. Gartenarbeit oder das Abtrocknen von Geschirr als *Karma*-Yoga (Yoga der Tat) ausgeübt werden, während *Jñāna*-Yoga (Yoga der Erkenntnis) die philosophische Auseinandersetzung betrifft und gemeinsames Musizieren oder religiöse Rituale einen Ausdruck von *Bhakti*-Yoga (Yoga der Hingabe) darstellen. Hinzu kommen der Yoga des Geistes, der Energie und des Körpers, so dass jeder Gedanke, jede Gefühlsregung oder Handlung eine Gelegenheit bietet, Achtsamkeit, Mitgefühl oder Ichlosigkeit zu üben. Mit den fünf Yogawegen wird es möglich, vom Aufstehen über das Zähneputzen bis zum Gespräch mit Freunden oder beim Lesen dieses Buches Yoga zu praktizieren: »Alles ist Yoga«.

Entsprechend diesen Selbstbeschreibungen erscheint es weniger sinnvoll, Yoga subsumptionslogisch zu verorten, da sich bereits die Ausrichtung auf Ganzheitlichkeit einer (funktionalen) Differenzierung widersetzt. Stattdessen wird Yoga in diesem Buch als ein hybrides Phänomen verstanden und im Folgenden empirisch gefragt, wie dessen polyvalente Sinnzuschreibungen in der konkreten Yogapraxis ausgehandelt und aktualisiert bzw. überhaupt erst als solche hervorgebracht, abgelehnt oder stabilisiert und auch für die Praktizierenden erkennbar und relevant werden.

1.5 Fragestellung

Ausgehend von der exemplarischen ethnografischen Beobachtung im indischen Yoga-Aschram konnten zentrale Aspekte des Yoga etwas allgemeiner verortet sowie erste Überlegungen zur Perspektive dieser Forschungsarbeit eingeführt werden. Yoga scheint sich dabei zunächst einer klaren Zugänglichkeit systematisch zu entziehen. So lässt sich der Yoga nicht in gängigen Bereichen, etwa als Sport, Religion, Medizin, Esoterik oder Wissenschaft, verorten, um von dort aus nach seiner Bedeutung zu fragen. Ebenso scheitern Bemühungen einer genaueren historischen oder kulturellen Kontextualisierung nicht zuletzt an der globalen Mannigfaltigkeit und Wandlungsfähigkeit des Phänomens. Auch erscheint eine Spezifizierung als Körpertechnik, als philosophische oder spirituelle Weltanschauung oder als soziale Gemeinschaft für sich je unzureichend. Betrachtet man folglich all diese Aspekte als Elemente gegenwärtiger Yogapraxis und fragt nach deren genauerer Beschaffenheit, so setzt sich die Unzugänglichkeit fort: Als zutiefst innerliches und subjektives Erleben entzieht sich die spirituelle Dimension der externen (wissenschaftlichen) Beobachtbarkeit; als absolute Transzendenz entzieht sie sich gar der konkreten Beschreibbarkeit und bleibt Gegenstand der Theologie und Religionswissenschaft; auch als Philosophie erscheint Yoga zunächst eher anhand philosophischer Textanalyse und nicht als konkrete soziale Praxis zugänglich; und als sehr spezifische Körpertechnik wird Yoga zunächst eher für Physiotherapeut/-innen, Sport- und Bewegungswissenschaftler/-innen relevant als für Soziolog/-innen.

Entgegen diesen Verständnissen von Spiritualität als einer persönlichen, körperlichen, geistigen oder transzendenten, zumindest rein subjektiven Angelegenheit frage ich in diesem Buch jedoch nach der *Sozialität* von Spiritualität und danach, inwiefern eine spirituelle Wirklichkeit als erleb- und wahrnehmbare, *geteilte und gemeinsame Wirklichkeit* beschrieben werden kann. Dies bedeutet, dass die zuvor genannten Elemente sehr wohl zum Gegenstand der soziologischen Analyse werden, und zwar als ganz konkrete Tätigkeiten in sozialen Situationen und Kontexten. Es geht mir um das *doing* von Spiritualität, das als eine fortwährende soziale Herstellungsleistung betrachtet wird. Insofern betrifft das *doing* die konstitutiven Praktiken, mit denen Spiritualität, wie auch andere soziale Objekte, überhaupt erst identifizierbar, beschreibbar und analysierbar – ethnomethodologisch formuliert: *accountable* (Garfinkel 1967) – werden. Damit einher geht eine Perspektivverschiebung, welche die alltäglichen Tätigkeiten der Teilnehmer/-innen sowie ihre praktischen Probleme und methodischen Lösungen in den Mittelpunkt der Betrachtung rückt und zum Referenz- und Ausgangspunkt weiterer Überlegungen erklärt. Es geht also zunächst nicht um abstrakte, analytische oder generalisierende Erklärungen der wissenschaftlich Beobachtenden, sondern um die Art und Weise, wie die Teilnehmenden Spiritualität für sich selbst und für andere wahrnehmbar und beschreibbar machen. Entsprechend lautet die Forschungsfrage: *Wie wird Spiritualität im Yoga praktisch erklärbar?*

Diese Frage interessiert sich für den sozialen Zusammenhang von Wahrnehmen und Handeln, von Herstellung und Darstellung, von Sehen-und-darüber-Berichten, den Garfinkel – auch mit Blick auf institutionalisierte Formen – mit dem Konzept der *accountability* gefasst hat. Bergmann (1987/88: 44 ff.) hat diesen Begriff als „praktische Erklärung" übersetzt, unter anderem, da man sich sowohl selbst als auch anderen etwas erklären kann.[5] Das „Praktische" ist hierbei im Sinne von „im praktischen Tun" zu lesen, da diese Erklärungen nicht Handlungen zusätzlich hinzugefügt werden, sondern sich in gemeinsamen Tätigkeiten vollziehen: „Their central recommendation is that the activities whereby members produce and manage settings of organized everyday affairs are identical with members' procedures for making those settings ‚account-able'." (Garfinkel 1967: 1)

Betrachtet man Spiritualität auf diese Weise, dann kommen auch ganz elementare Fragen zur Wirklichkeitskonstruktion in den Selbst- und Weltverhältnissen der Praktizierenden in den Blick. Diese betreffen insbesondere die Verhältnisse von Körper und Geist, Innen und Außen, Theorie und Praxis sowie Selbst- und Fremdverstehen. Um ein vereinfachendes Beispiel zu nennen, genügt bereits die Annahme eines mit Energie belebten Universums, welche in der Begegnung etwa mit Bäumen, Räumen, Menschen oder Wesenheiten einen sich vom *Common Sense* der Alltagswelt unterscheidenden Bezug etablieren kann. Somit kommen Fragen in den Blick, die in eine ähnliche Richtung gehen wie jene von Luckmann (1980), der in den „Grenzen der Sozialwelt" die Kategorisierung des Menschlichen, auch mit Blick auf den sogenannten Animismus, hinterfragt hat. In diesem Sinne werden auch in dieser Arbeit spirituelle Wirklichkeitskonstruktionen im Yoga nicht als Abweichung von (oftmals unhinterfragten) Grundannahmen behandelt, sondern in Hinblick auf ihr Potenzial, grundlegende Fragen nach der sozialen Konstitution von Wirklichkeit(en) zu stellen.

1.6 Untersuchungsfeld und ethnografische Perspektive

Obgleich ein indischer Yoga-Aschram, in dem ich mehrere Monate lebte und Yoga praktizierte, als Ausgangsbeispiel gewählt wurde, handelt diese Arbeit weniger von den Beobachtungen meiner (insgesamt zwölf Monate langen) Indienaufenthalte, sondern fokussiert auf die gegenwärtige Yogapraxis in Deutschland. Meine Feldforschung führte mich von verschiedenen Yoga-Aschrams, Kursen, Meditations-Retreats und Festivals in Indien zurück nach Deutschland.

Hier forschte ich auf dem Yogafestival in Berlin (2011, 2012, 2013, 2015) sowie bei zahlreichen Aufenthalten in einem westlichen Yoga-Aschram bei Yoga Vidya in Horn-Bad Meinberg, wo ich u. a. mehrere Wochen mitarbeitete und eine vierwöchige

---

5 In der kürzlich erschienenen deutschen Übersetzung der „Studien zur Ethnomethodologie" (Garfinkel 2020 [1967]) wurde *accountability* mit „Zurechenbarkeit" übersetzt.

Yogalehrerausbildung absolvierte und forschend begleitete (2013). Zudem besuchte ich regelmäßig, teilweise über mehrere Jahre, private Yogastudios in unterschiedlichen Städten zu *Iyengar-*, *Vini-*, *Kundalini-*, *Ashtanga-*, *Flow-*, *Shadow-*, *Yin-*, *Sivananda-*Yoga sowie verschiedene, nicht näher spezifizierte Haṭha-Yoga-Kurse. Ich nahm an Yogakursen der Volkshochschule, am Arbeitsplatz der Personalentwicklung, beim Uni-Sport, im Fitnessstudio und in der Kletterhalle teil. Hinzu kamen medizinische Yogakurse in zwei Krankenhäusern, Zen und traditionsoffene Meditationstreffen, Mantra-Konzerte, Besuche in einer Osho-Gemeinschaft, unterschiedliche Satsang-Vorträge (*satsaṅga*), Yogakongresse zu Themen wie »Yoga und Wissenschaft« oder zum Verhältnis von »Tantra und Yoga« sowie kürzere Workshops und Vorträge mit indischen und westlichen Yogalehrenden.

Neben den dabei entstandenen Feldnotizen, den in den unterschiedlichen Kontexten geführten Interviews, den vielzähligen mehrstündigen Audio- und Videoaufzeichnungen gehören auch Yogabücher der verschiedenen Traditionen, philosophische Schriften, historische Quellen, Radio- und Fernsehberichterstattungen, Zeitungsartikel, Blogs, Filme, Yogazeitschriften, Infoblätter, Broschüren und Programmankündigungen sowie die Internetpräsentationen der verschiedenen Yogarichtungen zum Datenkorpus der vorliegenden Studie. Diese empirisch nur bedingt bearbeitbare Vielfalt an Untersuchungskontexten und Datenquellen bildet den Hintergrund für die Analysen und Ergebnisse dieser Studie.

Die Darstellung fokussiert im Folgenden allerdings überwiegend auf zwei Fälle: das Yogafestival in Berlin und die vierwöchige Yogalehrerausbildung im Aschram in Horn-Bad Meinberg. Das Festival wurde ausgewählt, da dort eine Bandbreite unterschiedlicher Yogastile repräsentiert wird und Yoga somit umfassender als in einer einzelnen Schule oder Tradition zum Gegenstand gemacht werden kann. Die Yogalehrerausbildung bietet neben dieser ‚Draufsicht‘ metaphorisch gesprochen die Möglichkeit, in die ‚Tiefe‘ der Praxis ‚hineinzuzoomen‘ (vgl. zu dieser Metaphorik auch Nicolini 2012). In der Ausbildungssituation besteht die Notwendigkeit, auch schwierig vermittelbare Körperbezüge und Transzendenzannahmen zu explizieren. Damit wird das *doing* von Spiritualität beim Lehren und Lernen von Yoga, sozusagen im *becoming* Yogalehrer/-in, beobachtbar.

»All is One & One is All – Alles ist Eins, Eins ist Alles« lautete der Titel des Yogafestivals 2012 in Berlin, der auf eine zentrale philosophische Annahme im Yoga verweist. Auf dem Festival wurde mit dieser zugrunde liegenden All-Verbundenheit die Einheit der unterschiedlichsten Yogaschulen und Traditionen betont. In diesem Buch ist es die empirisch beobachtbare soziale Praxis, die in der Vielfalt gegenwärtiger Yogapraxis das strukturierende und verbindende Element darstellt. Ich möchte in diesem Zusammenhang kurz auf meinen eigenen Hintergrund, den spezifisch ethnomethodologischen Zugang und die Reichweite einer solchen Perspektive hinweisen, die nicht den Anspruch erheben kann, den *wahren Yoga* (falls es diesen geben sollte) oder dessen Totalität (wie auch immer diese zu beschreiben wäre) zu erfassen.

Es geht im Folgenden weder um die *native* Positionierung eines ambitionierten Yogis, noch um die Einschätzung eines Skeptikers, der mit wissenschaftlichem Überlegenheitsanspruch die Fälle beleuchtet. Die zugrunde liegende biografische Geschichte des Ethnografen, wenn es um diese gehen würde, wäre die eines kritisch-philosophischen Sinnsuchers hin zu einem soziologischen Sinnsucher. Erst vermittelt durch „die soziale Interaktion [als] das Nadelöhr, durch das alle innerpsychischen Vorgänge hindurchmüssen" (Bergmann 1999: 172), wird die spirituelle Sinnsuche der Yogapraktizierenden zu sozialem Sinn, dessen Beschreibung und empirische Analyse die Sinnsuche selbst – und das, worauf sie sich bezieht – in einem neuen Licht erscheinen lässt. Aussagen über die (Un-)Wirklichkeit von Spiritualität, Transzendenz oder das Göttliche können in diesem Zusammenhang nicht getroffen werden. Stattdessen wird ein „methodologischer Agnostizismus" (vgl. Knoblauch 1999) praktiziert, der jedoch – worauf Schmidt-Leukel (2012) hingewiesen hat – von einem weit verbreiteten „methodologischen Atheismus" zu unterscheiden ist. Dabei gilt es zu bedenken, dass das Ideal objektiver und theoretischer wissenschaftlicher Beschreibung oftmals geradewegs dazu beiträgt, empirische Phänomene selbst zu verfehlen. Das Problem liegt darin begründet, dass Theorien und Methoden bereits partiell vorentscheiden, was überhaupt zum Gegenstand der Betrachtung werden kann.

Demgegenüber folgt diese Untersuchung dem Ideal des *unique adaquacy requirement of methods* (Garfinkel/Wieder 1992), das darauf abzielt, den methodischen Prinzipien des Untersuchungsfeldes selbst zu folgen (vgl. Kap. 2.3). Diese Perspektive geht von der Geordnetheit und Reflexivität der sozialen Wirklichkeit aus, deren Strukturierungsprinzipien zunächst herauszuarbeiten und zu explizieren sind. Die zentrale Überlegung ist, dass sich die Methoden und Prozeduren der Soziologie nicht grundlegend von jenen unterscheiden, mit denen sich Menschen in ihrem Alltag orientieren, diesen ordnen, verstehen und praktisch bewerkstelligen. Es ist diese Parallelisierung von „doing sociology, lay and professional" (Garfinkel 1967: vii), die es ermöglicht, die Praktiken, Probleme und methodischen Lösungen der Teilnehmer/-innen radikal ernst zu nehmen. Eine solche Vorgehensweise führt allerdings auch zu einigen Herausforderungen. Zum einen bedarf es einer praktischen Kompetenz in den zu untersuchenden Tätigkeiten, um die zugrunde liegenden, verkörperten und oftmals implizit bleibenden Praktiken und Mechanismen überhaupt identifizieren zu können. Zum anderen soll das theoretische und methodologische Instrumentarium für die Untersuchung erst gegenstandsangemessen herausgearbeitet werden, da es nicht *a priori* vorausgesetzt werden kann. Die Entwicklung einer solchen *ethnomethodologischen Ethnografie* bildet den Fokus des anschließenden Kapitels, das auch die beiden Fallstudien vorstellt (vgl. Kap. 2), während der folgende Abschnitt zusammenfassend in die einzelnen Kapitel des Buches einführt.

1.7 Aufbau des Buches

Das Buch folgt der Frage nach den praktischen Erklärungen, d. h. den Praktiken der Her- und Darstellung, von Spiritualität auf dem Yogafestival in Berlin und in der Ausbildung von Yogalehrer/-innen im Aschram. Im zweiten Kapitel werden diese Untersuchungsorte kurz vorgestellt sowie eine ethnomethodologische Perspektive auf das Phänomen der Spiritualität entwickelt. Die Überlegungen zum methodischen Vorgehen werden allerdings nicht abstrakt behandelt, sondern reflektieren sowohl meinen eigenen konkreten Feldzugang als auch die spezifischen Herausforderungen und Methoden des Feldes. Im Zentrum steht zunächst der Umgang mit der mangelnden empirischen Beobachtbarkeit von Spiritualität. Entsprechend dem *unique adaquacy requirement* liegt eine weitere Herausforderung darin, dass die Forschungsmethoden erst am Ende der Forschung sinnvoll expliziert werden können (vgl. Bergmann 1974: 4). Das zweite Kapitel bietet insofern einen ersten Einstieg in das Untersuchungsfeld und in die ethnomethodologische Ethnografie, die aufeinander bezugnehmend, teilweise parallelisierend und vergleichend, unter der Zielvorgabe der Gegenstandsangemessenheit entwickelt werden. Im Sinne einer „hybrid study" (Garfinkel 2002: 100) sollen die Erkenntnis- und Reflexionspotenziale der Untersuchung sowohl in der Wissenschaft als auch im Bereich des Yoga einen Beitrag und Erkenntnisgewinn leisten können.

Das dritte Kapitel beginnt mit der detaillierten Analyse von Praktiken und beschäftigt sich mit dem gemeinsamen Singen von Om (ॐ auch ओं oder AUM ओं). Dieses markiert den Anfang und das Ende vieler Yogastunden und rahmt im Aschram auch weitere soziale Situationen. Ferner verweist Om in der Yogaphilosophie gar auf die Hervorbringung des gesamten Universums. Anhand des gemeinsamen Tönens werden die zentralen analytischen Dimensionen, die das restliche Buch strukturieren, exemplarisch und in ihrem Zusammenhang eingeführt und erste Analysen vorgestellt. Om kann sowohl als ein klassisches Ritual (vgl. Kap. 4), eine spezifische Körpertechnik (vgl. Kap. 5) sowie als Element der Yogaphilosophie (vgl. Kap. 6) betrachtet werden. Insofern hat dieses Kapitel sowohl einen einleitendenden als auch einen synthetisierenden Charakter für die anschließenden drei Kapitel dieses Buches.

Das vierte Kapitel diskutiert alltägliche Interaktionspraktiken und klassische Rituale im Yoga und ihre Relevanz für Spiritualität. Mit der rituellen Eröffnung der Yogalehrerausbildung und dem Start des Yogafestivals geht es zunächst erneut um den Beginn und darum, wie soziale Situationen auf spezifische Weise gemeinsam hervorgebracht werden. Hierbei werden die kollektive Kraft und soziale Persuasion von Ritualen ebenso deutlich wie eine partielle Ritualdistanz, die heterogene Interpretationsmöglichkeiten eröffnet. Mit dem *Kumaré-Effekt* betrachtet das Kapitel ferner die Darstellungspraktiken des *doing being* Yoga-Guru. Das Kapitel zeigt interaktionssoziologisch, inwiefern Spiritualität nicht (nur) in subjektiven Erfahrungen, Körpertechniken, Glaubenssätzen oder philosophischen Annahmen zu identifizieren ist, sondern in alltäglichen Interaktionssituationen wechselseitig verfertigt wird. Ein spezifischer Fokus liegt auf dem Handlungsvollzug von Ritualen, die als konkrete Handlungsprobleme auch an der Hervorbringung von neuen Sinneseindrücken beteiligt sind. Das Kapitel leistet dabei auch einen theoretischen Beitrag zur Verhältnisbestimmung von kulturanthropologischen Ritualtheorien, Goffmans Interaktionssoziologie und Garfinkels Ethnomethodologie und weist zudem darüber hinaus: Zum einen erweist sich der überaus reflexive Einsatz von klassischen Ritualen als erklärungsbedürftig, zum anderen ist auch eine interaktionssoziologische Sozialtheorie oftmals dahingehend begrenzt, was üblicherweise zum Gegenstand der Betrachtung wird. Es sind diese Limitationen, die den Hintergrund für eine Weiterentwicklung bilden, die insbesondere in den beiden anschließenden Kapiteln vollzogen wird.

Im fünften Kapitel finden wir uns auf der Yogamatte wieder. Vom Weg zum Yogaraum bis zum Zusammenrollen der Matte, von den Anleitungen durch Yogalehrer/-innen über haptische Korrekturen von Yogastellungen bis hin zu autoethnografischen Beobachtungen des Autors kommt die Sozialität von Körperpraktiken im Vollzug genauer in den Blick. Bereits das einfache Auf-dem-Rücken-Liegen und Entspannen wird sowohl in der Yogapraxis als auch in diesem Buch ‚auseinandergenommen‘ und letztlich neu zusammengesetzt. Ausgehend von phänomenologischen Überlegungen wird in Auseinandersetzung mit Meads Pragmatismus und Wittgensteins Sprachphilosophie eine Perspektivverschiebung vorgeschlagen. Das Kapitel hinterfragt herkömmliche Trennungen von innerer und äußerer Wahrnehmung, von subjektivem Erleben und sozialem Geschehen und bewegt sich insofern an den erkenntnistheoretischen Grenzregionen der Soziologie. *Praktiken der Innerlichkeit* lenken den Fokus darauf, wie sich inneres Erleben im Kontakt mit der physischen und sozialen Mitwelt strukturiert und mit dem körperlichen In-der-Welt-Sein zusammenhängt. Grenzziehung von Subjekt und Welt sowie von Körper und Geist erweisen sich dabei nicht nur als historisch und soziokulturell formatiert, etwa im Sinne der Herausbildung eines *modernen Subjekts*, sondern werden in alltäglichen sozialen Praktiken stabilisiert, fortwährend als solche hervorgebracht und zuweilen auch infrage gestellt.

Im sechsten und letzten empirischen Kapitel wird die Yogaphilosophie zum Gegenstand der Untersuchung. Diese wird allerdings nicht (nur) als Selbstbeschreibung, Semantik oder Glaubenssystem behandelt, sondern ebenso als konkrete Praxis verortet. Im Zentrum steht die Frage nach der Verhältnisbestimmung von Theorie und Praxis im Yoga wie auch in der Soziologie. Ausgangspunkte für diese Diskussion sind: erstens der Umstand, dass die Beschäftigung mit Philosophie im Yoga selbst als *Jñāna*-Yoga (Yoga der Erkenntnis) und damit als eine Form von Praxis behandelt wird; zweitens die yogaphilosophische Annahme einer prinzipiellen Begrenztheit von Konzepten, Sprache und Theorie, welche Spiritualität letztlich nur ungenügend zu umschreiben vermögen; sowie drittens, dass Spiritualität als eine spezifische Perspektive auf die Welt verstanden werden kann, die im Feld selbst als »spiritueller Konstruktivismus« behandelt wird. Diese Beobachtungen schließen an Diskussionen zum Verhältnis von Körper und Geist aus den vorherigen Kapiteln an und münden in einer grundlegenden Diskussion zum Verhältnis von Theorie und Praxis.

Die praktischen Erklärungen von Spiritualität lassen sich dabei nur sehr bedingt in den analytischen Dimensionen und Fokussierungen der einzelnen Kapitel, d. h. in Ritual- und Interaktionspraktiken, Körpertechniken und Ethnotheorien, abbilden. Es handelt sich um die komplexe Orchestrierung einer Gesamt-Gestalt sowohl des Erlebens als auch von sozialer Wirklichkeit, in ihrer Schweigsamkeit (Hirschauer 2001) und Flüchtigkeit (Bergmann 1985), die in einer Analyse – durch das notwendige Konservieren, Zerlegen, Ordnen, Bezeichnen und Zu-Papier-Bringen – diese Gestalt letztlich verfehlt. Das Problem ähnelt den epistemologischen Überlegungen der Yogaphilosophie, die damit ringen, über Dinge zu sprechen, die sich *qua ihrer Definition* mit sprachlichen Mitteln nicht bezeichnen lassen. Im Bereich der Spiritualität liegt ein Lösungsansatz darin, zu schweigen und dies als einen „Bestandteil der Methodik der Wissensfindung selbst" (Scheler 1926: 63) zu betrachten. Demgegenüber bleibt mir nur der konsequente Hinweis auf die Grenzen dieser Untersuchung, die zwar über einige soziale Dimensionen aufklären kann, aber letztlich über die spezifischen phänomenalen Qualitäten, nämlich des (spirituellen) Empfindens und Erlebens, genauso wenig eine Aussage treffen kann wie darüber, was Spiritualität tatsächlich ist.

Allerdings sind es genau diese Begrenzungen und Limitationen der soziologischen Analyse, die sich in den Herausforderungen der Yogapraktizierenden widerspiegeln. Es ist dieser Umstand, der Spiritualität zu einem idealen empirischen Härte- und Testfall zur Auslotung der Grenzbereiche soziologischer Erkenntnis macht. Dabei erweist sich die ethnomethodologische Parallelführung der Beschreibungs- und Handlungsprobleme der Yogapraktizierenden mit denen von soziologischen Beobachter/-innen als besonders zielführend. Auf der einen Seite folgt daraus, die eigene Forschungspraxis und ihre vielzähligen Standpunkte kontinuierlich zu reflektieren und partiell auch zum Gegenstand der Untersuchung zu machen. Auf der anderen Seite wird auch der fraglos gegebene „Erlebnisstil der alltäglichen Lebenswelt" (Schütz/Luckmann 2003: 69 ff.; vgl. Schütz [1945] 1971) bei der Etablierung spiritueller Selbst- und Weltbezüge zum Gegenstand der Auseinandersetzung im Yoga. Die „Befremdung der eigenen Kultur" (Amann/Hirschauer 1997) ist dann aber nicht mehr das Unterscheidungsmerkmal einer ethnografischen Perspektive, sondern vielmehr Teil der Reflexivität spiritueller Praxis.

Damit einher geht auch eine andere gesellschaftstheoretische Einordnung. Yoga wird oftmals im Kontext von Individualisierung, Subjektivierung und moderner Konsumkultur – in einem Spannungsfeld von Selbstoptimierung und Selbstsorge – verortet. Demgegenüber zeigt dieses Buch, wie sich Yogapraktizierende teilweise überaus reflexiv zu solchen Positionierungen ins Verhältnis setzen. Da anhand alternativer sozialer Praktiken unhinterfragte Selbstverständlichkeiten des Alltags sichtbar werden, lohnt es sich, darüber nachzudenken, inwiefern Yoga für Praktizierende auch eine praktische Auseinandersetzung mit gesellschaftlichen Verhältnissen und deren Infragestellung darstellen kann: In was für einer Welt wollen wir leben?

2 Untersuchungsfeld und Methodologie

Dieses Kapitel stellt das Yogafestival in Berlin (Kap. 2.1) und den Yoga-Aschram in Horn-Bad Meinberg (Kap. 2.2) als die beiden zentralen Fallstudien dieser Untersuchung einleitend kurz vor. Daran anschließend wird sowohl mit Blick auf meinen eigenen Feldzugang als auch in Bezug auf die Forschungsfrage – nach den praktischen Erklärungen von Spiritualität – das methodologische Vorgehen entwickelt. Mit der *ethnomethodologischen Ethnografie* wird eine spezifische Zugangsweise entwickelt, die die Verhältnisse zwischen Forschenden, Methoden der Yogapraxis und Methoden der soziologischen Forschung neu verortet und somit bereits ein zentrales Ergebnis dieses Buches vorstellt (Kap. 2.3).

2.1 »Europas größtes Yogafestival«

Abb. 2: Schulterstand, Yogafestival, 2012.

Die Veranstaltung, die mit über 7.000 Teilnehmenden als „größtes Yogafestival Europas" beworben wurde, hat von 2005 bis 2015 jährlich in Berlin, im Gutspark Neukladow am Wannsee stattgefunden.[6] Einige Momentaufnahmen sollen im Folgenden einen ersten Einblick in die Vielfältigkeit dieser Veranstaltung geben.

---

6 Seit 2016 konnte der Standort nicht mehr genutzt werden und das Festival in dieser Form nicht mehr stattfinden. Weitere Informationen und ein Archiv mit Bildern und Programminformationen findet sich auf der Website (URL: https://www.yogafestival.de/ [Letzter Aufruf: 19.08.2021]).

https://doi.org/10.1515/9783110652802-002

Auf dem Festivalgelände, das direkt am Ufer der Havel gelegen ist, zelten einige hundert Teilnehmer/-innen, während andere auf umliegenden Campingplätzen, in Pensionen oder Hotels untergekommen sind oder hierher einen Tagesausflug aus Berlin unternehmen. An zwei Eingängen werden von den Helfer/-innen des ehrenamtlichen Vereins „Lernen in Bewegung e. V." Eintrittsbändchen (49 Euro für das gesamte Wochenende) ausgegeben und geprüft. In einem Rondell vor dem Gutshaus finden sich Essensstände mit Festzeltgarnituren als Sitzgelegenheiten. Es ist bunt. Besucher/-innen verspeisen insbesondere Gerichte aus der indischen Küche sowie Falafel, grüne Smoothies, Dinkelwaffeln und ayurvedische Kost. Auf dem Yogamarkt kann man sich über unterschiedliche Yogaschulen informieren und an Verkaufsständen mit Matten, Sitzkissen und sportlicher oder gebatikter Yogakleidung eindecken. Ferner wird hier von Räucherstäbchen und Massagen über Elixiere und Energieheilung, geometrische Figuren, Kräuter und Heilsteine bis zu Götterstatuen eine ganze Bandbreite an Verkaufsartikeln, Dienstleistungen und Informationen angeboten. Das Hauptaugenmerk liegt auf dem Festivalprogramm: den Vorträgen, Workshops, Konzerten und Yogastunden. An den drei Tagen finden auf den zwei sogenannten *Āsana*-(Körperübungs-)Wiesen, im Haupt- und kleinen Zelt sowie im Theatersaal und in der Yogahalle bis zu fünf Veranstaltungen gleichzeitig statt, über die eine dreißigseitige Festivalzeitschrift informiert.

An einem der Nachmittage liegen mehr als 70 Personen hinter dem Gutshaus in einem großen Kreis auf dem Boden und bewegen ihre Arme und Beine zu Gong- und Geigenmusik auf und ab, während sich andere auf der ersten Asana-Wiese im Schulterstand einrichten (vgl. Abb. 2). Gleichzeitig folgen im Festivalzelt einige hundert Besucher/-innen den Ausführungen eines indischen Mönchs, der über die »Illusion unseres Egos« und die »wahre Natur des Selbst« spricht. In der angrenzenden Halle liegen die Teilnehmenden mit gefalteten Füßen und Händen auf dem Boden und rezitieren laut ein (*bīja-*)Mantra: »*hrīṃ, hrīṃ, hrīṃ* [...]«, während sie mit geschlossenen Augen ihre Aufmerksamkeit auf ihr *sahasrāra-cakra* (ein Energiezentrum oberhalb der Schädeldecke, das Kronenchakra) lenken sollen (vgl. Abb. 3).

Gleichzeitig hören etwa 60 Personen im »kleinen Zelt« einen wissenschaftlichen Vortrag zu Ayurveda und Depressionen. Wiederum andere holen sich – wie zuvor angedeutet – etwa ein vegetarisches *thālī* (gemischte indische Platte), »Love Food mit Curry Bliss« oder eine »Habibi Falafel«, einen Yogi-Tee mit Soja-Milch oder einen Bio-Mango-Lassi. Während einige neugierig über den Markt schlendern, praktizieren andere alleine oder in kleineren Gruppen Yoga auf der Wiese am Wannsee-Ufer, wo manche auch zur Meditation in Stille sitzen, sich unterhalten oder einfach im Gras liegen und in der Havel schwimmen gehen.

Abb. 3: Tantra-Yoga, Yogafestival, 2012.

Die zweiseitige Zusammenfassung des Rahmen-Programms (Abb. 4 zeigt eine Seite aus dem Programmheft von 2011), das auch eine kleine Karte des Geländes beinhaltet, gibt einen Eindruck in die Vielfalt an Veranstaltungen. Bei Titeln wie: „Die Atmung: Brücke des Prana zum quantenphysikalischen Körper", „Der atmende Gott – Reise zum Ursprung des modernen Yoga", „Die Gesetze der Sprache", „Einblicke in die angewandten Bewusstseinswissenschaften", „Ayurvedische Behandlungsmethoden und -strategien bei Burn-Out-Syndrom" fallen auch wissenschaftliche Themen bzw. Semantiken auf, die im Yoga eine wichtige Rolle spielen. Nicht selten ist hier von der »Science of Yoga« die Rede. Aber auch Konzerte nehmen einen wichtigen Raum ein und werden als *Bhakti*-Yoga, d. h. als ein Ausdruck des Yoga der Hingabe, gerahmt. Ferner scheint einigen Yogalehrer/-innen und indischen Swamis auf dem Festival eine Art ‚Celebrity'-Status und damit eine besondere Autorität und zugeschriebene Authentizität im Feld zuzukommen, die sich auch in der Berichterstattung über das Festival widerspiegelt, bspw. auf „Nachrichten.net" (2010): „6. Berliner Yogafestival mit Stars und Sternchen der Yogaszene".

KULTURPARK KLADOW · NEUKLADOWER ALLEE 9 · 14089 BERLIN · WWW.YOGAFESTIVAL.DE

Asana 1

FREITAG
15.30 – 17.00 Uhr
Hatha Yoga Flow
Catrin Müller

17.00 – 19.00 Uhr
Hatha-Yoga – tantric
perspective
Michael Stewart

19.00 – 20.30 Uhr
Ishta Yoga
in english
Julie Blumenthal

23.00 Uhr
Chanting
Danilo and friends

SAMSTAG
9.00 – 10.00 Uhr
Powerbreathing
Swami Yogananda

10.00 – 12.00 Uhr
Hatha Yoga
Narmada Devi

12.00 – 14.00 Uhr
Acro Yoga –german te-
achers gathering
Lucie Beyer and friends

14.00 – 16.00 Uhr
Virya Yoga
Josephine Selander

16.00 – 18.00 Uhr
Meridian Stretch Class
Pari

23.00 – 0.30 Uhr
Yoga & Klang
Arne & Stefan

SONNTAG
8.00 – 9.30 Uhr
Meditation der vier
Himmelsrichtungen
(nach OSHO)
Matthias Grimm

10.00 – 12.00
Die Power von
Sanftheit: Dru Yoga
Dr. Wolff

12.15 – 14.00 Uhr
Chakra – Asana
Workshop
*Swami
Gurusharanananda
Swami Mangalananda*

14.15 – 16.00 Uhr
Shiva-Shakti-Energie-
Flow«
Tantra-Yoga-Praxis
Ilona Strohschein

Asana 2

FREITAG
17.00 – 18.30 Uhr
Geheime
Atemmethoden
und Forschung
Manoj Kumar

18.30 – 20.30 Uhr
Nivata-Mondgruß
*Julian und Katharina
Middendorf*

SAMSTAG
10.00 – 11.30 Uhr
Rücken und Gelenke
Yoga
Tom Beyer

11.30 – 12.30 Uhr
Familienyoga
Miriam Kretzschmar

12.30 – 14.00 UHR
YOGA UND MUSIK
Janin Devi und Maik

14.00 – 16.00 UHR
HORMON YOGA
Dinah Rodrigues

16.00 – 17.30 UHR
BENEFIT YOGA BEWEGT
*Sonja Klöwer – Weg
der Mitte*

SONNTAG
9.00 – 10.30 Uhr
Landscape – Yoga
Susanne Lutz

10.45 – 12.15 Uhr
Kundalini Yoga
Stefano Petrou

12.30 – 14.00 Uhr
Open Yoga
Sri Sivan Namboothiri

14.15 – 15.45 Uhr
Rishikesh Reihe
Swami Saradananda

16.00 – 17.30 Uhr
Schwangerenyoga
Jutta Wohlrab

Kleines Zelt

FREITAG
16.00 – 17.30 Uhr
Ayurvedische
Behandlungsmethoden
und -strategien
bei Burn-Out-Syndrom
Alexander Peters

17.30 – 19.00 Uhr
Feuerzeremonie
Narmada Devi

SAMSTAG
10.00 – 11.30 Uhr
Hormonyoga - Vortrag
Dinah Rodrigues

11.30 – 13.00 Uhr
Atem – Kraftquelle des
Lebens
Swami Saradananda

13.00 – 15.30 Uhr
Taketina Workshop:
Der Yoga des
Rhythmus
Cornelia Flatischler

15.30 – 17.00 Uhr
Die heiligen Stätten
Indiens – ihre Kraft
und Geschichte
Sarabjeet

17.00 – 18.00 Uhr
Energiearbeit zur
Beruhigung der Seele
Meisterin Tianying

SONNTAG
11.00 – 12.00 Uhr
Bhakti-Yoga –
absolute Hingabe
Sri Sivan Namboothiri

12.00 – 14.00 Uhr
Eine indische Legende
oder die Augen des
ewigen Bruders
*Al Gromer Khan,
Mareike Tiede
›› Lesekonzert*

14.00 – 15.45 Uhr
Nada Yoga Workshop
Familie Mallick

Theatersaal

SAMSTAG
14.00 – 15.30 Uhr
Aroma Yoga
Tanja Bochning

16.15 – 17.15 Uhr
Mantra Chanting
Lalita Devi

SONNTAG
11.00 – 13.00 Uhr
»Am Anfang war
das Licht«
*Chi-Gong-Meisterin
Tianying
›› Film und
Energiearbeit*

Kinderbetreuung

Asana 2

Theatersaal

BVG-FÄHRE
zum S-Bhf. Wannsee

Asana 1

Havel

Abb. 4: Auszug aus dem Programmheft, Yogafestival, 2011.

2.1.1 »Let's celebrate Yoga« – Das Festival als Performanz des Feldes

Das Yogafestival ist hauptsächlich dazu da, Spaß zu haben und sich am Leben zu freuen. Yoga hat natürlich einen ernstzunehmenden Hintergrund, aber das Motto ist einfach, dass wir das Yoga als fantastisches Hilfsmittel für unser Leben, im Rahmen des Yogafestivals richtig feiern wollen. Es ist schön, wenn viele Menschen Yoga kennenlernen und erfahren können, wie Yoga ihrem Leben Bereicherung und neue Energie schenkt. Let's celebrate Yoga – und seid glücklich.

So beschreibt Stefan Datt (2013) das Yogafestival, das er gemeinsam mit Miriam Kretzschmar veranstaltet, in einem Interview, welches als Pressemitteilung der eigens beauftragten Werbeagentur veröffentlicht wurde. Er führt weiter aus, dass hier nicht nur eine bestimmte Yogatradition vertreten sei, sondern „jede Yogaschule [...] mitmachen und jede Yogarichtung sich vorstellen könne". Es seien die Gemeinsamkeiten der unterschiedlichen Yogarichtungen und der Wunsch nach mehr Austausch zwischen den Schulen, welche die Initiator/-innen dazu bewegt hätten, das Festival zu organisieren. Die Vorstellung im Yoga von der „Einheit des Lebens [...] und der gemeinsamen Essenz aller Wesen" widerspreche dabei einer „gewissen Distanz" zwischen den verschiedenen Yogaschulen, die sie beobachtet hätten. Es sei die »Ganzheitlichkeit des Yoga«, die quer zu verschiedenen Traditionen – mit Freude und Spaß – einen Ausdruck finden solle. In der „Berliner Morgenpost" (2009) betont Miriam Kretzschmar die Bandbreite der „ganzheitlichen Wissenschaft des Yoga mit einer Mischung aus gesundheitlichen, philosophischen, psychologischen, kulturellen und sportlichen Aspekten". Ferner solle durch das Festival vielen Menschen ein Zugang zum Yoga eröffnet werden, worin sich die Öffentlichkeitsorientierung der Veranstaltung zeigt. In diesem Sinne stellt das Yogafestival auch eine Art Plattform für die *publicity* verschiedenster Formen des modernen Yoga dar.

Sicherlich ließe sich überlegen, inwiefern das Yogafestival ein „postmodernes religiöses Hybrid-Event" (Hitzler 2011b: 29) und einen Ausdruck gegenwärtiger „Eventisierung des Lebens" darstellt; oder inwiefern sich der Yogamarkt an den Grenzen zur Esoterikmesse und Magie (vgl. Knoblauch 1991) als Ausdruck einer Kommodifizierung beschreiben lässt, die Strauss und Mandelbaum (2013) dem „LOHAS consumer sector" (*lifestyle of health and sustainability*) zurechnen. So fragt etwa Aldred (2004): „Are we really in for a ‚New Age of enlightenment'? Or will it just be business as usual, except we'll have even more spiritual rationalizations for wealth?" Dabei bleibt allerdings offen bis fraglich, von welchen Positionierungen und (prädisponierten) Verhältnissen ausgehend Verortungen dieser Art vorgenommen werden.

Eine etwas andere Verortung bietet etwa Swami Satchitananda, und zwar bezüglich einer yogischen Interpretation des Woodstock-Festivals (1969), auf dem er als einer der Eröffnungsredner aufgetreten war (vgl. Abb. 5 unten):

My Beloved Brothers and Sisters. I am overwhelmed with joy to see the entire youth of America gathered here in the name of the fine art of music. In fact, through the music, we can work wonders. Music is a celestial sound and it is the sound that controls the whole universe, not atomic vibrations. Sound energy, sound power, is much, much greater than any other power in this world. [...] So, let all our actions, and all our arts, express Yoga. Through that sacred art of music, let us find peace that will pervade all over the globe. [...] Here, I really wonder whether I am in the East or West. If these pictures or the films are going to be shown in India, they would certainly never believe that this is taken in America. For here, the East has come into the West.

In Satchitanandas Deutung von kosmischen Klängen und Energien, die im Zusammenhang mit dem Singen von Om noch genauer betrachtet werden (vgl. Kap. 3), werden die zahlreichen Woodstock-Konzerte, ähnlich der Konzerte auf dem Yogafestival, zu einem Ausdruck von Yoga. Entgegen Thesen der Verwestlichung wird hier eine Veröstlichung diagnostiziert, die bspw. in der *kumbha melā* in Allahabad, einem traditionell hinduistischen Fest und der größten religiösen Veranstaltung der Welt, ein Vorbild findet (vgl. zur Geschichte der *Mela* von 1765–1954, Maclean 2008).

Abb. 5: Woodstock Opening Ceremony, 1969 (©2021 Mark Goff Photos).

Neben religiösen Festen findet sich in Indien, vermutlich seit Beginn des 20. Jahrhunderts, das sogenannte *śivir*, das Alter (2008) als „yoga camp" übersetzt. In Alters (2008: 38) Untersuchung zweier dieser Yogacamps in Indien werden nicht nur politische Verbindungen zum hinduistisch geprägten Nationalismus deutlich, sondern vor allem der methodologische Zugriff in den Verhältnissen von historischem und gegenwärtigem Yoga sowie zwischen ‚philosophischer Wahrheit' und ‚ethnografischem Relativismus' reflektiert.

Shivir are, in a sense, meta-commentaries on the nature and meaning of yoga in practice and are, therefore, representations that reference the 'real,' disciplined practice of yoga but are not designed to be the 'real thing' as such. In these terms, yoga shivir performances are structurally the mirror opposite of 'yogic truth,' as this truth is articulated – but never really articulated – as a profound, esoteric secret that is communicated only by an enlightened guru to an adept disciple. [...] A shiver is a reflection of that hope, as that reflection is magnified through public performance, and 'brought down to earth' in terms of people's concern for better health, less stress, and generalized wellness.

Alter löst dieses Spannungsfeld auf, indem er eine analytische Betrachtungsweise der Yogacamps als Performanz vorschlägt, in der sich ein „spectrum of different histories and philosophies of yoga" (Alter 2008: 40) zeigt und einen modernen Ausdruck findet: „performativity also enables one to take seriously interpretations of meaning [...] that a radical historization of practice would not." Insofern lässt sich danach fragen, wie gegenwärtige Interpretationen ausgehandelt und überhaupt erst relevant werden. Entgegen Annahmen einer Verwestlichung wird in diesem Sinne auch das Yogafestival in Berlin als eine Performanz und spezifische Selbstinszenierung des Yogafeldes betrachtet.

2.1.2 Das Festival als ethnografische Forschungsgelegenheit

Die Betrachtung des Yogafestivals als Performanz gegenwärtiger Yogapraxis sowie das Festivalformat, das in einem öffentlichen Raum stattfindet, ermöglichen methodologisch eine ideale Erhebungssituation. Nadai und Maeder (2009: 235) haben darauf hingewiesen, dass „sociology inevitably has to deal with ‚fuzzy fields' [...], that is fields without clear boundaries with respect to many dimensions". Dies gilt für Yoga in besonderem Maße, da sich das sogenannte ‚Feld' an den unterschiedlichsten Orten, die teilweise nur sehr lose miteinander gekoppelt sind, manifestiert: in privaten Studios, Seminarhäusern, auf Workshops, Aus- und Weiterbildungen, Kongressen, Expos, Musikveranstaltungen, Festivals, in Aschrams, bei der Personalentwicklung am Arbeitsplatz, in Krankenhäusern, bei Indienreisen, Vorträgen und auf der eigenen Matte zu Hause. Das Yogafestival ist somit ein ‚idealtypischer' Fall, der mit Yogastunden, Vorträgen, Konzerten und Workshops ein relativ breites Spektrum der zahlreichen Veranstaltungsformate abdeckt. Dabei soll das Festival auch erstmals Teilnehmenden einen Einstieg in die vielfältige Welt des Yoga ermöglichen und bietet sich auch als Einstieg für die Analysen in diesem Buch an.

Gleichwohl sind diese Beobachtungen nicht bei einer einzigen Veranstaltung entstanden, sondern beziehen sich auf die Festivals von 2011, 2012, 2013 und 2015 (sowie die Berichterstattung zum Festival seit 2005), welche vor allem in ihren Gemeinsamkeiten für die Beschreibung und Analyse zusammen behandelt werden (als *pooled data*). Neben Flyern, Zeitschriften, Onlineartikeln, Interviews, Experteninterviews, Gruppendiskussionen und Beobachtungsprotokollen konnten ca. dreizehn Stunden Videomaterial aufgezeichnet werden. Die Öffentlichkeit der Veranstaltung mit der Anwesenheit von Filmteams von „ARD", „SAT1", einem Dokumentarfilm-

Team sowie festivalinterner Filmproduktion ermöglichten es mir, im Setting relativ ‚unbeachtet' zu bleiben. Wie in vielen anderen nichtöffentlichen Feldern erfordern Videoaufzeichnungen in privaten Yogastudios viel Zeit zur Vertrauensbildung und die individuelle Zustimmung aller Teilnehmer/-innen. Dieses Problem intensiviert sich beim Yoga, da die Atmosphäre der Yogastunden eine gewisse Intimität und Privatheit beinhaltet. Auf dem Yogafestival hingegen waren Kameras Teil der Veranstaltung und ermöglichten insofern dem Ethnografen eine relativ natürliche Positionierung.[7]

Neben audio-visuellen Aufzeichnungen ist mit Blick auf die Performanz auch hervorzuheben, dass meine Interessen als Ethnograf (etwa mit unterschiedlichen Yogalehrer/-innen ins Gespräch zu kommen oder mehr über verschiedene Kontexte und Hintergründe zu erfahren) mit den Interessen der Festivalbesucher/-innen zusammenfallen. Selbst an den Verkaufsständen geht es in gewisser Weise um Fragen sozialer Praxis: Wie kann etwa eine vermeintliche Muschel zu einem Musikinstrument zur Anrufung der Götter werden; wie lässt sich anhand eines hübschen Kreissymbols, der »Blume des Lebens«, deren energetische Wirkung von »Platon bis zur Null-Punkt-Energie« diskutieren; wie das Reißen einer Halskette mit Baumsamen, einer rudrākṣa mālā, mit unterschiedlichen »Entwicklungsschritten und Lebensaufgaben« auf dem »spirituellen Weg« interpretieren; oder wie kommt es, dass »energetisiertes und belebtes« Wasser »wirklich anders« schmeckt? Diese Besonderheit zeigt sich u. a. in der Behandlung der Gegenstände, bspw. einer eher mit einer Weinprobe vergleichbaren Wasserprobe oder dem Anbieten eines einzigen Tropfens einer Tinktur eines Einsiedlers, der sein »Wissen nur an zwei Personen weitergegeben« habe. Zudem in der materiellen Anordnung, wenn etwa Bilder von Heiligen die Objekte und Halsketten flankieren oder über Räucherstäbchen thronen, deren Etiketten, wie »spirituelle Liebe« und »Urvertrauen«, auf ihre spezifischen Wirkungen verweisen und bereits wie auf einem Altar angeordnet sind. Doch wie auch die „Welt am Sonntag" zum Yogafestival (2008) festhält: „Die Marktgasse mag vielfältig sein. Tausendmal vielfältiger ist Yoga in seinen Varianten."

2.2 »Europas größter Yoga-Aschram«

Der Aschram in Ostwestfalen wurde 2003 in einer ehemaligen Kurklinik eröffnet und umfasst mittlerweile alle vier Gebäudekomplexe, die in den 1970er Jahren errichtet wurden. Auf der Website[8] wird er als „Europas größtes Yoga-Seminarhaus und Ausbildungszentrum" beworben, in welchem man „losgelöst vom Stress des Alltags [...]

---

7 Mein ganz herzlicher Dank gilt Stefan Datt und Miriam Kretzschmar, den Veranstalter/-innen, die mir noch sehr kurzfristig telefonisch eine Forschungs-, Foto- und Drehgenehmigung einräumten und diese Studie somit erst möglich gemacht haben.
8 URL: www.yoga-vidya.de (Letzter Aufruf: 18.08.2021; Zeitpunkt der zitierten Aussagen: 2018).

zur Ruhe kommen und zu [sich] selbst finden" könne. „Du kannst ihn aber auch nutzen, um dich mehr für das Göttliche zu öffnen, dich geistig weiterzuentwickeln und
spirituelle Erfahrungen zu machen." Neben Kursangeboten von „über 2900 Kursen,
Aus- und Weiterbildungen rund ums Yoga, Meditation, Gesundheit", Online-Kursen,
Podcasts etc. werden auf der Website mit der Überschrift „Yoga erleben!" auch Bedeutungen und Hintergründe von Yoga, Meditation, des Vereins „Yoga Vidya e. V."
und der „spirituellen Lebensgemeinschaft" erläutert. Nach eigenen Angaben wurden
bereits über 18.000 Yogalehrer/-innen in dieser Tradition ausgebildet, mit vermutlich
mehr als einer halben Million Yogapraktizierenden dieser Tradition in Deutschland.
Nach einer Studie des BDY (2018)[9] praktizierten 2018 insgesamt etwa 5 % der Deutschen Yoga.

»Stell dir bloß mal vor, die Beatles hätten ihren Guru in Ostwestfalen-Lippe kennengelernt ((gemeinsames Lachen)).« Dieser kurze Gesprächsausschnitt verweist in
zeitlicher, räumlicher und symbolischer Hinsicht auf einen eher weiten Vergleichs-
horizont: „Der größte Yoga-Aschram außerhalb von Indien" in Horn-Bad Meinberg
des 21. Jahrhunderts und dessen spiritueller Leiter, Sukadev Bretz, der zunächst ein
Studium als Diplomkaufmann in Nordrheinwestfalen abgeschlossen hatte, werden
hier mit Rishikesh, der sogenannten „Hauptstadt des Yogas", und Maharishi Mahesh
Yogi, dem Begründer der Transzendentalen Meditation, sowie mit dem kulturellen
Kontext der 68er-Bewegung in Zusammenhang gebracht.

Der Indienbezug wird auch auf der Website thematisiert: „In unseren Yoga Vidya
Seminarhäusern kannst du in eine neue Welt eintauchen, ohne dabei eine lange Flug-
reise in Kauf nehmen zu müssen, um eine indische Ashram-Atmosphäre zu genießen." Nicht nur die Altäre und Bilder von hinduistischen Gottheiten, der Bezug zur
Traditionslinie von Swami Sivananda (1887–1963), dessen Bild in nahezu jedem
Raum anzutreffen ist, der Geruch nach Räucherstäbchen, die Mantra-Musik sowie
das tägliche (optionale) Rahmenprogramm legen den Vergleich mit Indien nahe:
05:00 Uhr *homa* (Feuerzeremonie), 06:00 Uhr fortgeschrittenes *prāṇamaya* (Atemübungen), 07:00 Uhr Satsang, 10:00 und 16:00 Uhr *haṭha*-Yoga (Körperübungen),
19:00 Uhr Satsang, 22:00 Uhr Nachtruhe. Die Ähnlichkeiten betreffen ferner auch
Verhaltensweisen, Interaktionsformen – etwa die Möglichkeit, ganztägig zu schweigen, oder die verbeugende Begrüßung mit gefalteten Händen zum Namaste – und
Gesprächsthemen sowie sich darin widerspiegelnde Weltanschauungen. In vielerlei
Hinsicht ähnelt die Lebenswelt des Aschrams eher dem 6.000 Kilometer entfernten
Rishikesh und der Beschreibung in der Einleitung (Kap. 1) als der 2 Kilometer entfern-
ten Innenstadt von Horn-Bad Meinberg.

Die folgende Abbildung gibt einen Eindruck vom größten Yogaraum (von über 30
Seminar-, Meditations- und Übungsräumen), dem sogenannten »Sivananda-Saal«,
an einem Samstagabend (Abb. 6). Der Satsang wird als ein »Zusammensein im

---

9 URL: https://www.yoga.de (Letzter Aufruf: 18.08.2021).

Streben nach Wahrheit« beschrieben und hat bei Yoga Vidya ein klar strukturiertes Format, das u. a. gemeinsame Meditation, Vorträge, *ārati* (Lichtzeremonie) und Mantra-Singen beinhaltet. Mit Blick auf klassische Rituale und die spezifische Aschram-Atmosphäre wird er in diesem Buch noch genauer betrachtet werden (vgl. Kap. 4).

Abb. 6: Satsang, Yoga Vidya Bad Meinberg, 2016.

Der Aschram kann u. a. als Individualgast, im Zuge eines Yogaurlaubs, für Ayurveda-Behandlungen und Wellness, als Schnupperwochenende, für Schweige-Retreats, als Seminarteilnehmer/-in für unterschiedliche Aus- und Weiterbildungen, an einem Tag der offenen Tür, aber auch als Mithelfer/-in bzw. Mitarbeiter/-in besucht werden. Über hundert Mitarbeiter/-innen leben hier fest und arbeiten in den vielfältigen Aufgabenbereichen. Diese umfassen (bei über 1.000 Betten): ein Rezeptions- und Reinigungsteam, das Küchenteam, einen hauseigenen Fahrdienst, ein Gartenteam sowie die Mitarbeit in der »Ayurveda Oase«, dem Yoga-Therapiezentrum, der Verkaufsboutique, dem Seminarzentrum (»*Projekt Shanti*«), dem Retreat- und Schweigekloster (»*Shivalaya*«), der Kinderbetreuung sowie der Seminarplanungsabteilung. Hinzu kommen eine eigene Werbeabteilung mit Adressbüro, das Flyer und Kursprogramme an potenzielle und ehemalige Besucher/-innen versendet; eine Webdesign-Abteilung mit Filmteam, die Podcasts, Lehrvideos und Werbung auf der eigenen Website sowie auf Social-Media-Plattformen verbreitet, sowie die Verwaltung einer Online-Community mit Yoga-Wiki, Blogs mit Berichten und Fotos, Live-Übertragungen des Satsang, Versenden von Newslettern mit spirituellen Tipps, von ayurvedischen Kochrezepten bis zur persönlichen Geburtstagsmail des Aschram-Leiters.

2.2.1 Erste Kontextualisierung von Aschram und Untersuchungsfeld

In der indischen Tradition bezieht sich *āśrama*, im Text durchgängig in der deutschen Schreibweise als Aschram, zum einen auf einen meist abgeschiedenen Ort, an dem Heilige asketisch leben. In dieser Deutung wurde er häufig als *Hermitage* bzw. Einsiedelei übersetzt. Zum anderen bezeichnet der Begriff auch das letzte der vier Lebensstadien, die von Lehrlingszeit, Beruf- und Familienleben über das Waldleben bis zur völligen Entsagung reichen: „Āśrama, we may conclude, refers to religious exertion. The term, however, is used in ancient Indian literature with two distinct but related meanings: it refers to both a residence for and a mode of life devoted to religious exertion." (Olivelle 1993: 17)

Dabei war die *gurukula*-Tradition, wonach Schüler (*śiṣya*) im Haushalt (*kula*) des Lehrers (*guru*) leben und unterrichtet werden, eine historisch verbreitete Unterweisungsform. An diese Tradition, die u. a. auch von Dayananda Saraswati um 1886 wiederbelebt wurde, schloss die moderne Aschram-Bewegung in Indien Ende des 19. bzw. Anfang des 20. Jahrhunderts an. Diese vollzog sich mit Reformatoren wie Swami Vivekananda und Mahatma Gandhi und verband sich oftmals auch mit politischen Interessen: „The history of the modern ashram movement in India is tied to nationalism and concerns about improving secular life through education and service, as well as to promoting and sustaining traditional Hindu values and spirituality" (Boslaugh 2012: 162). In diesem Zusammenhang entstanden zudem auch christliche und westliche Aschrams. Wolz-Gottwald (2006: 166 ff.) spricht vom „Aufbruch eines neuen Yoga, eines Yoga für unser gegenwärtiges Zeitalter", das sich durch den Dialog mit Christentum, Wissenschaft und Technik auszeichnet und zu einer Öffnung des Yoga für Frauen, für westliche Praktizierende allgemein und zu einer Neuorganisation in Aschrams mit partieller Relativierung des Zölibats führte.

Da sich Yoga Vidya auf die Traditionslinie von Swami Sivananda beruft, ist der Hintergrund und Bezug zu Indien und Rishikesh von besonderer Bedeutung. Dieser kann hier allerdings nur sehr verkürzt dargestellt werden. Strauss (2002) beschreibt in „The Master's Narrative: Swami Sivananda and the Transnational Production of Yoga" ausführlich dessen Bedeutung für die globale Rezeption (vgl. ferner Strauss 2005, 2008). Sivananda lebte nach jahrelanger Tätigkeit als Arzt in Malaysia zunächst über zehn Jahre im *Swarg Ashram* in Rishikesh, wo er u. a. Mircea Eliade kennenlernte, dessen Werk „Yoga: Immortality and Freedom" (1938) auch für die wissenschaftliche Rezeption bedeutsam wurde. 1936 gründete Sivananda die „Divine Life Society" und den Sivananda-Aschram. Einer seiner Schüler, Swami Vishnudevananda, reiste 1957 in ‚den Westen', wo er die „International Sivananda Yoga Vedananta Centres" gründete.[10] Vishnudevananda war es auch, der 1981 Sukadev Bretz initiierte, der bis 1991 sein Schüler war und später als persönlicher Assistent auch als

---

10 URL: http://sivananda.org (Letzter Aufruf: 18.08.2021).

potenzieller Nachfolger von Vishnudevananda betrachtet wurde. 1992 gründete Sukadev allerdings ein eigenes Yogazentrum in Frankfurt und 1995 den „Yoga Vidya e. V.", entsagte dem Zölibat und heiratete. In einem Interview, das zum zwanzigjährigen Jubiläum (2012) veröffentlicht wurde, berichtet Sukadev, wie ihm Sivananda erschienen sei und wie ihm klar wurde, dass Yoga zu einer Art „goldenem Zeitalter" und einer „friedvollen Weltkultur" beitragen könne, da er Menschen zu einer „mitfühlenden erfahrbaren und heilsamen Spiritualität" führen könne, wofür es aber wichtig sei, dass Yoga sich noch mehr mit „demokratischen und humanistischen Werten" verbinde. Entsprechend erläutert Sukadev, dass seine Fokussierung auf eine „basisdemokratische Organisation" ein zentrales Motiv für seine Neuorientierung gewesen sei. Mittlerweile gibt es in über 80 Städten Yoga-Vidya-Zentren und weitere Seminarhäuser im Westerwald, im Allgäu und an der Nordsee. Im Jahr 2003 wurde der Aschram in Bad Meinberg eröffnet, in dem die Feldforschung für dieses Buch stattgefunden hat.

Insbesondere zwischen 2011 und 2013 besuchte ich dieses Yogazentrum regelmäßig. Ein zentrales Datum bildet dabei die »vierwöchige Yogalehrerausbildung intensiv«, die ich 2013 als Teilnehmer absolvierte. Diese erweist sich für diese Forschung als zentral, da in der Ausbildungssituation die Notwendigkeit besteht, auch schwer vermittelbare Körper- und Transzendenzbezüge zu explizieren. Fragen der Lehr- und Lernbarkeit von Yoga werden hier in konkreten Unterrichtssituationen von den Teilnehmenden bearbeitet. Meine Feldforschung blieb aber nicht auf diesen Zeitraum begrenzt. Für eine solche „fokussierte Ethnographie" (Knoblauch 2001) der Ausbildung alleine wäre die Fremdheit gegenüber den vielschichtigen Praktiken, Interaktionsformen und Weltanschauungen, die mit spezifischen Wahrnehmungen und philosophischen Konzepten/Theorien verbunden sind, nicht zu bewältigen gewesen. Auch viele Teilnehmende der Ausbildung erlebten dies (zumindest zeitweise) als eine »Überforderung«, die im Verlauf des Buches als möglicher Bestandteil der Etablierung »spiritueller Wirklichkeit« thematisiert wird, da Spiritualität kontinuierlich auf ein immer weiter zu spezifizierendes »Mehr« bezogen bleibt. Insofern waren mein Philosophiestudium, meine Indienaufenthalte und das Praktizieren von Yoga in anderen Kontexten essenziell, um bereits im Vorfeld ein entsprechendes Orientierungswissen zu erwerben. Selbiges galt für die Lebenswelt dieses spezifischen Aschrams, den ich vor meiner Ausbildung in zahlreichen weiteren Aufenthalten kennenlernen durfte.

Zu diesen Aufenthalten gehörten: drei Besuche am »Tag der Offenen Tür«; die Teilnahme an einem »Einführungswochenende«; zwei Besuche von mehrtägigen Kongressen zu »Yoga und Wissenschaft« und »Chakra, Tantra, Kundalini«; eine vierwöchige Feldphase als Mithelfer (2012); die teilnehmende Beobachtung des »Weltyogatages« und der zeremoniellen Neujahrsfeierlichkeiten zum Jahreswechsel; der Besuch eines »Musikfestivals«; sowie eine Vielzahl von kürzeren Besuchen in den Zeiten dazwischen, welche zudem ausführliche Gespräche und Interviews ermöglichten. Beispielsweise konnte ich die Yogalehrerausbildung einer befreundeten Soziologin mit wöchentlichen Treffen begleiten. So konnte ich den Aschram im Verlauf der drei Jahre in verschiedenen ‚Rollen' besuchen: als Kongressteilnehmer, Urlauber, Interessent, Forscher, Besucher, Beobachter, Kursteilnehmer und jeweils für vier Wochen als Mithelfer und Yogalehreranwärter. Obgleich sich Feldrollen, wie das anschließende Kapitel u. a. diskutiert, keineswegs an der Garderobe an- und wieder ablegen lassen, ermöglichten mir diese Aufenthalte durchaus unterschiedliche Positionierungen, Fokussierungen und Beobachtungsmöglichkeiten (vgl. Kap. 2.3). Insbesondere meine Zeit als Mithelfer, in der ich an fünf Tagen pro Woche jeweils sieben Stunden (ich hatte einen weiteren freien Tag in der Woche zum Schreiben der Feldnotizen herausgehandelt) damit verbrachte, im Garten, in der Küche und im Adressbüro mitzuarbeiten, erlaubte mir auch einen Einblick in die Lebenswelt der Mitarbeiter/-innen, die Strukturen der Organisation sowie in die teilweise säkularen Problembewältigungsstrategien einer »spirituellen Gemeinschaft«.[11]

Während zuvor das Yogafestival als eine öffentliche und etwas allgemeinere Performanz des Feldes eingeführt wurde, ermöglichen die Beobachtungen im Aschram eine Detaillierung und Verdichtung. Dies betrifft einerseits die Relevanz der Ausbildungssituation, andererseits aber auch die zentrale Bedeutung von Spiritualität in diesem Kontext.

2.2.2 Auf dem Weg zur »Chakra-Pyramide« mit Handysendemast

Besucher/-innen betreten die »Welt des Aschrams« quasi bereits am Bahnhof von Horn-Bad Meinberg. Es sind nicht Taxis oder Busse, mit denen die drei Kilometer zum *Yogaweg 1* zurückgelegt werden, sondern der hauseigene Fahrdienst von »Aschram-Mitarbeiter/-innen« einer »spirituellen Lebensgemeinschaft«. Für diese heißt die achtstündige Mitarbeit an sechs Wochentagen nicht Arbeitszeit, sondern *sevā* oder *Karma-Yoga*, was mit »selbstlosem Dienen« übersetzt werden kann. Ferner ist die formale Mitgliedschaft als Mitarbeiter/-in auch an regelmäßige Teilnahme am Satsang sowie an tägliche Yogapraxis gebunden. Die ‚Mitarbeiterrolle' endet aber noch nicht mit einer solchen 66-Stunden-Woche, sondern verpflichtet darüber hinaus zum *sattvischen* (*sattva*) Lebenswandel. Dieser umfasst in der rudimentärsten Form den Verzicht auf jegliche Rauschmittel, wie Alkohol, Tabak oder Drogen, und verpflichtet zu (mindestens) vegetarischer Ernährung.[12] Was hier – mit teilweise unterschiedlichen

---

11 Mein besonderer Dank gilt – neben all den Menschen, die sich mit mir in diesen Zeiten ausgetauscht und mich eingeladen haben, mir Hinterbühnen zugänglich machten, mir vertrauten etc. – insbesondere der großen Aufgeschlossenheit, der Kooperationsbereitschaft und dem Interesse von Seiten des Vereins Yoga Vidya e. V., wodurch diese Forschungsarbeit erst möglich wurde. Danke.

12 In einer tiefergehenden Betrachtung kommen auch Denkgewohnheiten, wie »positives Denken« und Wahrhaftigkeit, sowie Interaktionsformen wie »gewaltfreie Kommunikation« hinzu. Auch die sattvische Ernährung lässt sich weiter differenzieren und führt dann u. a. zum Ausschluss von Kaffee, Tiefkühlkost, Konserven, Pilzen und teilweise sogar Chili, Zwiebel, Knoblauch etc. (Während in

Inhalten – vielleicht eher an die „Protestantische Ethik" (Weber 1904) erinnert, findet sich in der Lehre von Swami Sivananda in seiner Betonung von: »Serve, Love, Give, Purify, Meditate, Realize«. Eine *sattvische* Lebensweise wäre zwar von allen Besucher/-innen erwünscht, wird aber erst bei umfassenderen Ausbildungen, bspw. bei der Yogalehrerausbildung oder bei Mithilfe und Mitarbeit, zum Ausschlusskriterium. Für Yogaurlauber/-innen und Besucher/-innen hingegen gibt es bspw. etwa fünfzig Meter vom Haupteingang entfernt einen Aschenbecher vor einem Fahrradgitter, der zuweilen auch als »Raucherpranger« bezeichnet wird.

Abb. 7: Chakra-Pyramide, Yoga Vidya Bad Meinberg, 2016.

Zurück im Aschram-Shuttle findet sich kein Duftbäumchen oder Wackeldackel, sondern eine kleine Ganesha-Statue, eine hinduistische Gottheit mit Elefantenkopf (vgl. Abb. 1). Der Fahrer, selbst Yogalehrer im Aschram, erläutert dessen Bedeutung als die eines »Beseitigers von Hindernissen: Man kann sich das so vorstellen wie einen Elefanten, der sich mit seinem Rüssel durch den dichten Dschungel schlägt und man auf dem von ihm bereiteten Weg hinterherlaufen kann.« Das erscheint beim Autofahren direkt einleuchtend und wird im nächsten Satz vom Fahrer auf den »spirituellen Weg« ausgeweitet. Denn auch hier helfe Ganesha beim Ankommen und

---

Indien die vegetarische Ernährungsweise traditionell Produkte der ‚heiligen' Kuh mit einbezieht, stellte der Aschram in Bad Meinberg im Verlauf meiner Feldforschung zudem auf vegane Ernährung um.) In diesem Zusammenhang von ‚Verzicht' zu sprechen, impliziert allerdings eine Außenperspektive und die Normalisierung einer ‚gewöhnlichen' Lebensweise, wohingegen Sattva für viele Praktizierende oftmals keineswegs als Verzicht erlebt oder beschrieben wird.

Anfangen, bspw. beim Beginn einer Yogalehrerausbildung. Wenige Minuten später werde ich vor der sogenannten »Chakra-Pyramide« (vgl. Abb. 7) abgesetzt. Diese steht allerdings nicht am Ganges in Rishikesh, sondern außerhalb des kleinen Kurortes im ostwestfälischen Wald. Die Bezeichnung des Gebäudes bezieht sich auf die sieben Stockwerke, welche den sieben Energiezentren im Körper zugeordnet sind.[13]

Insbesondere, wenn man für einen Yogaurlaub, als Individualgast oder zu Ayurveda-Behandlungen ankommt, ähnelt der Aschram auch einem Wellness-Hotel. An der Rezeption bekommt man Informationen über Ein- und Auschecktermine, Karten vom Haus und der Region mit Informationen über mögliche Aktivitäten und umliegende Orte. Auch die roten Sofas im Eingangsbereich erinnern an eine Hotellobby, obgleich sie dort nicht in der gleichen Informalität genutzt werden. Auch unterscheidet bereits das altersunabhängige Duzen, das »Yoga-Du«, den Empfang des Aschrams von der Rezeption eines Hotels.

Bucht man ein Mehrbettzimmer oder den Schlafsaal, erinnern die Zimmer mit einfachen Holzstockbetten, Leselampe und Nachttischschränkchen eher an eine Jugendherberge. Hier markieren nur Abbildungen von Gurus mit Zitaten wie: »I have one advice for all: meditate« oder »Achtsamkeit«, einen Unterschied. Die tägliche Schweigepflicht von 23:00 bis 7:00 Uhr erinnert ebenfalls an die übliche Nachtruhe und auch im Aschram kommt es vereinzelt vor, dass des Nachts Bewohner/-innen unbemerkt zu einer Feuerstelle hinter dem Haus schleichen.

Altäre, Zeremonien und Mantra-Singen legen, auch in Verbindung mit den andächtigen Umgangsweisen, den Vergleich zu Kirchen und Tempeln nahe. Ein zentraler Unterschied findet sich indes bereits in der kontinuierlichen Erläuterung und Kommentierung nahezu aller rituellen Handlungen im Aschram, die zuweilen an den Sprechertext einer Dokumentationssendung erinnern. Ist dies, wie bei größeren Satsangs, nicht möglich, wird zu Beginn häufig gefragt, wer zum ersten Mal hier sei, und für diese Teilnehmer/-innen eine kleinere Einführungsveranstaltung im Nebenraum angeboten.

Der eher informelle Stil – welcher sich in der bequemen Kleidung (bspw. Pyjama oder Jogginghose) widerspiegelt und mit dem Verzicht auf einige sonst übliche Techniken der Imagepflege und Selbstdarstellung einhergeht – sowie die Ausrichtung auf die Innenschau mit ihren abweichenden Interaktionsordnungen, etwa beim gemeinsamen Essen im Schweigen, ließen auch den Vergleich zu psychiatrischen Kliniken zu. Allerdings wird mit individuellen Besonderheiten von Teilnehmenden in diesen beiden Kontexten sehr unterschiedlich umgegangen. Lebenskrisen etwa unterliegen im Aschram anderen Deutungsmöglichkeiten, die sich bspw. mit Platons

---

13 Genauer gesagt werden diese im »Energie-Körper«, dem *»sūkṣma śarīra«* auf der Ebene des *»prāṇamaya kośa«* verortet. Entsprechend sind auch die einzelnen Stockwerke des Hauses mit den Sanskrit-Bezeichnungen der einzelnen Chakras benannt; von unten nach oben: *mūlādhāra, svādhiṣṭhāna, maṇipūra, anāhata, viśuddha, ājñā* und *sahasrāra cakra*.

Höhlengleichnis verdeutlichen lassen. Verwirrung und fehlende Orientierung im Alltagsleben kann hier auch mit dem Zurückkommen in das Dunkel der Höhle zusammenhängen und durch das Sehen einer höheren Wahrheit ausgelöst werden (vgl. Politeia 514a). Was bspw. in dem einen Kontext als Tinnitus behandelt wird, kann im Aschram als Hören spiritueller *anāhata*-Klänge interpretiert und damit dann auch anders umgegangen werden.

Goffman (1961a: 11) hatte psychiatrische Kliniken als totale Institutionen beschrieben: „A place of residence and work where a large number of like-situated individuals, cut off from the wider society for an appreciable period of time, together lead an enclosed, formally administered round of life." Auch im Aschram fallen die Sphären von Arbeit, Freizeit und Schlafen zusammen. Würde man allerdings Spiritualität mit psychischer Krankheit vergleichen, dann wäre der Mitarbeiterstab deutlich stärker betroffen als die anderen ‚Insassen'. Ein noch bedeutenderer Unterschied liegt aber in der Freiwilligkeit aller Anwesenden, die jederzeit den Aschram verlassen und an der nächsten Bude eine Bratwurst mit Bier bestellen könnten. Dies ist insofern zentral, als teilweise auch hier Prozesse von „disculturation" und „mortification" (Goffman 1961a: 13 f.) zu beobachten sind, diese aber nicht unter Zwang, sondern durch Selbstverpflichtung zustande kommen. Insofern spricht Preston (1988: 102 f.) bei der Analyse eines Zen-Klosters von „self-mortification". Aber auch eingedenk dieser maßgeblichen Unterschiede kann der Aschram mit Goffman (1961a: 12) als „a natural experiment on what can be done to the self" gesehen werden und wird mit Blick auf die *spirituelle Konstruktion von Wirklichkeit* genau als solcher zum Untersuchungsgegenstand dieser Studie.

Diese ersten vergleichenden Annäherungen schließen mit der Beschreibung einer Situation aus meiner Mithilfe. Dieses kleine Beispiel aus der Gartenarbeit verweist auf die Anpassungen und Adaptionen von Yogapraktiken an konkrete Gegebenheiten und Situationen sowie die Vermischung unterschiedlicher Bedeutungsräume: zwischen wissenschaftlich-technischen, spirituellen, organisationalen und ökologischen Deutungen, die im Alltag des Aschrams auch in anderen Situationen und Kontexten immer wieder ausgehandelt werden:

> Beim »Karma-Yoga« im Gartenteam schnitten wir Büsche und Bäume an einem kleinen Tümpel und säuberten den Weg, auf dem man um diesen gehen konnte, vom Geäst. Die Arbeit ging einige Tage gut voran und wurde von den Bewohner/-innen des Aschrams positiv kommentiert. Durch unsere Tätigkeit habe sich auch die »Energie« des kleinen Sees verändert, diese sei »angehoben« worden. Davor sei es ein »dunkles Energieloch« gewesen, während man nun gerne dort spaziere. Einer der Mitarbeiter platzierte sieben große Wurzeln in einer V-Form am Ufer. Diese sollten die Chakras symbolisieren und über die Spezifik der geometrischen Form eine besonders positive Energie herstellen. Unsere Tätigkeit wurde aber auch als ein Eingriff in die Natur gesehen und einige gaben zu bedenken, dass dies den Unterschlupf für viele Tiere raube, weshalb wir begannen, kleine Inseln mit dem Gestrüpp, Holzresten und Laub hinter einigen Bäumen anzulegen. Daraufhin herrschte Zufriedenheit, ganz im Gegensatz zur Reaktion auf das Verbrennen der trockenen Äste, was wir am Tag zuvor kurz begonnen, aber aufgrund von Beschwerden sofort wieder abgebrochen hatten. Energie spielte auch in Gesprächen bei der Arbeit

eine wichtige Rolle, einerseits bezüglich der Art und Weise, wie die Bäume und Sträucher zu behandeln seien, andererseits im Hinblick darauf, wie man mit sich selbst bei der Arbeit umgeht, Pausen macht, Mantras rezitiert oder Störungen Vorrang gibt. Als sich einige Mitarbeiter/-innen zu uns gesellten, kamen wir auf die Energie des Handysendemastes zu sprechen. Stefan gab zu bedenken, dass dieser ja »paradoxerweise Europas größten Yoga-Aschram schmückt«. Miriam, die schon länger im Aschram lebte, erzählte, dass ihr Zimmer einmal direkt in der Nähe dieses Mastes gewesen sei, sie dies aber nicht in der Meditation oder beim Schlafen gestört habe. Andere Mitarbeiter/-innen hingegen könnten die »negativen Auswirkungen des Sendemastes spüren«. Der Vertrag sei noch aus den Zeiten der Kurklinik und im Moment noch nicht zu kündigen. Einige Aschram-Bewohner/-innen praktizierten aber – wie sie weiter ausführte – täglich eine spezielle »Energie-Meditation«, bei der sie ein goldenes Licht visualisieren, das den Handymast wie einen Zylinder einschließe, um mit dieser spirituellen Energie die negative Strahlung des Handymastes zu neutralisieren.

(Protokoll, Mithilfe im Yoga-Aschram, 2012)

2.3 Ethnomethodologische Ethnografie

Forschen gehorcht nicht allgemeinen Regeln – es verläßt sich bald auf den einen, bald auf den anderen Maßstab, und die Schachzüge, die es fördern, werden dem Forscher oft erst nach Vollendung der Forschung klar.

(Feyerabend 1986: 376)

Dieses Kapitel[14] beginnt mit der Frage, inwiefern konkrete Körperübungen und ,innere' spirituelle Erfahrungen im Yoga zum Untersuchungsgegenstand einer soziologischen Betrachtung werden können und warum sie dies überhaupt sollten. Eine ethnomethodologische Antwort, die im Verlauf des Kapitels herausgearbeitet wird, vereinfacht die Lage nicht unmittelbar. Denn das methodische Instrumentarium zur Beobachtung und Analyse, so die Überlegungen zum „unique adequacy requirement of method" (Garfinkel/Wieder 1992: 182), soll erst anhand der spezifischen Untersuchungsgegenstände entwickelt werden. Hinzu kommt, dass bisher kaum methodologische Engführungen oder programmatische Handbuchartikel für eine solche Vorgehensweise vorliegen.[15] In dieser Hinsicht behandelt dieses Kapitel zweierlei: Zum

---

14 Einige der folgenden Überlegungen sind im intensiven Austausch mit Robert Mitchell (Universität Mainz) entstanden. Diese wurden in zwei gemeinsamen Vorträgen 2015 in Frankfurt, „(Ab)Wege bei der Forschung mit dem ,eigenen' Körper", und in Kolding, „Ethnomethodology's Body", vorgestellt (vgl. Mitchell/Eisenmann 2015a; 2015b). Weitere gemeinsame Überlegungen, im Austausch mit Christian Meier zu Verl (Universität Konstanz), wurden in einem gemeinsamen Panel „Ethnomethodology and Ethnography" auf der IIEMCA 2019 in Mannheim vorgestellt.
15 Allerdings gilt es einerseits festzuhalten, dass eine Vielzahl früher ethnomethodologischer Arbeiten Ethnografien sind. Andererseits sind Diskussionen zum Verhältnis von Ethnografie und Ethnomethodologie sehr unterschiedlich und teilweise kontrovers (exemplarisch: Dingwall 1981; Pollner/Emerson 2001; Schindler 2018). Für ähnliche Überlegungen und begriffliche Engführungen siehe ferner u. a. Eisenmann et al. 2019; Meier zu Verl 2018; Meyer 2015a/b; Meyer/Schareika 2009; Oberzaucher 2018; Meier zu Verl et al. 2020.

einen geht es um grundlegende Fragen der Methodologie und Sozialtheorie, die sowohl mit Blick auf soziologische Praxistheorien als auch mit Blick auf methodische Konsequenzen als *ethnomethodologische Ethnografie* eingeführt und verortet werden. Zum anderen werden diese Überlegungen entlang meiner konkreten Feldforschung und in Bezug auf die Herausforderungen und Praktiken im Umgang mit subjektivem Erleben und körperlichen Praktiken in der Yogapraxis entwickelt. Im Sinne einer Hybridstudie (Garfinkel 2002) geht es um die Reflexion und Parallelisierung der Methoden des Feldes mit denen der soziologischen Analyse, wobei auch die Rolle der Forschenden genauer betrachtet wird. Zielsetzung ist eine gegenstandsangemessene Forschung, die sowohl in der Soziologie als auch im Yoga anschlussfähig sein kann und in beiden Feldern einen potenziellen Erkenntnisgewinn anbietet. Darüber hinaus leistet diese Forschungsarbeit auch einen zentralen Beitrag zur qualitativen Methodenentwicklung im Vollzug einer ethnomethodologischen Ethnografie.

2.3.1 Auf dem Kopf stehende Körper und das *missing what*

Soziologische Untersuchungen von Körperpraktiken und inneren Bewusstseinszuständen sind theoretisch wie methodologisch voraussetzungsreich. Mit welchem analytischen Instrumentarium begreift man etwa eine Gruppe von Menschen, die einige Minuten lang nicht viel mehr zu tun scheinen, als auf dem Kopf zu stehen? Lässt sich diese Tätigkeit als eine Form sozialen Handelns, als Interaktion, Kommunikation oder als eine soziale Praxis beschreiben und was ist der analytische Gewinn der jeweiligen Verortung?

Auf dem Kopf stehende Körper und ihr jeweiliges Bewusstsein können auf verschiedenen Ebenen für soziologisch Forschende interessant werden. Beispielsweise dann, wenn Yogalehrer/-innen mit den Händen die Teilnehmer/-innen korrigieren bzw. Hilfestellungen geben, um in die Position hineinzugelangen (vgl. etwa zur Korrektur von *Taijiquan* und Akrobatikfiguren Brümmer/Mitchell 2014), oder wenn das unbeabsichtigte Umfallen aus dem Kopfstand zu einer Mitteilung für andere wird. Auch dann, wenn der Kopfstand sprachlich angeleitet wird und bspw., wie dies Hauser (2013) in einer Studie verfolgt, verschiedene Unterrichtsstile auf ihre je spezifischen kulturellen und historischen Kontexte und zugrunde liegende Annahmen, etwa der Gesundheit, befragt werden. Oder wenn Körperübungen in sozialen Situationen vermittelt und gelernt werden und aus deren Betrachtung auf implizites Körperwissen und den Erwerb von notwendigen Sehfertigkeiten (Goodwin 2001) geschlossen wird (vgl. am Beispiel der Kampfkunst Schindler 2011a).

Der soziologische Blick wird auch dann relevant, wenn Körperhaltungen und ihre Bedeutungen in Alltagsgesprächen thematisiert werden – wenn sich bspw. eine Praktizierende darüber freut, ihre Angst vor dem Kopfstand überwunden zu haben und dies als einen bedeutenden Schritt auf ihrem »individuellen Yogaweg« für mitteilungswürdig erachtet; oder wenn ein Praktizierender beim Kopfstand von intensiven »spirituellen Erfahrungen und Energieströmen« berichtet, die ihn aus seiner »Alltagswelt herausgerissen« haben und welche er kaum mit Worten beschreiben könne. Fragen nach Spiritualität und dem Körperbezug können auch in einen Leitfaden für Interviews aufgenommen werden. In der Studie von Schnäbele (2009) zeigte sich in entsprechenden Interviews u. a., dass Yogapraktizierende ihren Körper als einen „Tempel" neu entdecken und bei Übungen, wie dem Kopfstand, eine Form von „Flow" (Csikszentmihalyi 1985) erleben können. Konecki (2016) verdeutlicht darüber hinaus, wie sich Deutungen wandeln und Praktizierende mit gesundheitlichen Motiven beginnen können und sukzessive Yoga vermehrt als eine Art „Para-Religion" erleben (zum gegenwärtigen Yoga in Polen ausführlicher Konecki 2015).

Yogaübungen können auch im Kontext von Diskursen – u. a. vermittelt über Zeitschriften, Zeitungsartikel und Yogabücher – betrachtet werden, etwa wenn in einem Artikel der Zeitschrift „Viveka" (2002: 17) die historische Authentizität des Kopfstandes selbst infrage gestellt und die häufig betonten medizinischen Wirkungen als „Mythos" bezeichnet werden und stattdessen auf gesundheitsgefährdende Aspekte hingewiesen wird. In diese Richtung können auch die historische Genese von Yoga und die Bedeutung der Medikalisierung oder die globalen Verflechtungszusammenhänge des *making of Modern Yoga* in den Blick genommen werden (vgl. De Michelis 2004; Strauss 2005; Singleton 2010; Newcombe 2008; Baier 2012 sowie die Einleitung dieser Arbeit Kap. 1). So lassen sich etwa auch die dem Kopfstand zugrunde liegenden Konzeptionen des Verhältnisses von Körper und Geist im sozio-historischen Kontext und ihr Wandel zwischen Orient und Okzident sowie zwischen Tradition und Moderne in den Blick nehmen (vgl. hierzu kritisch Alter 2004). Diese lassen sich ferner im Kontext gegenwärtiger gesellschaftlicher Entwicklungen, etwa in der Studie von Jain (2015) im Rahmen einer *consumer culture* oder im Kontext von Subjektivierungsdiagnosen, etwa im Sinne von Knoblauchs (2009) populärer Spiritualität, betrachten (vgl. hierzu bspw. die Untersuchung von Yoga in spanischen Gefängnissen: Griera 2017).

Diese Aufzählung von Beispielen verweist darauf, dass verschiedene Fragestellungen und (theoretische) Blickwinkel entsprechend mit unterschiedlichen methodologischen und methodischen Zugängen von Beobachtung, Interaktionsanalyse, Interviews, Dokumenten- und Diskursanalyse etc. korrespondieren und dabei unterschiedliche Bereiche des Phänomens beleuchten, wobei gilt, dass „alle Methodologien, auch die einleuchtendsten, ihre Grenzen haben" (Feyerabend 1986: 382).

> If the scientist had an infinity of time at his disposal, it would be sufficient to say to him, 'Look, and look carefully.' But, since he has not time to look at everything, and above all to look carefully, and since it is better not to look at all than to look carelessly, he is forced to make a selection. The first question, then, is to know how to make this selection.
>
> (Poincaré 1914: 10)

Die zuvor beschriebenen selektiven Zugriffe auf das Phänomen, die sich idealerweise auch wechselseitig komplementieren können, hängen dabei also vom Erkenntnisinteresse ab, aus dem folgt, wie der Kopfstand, bzw. Yoga und Spiritualität, z. B. als historische Genese, Dispositiv, Diskurs, Semantik, Praxis oder Wissenssystem in den Mittelpunkt der Betrachtung gerückt werden. Obgleich die genannten Beispiele bereits sehr nahe am Geschehen orientiert sind, haben sie dennoch gemeinsam, dass die *konkrete Praxis*, in diesem Fall: auf dem Kopf stehende Körper und ihre Erfahrungen mit ihrer situierten Leiblichkeit und ihrer kunstvollen, sozial situierten Praxis – das *doing* Kopfstand –, eher weniger zum expliziten Gegenstand der Betrachtung werden. Die Körperübungen bilden häufig eine nicht weiter hinterfragte Voraussetzung oder werden zu einem nicht weiter thematisierbaren Rest, sozusagen zu einem Epiphänomen des soziologischen Zugriffs.[16] Schnäbele (2009: 136), deren bereits genannte Studie auf Interviews basiert, merkt in ihren theoretischen Vorbemerkungen an:

> Das Nicht-Sprechen, die innere Stille, muss irgendwann, spätestens im Interview, ausgesprochen werden, um sie zu behaupten, doch in dem Moment wird ihre Besonderheit aufgelöst, da sie in Diskursivität gefasst wird. Ihre Qualität als Schweigen wird in der verbalen Reproduktion notwendigerweise verfehlt, denn die Erfahrung der Stille ist unsichtbar und unhörbar.

Ähnlich wie Marion Müller (2014: 26) zum Fußball feststellt, dass mit einem interaktions- oder kommunikationstheoretischen Instrumentarium der „praktische Vollzug des sportlichen Leistungsvergleichs, wie der Kampf um den Ball, das Passspiel oder auch der Schuss aufs Tor, nicht zufriedenstellend analysiert werden können", entzieht sich die zentrale Tätigkeit der Yogapraxis, die Schnäbele als „Nicht-Sprechen" und „innere Stille" beschreibt und die erst im Nachhinein als eine kommunikative Form zum Gegenstand der Betrachtung wird.

---

16 Dies trifft keineswegs auf alle zuvor zitierten Studien zu, bei deren unterschiedlichen Zugängen es sich u. a. dezidiert um Annäherungen an die praktischen Phänomene der Körperpraxis handelt. So positioniert sich bspw. Sophie M. Müller (2016: 29) in ihrer Studie zum Ballett, „Körperliche Un-Fertigkeiten", im Anschluss an körpersoziologische Studien sowie „an das praxistheoretische Interesse an der Vermittlung impliziten Wissens (z. B. Schindler 2011a) und damit in engerem Sinne an die neuere praxeologische Bildungsforschung in Deutschland (siehe dazu z. B. Alkemeyer et al. 2015). Gemeinsam ist den dort in den letzten Jahren entstandenen Arbeiten, dass sie sich gegen eine kognitivistisch verengte Vorstellung von Lernen und Bildung wenden. Stattdessen wird Wissensvermittlung als situiert, körperlich und in materielle Gefüge eingelassen begriffen und empirisch untersucht." Wie im weiteren Verlauf des Kapitels deutlich wird, schließt auch meine Studie dezidiert an dieses Forschungsprogramm an, welches zum einen durch die Einbeziehung von Interaktionsanalysen betont, dass Lernen eine soziale Praxis ist (vgl. auch Wiesemann 2000), und zum anderen, dass Subjekte auch einen Körper haben. Allerdings geht das „praxistheoretische Interesse" einiger dieser Studien mit Blick auf den vorliegenden Untersuchungsfall, d. h. die körperorientierte Praxis von Spiritualität im Yoga, nicht weit genug. Dies ist auch der Grund, warum ich in diesem Kapitel stattdessen zunächst von einer Kritik und einer ethnomethodologischen Infragestellung sozialer Sachverhalte und ihren bisherigen soziologischen Beschreibungen ausgehe (vgl. Garfinkel 2002), um von hier aus die Perspektivierung dieses sehr spezifischen Forschungsgegenstands grundlegend neu zu entwickeln.

In diesem Sinne kritisierte bereits Sudnow (1978), dass bei Studien zu Musik und Jazz das gemeinsame Musizieren und die verkörperte Praxis des Klavierspielens selbst aus der Betrachtung verschwinden. Sudnow und Garfinkel bezeichnen diesen Umstand als „missing what" (vgl. ausführlicher Bergmann 2005). Mit dem *missing what* wird in der Ethnomethodologie eine grundlegende Kritik an einer Soziologie formuliert, die als FA (*formal analysis*) bezeichnet wird (vgl. Garfinkel 2002). Diese Kritik zeichnet sich dadurch aus, dass in der sogenannten ‚formalen Soziologie' theoretische und methodische Vorannahmen den Gegenstand bereits vor dem Beginn der Untersuchung insofern bestimmen, als die konkrete Praxis, welche die Untersuchungsgegenstände als solche erst hervorbringt, nur noch sehr bedingt sichtbar werden kann. „Where conventional social science takes for granted the availability of the activities it describes, ethnomethodology seeks to examine their ‚possibility'." (Hester/Francis 2007: 6)

Mit den „tutorial problems" liefert Garfinkel (2002: 145 ff.) einige Beispiele zur Veranschaulichung dieses Problems und Sachverhalts, mit denen deutlich wird, dass es um ganz grundlegende Mechanismen der sozialen Hervorbringung geht, die durch die Ethnomethodologie in den Blick gerückt werden. Einer davon ist das rhythmische Klatschen zu einem Metronom, welches auf Video aufgezeichnet wird. Betrachtet man nur das Video, dann liegt die Beschreibung nahe, dass hier eine Person dem Takt, den das Metronom vorgibt, folgt. Versucht man sich aber selbst an dieser scheinbar einfachen Tätigkeit – und dieser eigene Vollzug ist für das Verständnis entscheidend –, dann wird schnell klar, dass man bereits geklatscht haben muss, bevor der Piep- oder Klick-Sound des Metronoms überhaupt erst ausschlägt, und dass dies zu Beginn (insbesondere für Nicht-Musiker/-innen) gar nicht so einfach ist. Die Markierung der Zeit durch das Metronom verschwindet in der kompetenten Ausführung. Das Piep-Geräusch wird höchstens noch bei Fehlern und Abweichungen einer noch ungeübten Person sichtbar, bleibt aber ansonsten „unsichtbar und unhörbar", ganz wie die Meditation im Zitat Schnäbeles (2009: 136) oben. Auf dem Video wird aber in der Retrospektive die körperliche Arbeit und Übung, die nötig ist, um den Takt selbst *in situ* prospektiv herzustellen, nicht mehr sichtbar. Es wird bereits an diesem relativ einfachen Beispiel deutlich, dass das körperliche *Machen* – die Zeit, die man zum Klatschen braucht – für die Beobachtung und die Beschreibung Herausforderungen darstellt, da hier eben nicht dem Metronom – und damit metaphorisch gesprochen: nicht den Regeln der Gesellschaft – *gefolgt* wird (vgl. auch Rawls 2002: 33 ff.).

Das Beschreibungsproblem spiegelt sich in dem Problem einer Anleitung: „Folge dem Takt des Metronoms." Diese Anleitung ist nicht ausreichend, um die konkrete Tätigkeit nachzuvollziehen oder auszuführen, und verfehlt somit in der Beschreibung das Phänomen selbst. In der Anleitung und auch in einer Videoaufzeichnung – ein zentraler methodologischer Hinweis für ‚naturalistische' Videoanalysen (vgl. Hitzler/Böhringer 2021) – fehlt also etwas, das als *missing what* bezeichnet werden kann und was manchen vielleicht auch schon beim Versuch, anderen Anleitungen zu folgen – beispielsweise beim Aufbauen von Ikea-Schränken – begegnet ist.

Mit Blick auf das *doing* geht es daher nicht (nur) darum, Praktiken zu beschreiben, sondern zu zeigen, wie diese „seen but unnoticed" (Garfinkel 1967: 36), d. h. unmerklich und meist unhinterfragt, fortwährend den Untersuchungsgegenstand selbst hervorbringen und damit als solches überhaupt erst für alle Beteiligten beobachtbar und analysierbar, sprich: praktisch erklärbar (*accountable*), machen.

> Da aber nicht im vorhinein entschieden werden kann, worin diese als selbstverständlich hingenommenen, spezifischen Praktiken einer Arbeit bestehen, ist es methodisch nicht möglich, einfach auf die etablierten Verfahren der Datenerhebung und -verarbeitung und der Theoriebildung zuzugreifen. [...] Methoden (und Theorien), so die dahinter liegende Überzeugung, dürfen sich in keinem Fall vor die Gegenstände schieben.
>
> (Bergmann 2005: 644)

Folgt man diesen Gedanken und will die Yogapraxis selbst *als Phänomen* in die Betrachtung holen, wird die Frage, mit welchem Instrumentarium auf dem Kopf stehende Körper – bzw. Yoga und Spiritualität – soziologisch zu begreifen sind, nicht zum Ausgangspunkt der Untersuchung, sondern zum Ergebnis der Analysen in diesem Buch. Ganz analog zum Metronom ist es dabei entscheidend, dass die Arten und Weisen wie „persons organize themselves to do that, is not something that can be recovered from the recording. That they are doing this can be entirely missed if one does not actually try the exercise and discover it for themselves" (Rawls 2002: 34).

Dies gilt für Yoga im besonderen Maße, da sich sowohl Körper und Körperpraktiken, als auch damit zusammenhängende Bewusstseinszustände, Energien und spirituelle Erfahrungen der direkten soziologischen Beobachtung entziehen, wie im folgenden Abschnitt nochmals vertiefend ausgeführt wird.

2.3.2 Praxistheorien und die Unzugänglichkeit von Körpern und Bewusstseinszuständen

Mit der Zielsetzung, das *missing what* der Yogapraxis zu berücksichtigen, gilt es zu überlegen, wie dies soziologisch möglich ist. Denn in der Regel werden der Körper sowie die spirituellen Bewusstseinszustände einer Frau, die still und alleine in einer Höhle im Himalaya meditiert, um ein Beispiel zu nennen, nicht zum Gegenstand einer soziologischen Studie. Dabei ist es gerade diese konkrete Praxis des stillen Meditierens, die als zentral angesehen wird. So hat etwa Tenzin Palmo[17] im Sivananda Yoga-Aschram einen Vortrag zum Thema „On Meditation" (2012) gehalten, in dem sie erläutert: „It only comes through practice, and practice, and practice." Wir können nun diesen Vortrag, der auf YouTube online steht, analysieren, ihre Biografie „Cave

---

17 Tenzin Palmo, geb. 1943 in England, ist eine Nonne der Kagy-Schule des tibetischen Buddhismus. „She is best known for being one of the very few Western yoginis trained in the East." (URL: https://www.upaya.org/people/bio/jetsunma-tenzin-palmo ([Letzter Aufruf: 18.08.2021]).

in the Snow" (1999) als weiteres Datum hinzuziehen, sie interviewen oder ihr Kloster in Indien besuchen. Ihr Rückzug in eine Höhle im Himalaya auf 4.000m Höhe zwischen 1976 und 1988, wovon sie drei Jahre in völliger Isolation meditierte, wird aber – wie der Kopfstand zuvor – meist (nur) im sozio-kulturellen Kontext relevant, z. B. in Bezug auf die Geschichte des Buddhismus, Fragen der Wissensvermittlung oder Fragen des Geschlechts, als erste Frau einen solchen »Retreat« absolviert und ihre Position im ‚männlichen Buddhismus' etabliert zu haben. Nicht aber die konkrete Tätigkeit, das tagtägliche Meditieren, das sie selbst als das Entscheidende und Wichtigste betrachtet. Kenneth Libermann (1999: 55) formulierte das Problem einmal etwas zugespitzt: „The very topic of meditation can turn social scientists green in the face, to the point that there is a professional pressure to ignore it as a phenomenon." Dies gilt auf theoretischer Ebene gleichermaßen für die beteiligten Körper wie auch für die Relevanz inneren Erlebens, wie die folgenden Absätze verdeutlichen.

Mit Blick auf die Bedeutung der Körperlichkeit für die Soziologie spricht Spranger (2011) von einem „intellektualistischen Bias", den Lindemann (2005: 114 f.) einmal als „quasimentalistische Bornierung" bezeichnet hat, die dazu führe, dass für Sozialwissenschaftler/-innen die soziale Welt aus „körperlosen Engeln" zu bestehen scheine. Diese Tendenz lässt sich selbst in der Sportsoziologie und Sportwissenschaft finden, in der Körper, ihre Kopräsenz und konkrete Praktiken in den Analysen von Organisationen, Verbänden, Systemen und intentionalen Handlungsentwürfen weitestgehend unberücksichtigt bleiben (vgl. hierzu kritisch Brümmer 2010; sowie Müller 2014, 2015).

Ein zentrales Korrektiv bildet der sogenannte *practice turn* (vgl. Schatzki et al. 2001; Reckwitz 2003; Schmidt 2012; Alkemeyer et al. 2015), im Zuge dessen die Berücksichtigung von Körperlichkeit und *embodiment* einen immensen Aufschwung erlebte (vgl. auch Gugutzer 2006; Meuser 2006). In kritischer Abgrenzung diskutieren hierbei die unterschiedlichen Praxistheorien einen Körper-Geist-Dualismus, der, je nach Autor/-in, bereits auf Plato oder Aristoteles zurückgeführt wird und in Descartes' *res cogitans* vs. *res extensa* als *Leitbild der westlichen Moderne* zu kulminieren scheint. Allerdings garantiert diese Kritik und die Beschäftigung mit Körperlichkeit an sich noch keine Überwindung von grundlegenden analytischen Dualismen, die Sozialtheorien auch implizit zugrunde liegen (vgl. Eisenmann 2008). Böhle und Porschen (2011: 64 f.) weisen darauf hin, dass neben der „viel zitierte[n] Körper-Geist-Dualität", eine weitere Dichotomie noch zu überwinden sei, und zwar:

> Die – bei aller neuen Thematisierung von Gefühl und Emotion – tief verankerte Unterscheidung zwischen der auf die ‚äußere' Welt ausgerichteten, verstandesmäßig geleiteten Erkenntnis und der hiermit verbundenen objektiven Wahrnehmung von Informationen einerseits, sowie dem auf die ‚innere' Welt bezogenen empfindenden und gefühlsgeleiteten Erleben und der hiermit verbundenen Sinnlichkeit andererseits.

Zielsetzung wäre es daher, dem „Körper als Medium der Erkenntnis und Grundlage der Genese von Wissen Aufmerksamkeit zu schenken" (Böhle/Porschen 2011: 64 f.), wie es auch Wacquant (2005) im Sinne einer „carnal sociology" fordert. Eine dafür notwendige Sozialtheorie kann allerdings nur anhand von Untersuchungsgegenständen entwickelt werden, wenn man bedenkt, dass sich eine „Theorie der Praktiken [...] auf andere Weise ins Verhältnis zu ihrem Gegenstand setzen [muss] als Formen soziologischer Theorie, die sich empirischem Stress entziehen" (Hirschauer 2004: 89). Die Zentralität von Körperpraktiken im Yoga bildet hierfür einen idealen Forschungsgegenstand, ein „perspicuous setting" wie Garfinkel (2002: 185) sagen würde, oder, im Sinne von Alkemeyer (2006), ein „Laboratorium".

Ähnliches gilt für die Frage nach »inneren Erfahrungen«, deren Trennung vom Körper als grundlegendes Problem zu diskutieren ist (vgl. Kap. 5). Wenn man die Ausrichtung der Körperpraktiken im Yoga auf Bewusstseinszustände und damit auf Spiritualität fokussiert, spitzen sich die Herausforderungen weiter zu. Auch von dieser Seite der Medaille stößt man auf Formen der Körper-Geist-Dualität, wie sie idealtypisch bspw. bereits in Hegels (1835: 295) Kritik an Schleiermacher zum Ausdruck kommt: Wäre nämlich das Gefühl, im Gegensatz zur Vernunft, die Grundlage der Religion, schreibt Hegel, dann „wäre der Hund der beste Christ [...]. Auch Erlösungsgefühle hat der Hund, wenn seinem Hunger durch einen Knochen Befriedigung wird [...], nur der freie Geist hat Religion und kann Religion haben." Ganz anders hat Mauss (1935: 220) in explizitem Bezug auf Yoga festgehalten, dass es als

> Grundlage all unserer mystischen Zustände Techniken des Körpers gibt, die noch nicht untersucht worden sind, und die in China und Indien ausgezeichnet studiert wurden, und zwar zu einer sehr frühen Zeit. Diese sozio-psycho-biologische Untersuchung des Mystischen muß unternommen werden.

Eine Untersuchung, die auch Eliade (1938) mit Blick auf den Yoga vorschlägt. Wenngleich es bereits schwierig scheint, den Körper in die soziale Greifbarkeit zu rücken, gilt dies ungleich mehr für spirituelle Erfahrungen, die Mauss als „mystische Erfahrungen" beschreibt. Diese entziehen sich nicht nur qua ihrer Innerlichkeit im Bewusstsein, sondern auch über ihren Transzendenzbezug und somit *per definitionem* der empirischen Beobachtbarkeit. Entsprechend bildet die Unbeschreibbarkeit bereits bei James ([1902] 2012) ein zentrales Merkmal mystischer Erfahrungen.

Im Rahmen seiner phänomenologischen Untersuchung hatte Otto (1917: 6) zu Beginn seiner Überlegungen den Leser noch dazu aufgefordert, sich eines Momentes „starker und möglichst einseitiger religiöser Erregtheit zu besinnen". Er führte weiter aus: „Wer das nicht kann oder wer solche Momente überhaupt nicht hat, ist gebeten, nicht weiter zu lesen." Die Religionssoziologie aber entwickelte sich bezüglich ihres Gegenstandes von einer auf Erfahrungen ausgerichteten Wissenschaft hin zu einer handlungstheoretischen und schließlich – im Zuge des *linguistic turn* – zu einer kommunikationssoziologischen Betrachtung (vgl. Krech 1999).

Die Abgrenzung von psychologischer oder bewusstseinsphilosophischer Innerlichkeit ist ferner Konstitutionsmerkmal der Soziologie als Wissenschaft. Dies gilt auch für die Ethnomethodologie: „[T]here is no reason to look under the skull since nothing of interest is to be found there but brains." (Garfinkel 1963: 190) Ohne dies generell infrage stellen zu wollen, ist man nichtsdestotrotz beim Yoga mit einem Feld konfrontiert, in dem die »eigene Erfahrung von Spiritualität« in den Mittelpunkt der Praxis rückt. Will man diese, im Sinne des *missing what*, nicht ignorieren, dann müssen die diesbezüglichen Praktiken methodologisch berücksichtigt werden.

2.3.3 Ethnografie und das *unique adequacy requirement*

> Es ist mein dritter Besuch im Yoga-Aschram und ich sitze auf der Couch im Zimmer von Martina, die seit zwei Jahren hier lebt und mit der ich mich bereits bei meinem letzten Besuch häufig unterhalten hatte. Gerade hat sie mir ihre frisch umgetopften Blumen gezeigt und leitet relativ unvermittelt ein neues Gesprächsthema ein, über das wir bereits bei meinem letzten Besuch kurz gesprochen hatten: »Wie willst du eigentlich eine Doktorarbeit über Yoga schreiben, wenn du nicht einmal sattvisch lebst?« Ich denke, dass sie wohl meinen unausgesprochenen Wunsch nach einer Zigarette oder den Geruch von meiner letzten Zigarette am Bahnhof gerochen haben muss, während sie hinzufügt: »Das wäre ja so, als ob du eine Doktorarbeit über einen Apfel schreibst und noch nie einen Apfel gegessen hast.« Sie erläutert umfangreich, dass Yoga nicht (nur) in den zwei Stunden auf der Yogamatte stattfinde, sondern »ständig und immer«. Die Tatsache, dass ich rauche (nicht-sattvisch) sei eine Flucht davor, die Dinge »so anzuschauen wie sie sind«. Hinzusehen – ohne jedwede »Vernebelung« – »was jetzt gerade in diesem Moment ist«, sei, wie sie weiter ausführt, sowohl die Voraussetzung als auch die Zielsetzung des Yoga. Es fällt mir im Verlauf des Gesprächs immer schwerer, mich herauszureden, denn leider muss ich ihr zustimmen. Glücklicherweise insistiert sie nicht weiter, sondern fragt, ob ich Eckhart Tolles (1997) Buch „The Power of Now" kennen würde? Dieses würde sehr gut einen ersten Eindruck davon vermitteln, worum es eigentlich gehe: nämlich um das, was im »Hier und Jetzt« sei.
>
> (Gesprächsprotokoll, Yoga-Aschram, 2011)

Das kurze Gespräch aus einer frühen Phase meiner Feldforschung, das mir noch heute – zehn Jahre später – sehr deutlich vor Augen steht, gibt nicht nur einen ersten Einblick in gewisse Erwartungen der Lebenswelt des Yoga-Aschrams. Es lässt sich auch auf eine Reihe von Punkten beziehen, die in diesem Kapitel diskutiert werden. Was ich im Abschnitt zuvor als *missing what* eingeführt habe und auf eine notwendige Teilnahme- und Mitspielkompetenz – im Sinne der *unique adequacy* – verweist, findet sich hier als eine Aufforderung des Feldes: »Den Apfel selbst zu essen.« Es handelt sich folglich keineswegs (nur) um abstrakte methodologische Postulate, sondern diese werden als konkrete Anforderungen relevant, da im Yoga die *eigene Praxis* und die damit verbundenen Erfahrungen im Zentrum stehen.

Auch das »im Moment Gegebene« radikal ernst zu nehmen und die ständige Bemühung, die Dinge als das zu »sehen«, was sie »wirklich sind«, erinnert nicht unmerklich an das Diktum von Husserl ([1910/11] 1985: 10): „Wir wollen auf die ‚Sachen selbst' zurückgehen." Es gehe also darum, „die Sachen nicht indirekt, in den Reden anderer über die Sachen [zu] studieren, sondern an sie selbst heran[zu]treten, sie selbst sprechen und uns von ihnen selbst belehren [zu] lassen" (Husserl [1905] 2004: 8). Ferner zeigt sich eine Parallele zur „haecceitas", mit der Garfinkel auf die

Einzigartigkeit und Besonderheit von sozialen Situationen im Hier und Jetzt hinweist (vgl. ausführlicher Kap. 2.3.4). Diese Konvergenzen und auch einige Unterschiede zwischen Yoga- und Feldforschungspraktiken werden im anschließenden Unterkapitel anhand der Meditationspraxis genauer betrachtet, während im Folgenden die Bedeutung der Teilnahmekompetenz und ihre methodologischen Konsequenzen und die dabei zugrundliegenden Verständnisse von Ethnografie besprochen werden.

Die Frage nach dem eigenen Nachvollzug, dem *becoming member*, lässt sich auch in Bezug zum oben zitierten phänomenologischen Zugang bei Otto (1917: 6 ff.) diskutieren. Obgleich „möglichst einseitige religiöse Erregtheit" als eine Vorbedingung zum Weiterlesen übertrieben sein mag und es vielleicht eher darum geht, einen Sachverhalt so zu beschreiben, dass Menschen, denen ein Phänomen fremd ist, ein Verständnis davon entwickeln können, möchte ich seinen Ausführungen – seiner Warnung zum Trotz – weiter folgen:

> Denn wer sich zwar auf seine Pubertätsgefühle, Verdauungsstockungen oder auch Sozialgefühle besinnen kann, auf eigentümlich religiöse Gefühle aber nicht, mit dem ist es schwierig Religionskunde zu treiben. Er ist entschuldigt, wenn er für sich versucht mit den Erklärungsprinzipien, die er kennt, soweit zu kommen wie er kann, und sich etwa ‚Ästhetik' als sinnliche Lust und ‚Religion' als eine Funktion geselliger Triebe und sozialen Wertens oder noch primitiver zu deuten. Aber der Ästhetiker, der das Besondere des ästhetischen Erlebens in sich selber durchmacht, wird seine Theorien dankend ablehnen, und der Religiöse noch mehr.

Die Frage, die sich in diesem Sinne für eine Untersuchung zum Yoga stellt, ist, inwiefern die wissenschaftlichen Beschreibungen noch etwas mit dem Erleben und den Relevanzen von spirituellen Yogapraktizierenden zu tun haben oder ob diese nicht vielmehr sagen würden, dass diese Untersuchung den Gegenstand verfehlt. Dies soll keineswegs bedeuten, dass die Teilnehmer/-innen der Untersuchung die wissenschaftlichen Deutungen *als Wissenschaft* beurteilen könnten oder sollten. So halten Amann und Hirschauer (1997: 33 f.) für Ethnografien fest, dass die „Güte- und Relevanzkriterien [...] *ausschließlich* durch disziplinäre Akzeptanzbedingungen für ethnographisches Wissen bestimmt" werden und „epistemologisch bedeutsame Differenzen" zwischen den Sinnstrukturen der Akteure „und den durch soziologische Aufzeichnungen erzeugten Sinnstrukturen von Beschreibungen" verbleiben.

Meines Erachtens ist dieser Argumentation bezüglich der Gütekriterien (als Konstitutionsbedingung der Eigenständigkeit von Wissenschaft) und auch mit Blick auf epistemologische Differenzen durchaus zu folgen. Allerdings lässt sich die hervorgehobene Ausschließlichkeit in Bezug auf Relevanzkriterien im Sinne der *Gegenstandsangemessenheit* weiter hinterfragen. Denn auch für Amann und Hirschauer (1997: 20) sind es die Relevanzen des empirischen Feldes, die Methode und „Methodizität ethnographischer Wissensproduktion" festlegen. Es gehe aber dabei nicht vorrangig um die Möglichkeit, „die Welt der Anderen mit deren Augen zu sehen, sondern diese Weltsichten als ihre gelebte Praxis zu erkennen" (1997: 24).

Der Fokus bei Amann und Hirschauer liegt auf der notwendigen (auch normativen) Distanzierung, der De-Zentrierung des Subjekts und der Befremdung der eigenen Kultur, die keineswegs zu vernachlässigen sind. Jedoch erscheint in einigen Untersuchungsfeldern, wie dem Yoga, die andere Seite dieser Medaille eine viel größere Herausforderung darzustellen. Praktiken lassen sich noch viel weniger als „gelebte Praxis" erkennen, wenn ihre Details und Spezifik in einer distanzierenden Außenperspektive überhaupt nicht mehr sichtbar werden, wenn man etwa »einen Apfel« noch nie probiert hat. Vor der „Entfaltung einer Differenz zwischen Teilnehmer- und Beobachterverstehen" (Amann/Hirschauer 1997: 24) geht es zunächst um die Frage, ob man überhaupt eine Teilnehmerperspektive entwickeln kann. Auch Amann und Hirschauer (1997: 21 ff.) verweisen, u. a. in Bezug auf Clifford (1993), auf das ständige „Hin- und Herlavieren zwischen dem ‚Inneren' und dem ‚Äußeren' von Ereignissen", zwischen einem „going native" und „coming home". Dieses Wechselspiel lässt sich aber in der ethnografischen Praxis nicht so einfach auseinanderziehen, wie es hier programmatisch angelegt wird.

Eine anders gelagerte Fokussierung findet sich in der lebensweltanalytischen Ethnografie (vgl. Hitzler/Eisewicht 2016). Für Honer (1996: 40) ist es ein zentrales „Dilemma, daß das subjektive Wissen des anderen Menschen nicht ‚wirklich' direkt zugänglich ist, daß es aber trotzdem die wichtigste Datenbasis sozialwissenschaftlicher Untersuchungen darstellt." Die Unmöglichkeit der Überschreitung mittlerer Transzendenz lasse sich zwar nicht auflösen, allerdings schlägt sie eine Kompensation vor, und zwar den methodischen Versuch, „die Welt gleichsam durch die Augen eines idealen Typs (irgend-)einer Normalität hindurchsehend zu rekonstruieren." Dafür bedürfe es allerdings des Erwerbs der „praktischen Mitgliedschaft" und somit einer „existentiellen Innensicht".

Die *existenzielle Innensicht* ähnelt sehr der Teilnahmekompetenz, die als eine Grundvoraussetzung für das *unique adequacy requirement* der Ethnomethodologie gesehen werden kann. Honer setzt aber, wie auch viele andere Wissenssoziolog/-innen, tendenziell auf rekonstruktive Verfahren zur Analyse des *subjektiven Sinns*. Die bei Amann und Hirschauer (1997) zuvor zitierte Beobachtung der Praxis setzt jedoch auf eine De-Zentrierung des subjektiven Sinns, indem die beobachtbare und wechselseitig auch von den Teilnehmenden ganz konkret beobachtete *soziale Praxis* ins Zentrum der Untersuchung gerückt wird (vgl. auch Hirschauer 2016), da es unter der Schädeldecke, außer grauer Hirnmasse, nichts Interessantes zu finden gibt (vgl. Garfinkel 1963: 190).

Dies ist ein zentraler Unterschied, der auch in der Kommunikationstheorie bei Luhmann (1984) angelegt ist und an dem die ethnomethodologische Kritik rekonstruktiver Verfahren ansetzt. So erfährt man bspw. in Interviews eine Menge über die Arten und Weisen, wie Menschen über Geschehnisse berichten, wie diese Narrationen für sich selbst und andere bedeutsam werden oder eben in der spezifischen Situation eines Interviews erläutert werden – weniger jedoch über das alltägliche soziale Geschehen selbst. Bergmann (1985) hat dies am pointiertesten anhand der

Flüchtigkeit des sozialen Geschehens als zentrales Bezugsproblem formuliert und den Fokus auf die Herstellung von sozialer Ordnung im ‚tatsächlichen' Verlauf gelenkt. Um den inkrementellen Vollzug von konkreten Tätigkeiten und die *logic-in-use* in den Blick zu nehmen, bedarf es entsprechend (‚natürlicher') registrierter Daten. Beobachtungen von ethnografisch Forschenden (alleine) sind nicht nur in ihrer Genauigkeit und Kapazität begrenzt, sie bleiben auch tendenziell der Logik der Rekonstruktion verpflichtet. Dennoch bedarf es der ethnografischen Teilnahme- und Mitspielkompetenz, die hier allerdings eher als „Orientierungswissen" (Elwert 2003) der Interpretation und Analyse registrierter Daten dient (vgl. auch Greschke 2007; Meyer/Schareika 2009).

Auch an den Grenzregionen der Beobachtbarkeit bietet eine solche Perspektive spezifische Erkenntnismöglichkeiten. Ein Beispiel für einen solchen Aspekt liefert Bergmann (2000) selbst, der anhand von Konversionserzählungen (vgl. Ulmer 1988) zeigt, wie die „Darstellung des Nichtdarstellbaren" als praktisches *enactment* und damit eine Inszenierung der Unbeschreiblichkeit in Alltagsgesprächen gemeinsam hergestellt wird.

Der analytische Fokus auf soziale Praxis, auf gemeinsame und konkrete Tätigkeiten in ihrem Vollzug, bildet eine zentrale Grundlage dafür, was ich in diesem Kapitel als *ethnomethodologische Ethnografie* beschreiben möchte. Die Auseinandersetzung mit dem *unique adequacy requirement* reicht jedoch darüber hinaus. Zum einen bedarf es, wie bereits am Beispiel des Metronoms deutlich wurde, einer stärkeren Berücksichtigung dessen, was in registrierten Daten unbeobachtbar bleibt und was Hirschauer (2001) unter dem Bezugsproblem der *Schweigsamkeit des Sozialen* diskutiert hat. Daraus folgt eine gegenstandsangemessene Berücksichtigung des gesamten Spektrums analytischer Perspektiven von Autoethnografie bis zur ethnomethodologischen Konversationsanalyse (vgl. zu unterschiedlichen Formen autoethnografischer Praxisanalysen bspw. Müller S. M. 2016; Mitchell 2021). Zum anderen gilt es dabei genauer zu reflektieren, dass sich Forscher/-innen immer selbst in den *eigenen Daten* begegnen (vgl. Bergmann 1985).

Eine grundlegende Orientierung sowohl für diese Reflexivität als auch für die methodische Offenheit der ethnomethodologischen Ethnografie bietet die Parallelisierung von „doing sociology, lay and professional", mit der Garfinkel (1967: vii) die „Studies in Ethnomethodology" begonnen hat. Eine zentrale Überlegung dieser Parallelisierung ist, dass Soziolog/-innen keine Methoden oder Praktiken zur Verfügung haben, die sich grundlegend von denen der Alltagswelt unterscheiden (vgl. zum Hintergrund Schütz [1953] 1971 und zur Frage der Reflexivität ferner Lynch 2000). Zwar soll dies keineswegs bedeuten, dass im Alltag genauso Soziologie betrieben würde wie in der Wissenschaft. Allerdings sind die grundlegenden Tätigkeiten, wie das Betrachten, Erkennen, Beobachten, Analysieren und Beschreiben, immer Teil der sozialen Wirklichkeit und daher im Untersuchungsfeld selbst zu verorten.

Dementsprechend geht das Prinzip des *unique adequacy requirement* in seiner radikalen Fassung noch einen Schritt weiter. Denn genau genommen sollten Soziolog/-

innen nicht nur „Mathematiker, Archäologen, Physiker, Lastwagenfahrer etc. werden, um die Lebenswelt von Mathematikern, Archäologen, Physikern, Lastwagenfahrern etc. auch erfassen zu können" (Kalthoff 2003: 75). In der sogenannten „radikalen Form" geht es vielmehr darum, „dass die Methoden zur Untersuchung eines Feldes ein Bestandteil dieses Feldes selbst sein sollen, also etwa die Beobachtung eines Feldes die in diesem Feld selbst praktizierten Beobachtungsverfahren aufnimmt" (Bergmann 2005: 645). Methoden und Theorien sind folglich keine externen Elemente, die dem Gegenstand hinzugefügt werden, sondern Teil der sozialen Phänomene selbst. Garfinkel spricht davon, dass praxeologische Beschreibungen immer ein Teil dessen sind, was sie beschreiben.

In diesem strengen Sinne ist *unique adequacy* aber erst dann möglich, wenn man bereits zu Ergebnissen über den Gegenstand gelangt ist. Bergmann (2005: 645) vermerkt daher nicht ohne Grund, dass eine Einlösung der Radikalität des *unique adequacy requirement* oftmals „unrealistisch" und nur in wenigen Ausnahmefällen bisher überhaupt gelungen sei. Entsprechend erscheint mir die Frage wichtig, für welche Untersuchungen ein solches Postulat überhaupt sinnvoll erscheint und für welche nicht. Denn, um es mit Feyerabend (1968: 377) zu sagen: „Wissenschaftlich forschen heißt nicht, Probleme aufgrund von Randbedingungen lösen, die von vornherein und unabhängig von der Forschung bekannt sind." Spezifische Erkenntnisinteressen variieren durchaus. Beispielsweise wollte ich ursprünglich eine Arbeit über *Yoga im Spannungsfeld der Moderne* schreiben, eine theoretische Verortung, die dem Gegenstand kaum hätte gerecht werden können. In diesem Sinne gilt es auch, das jeweilige Erkenntnisinteresse am Gegenstand zu prüfen und praxeologisch zu re-spezifizieren (Garfinkel 1956), welche Untersuchungsfälle sich für jeweilige Zugänge eignen oder, wie im Yoga, diese sogar selbst einfordern. Insofern sind auch die grundlegenden Maximen der Ethnomethodologie jeweils anhand der empirischen Gegenstände selbst zu reflektieren und bilden keineswegs einen Selbstzweck.

2.3.4 Beobachtungspraxis von Meditierenden und Forschenden

Auf einem erhöhten Podest, hinter einem Altar und vor einem Mikrofon sitzend (vgl. Abb. 8), beginnt der Ausbildungsleiter Nirmala[18] (N.) die »vier Wochen Yogalehrerausbildung intensiv« mit einer fünfzehnminütigen Meditation, »um erst mal zu sammeln und so dann in den Abend hineinzustarten«. Diese Meditation soll in diesem Kapitel als Ausgangspunkt dienen, um einerseits in den Gegenstand einzuführen und ferner grundlegende Konvergenzen und Unterschiede zwischen Meditations- und Forschungspraxis zu reflektieren.

---

18 In diesem Buch wurden die Namen aller Teilnehmer/-innen anonymisiert.

Abb. 8: Eröffnung der Yogalehrerausbildung, Tag 1, 2013.

Transkript 1: Eröffnungsmeditation, Yogalehrerausbildung, Tag 1, 2013.

```
01 N: richtet die wirbelsäule lang auf und schlie:ßt dann die augen (.)
02    für eine kleine MEditation; (5.0)
03    werdet euch zunächst (.) eurer ATmung ganz bewusst- (3.0)
04    spürt wie der bauch sich beim EINatmen nach vorne wölbt- (3.0)
05    beim ausatmen wieder zusammenzieht; (4.0)
06    dann zunächst einige tie:fe bewusste atemzüge nehmen; (-)
07    wenn ihr akti:v ein und aktiv ausatmet- (16.0)
08    dann lasst die atmung einfach ganz gleichmäßig und ruhig fließen; (20.0)
09    und lasst dann einfach geschehen was geschieht; (4.0)
10    beOBachtet was in euch geschieht- (3.0)
11    und lasst einfach nur geschehen lasst los- (.)
12    so dass ihr nicht reagieren müsst- (-)
13    reine regungen im körper (-) regungen im geist, (4.0)
14    wenn ihr im körper etwas wahrnehmt, (2.0)
15    dann könnt ihr es anschauen einfach geschehen lassen; (2.0)
16    ohne weiter zu reagieren; (2.0)
17    wenn gedanken auftauchen, (2.0)
18    dann lasst sie einfach geschehen (.) und denkt sie nicht weiter- (1.0)
19    wenn gefühle auftauchen beobachtet die gefühle- (4.0)
20    ganz ACHTsam- (1.0) in der gegenwart; (16.0)
21    wiederholt dann, (1.0) zu beginn (.) bewusst mit der einatmung- (1.0)
22    ich bin angekommen; (1.0) und mit der AUSatmung (-) ich ruhe in mir; (-)
23    EINatmen (.) ich bin angekommen; (-)
```

```
24    AUSatmen (.) ich ruhe in mir; (13.0)
25    vergesst das was in der vergangenheit geschehen ist und denkt nicht an
26    das was in der zukunft auf euch (.) (zu)kommen wird (1.0)
27    sondern kommt ganz an in dIESem moment; (4.0)
28    über die beobachtung dessen was jetzt in diesem moment stattfindet; (3.0)
29    beobachtet die Atmung (-) und alle wahrnehmungen empfindungen
30    sinneseindrücke die jetzt in diesem moment stattfinden; (-)
31    geDANKen gefühle; (5.0)
32    legt den geist dabei nicht auf etwas bestimmtes fest
33    sondern lasst einfach alles geschehen was geschieht
34    und lasst es zur gleichen zeit geschehen- (13.0)
35    erwartet auch nichts bestimmtes (.) in der MEditation; (3.0)
36    sondern schaut einfach was von sich aus geschieht
37    ohne dass ihr irgendetwas tut; (9.0)
38    beobachtet so euch selbst- (4.0)
39    den moment (.) im hier und jetzt (.) ganz achtsam (.) in stille.
40    ((7 Minuten Stille))
```

Die Anleitung lenkt die Aufmerksamkeit ausgehend von der Körperstellung und der Beobachtung des Atems nach »innen« zum »Geschehen-Lassen«, einer »nichtreagierenden Selbstbeobachtung« im »gegenwärtigen Moment«. »Regungen des Körpers«, »Regungen des Geistes« sowie »Gedanken und Gefühle«, die mit Blick auf die Praxistheorien im vorletzten Abschnitt im Zentrum standen, werden sowohl differenziert als auch parallelisiert und als »Wahrnehmungen, Empfindungen und Sinneseindrücke« benannt. Sie werden mit kommunikativen Praktiken im inkrementellen Vollzug und somit prozessual bearbeitet. Die Äußerungen von Nirmala sind insofern nicht als Monolog zu betrachten, sondern dialogisch und sequenziell im Sinne des *turn taking* (Sacks/Schegloff/Jefferson 1974) organisiert. An die Stelle einer möglichen Turn-Übernahme tritt aber der eigene stille Vollzug. Die Pausen (deren Dauer im Transkript jeweils in Klammern angegeben sind) verweisen somit auch auf die zu vollziehenden Tätigkeiten. Sie deuten an, dass es Zeit bedarf, um dem Gesagten zu folgen. Im Gegensatz zu Gesprächen im Alltag überwiegen zeitlich gesehen die Pausen und bringen somit performativ die zu vollziehende Tätigkeit als etwas Ruhiges und Langsames hervor. Selbiges gilt für die Intonation des Yogalehrers, der leicht melodisch, langsam und langgezogen spricht. Seine Äußerungen sind listenförmig organisiert, als eine bis auf Weiteres unabgeschlossen bleibende Aufzählung, in die sich sukzessive immer neue Elemente einreihen können (vgl. Selting 2004). Diese potenzielle Erweiterbarkeit kann auch mit Blick auf den fortlaufenden Vollzug in der siebenminütigen Stille-Phase gelesen werden, die im Transkript zunächst in einer doppelten runden Klammer am Ende verschwindet (vgl. Eisenmann/Oberzaucher 2019).

Offensichtlich unterscheidet sich die auf Introspektion ausgerichtete Meditation zunächst deutlich von einer auf soziale Praxis ausgerichteten, ethnografischen Beobachtung. Allerdings finden sich auch eine gewisse Affinität und Analogie, die bereits mit dem »Essen des Apfels« und der phänomenologischen Hinwendung „zu den Dingen selbst" angesprochen wurden. Die folgenden Abschnitte zeigen gewisse Parallelen und Konvergenzen zwischen dem sozialtheoretischen Fundament der Ethnomethodologie und den Prinzipien der Meditationspraxis.

Auch die Ethnomethodologie hat zum Ziel, all jene Praktiken zu identifizieren, mit denen die Akteure soziale Wirklichkeit im Hier-und-Jetzt herstellen: „just-this-ness; just here, just now, with just what is at hand, with just who is here, in just the time that just this local gang of us have" (Garfinkel 2002: 99). Die Hier-und-Jetzigkeit sozialen Handelns geht zurück auf das ursprünglich vom Franziskanertheologen und Philosophen Duns Scotus (1266–1308) eingeführte Prinzip der *haecceitas*, welches „dem allgemeinen ‚Was' (quiditas, ‚Washeit') ein einmaliges und besonderes ‚Dies', ein ‚Hier und Jetzt' (haecceitas, ‚Diesheit') [...] [als] das Vollkommenere und das wahre Ziel der Natur" (Störig 2006: 305) entgegengestellt und damit im Verhältnis vom Allgemeinen zum Besonderen, gegen Thomas und Aristoteles, Position bezogen hatte. Garfinkel (2002: 99) rückt daran anschließend und in Gegenposition zu „formal analytic studies" die lokale Einzigartigkeit des Sozialen in den Vordergrund, in der „Akteure soziale Situationen gewissermaßen immer aufs Neue (wie) zum ersten Mal bewältigen müssen (‚each next first time')" (Meyer 2015: 94).

Eine weitere Ähnlichkeit findet sich in der ethnomethodologischen Indifferenz, dem Verzicht auf Urteile, theoretische Kategorisierungen und jegliche praktische und normative Wertungen: „abstaining from all judgements of their adequacy, value, importance, necessity, practicality, success, or consequentiality" (Garfinkel/Sacks 1970: 345). Diese Urteilsenthaltung findet sich wiederum in der Meditation, in der nicht-wertenden und geschehen lassenden Beobachtung der Dinge »im Hier und Jetzt«. Eine Parallele, die auch Jenkins (2009: 778) zwischen Ethnomethodologie und der buddhistischen Konzeption von Leerheit identifiziert. Er beruft sich hierbei auf die Husserl-Diskussion bei Liberman (2007: 37) und die Positionierung von Ethnomethodolog/-innen, „whose radical self-understanding unrelentingly strips away his/her own theorizing whenever its development progresses to the point of reification that blocks the analyst's access to the real worldly work the people being investigated are doing".

Dieses kontinuierliche Einklammern des eigenen Theoretisierens findet seinen Ausgangspunkt in der phänomenologischen Reduktion. Diese lässt sich durchaus mit der Meditation parallelisieren: „So besteht die phänomenologisch geänderte und beständig so festgehaltene Einstellung darin, daß sich eine Ichspaltung vollzieht, indem sich über dem naiv interessierten Ich das phänomenologische als *uninteressierter Zuschauer* etabliert." (Husserl 1929: 37) Ein Zuschauer und Beobachter, wie er auch in der Meditation zu etablieren ist. Die zugrunde liegende Ähnlichkeit zeigt sich aber noch deutlicher in der Zielsetzung, und zwar mit Blick auf die Epoché:

„Geradezu archetypisch wird Yoga im ersten Kapitel, zweiter Vers des Yoga-Sūtra als das An- und Zurückhalten, Inhibieren, Stillstellen, Stilllegen, Unterbinden, Blockieren, die Epoché (nirodha) aller Verwirbelungen, Modifikationen, Funktionen, Bewegungen, Vorgänge, Abläufe und Zustände (vṛtti) des Geistes oder Gemüts (citta) definiert" (Sturm 2002: 401) (*yogaś-citta-vṛtti-nirodhaḥ*). Auf diese Familienähnlichkeit verweist auch Morley (2008: 144): „As my yoga practice developed, I grew perpetually astonished by the correspondence between yoga and the existential-phenomenology of my graduate training."

Jedoch unterscheidet sich die auf Selbstbeobachtung ausgerichtete Meditationspraxis ebenso wie die Phänomenologie von einer auf soziale Praxis ausgerichteten Soziologie, die sich dafür interessiert, wie soziale Ordnung in Praktiken und Handlungsvollzügen für die Beteiligten überhaupt praktisch erklärbar werden. Garfinkel hat bezüglich der Phänomenologie nicht ohne Grund von einem ethnomethodologischen *misreading* gesprochen (vgl. Eisenmann/Lynch 2021). Diese Differenzen greift auch Bergmann (1974: 148 f.) in seiner kontrastierenden Gegenüberstellung der Ethnomethodologie mit Husserls Phänomenologie auf, in der er als grundsätzliches Charakteristikum der ethnomethodologischen Herangehensweise deren empirische Ausrichtung nennt, welche impliziert,

> Untersuchungen nur von innerhalb konkreter, augenblicklicher Handlungszusammenhänge aus (›from within actual settings‹) zu unternehmen. Dies bedeutet aber, daß die Sozialität des Menschen nicht wie in der transzendentalen Bewusstseinsanalyse nur ein Epiphänomen darstellt, sondern von Beginn an die spezifisch ethnomethodologische Form einer ‚Reflexion der Reflexivität' (Blum) bestimmt.

Es handelt sich hierbei um eine zentrale und überaus wichtige Argumentation, die das Verhältnis von Ich und Welt – und entsprechende Bewusstseinsphänomene – grundlegend sozial situiert. In anderen Worten geht es um eine primäre Sozialität, die sich in gemeinschaftlichen Handlungsvollzügen, d. h. in sozialen Praktiken, fortwährend im Vollzug konstituiert. Mit Blick auf Spiritualität ist dies vielleicht sogar der entscheidende Punkt, der in dieser Forschungsarbeit empirisch gezeigt werden soll. Insofern ist die Introspektion der Meditationspraxis weiter zu hinterfragen, da, mit Merleau-Ponty ([1961] 2007: 160) gesprochen, „das ‚Innere', auf das sie uns zurückführt, kein ‚Privatleben' ist, sondern eine Intersubjektivität" und Interkorporealität (vgl. zur Interkorporealität Meyer/Streck/Jordan 2017). Dabei sind es die zuvor beschriebenen Konvergenzen, die für eine *ethnomethodologische Ethnografie* der Yogapraxis im Sinne der Gegenstandsangemessenheit von besonderer Bedeutung werden. Im Folgenden sollen allerdings auch einige Unterschiede und deren Relevanz für die Frage nach dem *becoming member* diskutiert werden.

Aus einer sozialen Verortung der Selbst- wie auch der Fremdbeobachtung folgt nicht, dass die unterschiedlichen Ausrichtungen nicht durchaus auch zu unterscheiden sind. Der empirische Beobachter öffnet Augen und Ohren möglichst weit, um Phänomene wie ein tuschelndes Gespräch am Rande, den gelangweilten

Gesichtsausdruck einer Teilnehmerin, das unruhige Hin- und Herruckeln in der Sitzhaltung, das unterdrückte Husten und anschließende Verlassen des Raumes gefolgt
vom lauten Husten vor der Tür, die Anordnung im Raum, Abstände zwischen den
Sitzkissen, Bilder, Götterstatuen, Atmosphäre etc. mit Zettel und Stift und wenn möglich mit Audiorecorder und Videokamera festzuhalten. Demgegenüber schließen Meditierende die Augen (teilweise halb), um die Aufmerksamkeit – gerade vom äußeren
Geschehen weg – nach »innen« zu richten. Eine Teilnehmerin, die am ersten Abend
der Ausbildung zu Beginn der Meditation noch Notizen in ihren Laptop tippt, wird
entsprechend aufgefordert: »Ihr braucht jetzt nicht mitzuschreiben, es ist gut, mitzu-
üben.« Erst als die gesamte Gruppe ihre Partizipation nach außen sichtbar macht –
indem eine relativ gerade und ruhige Sitzhaltung eingenommen wird und augen-
scheinliche Ablenkungen aus dem Weg geräumt sind, beginnt der Ausbildungsleiter
die angeleitete Meditation.

Der innere Beobachter soll loslassen, nicht reagieren oder bewerten und den Regungen, Gedanken und Gefühlen nicht weiter folgen mit der Zielsetzung, dass Letztere vergehen und zur Ruhe kommen. Der soziologische Beobachter aber versucht,
die Flüchtigkeit (Bergmann 1985) zu registrieren und aus der Selbstbefremdung
(Amann/Hirschauer 1997) analytisch relevante Unterscheidungen zu sehen und zu
erkennen. Die beobachtende Haltung ist zwar auch in der Ethnografie eine des nicht-
wertenden Entdeckens, aber nicht völlig loslassend, sondern Fragen folgend wie
„Where is the action?" (Goffman 1969) oder „What the hell is going on?" (Geertz 1983).
Im Anschluss an Schenkein (1978) beschreibt Bergmann (1987/88: 7) die zugrunde
liegende Haltung als „analytische Mentalität", die sich auszeichnet durch einen

> hohe(n) Grad an Sensibilität für Interaktionsvorgänge, ein Beobachtungsvermögen für Details
> und für Strukturen, einen Blick für den Einzelfall und für generelle Organisationsprinzipien, ein
> Gehör für Bedeutungsnuancen und eine Fähigkeit, über Differenzen hinwegzuhören, und dazu
> noch: Ausdauer und Einfallsreichtum bei der Verfolgung der oft kaum sichtbaren Spuren eines
> interaktiven Objekts.

Für beide Beobachtungsfähigkeiten gilt, dass diese in sozialen Situationen eingeübt
und hergestellt werden. Für die ethnomethodologische Ethnografie sind aufgezeich-
nete Daten auch deshalb von besonderer Bedeutung, da sie in gemeinsamen Datensitzungen mit Kolleg/-innen, denen das Untersuchungsfeld fremd ist, genauer betrachtet werden können. Verortet man allerdings das kontinuierliche
Reflexionsvermögen primär während der teilnehmenden Beobachtung, scheint das
»Geschehen-Lassen«, »Nicht-Verfolgen« und die »Ausblendung von Vergangenheit
und Zukunft« in der Meditation der Ethnografie zunächst konträr.

Lettau und Breuer (2006: 18) beschreiben dieses Problem an den Beispielen von
Zen- und Mantra-Meditation als ein Beobachtungsdilemma, für welches sie „keine
wirklich zufriedenstellende Lösung" finden konnten. Sie hatten zwei unterschiedliche Feldzugänge gewählt. Zum einen eine soziologisch-registrierende Beobachterrolle beim Zen, deren „Beobachtungs-Charakteristik [...] eine Teilnahme im vollen

Sinn unmöglich" machte und damit eine „Außenperspektive", welche „niemals wieder richtig verlassen" werden konnte. Zum anderen eine „Innenperspektive" bei der Mantra-Meditation. Bei dieser, beschreibt Lettau, „verschwand die Motivation, die Ereignisse und meine eigenen Erfahrungen während der Meditation festzuhalten – erst damit wurde für mich ja eine ‚echte' Teilnahme an den Übungen möglich. So versiegen die Aufzeichnungen, ohne dass ich jemals bewusst entschieden hätte, das Protokollschreiben einzustellen." Sie verweisen auf ein grundlegendes Problem bei teilnehmenden Beobachtungen: „Die Annahme, man könne an den Interaktionen in einem Untersuchungsfeld im vollen Umfang teilnehmen und gleichzeitig eine (distanzierte) Beobachterposition einnehmen, ist paradox." (Lettau/Breuer 2006: 18)

Das forschungspraktische Dilemma von Lettau und Breuer lässt sich im Kontext der im letzten Unterkapitel geführten Diskussion zwischen *existenzieller Innenperspektive* und *fremdverstehender Außenperspektive*, *going native* und *coming home*, verorten. Auch Unterscheidungen etwa von „teilnehmender Beobachtung" und „beobachtender Teilnahme" (Hitzler/Gothe 2015) sind Bemühungen, diese Problematik zu bearbeiten. Dabei handelt sich aber um analytische und idealtypische Konstruktionen und Handlungsempfehlungen, die der Eigenlogik von Feldern, ihren normativen Anforderungen und Enkulturationsdynamiken in der realen Forschung keineswegs gerecht werden. Teilnehmer- oder Beobachterrollen und ihre jeweiligen Positionierungen sind nicht frei auswählbar. Es handelt sich um Verhaltenserwartungen in konkreten sozialen Situationen, die an konkrete sozialisierte Körper gebunden sind, die nicht einfach an der Garderobe abgelegt und gewechselt werden können.

So beschreibt bspw. Mitchell (2010: 38) in seiner Ethnografie des Balletts, wie sich für ihn als ehemaligen Profitänzer ganz automatisch habituelle und körperliche Schemata (des Tänzerkörpers) „aktivierten", so dass „sich irgendwann nicht mehr die Frage [stellte], ob ein *going native* stattfindet, sondern wie sich trotz gewisser native-Eigenschaften ein *staying sociologist* aktiv" betreiben lasse. In ähnlicher Weise werden auch meine eigenen Indienaufenthalte und Yogastudien noch vor Beginn meiner Dissertation für meine Positionierung im Feld relevant. Mitchell (2021) schlägt daher vor, die Betonung des „just how" der Ethnomethodologie um eine grundlegende Reflexion des „just who" zu erweitern.

Die in der Ethnografie häufig thematisierte Gefahr und Abwehr des *going native* beruht dabei auf Annahmen, die weiter zu hinterfragen sind. Eine solche Sichtweise impliziert z. T., dass es eine Homogenität des Feldes gäbe. In der sozialen Wirklichkeit trifft man jedoch, auch im Yoga-Aschram, auf überaus diverse und divergierende Positionierungen. In diesem Sinne äußerte sich etwa der Ausbildungsleiter: »Es gibt so viele Lehrmeinungen wie Yogalehrer hier im Haus ((gemeinsames Lachen)).« Dies zeigt sich auch in meinen Interviews, in denen einige Teilnehmer/-innen anstelle von spirituellen Bezügen eher ökonomische Beweggründe oder medizinische Deutungen in den Vordergrund rückten und einer Vielzahl von Praktiken im Aschram durchaus kritisch gegenüberstanden. Ferner verändern sich Mitgliedschaften in der Zeitdimension. Coffey (1999: 20) diskutiert deren Bedeutung für ethnografisch Forschende dahingehend, dass „dichotomies of strangeness and membership, experience and innocence, knowledge and ignorance [...] not fully, or even partially, capture the complexities of the self in the context of meaningful and fruitful fieldwork". Insofern hinterfragt sie das Narrativ von Ethnograf/-innen als Fremde „progressing towards a familiarity and eventual enlightenment" (Coffey 1999: 20). Im Yoga gilt dies in besonderem Maße, da hier »Enlightenment« (im Sinne von »Erleuchtung«) nicht nur einige Jahrzehnte der Meditation erfordern würde, sondern sich auf einige Leben ausdehnen kann, so dass ein vollständiges *becoming member* in der Forschung eher unmöglich scheint.

Die Annahme einer Gefahr des *going native* scheint ferner auch Forscher/-innen zu unterschätzen und ihnen zu unterstellen, dass eine einmal eingenommene Teilnehmerperspektive den Verlust der wissenschaftlichen Identität bedeute: „impli[ing] a view that analytical ‚strangeness', once lost, can never be regained." (Coffey 1999: 31) Stattdessen ginge es nach Coffey eher darum, mit den Fragmentierungen, Aushandlungen und Rekonstruktionen des Selbst in der Feldforschung umzugehen, diese besser zu verstehen und analytisch zu nutzen. Denn man kommt, wie es Hitzler (2011a) sehr pointiert festhält, „aus keinem Feld so heraus, wie man in es hinein geht". In der Yogalehrerausbildung ist dies sogar das erklärte Ziel für die Teilnehmenden, wie Nirmala im Anschluss an die oben diskutierte Einführungsmeditation ausführt:

> Es beginnt jetzt eine wichtige Zeit für euch vielleicht eine der wichtigsten Monate für einige vielleicht der wichtigste Monat im Leben [...] und nach den vier Wochen werdet ihr nicht vielleicht nicht die gleichen sein wie vorher. Ja, aber mehr, aber dafür mehr ihr selbst sein. Ja, die Yogalehrerausbildung heißt Yogalehrerausbildung intensiv, ja, es ist also eine intensive Zeit in der ihr einen großen Sprung auf eurem persönlichen Weg machen könnt, auf eurem spirituellen Weg, in eurer geistigen Entwicklung.
>
> (Eröffnungsvortrag, Yogalehrerausbildung, 1. Tag, 2013)

Die grundlegende Annahme ist, dass Yoga eine selbsttransformative Praxis sei und dass sich durch tagtägliche spirituelle Praxis spezifische Wirkungen einstellen. Auch wenn diese Wirkungen in diesem Buch bezüglich ihrer sozialen Dimensionen reflektiert werden, werden sie, neben methodologischen Konsequenzen, auch für Forscher/-innen persönlich relevant und können Selbstverständnisse infrage stellen und bis zu existenziellen Krisen reichen. So beschreibt Coffey (1999: 34 f.): „The fragmentation of our lives that may come with prolonged fieldwork can throw our perspectives of who we are, and where we belong into chaos. With the momentum of fieldwork, and our desire to be part of the field, the self can be lost, found, altered and recast."

Aber auch ein dem *going native* entgegengesetztes *coming home* bleibt bezüglich der realen sozialen Praxis unterkomplex. Viele Feldforschende sind Promovierende, die meist (noch) über keine soziologische Verortung verfügen, in der sie zu Hause wären, da sie sich mit ihrer Promotion erst in das Fach hineinschreiben (vgl. Groebner

2012). Dieser Prozess findet nicht losgelöst von Abhängigkeiten, Finanzierungsmöglichkeiten, Hierarchien und existenziellen Krisen (nicht zuletzt den zuvor genannten der Feldforschung) etc. statt. Auch auf dieser Seite der Medaille handelt es sich entsprechend um einen fragilen Prozess der Identitätsbildung, in der auch die Soziologie „for ,another first time'" (Garfinkel 1967: 9) als Soziologie hervorgebracht werden muss.

Um den Bogen allerdings noch einmal zur Einstiegsmeditation zurück zu spannen, so sind es insbesondere die sieben Minuten Stille – die im Transkript in einer Klammer verschwinden –, in der die Selbstbeobachtung des Ethnografen zumindest einen partikularen Einblick gewährt. Einen Einblick in den Juckreiz am Kinn, in die abschweifenden Gedanken zur ethnografischen Methode, den schielenden Blick in die Runde, die leichten Knieschmerzen und nagenden Fragen, inwiefern ich die Ausbildung körperlich durchhalte und ob es mir wirklich gelingen wird, vier Wochen auf Zigaretten zu verzichten. Konkrete Handlungsprobleme, Widerständigkeiten des Körpers im praktischen Vollzug, soziale Erwartungen und biografische Hintergründe, die zumindest einen ersten Zugang zur *Blackbox der Meditation* eröffnen, wie insbesondere die autoethnografischen Beobachtungen in diesem Buch zeigen werden.

2.3.5 Feldzugang im Aschram, Positionierungen und *hybrid study*

Im Anschluss an die Einstiegsmeditation und den Eröffnungsvortrag hatten sich die 41 Teilnehmer/-innen (neben mir 12 Männer und 28 Frauen) für eine Vorstellungsrunde zu einem großen Kreis mit Sitzkissen auf den Boden gesetzt. Die Vorstellung beginnt, Nirmala (N.), sich zur linken Seite drehend und auf mich (C.) deutend: »so bitteschön« (Z. 11). Die Zeit für weitere Überlegungen ist nun erschreckend knapp und mit einem einleitenden Witz (Z. 12) versuche ich meine Unsicherheit vor der gesammelten Aufmerksamkeit aller Teilnehmer/-innen zu überspielen und vielleicht auch ein paar Sympathiepunkte für meine anschließende Positionierung, die u. a. in diesem Moment hergestellt wird, zu sammeln.

Transkript 2: Vorstellungsrunde, Yogalehrerausbildung, Tag 1, 2013.

```
01 N: gut dann würde ich euch jetzt bitten dass ihr euch der reihe nach
02    KURZ vorstellt, ja VOLLends kennenlernen werden wir uns heute noch nicht.
03    ((gemeinsames Lachen)) ja es dient einfach mal so einen ersten konTAKT
04    zu bekommen ein erstes gefühl füreinander
05    für uns ist jetzt wichtig vorallem den NAMen zu haben
06    damit wir gucken können wer wirklich da ist ((gemeinsames Lachen))
07    […]
08    und dann könnt ihr vielleicht so in ein oder zwei SÄTZen auch sagen (.)
09    ähm ja was für euch so der GRUND war auch hierher zu kommen
```

```
10   und vielleicht auch ja wie ihr dazu gekommen seid dann hier
11   die yogalehrerausbildung zu machen, hoff das war jetzt nicht zu viel?
12   ((gemeinsames Lachen)) so bitteschön
13 C: kann ich mich nochmal umsetzen? (.) nein ((gemeinsames Lachen)) (.)
14   also ich bin der clemens eisenmann (.) für vier wochen hier (.) ähm und ähm
15   ich hab zum ersten mal mich mit yoga in indien auseinandergesetzt
16   in rishikesh eben in nem aschram, vor zehn jahren (.) aber bei der frage
17   wie lange ich yoga praktiziere ist es mir ein bisschen schwergefallen
18   weil wie intensiv muss man praktizier[en,] dass man praktiziert
19 N:                                      [oke]
20 C: und wie sattvisch muss man leben; dass man yogisch lebt ähm
21   und ich freu mich jetzt die vier wochen mich hier zumindest mal voll
22   einzulassen was ich die letzten zehn jahre vielleicht nicht immer
23   gemacht hab und schreib nebenher noch ne doktorarbeit über yoga und deshalb
24   hab ich so ein aufnahmegerät immer dabei ((deutet auf das Aufnahmegerät))
25   äh wenn sich jemand wundert ich werd des nicht rausgeben oder so ähm
26   des wird anonym behandelt bei mir für mich nehm ich des mit ähm
27   ich hoff des sind alle einverstanden
28   wenn nicht sprecht mich bitte drauf an
29   dann finden wir da auch ne regelung.
30 N: also vielleicht direkt dazu was generell ist es erlaubt aufnahmen zu machen
31   also wer mp3 player hat ihr dürft die vorträge aufnehmen (.)
32   ja des ist grundsätzlich erlaubt.
33   FÜR die eigene Verwendung einfach ums nachzuhören
```

Im Jahr zuvor war ich bereits zu einer mehrwöchigen Feldforschung im Aschram und hatte auch diesmal von der Leiterin des Yogalehrerverbandes eine Zustimmung für meine wissenschaftliche Teilnahme eingeholt. Jedoch waren die Ausbilder/-innen und die anderen Teilnehmer/-innen darüber noch nicht in Kenntnis gesetzt. Ich hatte zu diesem Zeitpunkt noch mit niemandem ein Wort gewechselt. Abgesehen von meinen habituellen (die nicht leicht zu beschreiben wären) und personenbezogenen Attributen (männlich, weiß, 1,93 m usw.), meiner Kleidungswahl (schwarze, weitgeschnittene Stoffhose, orangefarbiges T-Shirt) und Sitzhaltung (im einfachen Schneidersitz auf zwei Sitzkissen erhöht) beginnt meine Positionierung im Feld spätestens an dieser Stelle. Das Transkript gibt einen ersten Einblick in das Untersuchungsfeld, und zwar dahingehend, wie ich dieses zu diesem Zeitpunkt im Forschungsprozess antizipiere und darauf reagiere (vgl. Devereux 1984). Darin spiegeln sich eine ganze Reihe von methodologischen, forschungspraktischen und erkenntnisleitenden Fragen wider, die ich im Vorfeld abgewogen hatte.

Drei Überlegungen waren dabei für mich von besonderer Bedeutung, die ihre Relevanz bei meiner ersten Feldforschung im Aschram gewonnen hatten und die in den folgenden Absätzen diskutiert werden: Wie *feldnah* soll und kann ich mich ‚*methodisch kontrolliert*' positionieren bzw. was sind legitime und adäquate Feldrollen und wie beeinflussen diese meine Beobachtungen? Wie stark sollte ich meine Beobachtungen (auch anhand theoretischer Fragestellungen) fokussieren? Inwiefern und wann kann und sollte ich Audio- und Videorecorder einsetzen?

Das Aufnahmegerät hatte ich im Jahr zuvor nur in Interviewsituationen und für eigene Feldnotizen eingesetzt und auf den Einsatz der Videokamera gänzlich verzichtet. Dies hatte den Vorteil, im Feld ‚untertauchen' zu können und ‚natürlichere' Beobachtungen anzustellen. Dabei war meine Forscherrolle zwar kein Geheimnis und wurde auf Nachfrage expliziert, aber nicht direkt ersichtlich. Der Einsatz von Aufnahmegeräten hingegen ist nicht nur forschungsethisch begründungspflichtig, sondern kann in einer ‚intimen' und ‚privaten' Yogaatmosphäre als überaus störend empfunden werden. Ein Verzicht hätte aber den zuvor bereits erläuterten Preis gefordert, auf die „Flüchtigkeit sozialer Situationen" (Bergmann 1985) im Anschluss nicht mit registrierten, sondern rekonstruierten Daten zugreifen zu müssen. Meine gewählte Strategie war daher bereits von Anbeginn, das Aufnahmegerät als meinen ‚natürlichen Begleiter', wenn auch mit etwas Unsicherheit, vorzustellen (vgl. Z. 24 f.). Es ist sicherlich auch der daran anschließenden Legitimierung durch den Ausbildungsleiter Nirmala und dessen Autorität im Feld zu verdanken: »ja, des ist grundsätzlich erlaubt« (Z. 32), dass es zu einer Normalität des Recorders im sozialen Setting kam und auf diese Weise in den vier Wochen über 400 Stunden Audiomaterial entstanden sind. Für Videoaufzeichnungen hingegen bedurfte es weiterer Vertrauensbildung. Nachdem mir an einem anderen Abend die Gelegenheit eingeräumt worden war, der gesamten Runde mein Forschungsvorhaben vorzustellen, bin ich überaus dankbar für die Offenheit, das Verständnis und Vertrauen, das mir von allen Seiten (den Yogalehrenden, den Teilnehmenden und dem Aschram) entgegengebracht wurde.

Darüber hinaus stellte es für mich keine leichte Frage dar, wie ich mit meiner Nähe zum Feld und adäquaten Rollen im Feld umgehen sollte. Eine engagierte Teilnahme hatte den Vorteil, unmittelbar am ‚natürlichen Geschehen' teilzunehmen. War die Forscherrolle hingegen bekannt, so hatte bereits mein erster Aufenthalt gezeigt, dass dies häufig zu Aushandlungen und Positionierungsfragen führte: »Clemens, bist du eigentlich auch ein spiritueller Sucher oder schreibst du nur deine Doktorarbeit?« Ich hatte mich zu diesem Zeitpunkt (insbesondere zu Beginn der Forschung) in der Außendarstellung zwar für eine wissenschaftliche Rolle ‚entschieden', doch konnte ich beobachten, wie Gesprächsverläufe vor allem von meiner ‚Yogarolle' und entsprechend angenommenen Feldkompetenzen abhingen. Die Gretchenfrage nach meiner eigenen »Spiritualität« macht dabei auch deutlich, inwiefern Unterscheidungen zwischen dazugehörigen Mitgliedern und Nicht-Mitgliedern relevant werden können. Gab ich zu verstehen, dass mir Sanskrit-Termini und Philosophie vertraut waren, wandelte sich bspw. ein Gespräch mit einer Yogalehrerin von einer allgemeinen (standardmäßigen) Einführung ihrerseits zu einem Gespräch unter ‚Experten'. Ein weiteres Beispiel geht auf meine erste Feldforschung auf dem Yogafestival zurück. In einem Gespräch mit Tim (T), der mit großer Begeisterung Yoga praktiziert, hatte ich (C) im Vorfeld, wie in der Vorstellungsrunde hier, von meiner Zeit im Aschram in Indien berichtet und damit eine Feldpositionierung eingenommen, die sich im anschließenden Interview widerspiegelt:

Transkript 3: Interview 12, Yogafestival, 2011.

```
01 T: ich lege mir ab und zu so die hand aufs herz oder bauch
02    weil sichs gut anfühlt ja?
03 C: ja
04 T: ja ((gemeinsames Lachen)) aber yoga erfüllt mich zurzeit schon sehr
05    also es fühlt sich einfach richtig gut an
06    so wenn man ein anderthalb Stunden übt so, weißt du ja bestimmt auch
07 C: ja
08 T: ((lacht)) wenn dann so die energie durch den körper pulsiert (.) fließt (.)
09    ist schon sehr schön
10 C: mm hmm (2) machst du das dann in der gruppe oder alleine?
```

Meine fortlaufende Zustimmung als Interviewer, die hier z. T. auch eingefordert wird, lässt weitere Nachfragen, was »richtig gut anfühlen«, oder »Pulsieren von Energie« für Tim bedeutet, vermissen. Eine Nachfrage, wie man dies für Noviz/-innen erläutern würde, könnte hier zwar einerseits helfen oder zumindest weitere Schwierigkeiten bei der Beschreibung ‚impliziten Wissens‘ aufzeigen. Auf der anderen Seite ermöglicht die Unterstellung eines geteilten Erfahrungsraumes auch ein Gespräch unter ‚gleichgesinnten‘ Feldteilnehmer/-innen und somit einen anderen Einblick in den Umgang mit ‚Insider‘-Perspektiven.

Für das soziale Setting der Yogalehrerausbildung war eine engagierte Teilnehmerrolle auch insofern von Bedeutung, als ich (mit Goffman 1959) neben der Ausbildungssituation auch einen Einblick in die *Hinterbühnen* gewinnen wollte. Beispielsweise als eine Gruppe am »freien Tag« in einer Pizzeria mit den Ernährungsregeln der Yogalehrerausbildung rang oder sich einige Teilnehmer/-innen am Abend nach der offiziellen Schlafenszeit noch zu einer dritten, zusätzlichen fortgeschrittenen Yogastunde trafen. Auch in Gesprächen war zwar die Forscherrolle für die Bereitschaft zu Interviews hilfreich, aber erst durch Bekenntnisse meines persönlichen Ringens mit der Teilnehmerrolle schien mir ein offenerer Austausch über Schwierigkeiten mit dem Setting oder dem Befolgen von Regeln möglich zu sein. In diesem Sinne führte mein – nur in privaten Zweiergesprächen geäußertes – Bekenntnis, noch bei Beginn der Ausbildung starker Raucher gewesen zu sein, eher zu einer persönlicheren und offenherzigeren Ebene in Gesprächen.

Meine Positionierungen changierten dabei zwischen einer kompetenten Teilnehmerrolle und dem wissenschaftlichen Beobachter sowie persönlichen Abweichungen von beidem, was sich bereits in der Vorstellungsrunde (vgl. Transkript 2) zeigt. Mit meiner Referenz auf einen Aschram in Rishikesh vor zehn Jahren scheine ich hier punkten zu wollen und eine gewisse ‚Authentizität' und ‚Legitimität' meiner Anwesenheit zu erzeugen. So hatte auch Nirmala im Einleitungsvortrag zuvor um Handzeichen gebeten, wer über ein Jahr, über drei, über fünf, über zehn, über zwanzig und über dreißig Jahre praktiziere, wobei an letzter Stelle nur noch er die Hand heben konnte, womit auch seine Rolle als Ausbildungsleiter unterstrichen wurde. Meine Selbstdarstellung wird aber bereits im nächsten Satz mit einem »aber« in zwei Dimensionen relativiert: zum einen bezüglich der Frage nach der Intensität der Praxis und zum anderen bezüglich des »sattvischen« Lebenswandels. »Wie intensiv muss man praktizieren, dass man praktiziert?« (Transkript 2, Z. 18) Nirmala stimmt hier mit einem überlappenden »okay« (das mit einem Kopfnicken einhergeht) der Relevanz einer solchen Relativierung zu. Denn Yoga kann sehr unterschiedlich praktiziert werden, einmal im Monat, einmal in der Woche, täglich usw. Diese Unterscheidungen werden im Anschluss auch von den anderen Teilnehmenden in der Vorstellungsrunde genutzt, indem sie bspw. angeben, »in den ersten fünf Jahren nur einmal die Woche« und »seit einem Jahr intensiv« zu praktizieren.[19]

Die zweite Dimension, zur »sattvischen Lebensweise« (die u. a. das Verbot von Alkohol, Fleisch, Fisch, Tabak und anderen Drogen betrifft, deren Konsum zum Ausschluss aus der Yogalehrerausbildung führen würde), war bereits im Abschnitt zuvor im Gespräch über das Essen des Apfels und der Vernebelung durch das Rauchen relevant geworden. Mein Verweis in der Vorstellungsrunde auf meine (bisher) mangelnde sattvische Lebensweise betrifft allerdings weniger die Frage meiner Positionierung zwischen Yogi oder Forscher, sondern vielmehr zwischen yogischer und alltäglicher Lebensweise. Die Vollinklusion in die Praxis des Yoga (die von der Ernährung bis zu Sexualpraktiken reicht) kollidiert hier mit mir als ‚Alltagsmenschen' und gesellschaftlich mehr oder weniger gebilligten Genüssen. Diese Spannung wird aber entsprechend der normativen Erwartungen im Aschram durch die Äußerung eines starken Commitments aufgelöst: »Ich freue mich darauf, mich die nächsten vier Wochen hier zumindest mal voll einzulassen« (Transkript 2, Z. 21). Auch diese Äußerung findet einen Bezug zum Einführungsvortrag, in welchem Nirmala nicht nur »strikte Disziplin«, sondern auch eine »Offenheit« betont und empfohlen hatte, den »festen Entschluss« zu fassen, sich in diesen vier Wochen »in besonderem Maße dem Studium und der Übung von Yoga zu widmen«.

---

[19] Dabei ist es etwas ärgerlich, dass ich die erste Antwort geben musste und somit bereits den weiteren Interaktionsverlauf strukturierte, was neben meiner Unsicherheit ein weiterer Grund dafür war, dass ich mich wirklich gerne umgesetzt hätte. Nichtsdestotrotz erwies sich meine Äußerung als anschlussfähig und praktisch kompetent, während der vermeintliche Versuch, auf einem Hochsitz der Interaktion zu entfliehen, nicht nur methodologisch, sondern ganz praktisch zum Scheitern verurteilt ist (vgl. hierzu den norwegischen Film „Salmer fra kjøkkenet", „Kitchen Stories", 2003).

In diesem Sinne stellt die von mir geäußerte Selbstverpflichtung eine Anpassung an die Erwartungen des Feldes im Kontext des Aschrams dar: »hier zumindest mal«. »Nebenher« (Z. 23) schreibt dieser Yogalehreranwärter nun auch eine Doktorarbeit, was sich in Form eines Aufnahmegerätes zu materialisieren scheint. Meine Positionierung folgt also in der Selbst- und Außendarstellung der feldlegitimen Yogarolle und der Zielsetzung des *becoming member*, wobei quasi nebenher ein nachgeordnetes „staying sociologist" (Mitchell 2010) betrieben wird. Aber auch eine solche Entscheidung ist situativ und kontextgebunden, *each next first time*, und vor allem im Austausch mit den anderen Teilnehmer/-innen wechselseitig zu etablieren, da solche ‚Rollen' durchaus auch abgelehnt werden können. Einige Tage später stellte sich mir z. B. die Frage, was *konsequente Teilnahme* bedeutet, wenn ein Teil der Teilnehmer/-innen am Schweigetag das Schweigen brechen und andere dieses vollziehen, und je nach eigener Handlungsweise eröffnen und verschließen sich somit auch Beobachtungsmöglichkeiten.

Insofern begleitete mich meine Suche nach einer feldadäquaten Teilnehmerrolle weit über meine methodologischen Überlegungen und die einminütige Vorstellungsrunde hinaus. Zwei Situationen erscheinen mir dabei von besonderer Relevanz: der sogenannte »bunte Abend« und die »Einweihung«. Bei Ersterem hatten die Ausbilder/-innen den Yogalehreranwärter/-innen die Aufgabe gestellt, einen bunten Abend zu organisieren, der die Elemente eines Satsang beinhalten sollte. Es fand sich eine Organisationsgruppe, die mich fragte, ob ich beim Mantra-Singen mitwirken würde. Ohne darüber nachzudenken, hatte ich zugestimmt und fand mich einen Abend später mitten auf der Bühne des Altars sitzend, klatschend und überaus enthusiastisch und schief »Shiva Shambo« singend wieder, wie die folgende Abb. 9 zeigt.

Abb. 9: Bunter Abend, Yogalehrerausbildung, 2013.

Nach meinem eigenen Empfinden wandelte sich an diesem Abend die wechselseitige Wahrnehmung des teilweise skeptisch beäugten, Leute ‚aushorchenden' Forschers, der in dieser Exponiertheit bereit war, sich auch etwas lächerlich zu machen, hin zu einem allseitig akzeptierten Teilnehmer der Ausbildung. Dem *becoming member* weiter folgend hätte in der Folge das Einweihungsritual angestanden, das zu einem neuen »spirituellen Namen« führt und in ein eigenes Mantra für die Meditation »einweiht«. Entsprechend saß ich in der »Einweihungsinformationsveranstaltung«, in der Nirmala darauf hinwies, dass dies nur für »ernsthafte Aspiranten« gedacht sei, die sich dazu verpflichten, »ihr Leben lang täglich« mit dem Mantra zu meditieren. Während das Ritual der Einweihung – auch im eigenen Vollzug – eine äußerst spannende Beobachtungsmöglichkeit geboten hätte, bleiben die Beobachtungen an dieser Stelle auf Interviews mit anderen Eingeweihten beschränkt. Gegenstand und Praxis – gerade auch im Hinblick auf die ethischen Ideale des Yoga – ernst zu nehmen, bedeutete in diesem Fall für mich eine ethische Grenze im Forschungsprozess, die ich nicht unaufrichtig überschreiten konnte oder wollte. Da letztlich nur eine kleine Anzahl von Teilnehmenden der Yogalehrerausbildung eine Einweihung in diese Tradition vollzogen hat, lässt sich dies zwar durchaus feldadäquat rechtfertigen, dennoch blieb das »Apfelessen« (auch) an dieser Stelle aus.

Die Relevanzen des Feldes in vollem Umfang und im eigenen praktischen Vollzug ernst zu nehmen, stellt insofern für eine ethnomethodologische Ethnografie viel weniger eine Gefahr oder Bedrohung dar als eine große Herausforderung. Eine Herausforderung, der Feldforscher/-innen oftmals nur sehr bedingt gerecht werden können. Im Mittelpunkt steht aber nicht die eigene Positionierung oder die persönliche Biografie, die sich in dieser Forschung mal als Wissenschaftler, als Soziologe, als Philosoph, als Kritischer Theoretiker, als Ethnomethodologe, als sowohl spiritueller als auch kritischer Yogi, als Genussmensch, als verletzliche, liebende, private oder auch politische Person zeigt, sondern die Frage, inwiefern diesen Positionierungen ein Erkenntnisgewinn bezüglich der Praktiken und Methoden der Yogapraxis zukommt. Eine Frage, die weder im Untersuchungsfeld noch in der Wissenschaft je für sich alleine beantwortet werden kann.

Garfinkel (2002: 100 ff.) schlägt diesbezüglich das Konzept der Hybridstudien vor: „Such ‚hybrid studies', done by outsiders who are also insiders, have as their aim that practitioners in the specialty area being studied will be as interested in the studies as professional sociologists" (Rawls in Garfinkel 2002: 40). Garfinkel (2002: 101) spricht von „adequate analytic ethnography" und fokussiert insbesondere die Relevanz von praxeologischen Beschreibungen. Solche Beschreibungen bestehen nicht aus externen, generalisierenden oder theoretischen Überlegungen, sondern bilden einen Teil des Phänomens, das sie beschreiben. In diesem Sinne lassen sie sich sowohl als eine Anleitung, Pädagogik oder ein Tutorial im Feld als auch als eine wissenschaftliche Beschreibung derselben lesen. Sie bilden in der Praxis ein sogenanntes Lebensweltpaar, da sie einerseits die Anleitung/Beschreibung betreffen und andererseits die konkrete situierte Arbeit, die notwendig ist, um einer solchen

Anleitung überhaupt zu folgen. Erinnern wir uns kurz an das exemplarische *tutorial problem*, das Klatschen zum Metronom (vgl. Kap. 2.3.1), so betrifft die praxeologische Beschreibung auch jene Praxis, die in der Videoaufzeichnung als *missing what* verschwindet: „a members' method is both a careful* description, and, as an incommensurable alternate, and interchangeably, it is situatedly tutorial" (Garfinkel 2002: 101). Dieses, von Garfinkel (2002: 108 ff.) an einigen Stellen auch als das sogenannte „Shop Floor Pro-blem" bezeichnete Phänomen, steht im Verlauf der gesamten Forschungsarbeit im Mittelpunkt der methodologischen Perspektivierung von Spiritualität und Yoga.

Als ich 2013, noch vor meiner Yogalehrerausbildung, den Aschram nach meiner Zeit als Mithelfer wieder besuchte und mich einer der Mitarbeiter nach meinem Buch fragte, hatte ich eine solche Antwort zur ethnomethodologischen Ethnografie allerdings noch nicht parat, sie ist vielmehr ein Ergebnis dieser Forschung, von der ich heute hoffe, dass ihr auch die Mitarbeiter/-innen und Yogapraktizierenden etwas abgewinnen können.

> Heute traf ich Ulli, mit dem ich bei meiner Mithilfe circa zwei Wochen täglich zusammengearbeitet (bzw. Karma-Yoga praktiziert) hatte, zufällig im Korridor wieder. Er ist mittlerweile Mitarbeiter und wohnt jetzt mit einem neuen spirituellen Namen fest im Aschram. Er berichtet, dass er mit dem Pflücken von Blütenblättern von verschiedenen Rosen und dem Binden von Blumenketten für Rituale und Opfergaben im »Homa«-Raum beschäftigt sei, und gibt mir zu verstehen, dass er auch gleich mit seinem »Karma-Yoga« weitermachen wolle. Da wir uns aber lange nicht gesehen haben und gerne noch ein wenig plaudern wollen, bietet er mir an, dass ich mich doch auch »ein wenig mit einbringen« könne. So sitzen wir wenige Minuten später gemeinsam am Boden und zupfen sorgfältig Blütenblätter. Dabei fragt mich Ulli, ob denn mein Buch bereits fertig sei. Erstaunt antworte ich, dass ich ja erst vor wenigen Monaten hier gewesen sei. Das Erstaunen scheint er jedoch nicht zu teilen, ich hätte, führt er weiter aus, doch »alles hier gesehen« und »dies kann man doch in einigen Monaten gut aufschreiben«, schließlich hätte »Hemingway „Der alte Mann und das Meer" auch in ein paar Monaten geschrieben«. Ich versuche – ganz unabhängig davon, dass ich nicht Hemingway bin – zu erläutern, dass ich ja nicht nur über den Yoga und den Aschram schreibe, sondern auch »eine wissenschaftliche und soziologische Arbeit« und mich dabei auch mit Theorien, Methoden, gegenwärtigen Strömungen etc. auseinandersetzen müsse, um mit dem Buch auch eine »wissenschaftliche Doktorarbeit« anzufertigen, was sich »nun wirklich nicht in wenigen Monaten bewerkstelligen lässt«. Ulli scheint einen Moment zu überlegen und fragt weiter: »Kommt es dann überhaupt noch aus dem Herzen, wenn man so in das Intellektuelle hineingeht? Ist es denn dann überhaupt noch intuitiv?« Als ich dies zögernd verneine, stellt er nach einer kurzen Pause fest: »Ach so ist das, mhh. (2) Nun, dann weiß ich nicht, ob dieses Buch für mich noch von Interesse ist.« Es folgt ein längeres Schweigen und wir wenden uns wieder dem meditativen, sorgfältigen Zupfen der Blütenblätter zu und machen eine gar prächtige Blumenkette, welche am Abend im Satsang einem Gast aus Indien feierlich überreicht wird.
>
> (Beobachtungsprotokoll, Kurzbesuch im Aschram, 2013)

Gegenstandsangemessenheit oder *unique adequacy* heißt in diesem Kontext nicht nur, als Ethnograf/-in selbst den Apfel zu essen, Blüten zu zupfen und Intuition aus dem Herzen zuzulassen, sondern den eigenen Nachvollzug ernst zu nehmen, um die dafür notwendigen Methoden und Praktiken überhaupt erst genauer in den Blick nehmen zu können. Diese Reflexion der eigenen Praxis findet dabei nicht nur als Forscher/-in im Feld, sondern auch am Schreibtisch, in Datensitzungen, bei Konferenzen und beim Publizieren statt. Die Annahme einer ‚überlegenen‘ wissenschaftlichen Reflexivität wird suspendiert und das konsequente Verfolgen der *Reflexivität der Teilnehmer/-innen* in den Mittelpunkt der Betrachtung gerückt. Methoden und Praktiken zeigen sich in alltäglichen gemeinsamen Tätigkeiten, in Lehr-Lern-Situationen, bei Verständnisfragen, Kategorisierungs- oder Beschreibungsschwierigkeiten, Überforderungen, Störungen, Ungewissheiten, Bruchstellen von Handlungsvollzügen, Unzufriedenheiten, sprich: in gewöhnlichen und außergewöhnlichen *praktischen Handlungsproblemen* der Teilnehmer/-innen, denen eine *ethnomethodologische Ethnografie* folgt (vgl. weiterführend Kap. 6.3.2). Dabei liegt der Fokus auf dem konkreten Vollzug, dem Wie der Herstellungsleistung und den Details von verkörperten und praktisch situierten Tätigkeiten, womit es möglich wird, auch unhinterfragte Grundannahmen sowohl von professionellen als auch von Laiensoziolog/-innen zu hinterfragen und sichtbar zu machen.

3 Eröffnung der Yogapraxis: Am Anfang war das Om

„ॐ (Om)! Diese Silbe ist die ganze Welt.“
(Māṇḍukya Upaniṣad)

Das gemeinsame Singen von »Om« markiert den Anfang und das Ende von Yogastunden, Meditationseinheiten, Satsangs, Ritualen und Vorträgen. Im Aschram beginnen neben der Yogapraxis auch Arbeitseinheiten, Teamsitzungen der Mitarbeiter/-innen und vereinzelt sogar tiefergehende Gespräche mit dem gemeinsamen »Om-en«, »Chanten«, »Rezitieren« oder »Tönen«, wie es hier auch genannt wird. Es ist daher naheliegend, auch die tiefergehende Analyse mit Om (ॐ auch ओं oder AUM औं) zu beginnen. Die verbreitete Symbolik des ॐ schmückt zudem häufig Yogaräume und ist ein beliebtes Motiv für T-Shirts und Tätowierungen geworden sind. Was ist und bedeutet Om? Wie wird es im Yoga gemeinsam praktiziert und verwendet? Wie wird es eingeführt, erläutert, übersetzt und angeleitet? Dieses Kapitel beginnt mit diesen Fragen und einer ersten Annäherung an die soziale Situation der Yogapraxis. Es geht im Folgenden auch darum – anhand des gemeinsamen Singens von Om – einen tieferen Einblick in die bereits angedeuteten mannigfaltigen Bedeutungshorizonte des Yoga zu geben, erste Überlegungen zu deren Interpretation anzubieten sowie in die analytischen Dimensionen der anschließenden Kapitel einzuführen.

3.1 Erste Annäherung: Das gemeinsame Singen von Om

»Wir beginnen mit Om.« Einige Teilnehmer/-innen, die eben noch am Tuscheln waren, stellen ihre Gespräche ein und richten sich auf ihren Matten gerade nach vorne aus. Andere begradigen zupfend die weißen Decken, die sie über ihre Schultern gelegt haben, passen ihre Sitzposition an, richten kurz das Sitzkissen oder rutschen und rücken sich ein wenig auf diesem zurecht, während alle beginnen sich aufzurichten und eine gerade und deutlich aufrechtere Haltung einnehmen. All dies geschieht in einer langsamen und bedächtigen Art und Weise, so dass es, trotz der vielen kleinen Bewegungen im Raum, rasch ruhiger und schließlich völlig still wird. Bei den Personen neben mir kann ich beobachten, wie sie langsamer, tiefer und damit auch etwas lauter als zuvor ein- und ausatmen. Es sind nur wenige Sekunden vergangen und der Ausbildungsleiter beginnt einen Ton anzustimmen, in welchen die vierzig Anwesenden mit nur minimaler Verzögerung einsteigen. Sogleich wird der Raum von einem sehr lauten, langgezogenen, hellen und zugleich tief vibrierenden Klang erfüllt. Eine Mischung aus AOU, das mit geöffnetem und leicht gerundetem Mund aus der tieferen Kehlkopfgegend (mit Brust und Bauch als Resonanzkörper) kommt und sich aus unterschiedlichsten Tonhöhen zu einem Klanggemenge, zu einem Geräusch, zu vereinen beginnt. In diesem beginnt der eigene Ton, wenn man ihn mit anstimmt, zu verschwinden. Langsam wird der Klang tiefer und vibrierender und das OU überwiegt, bevor es zu einer Mischung aus brummenden M und nasalem NG übergeht, dessen Lautstärke langsam von Person zu Person nach insgesamt etwa 17 Sekunden verebbt, nur um noch zwei weitere Male mit AOU, diesmal deutlich synchroner, von der gesamten Gruppe angestimmt zu werden.

(Protokoll, Yogalehrerausbildung, 3. Woche, 2013)

https://doi.org/10.1515/9783110652802-003

Bei dem beschriebenen Gesang handelt sich nicht um eine Chorprobe, in welcher der Chorleiter bei der Vorgabe eines einzigen Tons scheiterte und auch nicht um den eher befremdlichen Versuch, den Geräuschpegel einer Autobahnraststätte zu imitieren. Es ist der alltägliche Beginn einer Yogastunde im Aschram, deren Choreografie die Teilnehmer/-innen sehr gut kennen, sich unter minimaler Anleitung synchronisieren und gemeinsam einer spezifischen körperlichen Tätigkeit nachgehen: dem dreimaligen Singen von AUM respektive Om. Ähnlich einer Schulklasse, in der die Schüler/-innen wissen, dass die kollektive Antwort im Chor den Beginn der Unterrichtssituation darstellt, markiert auch das Om den Beginn einer neuen sozialen Situation. Durch das Einnehmen einer gerade ausgerichteten, aufrechten und ruhigen körperlichen Position zeigen die Teilnehmer/-innen den anderen und auch sich selbst an, dass nun eine *fokussierte Interaktionssituation* (Goffman 1967) beginnt, in der sie sich nicht mehr bloß zufällig im selben Raum befinden. Vielmehr verhalten sie sich durch die gemeinsame Tätigkeit als ein *Kollektiv* (vgl. Pitsch/Ayaß 2008). Im akribischen Zurechtrücken von Kissen und Decke sowie in den exakten Sitzhaltungen drückt sich ferner auch eine Form von *Ernsthaftigkeit* dieser Praxis aus. Diese geht mit einer gewissen Bedächtigkeit einher, die im Feld häufig als *Achtsamkeit* beschrieben wird und sich bereits in der Art und Weise ausdrückt, wie man seine Schuhe abstellt, ein Sitzkissen aus dem Wandregal holt, seine Yogamatte exakt parallel ausrollt oder sorgfältig eine Meditationsdecke faltet (vgl. zur Achtsamkeit ferner Eisenmann/Oberzaucher 2019).

Im Unterschied zur Schulklasse handelt es sich beim Om allerdings um keine Antwort der Teilnehmer/-innen, sondern auch die Yogalehrer/-innen beteiligen sich am gemeinsamen Chor. Doch im Vergleich zur Chorprobe lässt sich das Klangergebnis weniger dem Ton der Lehrer/-innen zurechnen, noch dient das gemeinsame Einstimmen einem daran anschließenden Gesang, wenn die Yogastunde stattdessen bspw. nahtlos mit dem Sonnengruß (einer fließenden Reihe von aufeinanderfolgender Köperhaltungen) fortfährt. Der Klang scheint zunächst keinen sichtbaren Zweck zu erfüllen, sondern verebbt in einem Moment der Stille. Die zum Ausdruck gebrachte Ernsthaftigkeit und Achtsamkeit in der Kombination mit Stille (und anscheinender Zwecklosigkeit) legt den Vergleich zu religiösen Praktiken nahe. Die Tätigkeit ähnelt einer rituellen bzw. zeremoniellen Anrufung. Doch wer oder was wird hier angerufen? Ein Teilnehmer berichtet von seiner eigenen Irritation zu Beginn seiner Yogapraxis: »Am Anfang habe ich mich nicht richtig getraut mitzusingen und hab mich so gefragt, ob ich denn dann Buddhist oder so etwas bin, wenn ich beim Om mitsinge ((lacht)).«

Es lässt sich zunächst festhalten, dass mit dem gemeinsamen Singen eine soziale Rahmung der Situation hervorgebracht wird. Es findet eine Lenkung von Aufmerksamkeit statt, die mit einer körperlichen Haltung und der Synchronizität des Gesangs einhergeht. In der gemeinsamen Tätigkeit wird ein Kollektiv von Praktizierenden hervorgebracht. Dieses zeichnet sich durch eine gewisse Bedächtigkeit, Achtsamkeit und Ernsthaftigkeit des Tuns aus.

Mit Schütz ([1945] 1971) kann man überlegen, inwiefern dabei für die Teilnehmer/-innen ein Wechsel zwischen Sinnprovinzen stattfindet, welche sich durch einen kognitiven Stil, ein Relevanzsystem, eine spezifische Aufmerksamkeitsstruktur und Bewusstseinsspannung auszeichnen. Während Schütz von einem schockhaften Wechsel zwischen geschlossenen Sinnprovinzen (etwa vom Traum- zum Wach-Zustand) ausgeht, lassen sich beim Yoga die damit verbundene konkrete Arbeit und schrittweise Hervorbringung eines solchen Wechsels beobachten (vgl. auch Meyer/von Wedelstaedt 2017). Der Übergang vollzieht sich nicht abrupt, sondern kann eher als ein schrittweises »Abbremsen« und »Sich-Einstimmen« beschrieben werden, dass sich auch mit dem gemeinsamen Chanten vollzieht. Die in diesen Übergängen beobachtbaren *sozialen Praktiken* setzen sich in der anschließenden Yogapraxis fort und bilden den zentralen Gegenstand dieser Untersuchung.

Doch was für ein Kollektiv wird hier hervorgebracht und was wird genau mit Om praktiziert? Während uns Schulklassen oder Chöre im Alltag relativ vertraut sind, eröffnet die Yogaklasse – wie sich auch in der Irritation des Teilnehmers oben zeigt – zwischen Sportgruppe und Religionsgemeinschaft deutlich mehr Spielraum an Bedeutungsmöglichkeiten. Nicht nur die Frage, ob man sich durch die Teilnahme als zu einem Kollektiv zugehörig darstellt (und zu welchem), kann hier befremdlich sein. Auch die konkrete körperliche Praxis des lauten (vermeintlich zweckfreien) Tönens findet keine vertraute Entsprechung in Alltagssituationen, sondern beinhaltet eher ein Moment der Irritation und Befremdung, woran weitere Fragen anschließen können, bspw.: Wie halte ich 20 Sekunden lang einen Ton? Oder: Was macht dieser Klang mit mir? Dabei erweist sich der Bruch mit alltäglichen körperlichen Praktiken und Erwartungen, der vielen Teilnehmenden zu Beginn eine Überwindung abverlangt und sich in praktischen Handlungsproblemen äußern kann, als relevant für ein ganzes Spektrum von (auch außergewöhnlichen) Bedeutungen von Om, die im Yoga diskutiert werden.

Eine genauere Analyse der alltäglichen Interaktionspraktiken sowie die soziale Bedeutung und Persuasion von klassischen Ritualen bildet den Gegenstand des folgenden vierten Kapitels, in dem auch der Frage gefolgt wird, mittels welcher Methoden und Praktiken Teilnehmer/-innen in solche Rituale, wie das Singen von Om, involviert und darin sozialisiert werden. Die konkreten Körpertechniken, ihre praktischen Handlungsprobleme und deren Zusammenhang mit »innerem« Erleben werden daran anschließend im fünften Kapitel genauer in den Blick genommen. Zunächst verweist Om aber auch auf die Yogaphilosophie und Ethnotheorien, die in den folgenden Abschnitten eingeführt werden und ferner den Gegenstand des sechsten und letzten Kapitels dieses Buches darstellen.

3.2 Zur Herstellung eines Bedeutungshorizonts: Das spirituelle Diskursuniversum von Om

Die Beschreibung im einleitenden Beobachtungsprotokoll (Kap. 3.1) stellt eine einge-spielte Situation mit fortgeschrittenen Praktizierenden im Aschram dar, in der wei-testgehend auf Anleitungen oder Erläuterungen verzichtet wird. In der Regel wird das gemeinsame Chanten von Om aber durchaus mit Einführungen, Kommentaren und Sinnangeboten in der Praxis angeleitet, die auch in Vorträgen, Büchern und Gesprä-chen thematisiert werden. Dabei öffnet sich mit den Bedeutungen von Om ein ganzes *Diskursuniversum*. Diese Metapher sei mir an dieser Stelle insofern erlaubt, als nach den philosophischen Schriften, auf welche die oftmals sehr ausführlichen Beschrei-bungen und Erläuterungen im Feld verweisen, das gesamte Universum aus der »Ur-Energie« von Om hervorgegangen sein soll; und wer hat ferner nicht irgendeine As-soziation oder Vorstellung, wenn von Om die Rede ist: sei es ein friedvolles Gefühl, Aversionen, eine Imagination tiefgründiger östlicher Weisheit oder das Bild von eso-terischen Hippies, sportlichen Power-Yogis oder älteren Hausfrauen, die auf dem Bo-den sitzend vor sich hin summen?

Die Vielzahl an Fremdbeschreibungen korrespondiert mit vielschichtigen Anlei-tungen und durchaus unterschiedlichen Semantiken und Verortungen in den Selbst-beschreibungen. Trotz (teilweise) gravierender Unterschiede hängen diese variieren-den Erläuterungen und Verwendungsweisen in der Praxis durchaus zusammen und verweisen auf eine Art Sinn- oder *Bedeutungshorizont*, wie ich es im Folgenden nen-nen möchte. Der *Bedeutungshorizont von Spiritualität* zeichnet sich durch eine inde-xikale Verweisungsstruktur aus, die sich auf ein je weiteres, aber nicht abschließend zu spezifizierendes *Mehr* bezieht. Dieser Horizont soll mit den folgenden Ausführun-gen und Interviewpassagen weiter aufgespannt werden, um anhand von Om einen vertiefenden Einblick in die vielfältige Bedeutungswelt des Yoga zu geben.

Wie bereits angedeutet, bildet nichts Geringeres den Ausgangspunkt für Om als der »Urgrund« des gesamten Universums. So wird etwa das Yogafestival in Berlin auf folgende Weise eröffnet: »Wir beginnen, wie das Universum begonnen hat, mit der Urschwingung, mit dem Om, das singen wir einfach mal dreimal schön kräftig zu-sammen« (vgl. ferner Kap. 4.1). In der Logik des Feldes verweisen die vielfältigen Be-deutungen von Om letztlich auf einen Bereich von Transzendenz, eine Art von Mys-terium, das sich sprachlich nicht mehr erfassen lässt, womit quasi nur der fortwährende Verweis auf *ein Mehr* verbleibt. Diese Sphäre sei den Yogapraktizieren-den allerdings durch die Praxis im eigenen subjektiven Erleben zugänglich, weshalb Om hier auch »einfach mal dreimal schön kräftig« gesunden werden soll. Entspre-chend antwortete mir ein Yogalehrer auf die Frage im Interview, wie er Om beschrei-ben würde, mit: »Am besten nicht beschreiben, sondern selbst machen.« Nichtsdes-totrotz wird Om beständig beschrieben und erläutert, wobei sich ein vielschichtiger Bedeutungshorizont von Sinnzuschreibungen eröffnet, der im Folgenden weiter auf-gefächert wird und in der Praxis durchaus handlungsrelevant werden kann.

Mit der potenziellen Fremdheit der Praxis, die bezüglich einer möglichen Überwindung bereits thematisiert wurde, wird im Feld überaus reflexiv umgegangen. Beispielsweise wurde in der Yogalehrerausbildung explizit empfohlen, beim Unterrichten von Anfänger/-innen in den ersten Yogastunden auf Om (und andere spirituelle Elemente) zu verzichten. Diese könnten abschreckend wirken und sollten erst sukzessive eingeführt werden, wenn Teilnehmer/-innen bereits mit positiven Wirkungen der Praxis vertraut seien. Hier geht es um einen antizipierten Wandel von Bedeutungen, weiter gefasst um die Veränderung von Selbst- und Weltwahrnehmung, die mit der Praxis von Yoga in Verbindung gebracht wird. Om kann dabei, als ein wichtiges Symbol, *pars pro toto* für das gesamte Spektrum gegenwärtiger Spiritualität stehen, wie etwa in dem in der Einleitung zitierten „Deutschlandradio Kultur"-Beitrag (2013): „Wieviel OM braucht Yoga?" (vgl. Kap. 1).

So auch bei Karen, die im Interview mit mir betont, dass sie mit »Spiritualität, so Om und so« nichts anfangen könne und gezielt sportliche Yogakurse auswähle, in denen kein Om gesungen wird. Ungefähr ein Jahr später berichtet sie mir jedoch, dass sie mittlerweile einen Kurs in einem Yogastudio mit dem Namen »Om-Yoga« besuche, in dem sie »jetzt richtig entspannen und wirklich loslassen« könne, und dass sie ihre ablehnende Meinung zwischenzeitig revidiert habe. Karens kurze Geschichte ist ein verbreitetes Narrativ: Praktizierende würden aufgrund von Rückenleiden, Wellness oder Fitness mit Yoga beginnen und dann sukzessive auch die spirituelle Dimension der Praxis entdecken und sich aneignen (vgl. ausführlicher Konecki 2016). Aus der Sicht des Feldes lässt sich dies dahingehend erklären, dass Yogapraktiken unabhängig von Glauben oder Überzeugungen wirken und Bewusstseinszustände sowie letztlich die Persönlichkeit verändern.

Einen tieferen Einblick in diesen Aspekt kann man den einflussreichen (Auto-)Biografien von bekannten Yogalehrenden, wie etwa Yogananda Paramahansa (1946) und Swami Vivekananda (Nikhilananda 1953) entnehmen. In beiden Büchern findet sich in der Darstellung – wenn man diese grob vereinfacht – ein rationales und aufgeklärtes Weltbild, das im Zusammenhang mit deren universitären Ausbildungen gesehen werden kann und sich u. a. darin äußert, dass sie selbst einige Yogapraktiken zunächst als traditionell, religiös und rückständig ablehnten. Erst vermittelt durch ihre Lehrer (Gurus) und ihr eigenes Erleben – quasi »über die Vernunft hinaus« – »entdeckten« sie den zunächst esoterisch anmutenden Bereich der »religiösen Hingabe« als wichtiges Element auch ihrer eigenen »spirituellen Praxis«. Der Yoga der Erkenntnis (*jñāna-yoga*) und der Yoga der Hingabe (*bhakti-yoga*) repräsentieren diese beiden unterschiedlichen Fokussierungen von rationaler Durchdringung auf der einen und religiöser Hingabe auf der anderen Seite, welche in der Logik des Feldes auch unterschiedliche Persönlichkeiten ansprechen und zwei von mehreren Bestandteilen des sogenannten »ganzheitlichen Yoga« bilden.

Solche unterschiedlichen Perspektiven können (zunächst) durchaus paradox erscheinen und ermöglichen es, auch scheinbar widersprüchliche Vorstellungen oder Erwartungen zu kombinieren. Aus Sicht des Feldes könnte man bspw. formulieren, dass das Singen von Om – wie auch andere Rituale – zwar wie eine traditionelle, (meist) hinduistische und religiöse Praxis erscheinen mag, dass sie aber zutiefst rational reflektiert und gezielt eingesetzt wird, um genau jener vernunftbetonten und begrenzten Rationalität entgegenzuwirken. Wollte man dies mit der „Dialektik der Aufklärung" von Adorno und Horkheimer (1947) in Zusammenhang bringen, so fände sich beim Yoga in der reflexiven Hinwendung zum Mythos ein Umgang mit dem Problem der „instrumentellen Vernunft" – oder gar dessen Lösung.

Dabei finden sich im Feld durchaus unterschiedliche Formen von reflexiven Umgangsweisen mit Ritualen. Eine Aschram-Mitarbeiterin etwa, mit der ich mich zu einem Gespräch über meine Dissertation verabredet hatte, schlug vor, dass wir vor Beginn unserer Unterhaltung »gemeinsam Om chanten«. Ich erklärte mich dazu gerne bereit und fragte sogleich, warum ihr dies ein Anliegen sei. Sie führte aus, dass es ihr um »geistige und körperliche Präsenz«, »die Fokussierung von Aufmerksamkeit auf das Gespräch« sowie um eine »ruhige Atmosphäre« gehe, die durch dieses »Ritual« gemeinsam hervorgebracht werde (Interview-Notiz, Yoga-Aschram, 2012).

Was in manchen Untersuchungsfeldern ein mögliches Ergebnis der soziologischen Analyse darstellt, wird im Yoga teilweise von den Praktizierenden selbst erörtert. Die Tätigkeit wird als ein Ritual mit sozialen Funktionen, hier: für die Gesprächsführung und die Fokussierung von Aufmerksamkeit, beschrieben. Das kleine Beispiel steht für viele, durchaus noch elaboriertere Erläuterungen von Ritualen im Aschram. Im Gegensatz dazu werden die meisten alltäglichen Handlungen, etwa die Art und Weise des Grüßens und Verabschiedens oder das Amen in der Kirche, nur in Krisen und Ausnahmefällen, wie bei der Einweihung von Kindern oder Fremden – und auch dann meist nur sehr bedingt –, zum Gegenstand von Reflexion und Explikation. Diese Praktiken bleiben, wie Garfinkel (1967: 36) sagen würde: „seen, but unnoticed" und zeichnen sich dadurch aus, dass sie als so grundlegend vorausgesetzt werden, dass sie als völlig uninteressant erscheinen.

Allerdings trägt der zuvor bereits angedeutete Bruch mit alltäglichen Praktiken im Yoga (oftmals in dezidierter Abgrenzung zum »gewöhnlichen Alltag«) dazu bei, dass (auch soziale und ritualisierte) Tätigkeiten oftmals hinterfragt, reflexiv zum Gegenstand gemacht und mit feldeigenen Theorien und Bedeutungen versehen werden. In diesem Sinne könnte man bei Yogapraktizierenden in einem gewissen Sinne von einer/einem „practical methodologist" (Garfinkel 1967: 183) sprechen, als welche Garfinkel die transsexuelle Agnes in ihrer besonderen Positionierung in der zweigeschlechtlichen sozialen Welt im Amerika der 1950er und 1960er Jahre beschrieben hatte. Turowetz und Rawls (2020) weisen darauf hin, wie auch andere marginalisierte Gruppen – etwa Afro-Amerikaner/-innen, Menschen jüdischer Abstammung, psychisch Erkrankte oder Kommunist/-innen – in ihren praktischen Problemen mit der sozialen Mitwelt eine Art von „double consciousness" (Du Bois [1903] 2015) entwickeln können. Für diese Menschen werden somit die meist unhinterfragten Praktiken und Methoden sozialer Ordnung deutlich und (zuweilen auch sehr schmerzhaft) sichtbar. Damit korrespondierend lassen sich auch die praxisorientierten

Ethnotheorien des Yoga partiell als eine Art von Proto-Soziologie begreifen, deren vielschichtigen Aspekten im Folgenden weiter gefolgt wird.

> Die erste Haṭha-Yogastunde beim Einführungswochenende im Aschram, in der die Körperübungen wie Sonnengruß und die einzelnen Positionen gezeigt werden, beginnt mit Erläuterungen der Yogalehrerin. Sie kündigt ein »Eingangsritual« an, das aus dem Singen von Om und einem kurzen Mantra bestehe. Dieses werde zur »Harmonisierung von Körper, Geist und Seele« und zur »Reinigung und Energetisierung des Raumes« eingesetzt, »damit halt alles ein bisschen einfacher geht«. Sie führt weiter aus, dass es sich um Sanskrit handeln würde und dies den »Weisen in Indien eingegeben worden ist«. Jeder Laut hätte eine »heilende Wirkung«, mit der man sich auseinandersetzen und »dies auch lernen« könne. »Om chanten wir«, weil dies der »heilsamste Laut von allen« sei, und im Anschluss würde sie noch ein Mantra sprechen und dann »werden wir auch anfangen«.
>
> (Feldtagebuch, Einführungswochenende, 2012)

In den Ausführungen der Yogalehrerin fällt u. a. das inklusive »Wir« auf, das mit Blick auf die kollektive Einbindung in rituelle Praktiken noch genauer zu betrachten ist (vgl. Kap. 4). Mit »Reinigung«, »Harmonisierung«, »Heilung«, »Körper, Geist und Seele« wird hier eine spirituelle Semantik angesprochen und ferner mit spezifischen Authentifizierungsstrategien untermauert. Es handele sich um eine Tätigkeit, die man erlernen könne und die vom eigentlichen Anfangen unterschieden wird, das erst im Anschluss stattfände. Auch hier findet eine spezifische Rahmung statt sowie eine Übersetzung davon, was den »Weisen in Indien eingegeben« worden sei.

Betrachtet man demgegenüber etwa einen Yogakurs mit Onkologie-Patient/-innen in einem Krankenhaus, den ich über zehn Wochen begleitet habe (vgl. Cramer et al. 2014), so wurde dort Om gänzlich ohne solche Semantiken als eine konkrete Körpertechnik eingeführt. Stattdessen käme es darauf an, so der Yogalehrer im Krankenhaus, »die Vibration an der Spitze des Kopfes wahrzunehmen«. In den anschließend geführten Interviews berichteten die übersiebzigjährigen Teilnehmer/-innen von ihren Erfolgen und Misserfolgen bei der Wahrnehmung dieser Vibration. Einige erzählten von ihrer Befremdung zu Beginn, aber auch von der »tollen Gemeinschaft«, die sich u. a. dadurch auszeichnete, dass »alle sogar beim Om-Singen mitgemacht« hätten. Die weiter oben gestellte Frage, was für ein Kollektiv jeweils mit rituellen Praktiken hervorgebracht wird, hängt somit auch maßgeblich von den Interpretationen und Deutungen in konkreten sozialen Situationen ab, mit denen Bedeutungshorizonte hergestellt werden.

Der Aspekt, dass Om als eine Körpertechnik beschrieben wird, bildet dabei einen Grundbaustein in den meisten Deutungen und wird auch im Erlernen der heilsamen Wirkungen des Klanges im zuvor genannten Beispiel relevant, was von der Yogalehrerin im Einführungswochenende weiter differenziert wird: Hier korrespondieren einzelne Klangaspekte mit spezifischen Körperregionen und Energiezentrenten, auf die der Aufmerksamkeitsfokus gelenkt werden soll. So spricht das A den Herz- und Brustbereich und damit das *anāhata-cakra* an, das mit spezifischen Qualitäten wie Liebe beschrieben wird, die sich durch die Praxis dann auch verstärken und entwickeln würden. Insofern wird Om auch als konkrete Meditationspraxis angeleitet und mit spezifischen Effekten der Praxis in Verbindung gebracht. In „Das tibetische Buch vom Leben und vom Sterben" (Sogyal 1996) finden sich entsprechende Erläuterungen zu möglichen Wirkungen:

> Auf einer äußeren Ebene reinigt OM alle negativen Handlungen, die du mit deinem Körper begangen hast [...]. Auf der inneren Ebene reinigt OM die feinstofflichen Kanäle [...]. Auf der innersten Ebene ermöglicht OM AH HUM die Verwirklichung der drei Aspekte der Natur des Geistes: OM bringt die Verwirklichung seiner unaufhörlichen Energie und seines Mitgefühls.

Mit dem Verweis auf den tibetischen Buddhismus soll an dieser Stelle auch darauf hingewiesen werden, inwiefern Yogapraktiken (auch historisch) in einem weiteren Spektrum von Traditionen zu verorten sind (vgl. zu strukturellen Ähnlichkeiten zwischen Yoga und Buddhismus bspw. Liberman 1994, Sturm 2014).

Wie bereits ausgeführt, liegt dabei die Annahme vor, dass Übungen unabhängig davon, ob man die Bedeutung kenne und oder daran glaube, wirksam seien. In diesem Zusammenhang wird, wie etwa im Krankenhaus, häufig die »Energie«, »Schwingung« oder »Vibration« von Om betont, die durch das gemeinsame Tönen erlebt werden kann. Der Energiebegriff eröffnet diverse Anschlussmöglichkeiten. Yogananda, dessen Autobiografie (1946) bereits genannt wurde, erörtert Om bspw. u. a. anhand der Formel $E=m \star c^2$. In ihr sieht er eine Bestätigung der indischen Philosophie durch moderne Wissenschaft, und zwar dahingehend, dass es sich bei allem um unterschiedliche Dichtegrade von Energie handle, deren Ur-Form durch die Vibration von Om repräsentiert werde.

Diese Annahme spiegelt sich auch in der folgenden Interviewbeschreibung von Pete: »Om ist die Ur-Energie, die alle Materie durchdringt.« Für Pete führe die Praxis dazu, dass »mein Hirn wieder mit der Ur-Suppe verschmilzt und ich mein Ego durchtunnele und mich wieder mit dieser Vibration verbinde«. Mit der Auflösung des Egos wird hier das Erleuchtungsziel mit Semantiken von Materie, Vibration und Hirn in Bezug gesetzt und das Erleben desselben in der Praxis von Om verortet. Als ich Pete frage, ob sich das für ihn auch so anfühle, erwidert dieser: »na ja, des sagt man halt so, des mit dem Durchtunneln des Egos hab' ich noch nicht geschafft, da kann ich jetzt nicht aus persönlicher Erfahrung sprechen.«

Zu den Dingen, die man sonst noch »so sagt«, zählt u. a. auch der Bezug auf verschiedene Trinitäten, wobei Om als deren dahinter- bzw. quer dazu liegende Einheit oder schlicht als Transzendenz betrachtet wird. In diesem Sinne wurden Geburt, Leben und Tod; *Brahmā*, *Viṣṇu* und *Śiva*; sowie Schlaf-, Wach-, und Traumbewusstsein im Rahmen der Yogalehrerausbildung besprochen und vorgestellt. Das letzte Beispiel entstammt der eingangs zitierten „Māṇḍukya Upaniṣad", in der Om als *turīya*, als der *Vierte Bewusstseinszustand* gefasst wird, der nicht mehr mit sprachlichen und rationalen Möglichkeiten beschrieben und erfasst werden könne. Eine Passage aus dieser Upanischad in der Übersetzung von Deussen (1921: 577 ff.) verdeutlicht dies nachdrücklich im Sinne einer konsequenten Unbegreifbarkeit:

Om! Diese Silbe ist die ganze Welt. [...] Nicht nach innen erkennend und nicht nach außen erkennend, noch nach beiden Seiten erkennend, auch nicht durch und durch aus Erkenntnis bestehend, weder bewußt noch unbewußt, – unsichtbar, unbetastbar, ungreifbar, uncharakterisierbar, undenkbar, unbezeichenbar, nur in der Gewißheit des eignen Selbstes gegründet, die ganze Weltausbreitung auslöschend, beruhigt, selig, zweitlos, – das ist das vierte Viertel (*turīya*, Anm. d. Verf.), das ist der Âtman, den soll man erkennen.

Allerdings hindere diese Undenkbar- und Unbezeichenbarkeit keineswegs am eigenen Erleben bzw. der grundlegenden *Erfahrungsorientierung* der Yogapraxis, die auf eine anthropologisch vorausgesetzte und *universale Transzendenzannahme* bezogen wird. Dabei fungieren Praktiken und Rituale, wie das Tönen von Om, als Hilfsmittel und Werkzeuge (*upāya-kauśalya*) auf dem »spirituellen Weg«. Sie können ferner auch als eine Perspektive auf die Welt relevant werden (vgl. zum »spirituellen Konstruktivismus« Kap. 6.2). Die transzendente Zielsetzung bildet in diesem Zusammenhang den zentralen Referenzpunkt für unterschiedliche Definitionen von Spiritualität im Yoga, wie etwa in einem Satsang-Vortrag von Sukadev, dem Leiter des Aschrams, während der Yogalehrerausbildung:

Letztlich die Tiefe des Yogas: Es geht um spirituelle Entwicklung. Es geht darum, seine wahre Natur zu erfahren: Spiritualität. Es gibt viele Definitionen für Spiritualität. Graf Dürkheim hat mal gesagt: ‚Spiritualität ist Transparenz zum immanent Transzendenten.‘ Ich wiederhol's nochmal: ‚Transparenz zum immanent Transzendenten‘. Transparent heißt durchlässig werden; immanent: innewohnend; transzendent, mh, das Transzendente: etwas, das jenseits dessen ist, was wir mit Körper und Psyche erfassen können. Spiritualität heißt, ja, wir gehen davon aus: Es gibt eine höhere Wirklichkeit. Wir können es Göttliches nennen, wir können es Transzendent nennen, wir können es Numinos nennen, und dieses Transzendente ist überall, es ist immanent. Und auf dem spirituellen Weg versuchen wir, transparent dafür zu sein. Durchlässig zu sein. Durchlässig, so dass wir dieses Göttliche wahrnehmen können, spüren können, immer mehr erfahren können. Durch uns hindurch wirken lassen können. Und damit das einfacher geschieht, dafür gilt es zu praktizieren. Spirituelle Praktiken zu machen: Alles, was wir im Yoga machen.

Die Spiritualitätsdefinition von Graf Dürkheim (1966) lässt sich durchaus auf Luhmanns (2000) Leitunterscheidung von Transzendenz und Immanenz als der operationalen Logik des Religionssystems beziehen.[20] Gleichzeitig verweist Sukadev darauf,

---

[20] Bei Egidy (2007) und Sturm (2014) finden sich Vergleiche von Luhmanns Beobachtungstheorie mit indischen Philosophiesystemen. Ungeachtet der historisch grundlegenden „inaplicability of Western notions of religion to the traditions of Asia" (Staal 1989: 393 ff.) verteidigt Kleine (2016) Luhmann gegenüber Kritiken, die dessen Leitunterscheidung von Transzendenz und Immanenz als christozentrisch infrage stellen. Auch Graf Dürkheims Definition scheint zunächst quer zu dieser Unterscheidung zu liegen, ließe sich aber durchaus in Luhmanns Theoriearchitektur integrieren, insofern Luhmann (2000: 127) selbst anmerkt: „Es muß einen verborgenen Zusammenhang geben zwischen dem re-entry der Differenz von Immanenz und Transzendenz ins Immanente (also dem Sakralen) und der Vorstellung einer gänzlich differenzlosen Transzendenz, die jede Unterscheidung, auch die von Immanenz und Transzendenz absorbiert, also der Annahme eines gestaltlosen, formlosen Letztsinnes, der weder als Person noch als Nichts adäquat zu bezeichnen ist. Der Code wäre, wenn dies zutrifft,

dass es »viele Definitionen für Spiritualität« gebe, die sich in Sukadevs Ausführungen ebenso in den unterschiedlichen Bezeichnungen des Transzendenzbereichs widerspiegeln. In diesem Zusammenhang wird häufig ein Vers aus dem „Ṛg Veda" (I.164.46) zitiert: „Eines ist das Sein, aber die Weisen benennen es auf verschiedene Art." Somit wird im Sinne eines *Universalismus* die Toleranz und Offenheit gegenüber anderen Traditionen betont. Diese kann aber auch überaus heterogene Phänomene unter der Terminologie des Yoga, meist in einer *advaita-vedāntischen* (non-dualen) Lesart, subsumieren und zu einem gewissen Grad auch ‚zwangsinkludieren' (vgl. für beide Seiten dieser Medaille, zunächst wertschätzend den Universalismus hervorhebend: Hummel 1980, später in seiner Zeit bei der „Evangelischen Zentralstelle für Weltanschauungsfragen" überaus kritisch: Hummel 1996).

Dabei gilt es zu bedenken, dass sich bereits historisch zwei unterschiedliche Diskurszusammenhänge von Spiritualität identifizieren lassen. Zum einen eine römisch-katholische Traditionslinie, die bereits im 17. Jahrhundert, insbesondere im französischen Raum als *spiritualité*, überwiegend auf persönliche Religiosität verweist. Zum anderen ein zweiter Diskurstrang, der im angelsächsischen Raum u. a. einen Ausgangspunkt in Swami Vivekanandas Reden beim „Weltparlament der Religionen" (1893) findet und sich im expliziten Gegensatz zu organisierten Formen von Religion und ihren Glaubensdoktrinen positioniert (vgl. Bochinger 1994; Hanegraaff 1996; Knoblauch 2006). Obgleich im Yoga der Bezug auf die zweite Traditionslinie durchaus überwiegt, finden sich auch Mischformen, und Spiritualität kann hier sowohl als Ausdruck und Wesenskern von Religion als auch in dezidierter Abgrenzung zu dieser verstanden werden (vgl. zum Spiritualitätsdiskurs sowie zu den vielfältigen semantischen Dimensionen gegenwärtiger Spiritualität Eisenmann/Klein et al. 2016).

Gerade in Abgrenzung zur Religion finden sich häufig auch wissenschaftliche Semantiken und Begründungen. Diese äußern sich in einem Anspruch auf Systematik, Komplexität und Legitimität und kommen bereits in klassischen Buchtiteln – wie „The Science of Yoga" (Taimni 1961) – zum Ausdruck. »Yoga gilt auch als die Wissenschaft vom Leben« (Einführungsvortrag der Yogalehrerausbildung). Dabei wird Yoga häufig als eine »Erfahrungswissenschaft« bezeichnet, wie auch in den Ausbildungen des „Berufsverbands Deutscher Yogalehrer"[21] oder exemplarisch bei Wahsner (2002): „Yoga – Lebensphilosophie und Erfahrungswissenschaft: Indiens Beitrag zur *philosophia perennis* und zur Transpersonalen Psychologie".

Die in diesem Unterkapitel aufgeführten differenzierten, reflexiven und mannigfaltigen Beschreibungen von Om, Yoga und Spiritualität dienen an dieser Stelle insbesondere dazu, die Komplexität des Bedeutungshorizonts der Ethnotheorien zu

---

auch noch in der Entfaltung seiner Paradoxie bistabil; und man könnte sich vorstellen, daß die gesellschaftliche Evolution der Religion ihren Schwerpunkt von der einen zur anderen Möglichkeit verlagert, also Religion desakralisiert."

21 URL: https://www.yoga.de (Letzter Aufruf: 05.08.2020).

verdeutlichen. Dabei handelt es sich weniger um die Beobachterkategorie eines überforderten Ethnografen, der mit der Einführung der Yogaphilosophie ringt, die auch Noviz/-innen (zumindest zeitweise) als eine Überforderung erleben. Vielmehr lässt sich dies als eine Feldkategorie beschreiben, die, im Sinne philosophischer ,Tiefgründigkeit' und mit einem fortlaufendem Transzendenzbezug der Praxis, den zuvor bereits eingeführten *indexikalen Verweisungszusammenhang von Spiritualität* konstituiert. Man könnte fast von *Komplexitätsreduktionsverweigerung* als einer zentralen Kategorie von Spiritualität sprechen, die in der Praxis impliziert, dass hinter allen Begriffen, Tätigkeiten und Ritualen eine immer noch tiefere Bedeutung verborgen liegt. Aus der Sicht des Feldes lasse sich diese nicht nur mit Sanskrit-Begriffen (was als Präzisierung oder als Mystifizierung gelesen werden kann) genauer umschreiben, sondern sie würde sich, wenn man lange genug (und dies kann auch mehrere Leben umfassen) praktiziert, sukzessive offenbaren. Dabei ist es die *Innen- und Erfahrungsorientierung* des Yoga, die das eigene Erleben und die eigenen Wahrnehmungen ins Zentrum rückt, der im folgenden Unterkapitel anhand autoethnografischer Beschreibungen weiter gefolgt wird.

3.3 Autoethnografische Annäherungen beim Mantra-Singen

Das unten folgende Beobachtungsprotokoll ist bei der »Langen Nacht der Spirituellen Lieder« im Kulturzentrum eines kleinen bayerischen und katholischen Dorfes entstanden. Am Beispiel dieses Abends, in den Räumlichkeiten eines ehemaligen Zisterzienserklosters, lassen sich u. a. die Diffusion und Adaption von Elementen gegenwärtiger Spiritualität in andere Kontexte verdeutlichen sowie strukturelle Ähnlichkeiten der sozialen Rahmung identifizieren, wie sie im ersten Unterkapitel eingeführt wurden (Kap. 3.1). Zu diesen Ähnlichkeiten gehören u. a.: die räumliche Anordnung von Personen und Gegenständen, wie Kerzen und Klangschalen; die spezifischen Körperhaltungen der Teilnehmer/-innen; die Arten und Weisen der Ankündigung und Herstellung von Bedeutungshorizonten bei Liedern und Mantras; Interaktionsformen und Darstellungspraktiken, bspw. achtsame Tätigkeiten beim Teetrinken in der Pause oder wenn beim Klang der Kristallharfe die Augen geschlossen werden und sich in aufgerichteter Bewegungslosigkeit und Stille Formen von Andächtigkeit ausdrücken. Es handelt sich um eine spezifische Atmosphäre und soziale Rahmung, die gemeinsam hervorgebracht wird und auch hier von den Veranstalter/-innen als »spirituell« bezeichnet wird.

Das autoethnografische Beobachtungsprotokoll fokussiert im Folgenden die »innere« Rahmung und Herstellungsdimension durch körperliche Tätigkeiten, die mit Blick auf Mikrobewegungen (vgl. Behnke 1997), Lenkung von Aufmerksamkeit und subjektiv erlebten Gefühlszuständen beschrieben werden. Ins Zentrum rücken also äußerlich nur bedingt beobachtbare Phänomene, die im methodologischen Teil als das *missing what* der Yogapraxis eingeführt wurden (Kap. 2.3) und hier weiterführend expliziert werden.

Die Beschreibung setzt ein, nachdem, im Anschluss an einige christliche Lieder, Om als »Ur-Klang und Ur-Energie« erläutert und *Tārā* als »Göttin des Mitgefühls« vorgestellt wurde. Ferner wurde von »spirituellen Schwingungen und der schönen Energie von Mantras« gesprochen, bevor die Teilnehmer/-innen im großen Saal des alten Klostergebäudes, in dessen Mitte einige Kerzen stehen, gemeinsam beginnen, einige Minuten lang das Mantra »*oṃ tāre tuttāre ture svāhā*« zu singen:

> Bereits bei der Ankündigung von Om hatte ich mich entschieden, ernsthaft am Mantra-Singen teilzunehmen, und begonnen, meine Sitzposition anzupassen, um mich vorzubereiten: Zunächst strecke ich mich ein wenig, hebe dabei beide Schultern leicht an und drehe meinen Oberkörper ein wenig nach links und rechts, was ein leichtes Knacksen im Schultergelenk erzeugt. Nun richte ich mich allgemein etwas auf und habe bereits das Gefühl, deutlich gerader und aufrechter als zuvor zu sitzen. Jedoch passe ich meine Beine nochmals an, indem ich – im einfachen Schneidersitz – den linken Fuß etwas näher zu mir heranziehe, das rechte Knie darauf ablege und den rechten Fuß etwas nachrücke. Nun kippe ich zunächst prüfend mein Becken leicht nach vorne und zurück und balanciere schließlich mein Gewicht auf den beiden Sitzbeinknochen aus – und zwar so, dass das Becken leicht nach vorne geneigt bleibt, was eine weitere Streckung der Wirbelsäule ermöglicht. Gleichzeitig spanne ich vor allem das Perineum und partiell die Anusschließmuskulatur, sprich einen Teil meiner Beckenbodenmuskulatur, an und ziehe diese leicht nach innen und oben. (Dies ist zwar auch für die Aufrichtung von Bedeutung, hierbei geht es aber im Sinne des »*mūla bandha*« auch um eine »energetische Basis« des Sitzes). Ferner strebe ich mit meinem Brustbein etwas nach vorne und oben, während ich die Schultern leicht nach hinten und unten ziehe, um anschließend die überakzentuierte Aufrichtung wieder zu entspannen, was hier für mich bedeutet, meine Schultern wieder loszulassen, wodurch sich diese von ganz alleine wieder leicht zurück nach vorne drehen. Als nächstes neige ich meinen Kopf leicht nach vorne. Dabei geht das Kinn etwas Richtung Brust und so verlängert sich die Länge der Halswirbelsäule, während ich mit der Schädeldecke leicht nach oben strebe, und zwar so, als würde man von einem unsichtbaren Faden nach oben gezogen, so dass sich die gesamte Wirbelsäule weiter aufrichtet und vertikal ausdehnt. Dabei prüfe ich auch den Neigungswinkel meiner gesamten Sitzhaltung, und mit minimalen Pendelbewegungen nach vorne und hinten versuche ich, diese möglichst gerade auszurichten.
>
> Mit der Sitzhaltung vorerst zufrieden, spüre ich nun in den unteren Bauch, der mir durch die Aufrichtung und die Anspannung der Beckenbodenmuskulatur noch leicht angespannt erscheint und versuche diesen Bereich bewusst zu entspannen, was zu einer leichten Ausweitung des Bauchraums führt. In den unteren Bauchraum lenke ich anschließend den Atem und eine weitere Ausdehnung, die auch im unteren Rücken spürbar wird, stellt sich ein. Den Atem beruhige, vertiefe und verlangsame ich dabei zunächst ganz bewusst, bevor ich auch diesen wieder loslasse mit der Zielsetzung, mich atmen zu lassen. Ich spüre nochmals in meine gesamte Sitzposition, um wahrzunehmen, wie sich diese in diesem Moment anfühlt bzw. ob noch An- oder Verspannungen spürbar sind. Dabei durchwandere ich nochmals die zuvor genannten Punkte von Becken bis Schädeldecke mit meiner Aufmerksamkeit, wobei ich mich erneut ein klein wenig aufrichte, um mit der nächsten Ausatmung entspannend wieder ein klein wenig zusammenzusinken. So balanciere ich einen Moment zwischen Aufrichtung und Entspannung der

Muskulatur. Ich folge meinem Atem und versuche, achtsam die kleinen Pausen zwischen Ein- und Ausatmen wahrzunehmen.

Meine Hände habe ich in den Schoß übereinandergelegt, die rechte Hand liegt auf der linken und die beiden locker aufgerichteten Daumen berühren sich leicht. Die Ellenbogen liegen locker am Körper an und sind leicht nach außen gedreht. Ich setze ein leichtes Lächeln auf und spüre in den Brustraum, auf den ich meinen Aufmerksamkeitsfokus lenke und welchen ich hier als »Herzraum« – bzw. als *anāhata-cakra* – anspreche und auf diese Weise ein wohliges Gefühl antizipativ evoziere. Ich denke an die Yogalehrerausbildung und an die Yogalehrerin, mit der ich das Tārā-Mantra gemeinsam auf der Bühne angestimmt hatte und an ihre schöne Stimme, der ich versuchte – wenn auch deutlich tiefer – zu folgen. Ich erinnere mich an das angenehme Gefühl, dass sich im Aschram beim Singen des mir weich und sanft anmutenden Mantras in mir und scheinbar auch im Raum ausgebreitet hatte.

Ein guter Freund, der hier im Kulturzentrum neben mir sitzt, kommentiert derweil die Ausführungen zu Tārā als »Göttin des Mitgefühls« mir leise zuflüsternd und lächelnd mit der ironisierenden Frage, ob es sich denn hier um die grüne oder die weiße Tārā handeln würde. Ich winke ihn mit dem kurzen Kommentar ab, dass dies doch egal sei, und versuche, mich auf meine eigene Wahrnehmung zu fokussieren. Das gemeinsame Singen beginnt und ich bleibe mit meiner Aufmerksamkeit bei einem leichten Lächeln und der Herzgegend, aber auch bei der Aufrichtung, der Entspannung und Ausdehnung des Bauchraums mit tiefem Atem, was dazu führt, dass ich einen großen Resonanzkörper erzeuge, mit welchem – so kommt es mir zumindest vor – quasi der gesamte Oberkörper bereits bei der Produktion des ersten lauten Om beteiligt ist. Ich spüre die Vibration des Klangs in der Brustgegend, im Kehlkopf, etwas im Bauch und im Kopf und sogar in den anliegenden Armen.

Ich sitze am äußeren Ende des Kreises, so dass ich die anderen Teilnehmer/-innen, abgesehen von meinem befreundeten Nachbarn, nicht mehr gut hören kann. Stattdessen höre ich, außer der Frau mit dem Mikrofon – die deutlich höher singt –, vor allem meinen eigenen Gesang und frage mich einen Moment, ob ich eventuell etwas zu laut und tief mitsinge, was ich aber gleich wieder verwerfe und eifrig weiter chante. Das Mantra ist mir etwas zu schnell gesungen. Ich habe das Gefühl, dass ich etwas mehr Zeit bräuchte, um die Klänge in meiner Herzgegend nachzuspüren und die Vibrationen nachklingen zu lassen. Ebenso stolpere ich einige Male über das »svāhā« am Ende des Mantras. Nicht weil mir das *svāhā* unvertraut wäre, sondern da im Kontext buddhistischer Traditionen, dem Tārā primär zuzuordnen ist, das Mantra häufig am Ende mit »soha« (aus dem Tibetischen) gesungen wird. Der Freund neben mir (mit dem ich das Mantra zum ersten Mal gemeinsam in einem Retreat in einem Kloster des tibetischen Buddhismus in Indien gesungen hatte), den die Geschwindigkeit nicht zu beirren scheint und der etwas leiser dem Gesang folgt, singt ebenso einige Male »soha«, bevor er, wie auch ich, in das gemeinsame »svāhā« am Ende einstimmt.

Langsam scheint sich meine Wahrnehmung an die Geschwindigkeit anzupassen, während ich noch kurz überlege, dass ich meinem Freund wohl zustimme und mir die Frau am Mikrofon in Bezug auf Mantras durchaus etwas amateurhaft wirkt. Ferner kommt es mir auch irgendwie komisch und witzig vor, dass ich, der ich eine Doktorarbeit über Yoga schreibe und dieses buddhistische Mantra in Indien kennengelernt habe, nun hier in meinem ‚Heimatdorf' mit der lokalen, etwas älteren, ländlichen und katholischen Bevölkerung gemeinsam Oṃ Tāre singe. Doch auch diese Gedanken ziehen vorüber und während ich mich im Gesang verliere, weicht mein zunächst etwas aufgesetztes Lächeln einem echten Lächeln, welches ich nun auch in meinem »Herz-Raum« spüren kann. Es ist ein ruhiges und entspanntes Gefühl von Freude, welches sich in mir ausbreitet und das mich über den Mantra-Gesang hinaus den restlichen Abend begleitet.«

(Beobachtungsprotokoll, Kulturzentrum, März 2015)

Das Kapitel hatte mit einer sehr kurzen Beschreibung des Zurechtrückens und Aufrichtens der Teilnehmer/-innen vor dem Om in der Yogalehrerausbildung begonnen (Kap. 3.1). In diesem Beobachtungsprotokoll zeigt sich die Vielschichtigkeit und Komplexität dieser und weiterer konkreter und praktischer körperlicher Tätigkeiten. Es ist die Auseinandersetzung mit dem eigenen Körper, der eigenen Wahrnehmung und dem Erleben, die einen wesentlichen Bereich dessen ausmachen, was im Yoga als Spiritualität bezeichnet wird. Im Protokoll finden sich einige im Feld verbreitete Begriffe und Semantiken wie: das »Durchwandern des Körpers mit der Aufmerksamkeit«, »Achtsamkeit«, Loslassen«, »Hineinspüren«, *anāhata-cakra*«, »Ausbreitung eines inneren Gefühls« etc. Es ist die Fragestellung dieser Arbeit, inwiefern diese – dem ersten Anschein nach – zutiefst subjektiven Formen von Spiritualität als soziale Phänomene beobachtbar und beschreibbar bzw. wechselseitig praktisch erklärbar werden.

Dabei ist es weniger das vielleicht esoterisch anmutende *going-native*-Verhalten des Ethnografen, das hier zu erklären ist, denn dieses ist als ein subjektives und rekonstruiertes Datum überaus begrenzt und auf seine spezifische, eigene Körperlichkeit mit seinen biografischen Rahmenbedingungen bezogen. So würden bspw. Teilnehmer/-innen, die in ihrer Jugend in einem Kirchenchor gesungen haben, in der autoethnografischen Beschreibung vermutlich andere Techniken praktizieren, die bezüglich der Klangerzeugung und ‚Andächtigkeit‘ deutliche Unterschiede aufweisen könnten. Im religiösen Kontext eher Unmusikalische wiederum könnten die Tätigkeit bspw. als repulsiv erleben, eine Erfahrung, von der auch der Ethnograf zu Beginn seiner Auseinandersetzung mit Yoga hätte berichten können. Es handelt sich in der autoethnografischen Beschreibung aber nicht um einen Teilnehmer, der zum ersten Mal mit Mantras in Berührung kommt, sondern um einen erfahrenen Yogapraktizierenden. Entsprechend ist auch der Körper in der Tätigkeit eingeübt und unterscheidet sich von anderen (Alltags-)Körpern (vgl. ferner Kap. 5).

Die Referenzen im Beobachtungsprotokoll auf das frühere Singen von Mantras in einem tibetischen Kloster und in der Yogalehrerausbildung weisen in diese Richtung sowie auf soziale Situationen, in denen das Singen und Erleben von Mantras durch den Ethnografen zuvor praktiziert und eingeübt worden ist. Dort wurden Techniken sichtbar, in einzelnen Schritten expliziert, die ihnen zugrunde liegenden Bedeutungen unterrichtet und im sozialen Miteinander geübt, erduldet, diskutiert, geteilt, dargestellt und anerkannt oder verworfen. Es ist die Frage nach dem empirisch beobachtbaren *Wie* dieser wechselseitigen Verfertigung von Spiritualität im Yoga, die in der Analyse sichtbar wird. Die vierwöchige Yogalehrerausbildung ermöglicht es hierbei, einen Prozess des Erwerbs kompetenter Mitgliedschaft – sozusagen ein *becoming Yogi* – in seinen sozialen Dimensionen genauer in den Blick zu nehmen.

Die in diesem Kapitel geleistete Annäherung an die soziale Situation (Kap. 3.1.), die Herstellung eines spirituellen Bedeutungshorizontes (Kap. 3.2.) sowie die autoethnografische Beobachtung (Kap. 3.3) verweisen bereits auf zentrale Dimensionen der praktischen Her- und Darstellung von Spiritualität. Anhand dieser lassen sich die analytischen Dimensionen der anschließenden Kapitel nochmals kurz veranschaulichen (vgl. zum Aufbau der Arbeit Kap. 1.7).

Betrachtet man die konkreten Tätigkeiten im Beobachtungsprotokoll zunächst mit einem kursorischen Blick auf verbreitete praxistheoretische Überlegungen (vgl. Kap. 2.3), so scheint es sich beim Tönen von Om zunächst weniger um einen sich unbewusst und quasi automatisch einstellenden „sens pratique" des Habitus (Bourdieu 1993) zu handeln. Auch die Überlegung einer „Rekrutierung" von eher passiven Teilnehmer/-innen durch eine Praktik (Shove/Pantzar/Watson 2012) scheint das Phänomen nicht gut zu erfassen, wie auch Brümmer und Mitchell (2014) anhand der Brüchigkeit und des nötigen Engagements beim Erlernen und dem situativen *accomplishment* von Taijiquan und Akrobatik gezeigt haben. Ferner scheint auch der Begriff eines vor-sprachlichen und impliziten Wissens (vgl. Schindler 2011a) nicht in voller Gänze den Gegenstand zu treffen.

Stattdessen verweist die autoethnografische Beschreibung im bewussten Umgang mit einer eingeübten Körpertechnik vielmehr auf einen kreativen Spielraum und eine Reflexivität der Praxis, die situativ durchaus scheitern kann. Dies legt eher Termini von Harold Garfinkel wie *incarnate*, *reflexive*, *artful* und *skillfull* nahe, auf deren soziale Dimension die Begriffe des *doing* und des *accomplishment* verweisen. Diese lenken den Blick auf die praktische Erklärbarkeit (*accountability*), ihre Reflexivität (*reflexivity*) sowie wesensmäßige Vagheit (*indexicality*) in der Vollzugswirklichkeit, die in den folgenden Kapiteln genauer bestimmt und beschrieben wird.

Einen möglichen Ausgangspunkt für eine solche Verortung und Beschreibung bilden feldspezifische Annahmen und Theorien. Anhand der Herstellung eines spirituellen Bedeutungshorizonts wurde die Relevanz von Ethnotheorien sowie ihre Komplexität und Verweisungsstruktur auf einen Transzendenzbereich eingeführt. Diese können in der Praxis sowohl prospektiv als auch retrospektiv relevant werden. Sie bieten nicht nur Ex-post-Bedeutungen für zunächst unspezifische Körpererfahrungen (wie dies bspw. Joas 2004 beschreibt), sondern sind auch an der praktischen Einübung und Hervorbringung von Erfahrungen beteiligt, wie etwa Vološinov ([1929/1930] 1975) mit Blick auf die Sprache diskutiert. Zentrales Merkmal für eine solche Einordnung ist allerdings ein Perspektivwechsel, der Ethnotheorien weniger mit dem Fokus auf Wissen und Kognition als Diskursphänomene oder Glaubenssysteme behandelt, sondern selbst als eine Form von sozialer Praxis (als ein *doing*) begreift. Dazu gilt es, den Blick auf Theorien von einem kognitivistischen Bias zu lösen und die Praktiken im Feld genauer zu betrachten; wegweisend haben dies sowohl Liberman (2004a) in der Analyse von philosophischen Streitgesprächen im Kontext des tibetischen Buddhismus als auch Heintz (2000) anhand der praktischen Ausübung von Mathematik in der Wissenschaft gezeigt. In diesem Sinne bilden die Ethnotheorien der Yogaphilosophie den Gegenstand des sechsten und letzten empirischen Kapitels.

Dabei sind es konkrete körperliche Handlungsprobleme im pragmatistischen Sinne, die an der Hervorbringung von (neuen) Erfahrungen und der Herstellung von

Spiritualität beteiligt sind. Diese zeigen sich bereits in den Herausforderungen des Haltens und synchronen Anstimmens eines 25 Sekunden langen Tons oder im Einnehmen einer aufrechten Sitzposition bzw. in diskrepanten Vorstellungen, was unter einer aufrechten Sitzhaltung zu verstehen sei. Ausgehend von phänomenologischen Beschreibungen, sind diese konkreten Körpertechniken der Gegenstand des fünften Kapitels, in dem in Anlehnung an die Ethnomethodologie eine sozialtheoretische Verortung von Körperpraktiken entwickelt wird. Bereits anhand des beschriebenen Chantens der zwei Buchstaben (Om) wird deutlich, dass es beim Yoga weniger um die Bevorzugung von Bewegungen der Zunge gegenüber anderen Körperbewegungen gehen kann (vgl. Sudnow 1978: 56; Mitchell 2021). Stattdessen wird deutlich, wie das körperliche In-der-Welt-Sein die grundlegenden Selbst- und Weltverhältnisse mitstrukturiert und inwiefern der Körper auch ein eigenständiges Kommunikationsmedium darstellt, das mehr umfasst als Sprache, Gestik und Mimik.

Diese Dimensionen der Körperlichkeit werden auch in (Alltags-)Ritualen, Darstellungspraktiken und Interaktionsordnungen relevant, die den Gegenstand des anschließenden vierten Kapitels darstellen. Sie beginnen ebenso mit relativ simplen Fragen, etwa: Was für eine Bedeutung hat es, wenn ich in dieser Gruppe mitsinge? Oder: Singe ich schief oder treffe ich den Ton? Diese Fragen betreffen die wechselseitige Beobachtung, normativen Erwartungen, die soziale Orchestrierung und spezifische Darstellungspraktiken, die bspw. bezüglich einer Überwindung und Befremdlichkeit beim Tönen diskutiert wurden. Mit den Interaktionsordnungen des Yoga geht es – ganz im Sinne von Goffman (1967) – neben der Hervorbringung von Kollektiven oder spezifischen (fokussierten) Interaktionssituationen ferner um Formen der Ehrerbietung, Andächtigkeit oder Ernsthaftigkeit sowie um Demuts- oder Kompetenzdarstellungen, die sich für die Verfertigung von Spiritualität als relevant erweisen. Ferner bildet das Tönen von Om auch ein klassisches Ritual, wobei die körperliche Praxis, kollektive Kraft und soziale Persuasion von Ritualen ebenso im vierten Kapitel genauer besprochen werden.

Die weiteren Kapitel fokussieren also Interaktionspraktiken und Rituale (Kap. 4), konkrete Körpertechniken (Kap. 5) und Ethnotheorien/Yogaphilosophie (Kap. 6). Beim Singen von Om wird deutlich, inwiefern diese Dimensionen auf das Engste miteinander verwoben sind. Die Hervorbringung von Bedeutungshorizonten und die sozialen Dimensionen der wechselseitigen Darstellung und praktischen, körperlichen Herstellung lassen sich nicht trennen. Ganz in diesem Sinne ist Om sowohl Symbol, philosophisches Konzept, Darstellungspraktik, soziales Ritual als auch Körper- und Meditationstechnik. Om fungiert als Ausdruck und Praxis eines »spirituellen Weges« und kann im Aschram auch als kurze Begrüßungsformel genutzt werden. Die Gliederung dieser Arbeit ist daher (eher) als ein analytischer Perspektivierungsversuch zu lesen, anhand dessen in den drei anschließenden Kapiteln je unterschiedliche Facetten desselben Phänomenbereichs fokussiert werden. Dies impliziert auch eine gewisse Zirkularität, da einzelne Elemente, die erst in der detaillierten Analyse der späteren Kapitel gewonnen werden, bereits zu Beginn (und bereits in diesem Kapitel) relevant und genutzt werden. Dieser Umstand findet eine Parallele in der zu Beginn dieses Kapitels zitierten „Māṇḍukya Upaniṣad" (Deussen 1921: 577 f.), die zudem darüber hinausweist: „Das Vergangene, das Gegenwärtige und das Zukünftige, dieses alles ist der Laut Om. Und was außerdem noch über die drei Zeiten hinausliegend ist, auch das ist der Laut Om." ॐ.

4 Rituale und Interaktionsordnungen

> „If you act like a Guru, you can become a Guru, you know?"
> (Kumaré)

Dieses Kapitel fokussiert alltägliche Interaktionsordnungen und klassische Rituale im Yoga. Genauer gesagt geht es um die Praktiken, mit denen rituelle Vollzüge und spezifische Arten und Weisen des Umgangs miteinander hervorgebracht werden. Spiritualität, so die zugrunde liegende Überlegung, lässt sich nicht nur im subjektiven Erleben der Teilnehmer/-innen oder in der Yogaphilosophie verorten, sondern in der sozialen Praxis, d. h. im verkörperten Vollzug von konkreten Interaktionssituationen. Wie werden bspw. Achtsamkeit, Andächtigkeit oder spirituelles Engagement dargestellt? Welche Reaktionen und Verhaltensweisen erscheinen in einer Yogastunde, bei einer Einweihung, beim Mantra-Singen oder in einem Gespräch darüber als (moralisch) adäquat und werden erwartet?[22] Wie gestaltet sich bspw. ein Mittagessen mit schweigenden Interaktionspartner/-innen oder wie wird eine »spirituelle Atmosphäre« für die Teilnehmer/-innen als solche erkennbar? Gibt es so etwas wie ein spirituelles Zuhören, ein spirituelles Essen oder einen spirituellen Umgang mit Störungen? Und wie werden diese in verschiedenen Situationen und Kontexten hervorgebracht, d. h., mit welcher Gestik, Mimik, Blickverhalten, körperlichen Orientierung (wechselseitiger Abstand, Kontakt, Zu-/Abneigung etc.), Pausen- und Sprecherwechselorganisation etc.? Wie werden Teilnehmer/-innen in diese Praktiken und Verhaltensweisen eingebunden und wie werden sie darin sozialisiert?

Die Yogapraxis ist von mannigfaltigen (Alltags-)Ritualen geprägt, die sich bspw. in spezifischen Begrüßungsformen – mit gefalteten Händen vor der Brust zum Namaste (ich verbeuge mich vor dir) –, in der alltäglichen Gesprächsorganisation, beim gemeinsamen Singen von Om (vgl. Kap. 3), im Vollzug identisch strukturierter Yogastunden (vgl. Kap. 5), in der Art und Weise des Zuhörens bei einem philosophischen Vortrag (vgl. Kap. 6), in wiederkehrenden Elementen des ‚gewöhnlichen' Aschram-Lebens oder bei ‚traditionellen' Ritualen wie der Lichtzeremonie (ārati) oder Eröffnungen und Einweihungen (in diesem Kapitel) zeigen. Anhand einer kurzen ethnografischen Beobachtung möchte ich in das Kapitel weiter einleiten, bevor ich die anschließenden Unterkapitel vorstelle.

---

[22] Da ich Yogastunden in unterschiedlichsten Kontexten (wie Fitness-Studios, Aschrams und Krankenhäuser) sowie in unterschiedlichen Ländern (u. a. Indien, Nordamerika, Skandinavien, West-Afrika) – besuchen konnte, wurde mir deutlich, inwiefern sich diese Erwartungen – einer Transnationalisierung der Praxis z. T. widerstrebend – durchaus auch unterscheiden können. Anhand der Äußerung einer Yogalehrerin in einem YMCA in den USA lässt sich der spezifische Kontext dort zumindest andeuten: »You are all very quiet today. ((ca. 2 Sekunden Stille)) Well, I guess that is expected of you, since you are in a yoga class.«

https://doi.org/10.1515/9783110652802-004

Vor ein paar Tagen bin ich im Aschram angekommen und helfe im sogenannten Adressbüro mit, das insbesondere Informationsmaterial und Werbung versendet. Ich sitze an einem kleinen Tisch im Flur und bin mit der handschriftlichen Korrektur dieser Materialien beschäftigt. Bei einem Flyer ist das Datum falsch gedruckt und so ersetze ich einige tausend Male mit einem Kugelschreiber die Dreizehn durch eine kleine Sieben. Die Aufgabe ist in ihrer Einfachheit eine Herausforderung. Gleichzeitig bietet die monotone Tätigkeit aber auch eine Entlastung, bspw. vom Denken daran, dass ein Kaffee oder eine Zigarette – auf die ich seit ein paar Tagen verzichten darf – eine gute Idee sein könnten. In der Eintönigkeit, die sich – wie mir ein Mitarbeiter mehrfach erläutert hatte – besonders gut als Karma-Yoga (Yoga der Tat, das auf die Egolosigkeit abzielt) eigne, freue ich mich sehr, dass Gabi, die die Flyer anschließend in Briefumschläge verpackt, auf dem Weg ins Büro kurz anhält und ein Gespräch mit mir beginnt. Sie fragt, ob ich denn gestern Abend im Satsang (der zweimal täglich stattfindet, eineinhalb Stunden dauert und Elemente wie Vortrag, Meditation, Mantra-Singen und Lichtzeremonie beinhaltet) gewesen sei. Als ich dies bestätige, führt sie mit einem sanften Lächeln weiter aus: »Weil Deine Augen so schön leuchten.« Ich freue mich über das Kompliment, fühle mich geschmeichelt und beginne ebenso zu lächeln. Sie erläutert, dass sie den Eindruck habe, dass ich hier im Aschram so langsam »ankomme« und mich auch »einlassen« könne. Der gestrige Satsang sei, ihrer Einschätzung nach, besonders »herzöffnend« gewesen, worauf sie meine positive Ausstrahlung heute zurückführt. Obgleich ich bisher nicht über den Satsang vom Abend zuvor nachgedacht hatte, stimme ich ihr – nach kurzem Zögern – zu – und beginne, mich an das gemeinsame Singen des Mantras »oṃ namo bhagavate vāsudevāya« zu erinnern. Das Strahlen meiner Augen scheint jetzt auch für mich spürbar zu werden, und noch einige Stunden später, beim Mittagessen, erinnere ich mich an positive Momente des gestrigen Satsang, während ich *bhagavate vāsudevāya* leise und fröhlich vor mich hin summe.

(Mithelfer im Aschram, Tag 5, 2012)

Gabi sieht einen Zusammenhang zwischen der persönlichen Ausstrahlung und dem gemeinsamen Singen von Mantras im Satsang. Dazu gehöre, ihr zufolge, die Bereitschaft, sich »einzulassen«, das »Ankommen« und schließlich die »Herzöffnung«. Im Gespräch kommt auch der Ethnograf dahin, dass es ihm plausibel erscheint, Gabis positive Rückmeldung auf seine eigene »spirituelle Praxis« zuzurechnen.

Zugleich legt die kurze Szene aber auch nahe, den Blick auf soziale Interaktionssituationen und deren Bedeutung für das als zutiefst subjektiv angenommene »spirituelle Erleben« zu lenken. Dann kann man auch danach fragen, inwiefern der Umgang mit- und untereinander – im Protokoll vor allem das Kompliment von Gabi oder die philosophischen Erläuterungen zur banalen Tätigkeit der Korrektur – daran beteiligt ist, spezifische Erfahrungen hervorzubringen. Das Erlebte wird in Gesprächen, in narrativen Formen und kommunikativen Gattungen (vgl. Bergmann/Luckmann 1995) sowie in konkreten praktischen Situationen wechselseitig bestätigt oder infrage gestellt und vielleicht sogar erst dadurch mit konstituiert. Entsprechend finden sich im Alltag des Aschrams unzählige Gespräche über spirituelle Praktiken, über spezifisches emotionales Erleben sowie über z. T. sehr persönliche Erfahrungen. Beispielsweise erzählte mir ein Mithelfer, den ich gerade kennengelernt hatte, wie er im Satsang häufig »auch mal eine Träne verdrückt«, während er von der »großartigen Energie«, die man in der »Gemeinschaft des Satsang« erleben kann, schwärmte. Ein anderer Mitarbeiter hingegen sprach von der »Langeweile des Immergleichen« und taufte den Satsang kurzerhand in einen »Sat-Zwang« um.[23]

Von besonderem Interesse in diesem Zusammenhang, worauf auch das Beispiel des Kompliments oder die Äußerung über das eigene Weinen (sowie die jeweiligen Reaktionen darauf) verweisen, sind die Darstellungs-, Demuts-, Anerkennungs- und Ehrerbietungspraktiken (Goffman 1967), die im Yogakontext gepflegt werden. Es geht also nicht nur darum, dass Erfahrungen im gemeinsamen Austausch geteilt, erzählt und (moralisch) bewertet werden, sondern um die Art und Weise, also um das *Wie* ihres interaktionalen Vollzugs. In diesen Arten und Weisen des sozialen Miteinanders, d. h. in den Interaktionsordnungen des Yoga, wird eine soziale Orientierung zu sich selbst, zu den anderen und zur Welt konstituiert oder zumindest nahegelegt, deren genauere Beschreibung und Genese in diesem Kapitel im Zentrum steht.

Dabei sind es nicht nur die scheinbar beiläufigen Gespräche im Flur oder die Gepflogenheiten, wie man in einem Yoga-Aschram etwa gemeinsam zu Mittag isst, sondern auch die spirituellen Praktiken selbst – wie der Satsang oder das Mantra-Singen – werden in sozialen Interaktionssituationen vollzogen und in dieser Hinsicht zum Gegenstand der Betrachtung in diesem Kapitel. In rituellen Vollzügen werden Teilnehmer/-innen zugleich in entsprechende soziale Organisationsformen und Erlebensweisen sozialisiert und eingeübt, die in alltäglichen Interaktionssituationen eine Fortsetzung und Stabilisierung finden können.

So spricht bspw. Sukadev Bretz, der spirituelle Leiter des Aschrams, in einem Vortrag zwar über »spirituelle Gedankenwolken« und »astrale Umgebungen«, führt aber auch genauer aus, wie diese nach seiner Einschätzung mit der konkreten Praxis, dem sozialen Umgang untereinander und der Wiederholung von klar strukturierten und festgelegten Elementen zusammenhängen:

> Meditation, Jaya Ganesha, Om Tryambakam, Arati, Vortrag, Lesung. Elemente, die jeden Tag gleich sind, jeden Morgen, jeden Abend. Es baut sich auf diese Weise eine Schwingung auf, es wird ein spirituelles Kraftfeld geschaffen. Indem man etwas jeden Tag macht, kommt eine Gedankenwolke auf. Angenommen, jemand schimpft jeden Tag, dann baut sich eine Gedankenwolke des Schimpfens auf. Angenommen, man macht irgendetwas jeden Tag, es wird zu einer Gewohnheit. Eine Gewohnheit im eigenen Geist, eine Gewohnheit in der astralen Umgebung von einem Menschen. Und wenn es mehrere machen, wird es eine Gewohnheit in der ganzen Gemeinschaft. Wenn man an spirituellen Kraftorten, wie einem Ashram, das jeden Tag macht, baut

---

23 Dies hing auch mit der vorübergehend für Mithelfer/-innen und Mitarbeiter/-innen verpflichtenden Überprüfung der Teilnahme am Satsang zusammen, wofür sogenannte »Satsang-Zettel«, die den täglichen Besuch des Satsang über den Verlauf der Woche dokumentieren, in einem Postkasten hinterlegt werden sollten. Eine Regelung, die aufgrund größerer Proteste wieder abgeschafft wurde. Der »Sat-Zwang« verweist aber auch auf Herausforderungen und konkrete Handlungsprobleme, die der Vollzug des ‚Immergleichen‘, wie auch bei der handschriftlichen Korrektur des Flyers, evozieren kann. Im Folgenden wird noch genauer betrachtet, inwiefern gerade dieser Aspekt der Praxis im Aschram und bei Ritualen auch ganz gezielt genutzt bzw. reflektiert wird (vgl. Kap. 4.3).

sich eine große positive spirituelle Wolke auf [...]. Und wann immer jemand, der in einem Ashram war, mal in den anderen Yoga Vidya Ashram geht, fühlt er sich gleich zuhause. Warum? Da ist das Kraftfeld, das da ist, und das er schon kennt.

(URL: https://wiki.yoga-vidya.de/Satsang
[Letzter Aufruf: 26.08.2021])

Wenn also gesagt wird, dass ein Aschram eine »sehr spirituelle Atmosphäre« habe, dann wird auch im Feld davon ausgegangen, dass dies mit der kontinuierlichen rituellen Praxis und der sozialen Gemeinschaft zusammenhängt, die dadurch hervorgebracht und als solche auch wiederkennbar wird. Auch »spirituelle Wolken« stehen im Zusammenhang mit konkreten und ganz gewöhnlichen Umgangsformen, wie auch Sukadev weiter ausführt, wenn er davon spricht, dass eine Aufgabe darin bestehe, eine »liebevolle Atmosphäre« hervorzubringen: »Du kannst um dich herum eine liebevolle Atmosphäre schaffen. Indem du freundlich mit deinen Mitmenschen bist.«

Auch auf dem Yogafestival steht eine liebevolle und spirituelle Atmosphäre im Mittelpunkt, die bereits bei der Eröffnung durch die Veranstalter/-innen ausführlich thematisiert wird und in den beiden anschließenden Unterkapiteln genauer betrachtet wird. Dabei handelt es sich, auch in der Selbstbeschreibung, um eine *rituelle* Eröffnung. Eröffnungen bieten sich für die soziologische Analyse insofern an, als bei ihnen ein Übergang von einem Vorher zu einem Nachher explizit markiert und entsprechende Grenzziehungen und soziale Rahmungen der Situation beobachtbar werden. Aber nicht nur der Modus des sozialen Umgangs, sondern auch die Bedeutung der rituellen Elemente werden – wie in den Beispielen bereits angedeutet – im Feld selbst reflektiert und hervorgehoben, wenn bspw. im Aschram mehrfach betont wird: »Wir beginnen jetzt *rituell* mit der Yogalehrerausbildung.« In diesem Sinne folgt die Analyse auch in diesem Kapitel den Relevanzsetzungen des Feldes und zunächst den Ritualtheorien der Yogapraktizierenden selbst – wenngleich der systematische Fokus auf die *soziale Praxis* in diesem Buch durchaus einen erweiternden Blick anbieten möchte, nicht nur für klassische Ritualtheorien und die Interaktionssoziologie, sondern auch für Yogapraktizierende.

Somit findet sich mit dem Blick auf (Alltags-)Rituale und Interaktionsordnungen auch in diesem Kapitel ein erneuter Anfang, und zwar der zeremonielle und rituelle Beginn des Yogafestivals (vgl. Kap. 4.1) und der Yogalehrerausbildung (vgl. Kap. 4.3). Das zweite Unterkapitel verfolgt die Frage nach einer »spirituellen Atmosphäre« auf dem Yogafestival (vgl. Kap. 4.2), während das vierte Unterkapitel die Praktiken der spirituellen Selbstdarstellung im Aschram beleuchtet, u. a. anhand einer karikierenden Filmdarstellung über einen vermeintlichen Guru (vgl. Kap. 4.4). Es handelt sich in den einzelnen Kapiteln um exemplarische Analysen, die ferner Rückschlüsse auf den Alltag von Spiritualität ermöglichen sollen. Abschließend werden einige Überlegungen zum *moralischen Individualismus* und zur theoretischen Verortung der (kulturanthropologischen) Ritualforschung und dem Verhältnis zwischen Goffmans und Garfinkels Interaktionssoziologie diskutiert (vgl. Kap. 4.5). Es ist insbesondere der empirische Zusammenhang von alltäglichen und verkörperten Interaktionsformen, Darstellungspraktiken und klassischen Ritualen, der in diesem Kapitel – mit Blick auf die praktische Erklärbarkeit und (Wieder-)Erkennbarkeit von Spiritualität – im Zentrum steht.

4.1 Die Eröffnung des Yogafestivals durch Ganesha

Abb. 10: Eröffnung durch die Veranstalter/-innen 1, Yogafestival Berlin, 2012.

Das Yogafestival beginnt am Freitagnachmittag mit einer halbstündigen »Festivaleröffnung« durch die beiden ehrenamtlichen Veranstalter/-innen Miriam und Stefan, die sich auf der Bühne im Hauptzelt mit mehreren hundert Teilnehmenden um 14:00 Uhr eingefunden haben (vgl. Abb. 10). Vor Miriam steht in einem gelb-orangem und mit Sanskritsymbolen besticktem Tuch eingewickelt eine golden-kupfern-schimmernde Statue der hinduistischen Gottheit Ganesha, die insbesondere durch ihren Elefantenkopf auffällt. Stefan sitzt vor einem Harmonium (ein halbes Akkordeon mit Hand-Blasebalg, das als sogenannte Missionarsorgel von englischen Missionaren nach Indien eingeführt wurde, mittlerweile aber ein verbreitetes Instrument indischer Musik darstellt) am Mikrofon und eröffnet die Veranstaltung, wie die folgenden Transkripte darstellen.[24]

---

24 Ich möchte insbesondere Jörg Bergmann und Christian Meyer sowie allen Teilnehmer/-innen von zwei EM/CA-Workshops (in Bielefeld und Luzern) sowie dem Luzerner Gipfeli-Treffen für die zahlreichen Anregungen danken, die an vielen Stellen in die Darstellung und Analyse der Festivaleröffnung eingeflossen sind.

Transkript 4: Eröffnung, Yogafestival Berlin, 2012, Segment 1.

```
01 S: so::. ((räusper)) (1.5)
02    so jetzt gehts LOS=ha? ((Klatschen und Jubel aus dem Publikum))
03    jetzt ((Lachen)) jetzt LEGen wir LOS. (-)
04    jetzt haben wir fast_n jahr lang vorbereitET,=und (.)
05    oder ein dreiviertel jahr- und jetzt kanns ja auch mal LOSgehen
06    irgendwann dann;=ja? (.)
07    wir haben schon gestern ABEND ein wunderschönes (.)
08    AUFtaktkonzert gehabt; (-) des war KLASse oder? gestern abend? (.)
09    wart ihr schon DA?
10 P: super ((Klatschen und Jubel))
11 S: war super=ne? (---)
```

Bereits die ersten Äußerungen von Stefan (S) ermöglichen einen Einblick in das spezifische Festivalsetting, das hier hervorgebracht wird und das im zweiten Kapitel als »Offenheit« und »Freude«, als das »Let's celebrate Yoga« des Festivals eingeführt wurde (vgl. Kap. 2.1). Es ist nicht zuletzt diese Freude, die von Stefan performativ auf der Bühne dargestellt wird und von Beginn an das Publikum (P) einbezieht.[25]

Obgleich die Verteilung des Rederechts auf das Format eines Monologs von Stefan verweist, der (gemeinsam mit Miriam) auf der Bühne exponiert und mit einem Mikrofon ausgestattet ist, lässt sich bereits an dieser sehr kurzen Eröffnung zeigen, inwiefern diese keineswegs als Monolog zu betrachten ist. Die kontinuierliche Einbindung des Publikums wird u. a. in den Betonungen (die daher in diesem Abschnitt jeweils großgeschrieben transkribiert sind), in den stark steigenden Tonhöhen am Ende von Intonationsphrasen (leichte Steigerung der Tonhöhe mit Komma, starke Steigerung mit Fragezeichen) sowie den Pausen (Punkte (.) stehen für Mikropausen, Striche (-) für etwa 0,5 Sekunden und Zahlen sind exakt gemessen) sichtbar. Das Publikum reagiert entsprechend mit Klatschen und Jubeln und folgt dem Spannungsaufbau der Eröffnung, bei der Stefan mit einer applausgenerierenden Dreier-Liste[26] das »Losgehen« jeweils mit »jetzt« betont und wiederholt. Doch schon bevor es losgeht, war es bereits »wunderschön«, »klasse« und »super«, Adjektive die im sequenziellen Verlauf – verstärkt durch die steigende Tonhöhe am Ende der Intonationsphrase – jeweils die Zustimmung des Publikums einfordernd abwarten. Somit wird der rhetorische Charakter dieser Situation deutlich, der dialogisch zu betrachten ist und

---

25 Eine Einbindung der Teilnehmenden, die mit Blick auf die *kollektive Kraft* von Ritualen noch weiter diskutiert wird (vgl. insbesondere Kap. 4.3) und die dazu beiträgt, dass die Eröffnungsrede in Datensitzungen von yogafernen Soziolog/-innen z. T. als »überaus penetrant« erlebt wurde.
26 Zu rhetorischen Formen der Applausgenerierung vgl. Heritage/Greatbatch 1986.

insofern im Folgenden auch bezüglich des rezipientenspezifischen Zuschnitts, des sogenannten *recipient design* (Sacks 1992: 438), analysiert wird.[27]

Dies lässt sich zwar bereits an den ersten Zeilen im Detail herausarbeiten, wird aber noch deutlicher im *erneuten Beginn*, der nahtlos an das obere Transkript-Segment anschließt.

Transkript 5: Eröffnung, Yogafestival Berlin, 2012, Segment 2.

```
41 S:          °h und wir f=beginnen=ähm- (1.5) wie das uniVERsum begonnen hat;
42             mit der URschwingung mit dem O:M:,
43             das sing=wir einfach mal dreimal schön kräftig zusammen. (
44             ((stellt das Mikrofon fest)) (3.5) ((beginnt Harmonium zu spielen))
45 gemeinsam:  O(:7.0)M(:5.0)(--) O(:8.0)M(:4.0)(-) O(:7.0)M(:3.0) (.))
46 S:          Om saha nā vavatu | saha nu bhunaktu | saha vīryam karavāvahai |
47             tejasvinā vadhītamastu | mā vidviāvahai (-)
48             und wer mag zusAmmen.
49 gemeinsam:  O(:4.0)M(:1.0): śānti:ḥ śānti:ḥ śānti::::ḥ
50             O(:2.0):M::: FRIE::den FRIE::den FRIE::den) (3.0)
```

Es handelt sich um eine klassische Eröffnung von Yogastunden und Vorträgen durch das dreimalige gemeinsame Singen von Om und der Rezitation eines Eröffnungs-Mantras,[28] wie sie im dritten Kapitel „Eröffnung der Yogapraxis: Am Anfang war das Om" bereits ausführlich besprochen wurden. Der ritualisierte und vielen der Anwesenden bekannte Beginn wird aber nicht – wie etwa das Amen in der Kirche – einfach

---

27 Sarah Hitzler (2013: 110) schreibt zusammenfassend: „Das Konzept des Recipient Designs ist eines der meistverwendeten und am wenigsten reflektierten Konzepte der Konversationsanalyse. Im Allgemeinen wird die Orientierung am Empfänger in der Produktion einer Äußerung als analytische Vorbedingung eingesetzt, von der ausgehend andere Phänomene im Gespräch beschrieben werden können. Dabei wird übersehen, dass das Recipient Design eine doppelte Konstruktionsleistung darstellt. Zum einen orientiert sich die Sprecherin an den kognitiven Voraussetzungen, die sie selbst dem Empfänger zuschreibt; zum anderen schneidet sie ihre Beiträge strategisch auf einen Empfänger zu, der unter diesen Vorannahmen idealerweise zu ihren kommunikativen Zielen passt. Wie jedes andere Element der Interaktion kann aber auch das Recipient Design zurückgewiesen und zum Gegenstand von Aushandlung werden." Insbesondere mit Blick auf *Ritualdistanz* wird das Konzept, ganz in diesem Sinne, noch ausführlicher genutzt.
28 Während manche Schulen sich auf ein spezielles Mantra festlegen, gibt es eine ganze Reihe von Mantras, die zu Eröffnungen verwendet werden, wie es ebenso spezielle Mantras für den Abschluss von Yogastunden und Vorträgen gibt. Eine mögliche Übersetzung des Mantras in den Zeilen 46 und 47 lautet: »Om. Möge das Göttliche uns beide beschützen, Lehrer und Schüler. Möge Es uns beide die Wonne der Befreiung genießen lassen. Mögen wir beide uns anstrengen, die wahre Bedeutung der Schriften zu erfassen. Möge unser Lernen ausgezeichnet sein. Mögen wir niemals miteinander streiten.«

vollzogen, sondern von Stefan angeleitet und kommentiert. Auffällig ist zunächst die Hervorhebung des erneuten Beginnens (in Zeile 41). So wie das Festival erst am Ende der Eröffnung zu beginnen scheint, beginnt auch die Eröffnung nicht nur mit dem Sprechen, sondern erst mit dem gemeinsamen Singen von Om bzw. erneut, wie der anschließende Abschnitt zeigt (Segment 3), mit dem gemeinsamen Singen eines Ganesha-Mantras. Durch dieses mehrfache Beginnen wird ein ritueller Übergang durch die Eröffnung markiert und diese somit als solche erst hervorgebracht und auch für die Teilnehmer/-innen erleb- und beobachtbar. Die kontinuierliche Relevanzsetzung des »Beginnens« erzeugt insofern die Besonderheit des Ereignisses, das zu etwas Bedeutungsvollem gemacht wird.

Diesem besonderen Ereignis wohnen die Teilnehmer/-innen nicht nur bei, sondern sie partizipieren und werden aktiv involviert. Dies zeigt sich bereits in der Verwendung eines inklusiven »Wir« (in den Zeilen 03, 07, 41, 43), das alle Anwesenden – und zwar auch diejenigen, die vielleicht zum ersten Mal eine Yogaveranstaltung besuchen – als an der Eröffnung und an den gemeinsamen Tätigkeiten des Singens und Chantens teilnehmend einbezieht. Dieses gemeinsame »wir singen« wird als etwas »Einfaches« gerahmt, das »dreimal schön kräftig« durchzuführen sei (Z. 42). Auch hierin kann eine Unterstellung der Partizipation und somit auch eine entsprechende Aufforderung gelesen werden. Eine Aufforderung, die sich für Neuankömmlinge insbesondere durch die Partizipation der meisten anderen Anwesenden in der sozialen Situation verstärkt.

Nahtlos an das Singen von Om schließt die Rezitation eines längeren Mantras durch Stefan alleine an, das weder erläutert, übersetzt noch gerahmt wird (Z. 46 f.; Fn. 28). Auf das Mantra folgt ein erneuter Einbezug des Publikums, der diesmal als optional gerahmt wird: »und wer mag, zusammen« (Z. 48). Was allerdings hier zusammen gemacht werden soll, wird bereits als bekannt unterstellt, da diesmal nicht erläutert wird, dass dreimal »Om Shanti und Om Frieden« folgen. Ein Einstieg wird aber durch die dreifache Wiederholung performativ möglich. Die Tätigkeit endet zunächst mit einer Pause von drei Sekunden (Z. 50).

Es lassen sich die Erläuterungen, Regieanweisungen und ihre sequenzielle Struktur für die zu vollziehende Praxis des Mitsingens festhalten, welche allesamt die Teilnehmer/-innen performativ einbinden und auffordern, an der kollektiven Praxis teilzunehmen. In der Situation lässt sich auch der Vollzug vonseiten der Teilnehmer/-innen beobachten, der u. a. mit dem Einstellen von Gesprächen, dem Aufrichten des Körpers vor dem Om und mit dem Verweilen in der Haltung nach dem Klang einhergeht, wie es ganz ähnlich bereits im dritten Kapitel beschrieben wurde. Ein Unterschied liegt darin, dass beim Festival nicht alle Anwesenden in die Praxis des gemeinsamen Om-ens eingeübt sind und entsprechend der Blick einiger Teilnehmer/-innen häufiger im Publikum umherschweift. Ein Blick, der Neuankömmlinge erneut auf die zu vollziehende Tätigkeit verweist, die sie bei den neben ihnen Sitzenden beobachten können.

Die rituelle Eröffnung scheint aber am Ende des zweiten Segments noch nicht abgeschlossen, was auch dadurch angezeigt wird, dass Stefan das Harmonium nicht ausklingen, sondern mit Luft gefüllt lässt (und dazu den Blasebalg sehr langsam weiterbewegt), was zu einem leichten Hintergrundklang führt, der die weiteren Ausführungen, die an das Transkript von oben anschließen, begleitet.

Transkript 6: Eröffnung, Yogafestival Berlin, 2012, Segment 3.

```
51 S: auf dass (.) alles gut geLINGen möge beim festivAl; (2.0)
52     gibts doch in indien,=gibts doch für alles immer ein (.)
53     EINen gott, ((lacht))
54     <<lachend> eine enErgie:>,
55     und das wisst ihr schon ganESHA, (.) mit dem fängt man ne veranstaltung AN,
56     (.) und äh ((hust)) die ganesha energIE,(-) die universelle KRAFT- (.)
57     ((räusper)) HILft uns durch die verANstaltung auch gut DURCHzukommen-
58     dass uns (.) dass nix passIERT; dass die HINdernisse- (.) beSEIticht sind-
59     dass wir ne TOLle friedvolle Zeit ham; und ne (.)
60     fröhliche ZEit miteinANder,
61     und=äh ich sing einmal VOR, und wer MAG singt müt?
62     <<beginnt auf dem Harmonium zu spielen> ganesha sharanam, sharanam ganesha
63 (M und Publikum): gaṇeśa śaraṇaṃ, śaraṇaṃ gaṇeśa
64                   ((dialogisches Singen von 02:53-05:26 […]))
65 S:               << langsamer werdend> gaṇeśa śaraṇaṃ, śaraṇaṃ gaṇeśa>
66 (M und Publikum): <<deutlich leiser> gaṇeśa śaraṇaṃ, śaraṇaṃ gaṇeśa>
67 S:               śrī mahārāje !KI::!
68 (M und Publikum): JAy:::> [vgl. Abb. 10 oben] (15.0)
```

Als Zielsetzung wird das »Gelingen« des Festivals formuliert. Um dies zu erreichen, wird lachend auf Indien verwiesen, wo es für alles einen Gott geben würde. Diese Götter werden als »Energien« übersetzt. Es wird als bekannt hervorgehoben, dass Ganesha hier der relevante Gott sei, der anschließend als Energie und als »universelle Kraft« – sowie in seinen Funktionen als »Helfer« und »Beseitiger von Hindernissen« – erläutert wird. Er führe schließlich zu dem Ergebnis einer »tollen, friedvollen und fröhlichen Zeit«. Schließlich wird das Verfahren erläutert (»Ich singe einmal vor und wer mag, singt mit«) und im dialogischen Vor- und Nachsingen vollzogen. Es folgt eine Anrufung der Meister, die ebenso dialogisch mit »Jay« und dem Führen der gefalteten Hände an die Stirn beantwortet und abgeschlossen wird. Das Einstiegsbild in dieses Kapitel (vgl. Abb. 10) ist genau in diesem Moment aufgenommen, als Miriam jedoch, anstelle von ansonsten üblichen zwei aneinander gefalteten Händen, nur eine Hand zur Stirn führt, was damit zusammenhängt, dass sie in der anderen Hand das Mikrofon hält.

Die Äußerungen changieren zwischen Erläuterungen und Übersetzungen auf der einen und Bekanntheitsunterstellungen auf der anderen Seite. Die Bezüge auf Energien und universelle Kräfte stellen eine verbreitete Semantik im Yoga dar, die sich bereits im ersten Segment oben zeigte, in welchem Om als »Urschwingung« (Z. 42) bezeichnet wurde. Es handelt sich um eine Semantik, die eine relativ breite Anschlussfähigkeit der Konzepte ermöglicht, da sich der *Bedeutungshorizont* von Energie und Kraft durchaus unterschiedlich (und säkular) auffüllen lässt, wie bereits im dritten Kapitel diskutiert wurde, als Om u. a. im Vergleich zu E=m*c² eingeführt wurde (vgl. Kap. 3.2). Von besonderem Interesse sind zudem die Aspekte, die als bekannt unterstellt werden. So könnte »das wisst ihr schon« in Zeile 55 auch gut von einem Schullehrer in einer Grundschulklasse formuliert werden. »Dass die Hindernisse beseitigt sind« (Z. 58), verweist ebenso auf ein spezifisches Sonderwissen, da hier weder die Hindernisse noch die Funktionen von Ganesha weiter expliziert werden.

Wie zuvor lassen sich auch hier Mechanismen zur kollektiven Einbindung identifizieren. Die Teilnehmenden im Festzelt, die in diesem Kapitel bisher – vielleicht etwas voreilig – als *Publikum* bezeichnet wurden, werden im Verlauf durch das dialogische Vor- und Nachsingen ganz praktisch in die Tätigkeit des Rituals eingebunden. Das rhythmisierte Singen involviert die Anwesenden körperlich als aktiv Partizipierende. Dies wird performativ durch Miriam unterstützt bzw. verstärkt, da sie mit dem Vollzug des Nachsingens auf der Bühne die anderen Teilnehmer/-innen repräsentiert und somit zu einem Bindeglied wird, indem sie beide Seiten vereint: hier als exponierte Nachsingende und später auch als Vortragende.

Besonders auffällig ist aber die Art und Weise, wie Ganesha eingeführt wird. Stefan scheint anfangs eine ironisierende Außenperspektive einzunehmen (»in Indien gibt's doch für alles einen Gott«), die durch sein Lachen und das Lachen der Besucher/-innen weiter unterstrichen wird. Diese Außenperspektive erscheint allerdings im Widerspruch zur Ernsthaftigkeit des anschließenden mehrminütigen Singens von: »Ganesha Sharanam« (*gaṇeśa śaraṇaṃ*), das mit »Ich nehme Zuflucht bei Ganesha« übersetzt werden kann. Was ich hier als Ernsthaftigkeit bezeichne, zeigt sich im Engagement, in der Darstellung von Anstrengung und Hingabe, die in Stefans Gestik, Mimik und Körperhaltung beim Singen zum Ausdruck kommt. Stefan verzieht in akzentuierender Betonung die Mundwinkel, schließt häufig die Augen und geht mit dem gesamten Körper mit. Mit den rhythmischen Bewegungen des Oberkörpers und dem Hoch- und Herunterbewegen des Kopfes wird in seinem ganzkörperlichen Mitschwingen eine Form des ernsthaften und hingebungsvollen Singens deutlich, die zunächst eine Diskrepanz zur vorherigen ironischen Einführung der Gottheit darzustellen scheint.

Für die Interpretation dieser Diskrepanz möchte ich im Folgenden eine Interpretationsfigur von Goffman adaptieren und von einer Art *Ritualdistanz* sprechen.[29] Zum Konzept der *role distance* schreibt Goffman (1961b: 95 f.): „the individual is actually denying not the role but the virtual self that is implied in the role for all accepting performers." Goffman verwendet den Begriff nicht für alle Diskrepanzen zwischen Rollenerwartung und deren Ausführung, sondern für solche Verhaltensweisen, „that are seen by someone present as relevant to assessing the actor's attachment to his particular role and relevant in such a way as to suggest that the actor possibly has some measure of disaffection from, and resistance against, the role". Stefan vollzieht zwar die Rolle des ‚Zeremonienmeisters' engagiert und kompetent (Goffman [1961b: 94] spricht bezüglich einer solchen Rollenerfüllung von „embracement"), führt dies aber mit ironischem Witz und damit in einer selbstdistanzierenden Art und Weise ein.

In dieser Lesart lässt sich argumentieren, dass Stefan somit anzeigt, dass er nicht vollständig in einer mit Mantra-Singen einhergehenden (religiösen) Weltanschauung (und einer in der Fremdbeobachtung oftmals unterstellten dogmatischen Einschätzung derselben) aufgeht, wodurch er Offenheit für andere Perspektiven zum Ausdruck bringt. Dies erweist sich allerdings nicht nur als relevant für Stefans Selbstdarstellung, sondern auch für die mögliche Partizipation der Anwesenden, denen dadurch ganz unterschiedliche Anschlussmöglichkeiten eröffnet werden. Interessanterweise findet sich eine ähnliche Figur wenige Minuten später in Miriams (M) Rede.

Transkript 7: Eröffnung, Yogafestival Berlin, 2012, Segment 4.

```
233 M: wir machen ja auch nICH, (.) sondern wir (-) ES macht durch UNS,
234     ja- wir ham auch nicht das festival gemacht;
235     sondern durch UNS ist das festival gemACHT,(-)
236     aber=s kommt ja nicht von UNS (.) dirEkt-
237     sondern (.) aus dem höheren (.) beWUSSTsein=also
238     ganESHa hats des festival gemAcht;-ja?
239     deswegen (.) wo[llt=e]r auch die (.) REde jEtzt halten.
240 S:             [achso]
241 S:   des sagst d[u jetzt]?
242 M:             [JA,   n]ajaha deswEgen;
243 M: ich wollte dich ja schon unterbrechen,
244     du wolltest dich ja KURZ fassen ne? ((lacht)) (-)
245     nein.=also: wir versuchen das (.) ähm (-)
246     uns nicht persönlich hier so:: ä:h (.)
247     natürlich tOtal einzubringen, aber nich uns <<p>persönlich> (.)
```

---

29 Ich danke Jörg Bergmann für diese Idee in einer der EM/CA-Datensitzungen zu diesem Material.

247   alles auf die fahne zu schreiben=wie toll-
248   sondern wir können wirklich FESTstellen=immer=wenn=wir= mal (.)
249   ha::: äh (.) nen durchhänger habn,=oderso
250   es kommt immer energie nach;=ja?"

Auch ohne das Transkript einer konversationsanalytischen Feinanalyse zu unterziehen, lässt sich hier eine ganz ähnliche, ironisch distanzierende Bezugnahme auf Ganesha finden, der als Statue auch auf der Bühne vor den beiden steht und hier die Rede hätte halten wollen: Schließlich habe *er* »das Festival gemacht«. Diese Ironisierung erscheint zunächst ebenso im Widerspruch zu den Beschreibungen eines »höheren Bewusstseins« und den weiteren Ausführungen, dass daher auch »immer Energie nachkomme«. Während die Figur des »es macht durch uns« bei der Eröffnung der Yogalehrerausbildung nochmals aufgegriffen und mit Blick auf *agency* weiter diskutiert wird (vgl. Kap. 4.3), soll an dieser Stelle die Ritualdistanz weiter betrachtet werden.

Wie oben bereits angedeutet, kann die ironische Distanzierung nämlich nicht nur mit Goffman bezüglich der Selbstdarstellung gelesen werden, sondern auch mit Blick auf das heterogene Publikum beim Festival und damit in Bezug auf den rezipientenspezifischen Zuschnitt ihrer Äußerungen. Zwar finden sich im Publikum erfahrene Yogis und auch Swamis aus Indien, es sollen aber auch Anfänger/-innen und interessierte Besucher/-innen, die hier sozusagen mal ‚reinschnuppern‘, an den Yoga herangeführt werden. Die erläuternde und ironisierende Darstellung des Rituals kann insbesondere auch für sie als eine Art Brücke zur Normalisierung des Transzendenzbereichs fungieren (und mit Goffman 1977 auch als Modulation der Rahmung gegenüber der ernsthaften Umsetzung des rituellen Gebets oder der Annahme eines höheren Bewusstseins).

Für Besucher/-innen, die z. T. zum ersten Mal mit Yoga in Berührung kommen, kann die komplexe Vorstellungswelt des Yoga mit seinen spezifischen Praktiken, hier der Ganesha-Verehrung, keineswegs als anschlussfähig oder bekannt unterstellt werden. Mit Ritualdistanz wird ein niedrigschwelliger Einstieg in die Praxis des Mantra-Singens und somit auch eine Einführung und Sozialisation von Anfänger/-innen möglich. Ritualdistanz kann ferner auch als eine ganz konkrete Praxis der Herstellung von Multi-Optionalität und Polyvalenz von Spiritualität im Modernen Yoga gesehen werden (vgl. De Michelis 2004; Kap. 1). Denn auch bei langjähriger Yogapraxis divergieren die spirituellen Weltanschauungen der Teilnehmer/-innen durchaus, die hier entsprechend unterschiedliche Grade der Ernsthaftigkeit zur Darstellung bringen und verschiedenen Relevanzen folgen.

Die sowohl ironisierende als auch ernsthafte Darstellung und Ausübung des Rituals ermöglicht somit die Anschlussfähigkeit an ein überaus heterogenes Publikum. Dabei handelt es sich um kein festivalspezifisches Phänomen. Ähnliche Mechanismen der Erläuterung und unterschiedliche Grade von Ritualdistanz lassen sich in

Bezug auf Spiritualität auch in der Yogalehrerausbildung und in anderen Kontexten beobachten. Die Ambiguität der Einführung, die sich u. a. auch im Verweis auf nicht weiter expliziertes Sonderwissen äußert, kann ferner als ein wichtiges Merkmal von Ritualen gesehen werden: „Wie Rhetorik wirken Rituale durch eine Fülle tropischer und figurativer Symbolik. Durch sie wird das Ritual vieldeutig, Bedeutungen werden verdichtet und Botschaften verschleiert" (Meyer 2007: 258).

In der Festivaleröffnung wird allerdings, ungeachtet der ambigen Darstellung, ein potenzieller Transzendenzbezug durchweg aufrechterhalten und durch die beschriebenen Mechanismen der kollektiven Einbindung zugleich ein performativer ‚Druck' zur Teilnahme und damit zur Bestätigung des Rituals hergestellt. Ob die konkrete Praxis des Rituals, die mehrminütige rhythmische und monoton-gleichbleibende Rezitation, etwa als Durch- und Aushalten oder als ein Aufgehen erlebt wird, bleibt dabei ebenso unsichtbar wie auch die körperliche Praxis im Transkript, als »((dialogisches Singen von 02:53–05:26 [...]))« (Z. 64), in den drei Punkten verschwindet. Durkheim ([1912] 1981: 290 ff.) hat die kollektive Kraft von Ritualen und die Gemeinschaftserfahrungen im koordinierten, gemeinsamen, körperlichen Handlungsvollzug als „kollektive Efferveszenz" beschrieben. Eine Form der kollektiven Gärung, die bis zu einer „außerordentlichen Erregung" und heftigen, „entfesselten Leidenschaften" reiche und die Teilnehmer/-innen aus den „gewöhnlichen Lebensbedingungen" herauslösen könne. In diesem Sinne können die Teilnehmenden also auch zu kollektiven Handlungen mitgerissen werden und ein Gefühl außeralltäglicher Auflösung auf dem Yogafestival erfahren.

Mit der Eröffnung des Festivals durch Ganesha konnten erste zentrale Mechanismen der kollektiven Einbindung in die rituelle Welt des Yoga aufgezeigt werden, die in den folgenden Unterkapiteln aufgegriffen und vor allem mit Blick auf den körperlichen Vollzug weitergehend betrachtet werden. Im Folgenden geht es aber zunächst um die (spirituelle) Atmosphäre auf dem Festival, nicht zuletzt, da die Rezitation des Ganesha-Mantras dazu beitragen soll, dass die Teilnehmer/-innen eine »fröhliche, tolle und friedvolle Zeit haben«.

4.2 Yogafestivalatmosphäre: »Ein bisschen mehr Liebe.«

Auf den wenigen Metern zwischen den beiden Gleisen hier am Bahnhof Hannover ist es bereits das dritte Mal, dass ich mit einer anderen Person zusammenstoße bzw. angerempelt werde. Hinzu kommt ein flüchtiger und verärgerter Blick, der mir zu vermitteln scheint, dass ich mit einem großen Rucksack, an welchem darüber hinaus Zelt, Schlafsack und Yogamatte befestigt sind, hier nichts zu suchen habe. Das Gefühl des Angerempelt-Werdens bleibt sprachlos und anonym. Ich fühle mich merklich unwohl. Die Wahrnehmung beschäftigt mich, sie drängt sich mir auf als eine Wahrnehmung von Differenz sozialer Situationen. Wenige Stunden zuvor war ich ebenso von hunderten Menschen auf engem Raum umgeben. Doch dort lag ich still und regungslos zwischen ihnen auf dem Boden, um einem Gong- und Klangschalen-Konzert zu lauschen. Die Hände hatte ich auf den Bauch gelegt und spürte den Schwingungen und Vibrationen der Klänge nach. Anschließend setzte ich denselben Rucksack auf und bewegte mich mit diesem über das Festivalgelände, um mich zu verabschieden. Gemütlich, achtsam und ohne Störungen konnte ich mich hier durch das ‚bunte Treiben' des Festivalgeländes bewegen und war am gesamten Wochenende mit niemandem zusammengestoßen.

Bei meiner Verabschiedungsrunde kommt eine kleine Gruppe (etwa sieben Personen) mir unbekannter Menschen auf mich zu, umringt mich und bleibt singend vor mir stehen: »We will shower you with love.« Sie bewegen dabei ihre Arme mehrfach von oben nach unten und zurück, während sie mit schnellen Bewegungen der einzelnen Finger den Regen einer Liebesdusche inszenieren. Anschließend führen alle synchron ihre beiden Hände zum Herzen und öffnen daraufhin die Arme und Hände weit, während ihr Liedtext der Bewegung folgt: »We will give you the space you need to be yourself.« Ich verbeuge mich leicht und führe meine rechte Hand zum Herzen. Von Lachen begleitet geht die Gruppe tänzelnd weiter, um erneut einer anderen Person eine Liebesdusche zu schenken. Stefan, den ich vor den Dixi-Klos aus etwas Distanz sehe, reinszeniert mit seinen Händen und Fingern die Liebesdusche der kleinen Gruppe, die ihn überaus zu erfreuen scheint. Ich umarme noch einige Festivalbesucher, mit denen ich länger gesprochen hatte, herzlich zum Abschied und mache mich schließlich auf den Weg.

Es ist sowohl der »space« als auch die Nähe der Umarmungen, welche mir in ihrer Abweichung zum Bahnhof in Hannover bewusst werden, nachdem ich einige Tage – soweit es mir denn möglich war – in die Atmosphäre des Yogafestivals eingetaucht war. Eine solche Differenz-Wahrnehmung hatte ich bereits am Abend zuvor. Gegen elf Uhr war der berauschende Tanz zum letzten Mantra-Konzert bereits dem ruhigen Singen von Liedern und Mantras am Lagerfeuer gewichen, die von einigen Musizierenden mit Gitarren und Trommeln begleitet wurde. Ebenso an der Dixi-Toilette konnte ich eine Gruppe von Menschen, die sich näherte, bereits aus einigen Metern Entfernung riechen. Da Alkohol auf dem Festival verboten war, wurde der Geruch, gerade im Vergleich zu anderen Festivals, die ich bisher besucht hatte, für mich körperlich erfahrbar. Ihr Gang erschien mir holpriger und weniger achtsam als die Bewegungen der Festivalbesucher und ebenso ihr Sprachgebrauch, so dass sie für mich leicht als Nicht-Yogafestivalteilnehmer/-innen erkennbar waren. Als sie schließlich zum Lagerfeuer kamen, schienen sie mit den »I am like the ocean«, »Hare Kṛṣṇa« und »oṃ namaḥ śivāya« Singenden wenig anfangen zu können. Zumindest verließen sie das Gelände genauso zügig, wie sie gekommen waren.

Während ich an die Lagerfeueratmosphäre und ein sehr angenehmes und ruhiges Gespräch mit einem Yogalehrer denke, strecke und dehne ich mich mittlerweile im Intercity nach Bielefeld. Nach einigen Tagen im Freien und mehrfacher täglicher Yogapraxis spüre ich auch hier einen Unterschied in meiner eigenen körperlichen Haltung. Die Materialität des Sitzes im Zugabteil, wie auch die Situation mit Rucksack in der Bahnhofshalle zuvor, strukturieren meine Körperhaltung anders als auf dem Festival, was sich sogleich als Verspannung bemerkbar macht. So rutsche ich beim Schreiben dieser Feldnotizen immer wieder auf dem Sitz hin und her oder stoße beim Strecken meiner Arme am Gepäckfach an, an dem ich mich festhalte, um meinen Rücken zumindest etwas durchzustrecken, bevor ich meine Aufmerksamkeit wieder auf die Überarbeitung dieser Notizen lenke.

(Protokoll, Rückfahrt vom Yogafestival, 2012)

Es sind ähnliche Differenzbeobachtungen wie in diesem Protokoll, mit denen im Berliner Tagesspiegel (06.07.2009), unter dem Titel: „Am Wochenende wurde Kladow zur Pilgerstätte für Yoga-Anhänger. Prominente Gurus campten im Park. Über allem lag der Geruch von Räucherstäbchen", ein früheres Yogafestival beschrieben wurde. In dem Artikel werden die „Vorstadt-Teenager" in Kladow mit „nabelfreien engen

Tops, Jeans, deren Hinterteil kurz über den Knien hängt" mit den „Turbanen, lila Leinenhosen, langen Dreadlocks, orangefarbenen und weißen bodenlangen Gewändern, brustlangen Bärten" der Festivalteilnehmer/-innen verglichen:

> ,Ich hab den schwarzen Gürtel in Yoga, Alter', kräht ein Junge mit millimeterkurz geschorenen Haaren. Gleich um die Ecke, im Gutspark Neukladow am Havelufer, würde er mit solchen Sätzen ziemlich auffallen [...]. Ein paar von den Kladower Jugendlichen seien irgendwann im Park aufgetaucht, um dort wie ,üblich zu rauchen und zu trinken', sagt Veranstalterin Miriam Kretzschmar. ,Die haben ganz schön verwundert geguckt'.

Die Unterschiede zwischen dem *Setting* eines Yogafestivals und Situationen, in denen Menschen an Bahnhöfen zu Zügen eilen oder in denen Teenager ,an einer Ecke stehen' erscheinen offensichtlich. Die stark kontrastiv gewählten Beispiele versuchen, einen Eindruck der Festivalatmosphäre nachvollziehbar werden zu lassen. Im Artikel wird zunächst auf beobachtbare Kleidungspräferenzen, sprachliche Ausdrucksformen, Tätigkeiten sowie auf besondere normative Erwartungen wie Alkohol-Verbot oder Vegetarismus verwiesen. Auf die Vielfalt an Dingen (von Räucherstäbchen über Ethno-Kleider bis hin zu energetisiertem Wasser), Vorträgen und unterschiedlichsten Praktiken, die das Yogafestival auszeichnen, wurde bereits im zweiten Kapitel hingewiesen (vgl. Kap. 2.2). Die subjektiven Beschreibungen im Beobachtungsprotokoll gehen jedoch einen Schritt weiter und nehmen das eigene leibliche Empfinden zum Ausgangspunkt der Beobachtung. Auch dieses kann, wie bspw. die Kontrastierung von »Anrempeln« und »Umarmung« zeigt – eingedenk der je spezifischen Subjektivität –, letztlich als ein soziales Phänomen betrachtet werden, das an konkrete Situationen und auch materielle Kontexte gebunden bleibt.

Das körperliche bzw. leibliche »Spüren« ist insofern von besonderer Relevanz, als es im Yoga ein zentrales Thema darstellt, das in der Körperpraxis kultiviert werden soll. Daher ist es auch eine gängige Annahme im Feld, dass sich die Wahrnehmung von Yogapraktizierenden stärker anhand des »Spürens« strukturiert, als dies im gewöhnlichen Alltag zu erwarten wäre (vgl. zum *Alltagskörper* ferner Kap. 5.4.5). Das Gong- und Klangschalenkonzert kann diesbezüglich als ein Beispiel genauer betrachtet werden. Wie etwa bei einem klassischen Konzert häufig von »ästhetischer Wahrnehmung« gesprochen wird, Räumlichkeiten mit entsprechender Klangakustik gewählt werden und ein entsprechendes Verhalten bezüglich aufmerksamer Körperhaltung und absoluter Stille im Konzertsaal normativ erwartet werden können, ist es auf dem Festival das »leibliche Spüren«, das in den Mittelpunkt gerückt wird. Dieses wird u. a. durch die Möglichkeit, auf dem Boden zu liegen, sowie durch sprachliche Anleitungen zur Wahrnehmungsfokussierung, bspw. auf einzelne Chakras (Energiezentren im eigenen Körper) oder Klangschwingungen, unterstützt. Eine Beschreibung aus einem anderen Artikel sucht (durch sichtliche Überzeichnung) die Atmosphäre des Konzerts und das spezifische Erleben zum Ausdruck zu bringen:

4999 Yogis im Kulturpark Kladow. Klingt nach Massen-Event, fühlt sich aber besser an. Alles friedlich und relaxed, Schlange stehen muss ich nur vor den Dixi-Klos. [...] Ich spüre lieber meinen eigenen Körper. Bei der legendären Kundalini-Gongmeditation, die einen angeblich ins Universum schießt. Im Festivalzelt liegen Hunderte Yogis Matte an Matte, bis raus auf die Wiesen. Ich mittendrin. Neben mir fremde Füße. Ameisenhaufen eben. Seit Minuten schwillt der Klangteppich der riesigen Gongs an. Plötzlich braust eine dröhnende Geräuschwoge durch meinen Körper. Wie eine Brandungswelle wirbelt sie mich durcheinander, nimmt mir den Atem. Volle Yoga-Dröhnung! Die Gongs verklingen, ich lande wieder auf der Erde. Seltsam, meine Beine reichen nicht ganz auf den Boden. Ich schwebe noch ein bisschen. Gut für mein Karma – ich könnte jetzt keiner Ameise was zuleide tun.

(Vital Ausgabe 10, 2010)

Ähnlich der autoethnografischen Beschreibung „Rückfahrt vom Yogafestival" (oben), werden auch in diesem Bericht Differenzmarkierungen genutzt (die Dixi-Toilette bildet dabei ein interessantes Scharnier, das mit der vermeintlichen Exotik der Veranstaltung bricht). In ähnlicher Weise wird darauf verwiesen, dass das Festival zwar ein »Massen-Event« sei, sich aber »besser anfühle«, was hier als »friedlich und relaxed« umschrieben wird. Beim Ethnografen führte dies zu dem Eindruck, trotz mehrerer tausend Besucher kein einziges Mal mit jemandem zusammengestoßen zu sein. Dieser Eindruck verweist vermutlich eher auf die rekonstruktive Bedeutungsbildung in der Ex-post-Verschriftlichung der Feldbeobachtung (vgl. zu dieser Problematik von ethnografischen Beschreibungen Bergmann 1985) als auf das tatsächliche Geschehen auf dem Festival. Die relevante Frage bezieht sich aber weniger auf das subjektive Empfinden einer friedlichen, relaxten, achtsamen, spirituellen oder gar dröhnenden Veranstaltung bei der Autorin des Artikels oder beim Ethnografen als auf die konkreten Praktiken und Interaktionsformen, die dazu führen, dass solche und andere Einschätzungen der sozialen Situation möglich und plausibel werden.

Es geht also, wie bereits mehrfach hervorgehoben, um das *Wie* und die Hervorbringungen dessen, was in der Beobachtung fast lapidar als »Yogaatmosphäre« bezeichnet wird. Damit kommen ganz alltägliche Interaktionssituationen mit ihren konkreten körperlichen Praktiken in den Blick, in denen sich – ethnomethodologisch formuliert – das *doing* Yogafestivalteilnehmer/-in ausdrückt. Die eingangs beschriebene »Liebesdusche« expliziert und inszeniert bereits wichtige Aspekte der auf dem Festival hervorgebrachten sozialen Ordnung. Völlig fremde Menschen quasi zu umzingeln und ihnen lautstark »Liebe« entgegenzurufen, während gleichzeitig der »eigene Raum« hervorgehoben und anerkannt werden soll, mag in einer Fußgängerzone oder am Bahnhof eher ein Krisenexperiment darstellen, das vielleicht zu Fluchttendenzen oder zumindest zu größerer Verwunderung führen würde. Auf dem Yogafestival kann dies aber als eine verdichtete Inszenierung der hier bedeutsamen Anerkennungs- und Ehrerbietungspraktiken an das Individuum und dessen Sakralität gelesen werden (vgl. Durkheim [1912] 1981; Goffman 1967; Joas 2011; ferner Kap. 4.5).

Die Annahme eines (transzendenten) »wahren Selbst«, die »Auflösung des selbstbezüglichen Egos« oder die »Achtsamkeit im Hier und Jetzt« lassen sich kaum mit der Darstellung von Ungeduld oder völligem Genervtsein an der Falafel-Schlange, Vorbeidrängeln, Anrempeln oder Anraunzen des Verkäufers und genauso wenig mit dem schnellen, gierigen Herunterschlingen eben jener Falafel vereinbaren, was, neben dem besonders freundlichen Verkäufer und dessen Herkunft, vielleicht auch dazu beigetragen hat, dass auf dem Festival von der *Habibi-Falafel* die Rede ist. Entsprechend lassen sich solche Verhaltensweisen, wenn überhaupt, nur als seltene Abweichung von den Erwartungen der Interaktionsordnung beobachten.

So ist es in der Regel nicht nur ein *doing* Warten, das sich beobachten lässt, sondern es zeigen sich Darstellungen von Heiterkeit, Zufriedenheit, Entspanntheit, Offenheit für Gespräche und eine im Vergleich zum Alltag vielleicht auch übertrieben erscheinende Herzlichkeit. Gleichzeitig lässt sich aber der Fokus auf das eigene Spüren auch durch Zurückgezogenheit und eine Form von Selbstbezüglichkeit zum Ausdruck bringen, die, konträr zu den vorherigen Verhaltensweisen, auch Interaktionsverweigerung (nahezu) problemlos legitimieren kann. Ferner zeigt sich tendenziell eine geringere Zurückhaltung bei der Erzählung von sehr persönlichen Erlebnissen oder Darstellung von Gefühlen, bspw. von Überwältigtsein oder Traurigkeit, welche jedoch etwa für Aggression oder Neid nicht in der gleichen Weise zu gelten scheint und darüber hinaus einen Anspruch auf Authentizität erfüllen sollte.

Diese Interaktionserwartungen und die Praktiken ihrer Darstellungsweisen werden nicht nur in den folgenden Kapiteln noch genauer betrachtet, sie werden auch von den Teilnehmer/-innen selbst thematisiert und reflektiert. In einer spontanen und ungezwungenen Gruppendiskussion an den Bierbankgarnituren vor dem Falafel-Stand werden sie als »Wir-ham-uns-alle-lieb-Mentalität« durchaus ambivalent diskutiert, wie der folgende Gesprächsausschnitt verdeutlicht.

Transkript 8: Gruppendiskussion, Yogafestival Berlin, 2012.

```
01 Peter:    Also häufig hab ich Widersprüche, richtig Aversionen so. äh.
02           Ich hab richtig so geistig seelische Widersprüche zu der
03           wir ham uns alle lieb Mentalität auf solchen Festivals, ne?
04 Clemens: mh
05 Steffi:  Ja! ((lacht))
06 Peter:    Wir haben uns alle lieb und dann boah, nee! ((gemeinsames Lachen))
07           Ich hab nicht alle lieb manche möchte ich erschießen ((gem. Lachen))
08           so, ne. Da, des sind so meine Ambivalenzen die ich dann so hab.
09 Anna:     Du bist en Mann. ((lacht)) Sind wir Frauen auch so?
10 Steffi:   Ich hatte das am ersten Abend auch bei diesem ersten Konzert.
11           So Love, Peace! Ich dachte, Gott! ((lacht[)) Bitte] nein!
12 Clemens:                              [((lacht))]
18 Steffi:  Anfangs dachte ich Gott, wo bin ich denn hier? ((gem. Lachen)) […]
29 Peter:    Und der Alltag da haste nun mal Zoff, so Montagmorgen musste arbeiten
30 Anna:     Ich hab kein Zoff!
```

31 Peter: Mein Nachbar nervt mich unheimlich.
((Max sitzt am Nebentisch und steigt von dort aus in die Diskussion ein))
32 Max: Man muss echt gucken, wo hört Spiritualität auf?
33   Nämlich relativ nah immer, eigentlich sind es die Prüfsteine.
34   Aber da würde sie anfangen und da ((lacht))
35   hört sie bei den meisten auf […]

Peter (43) bringt seine Vorbehalte zur Mentalität »auf solchen Festivals« zum Ausdruck, während Anna (49), seine Partnerin, dies zunächst seinem Geschlecht zuschreibt und ihm auch später fortwährend zu widersprechen sucht, um der etwas überakzentuierten Kritik ihres Partners entgegenzuwirken. Steffi (38) steigt jedoch recht schnell mit einer lachenden Zustimmung in das Thema ein. Sie umschreibt die Atmosphäre mit »so Love, Peace«, was sie am ersten Abend auch als irritierend empfunden habe, und ruft aus: »Gott! Bitte nein!«, was derart überzogen und begleitet von lautem Lachen auch ironisch gelesen werden kann. Sie fährt mit der rhetorischen Frage »Gott, wo bin ich denn hier?« fort, wobei sie diese Äußerung mit »anfangs dachte ich« einleitet und rahmt.

Das Festivalsetting wird auch hier insbesondere in seiner Differenz zum Alltag beschrieben. Das »anfangs« von Steffi verweist – wie im weiteren Verlauf der Diskussion noch deutlicher wird – darauf, dass sich ihre Einschätzung gewandelt hat. Mittlerweile scheint sie sich auf das Festival und die entsprechende Yogafestival-Normalität eingelassen zu haben. Peter spricht von »Ambivalenzen« und führt aus, dass er die Mentalität nicht grundsätzlich ablehne, sondern eher den Ausnahmecharakter der Veranstaltung kritisiere. Am Montagmorgen müsse man wieder arbeiten, im Alltag habe man auch mal »Zoff«, und wenn es um »Fressen und Ressourcenverteilung« gehe, höre die »Wir-ham-uns-alle-lieb-Mentalität« bei den meisten Menschen wieder auf. An dieser Stelle steigt Max unvermittelt vom Nachbartisch in das Gespräch ein. Er rahmt das behandelte Thema sogleich mit »Spiritualität« und fasst die von Peter beschriebenen Situationen »draußen im Alltag« als die »Prüfsteine«, an denen (authentische) Spiritualität eigentlich beginnen sollte.

Die »Love and Peace«-Atmosphäre wird in dieser Gruppendiskussion zwar in ihrer Ausnahmeinszenierung auf dem Festival kritisiert und teilweise abgelehnt, stellt aber nichtsdestotrotz für die Teilnehmer/-innen ein zentrales Kriterium von Spiritualität dar, das an konkreten Verhaltensweisen auch im Alltag festgemacht wird. Das Gespräch lässt sich darüber hinaus auch als performativer Ausdruck anderer Gespräche auf dem Festival betrachten: Das kontinuierlich auftretende gemeinsame Lachen, die offene Art der Selbstdarstellung – der sich größtenteils unbekannten Personen – sowie die Möglichkeit, problemlos vom Nachbartisch aus in das Gespräch einzusteigen, bringen eine Situation hervor, die als lockere, fröhliche und heitere Gesprächsatmosphäre beschrieben werden kann. Diese kann dabei als charakteristisch für die Heiterkeit und Offenheit auf dem Festival betrachtet werden bzw. bringt diese

u. a. in diesem und ähnlichen Gesprächen auch beim Mittagessen mit hervor. Dabei ist es nicht ungewöhnlich, dass relativ schnell ein Austausch über sonst eher persönliche Themen stattfindet. Das in der Diskussion im Mittelpunkt stehende Thema der »Liebe« – und der Umgang der Teilnehmer/-innen untereinander – wird bereits bei der im Kapitel zuvor betrachteten Festivaleröffnung durch die Veranstalter/-innen thematisiert, als Stefan erläutert, worum es nach seiner Ansicht beim »Yogafestival eigentlich geht«.

> Miriam und ich machen des Yogafestival jetzt mit unserem tollen Team, schon im achten Jahr, und es wird irgendwie immer besser und immer toller, ((lacht)) und das Schöne, die Leute kennen sich jetzt schon, und was ich jetzt schon beobachten konnte; ist genau des; eigentlich warum ich finde, dass dieses Yogafestival so wichtig ist. Des ist nämlich nicht aus dem Grund, dass des Yogafestival immer größer werden soll; oder irgendwie erfolgreich sein soll; oder so was, ja? Oder=ähm, mehr Aufmerksamkeit bekommt; oder die Medien- oder Leute aus der ganzen Welt sollen anreisen. Darum geht's überhaupt nicht, ja? Es geht darum ((räusper)), dass wir hier, die wir gerade halt nun mal hier sind, ein bisschen mehr Liebe und ein bisschen mehr Frieden; und ein bisschen mehr Weisheit und Wissen, einfach äh ((räusper)) geschenkt bekommen und untereinander wieder teilen. Also was ich gesehen hab, ist, dass die Leute gestern und heute schon; die sich vielleicht jetzt ein Jahr gar nicht gesehen haben; aber jedes Jahr irgendwie aufm Yogafestival treffen; [...] oder man trifft halt auch viele Bekannte; und äh sehr schöne Szenen, wenn die Leute sich so in die Arme fallen. Wisst ihr? So ach biste auch da, ein Jahr nicht gesehen und drück, wa? (vgl. Abb. 11; Anm. d. Verf.) Und des ist genau dieses bisschen Liebe untereinander, worum es bei dem ganzen Yogafestival eigentlich geht. Ja?
>
> (Eröffnung, Yogafestival Berlin, 2012, Segment 5)

Stefan behandelt relativ zu Beginn der Eröffnung (die vorhergehenden Segmente 1 bis 4 wurden im vorhergehenden Unterkapitel mit genauerer Transkription behandelt) die Frage, unter welcher Perspektive das Yogafestival seiner Meinung nach zu betrachten sei. Erfolg, Größe, Internationalität, Aufmerksamkeit und Medienrezeption von »Europas größtem Yogafestival« – als welches es auch in einer Pressemitteilung beworben wird – werden von ihm in einer Aufreihung als Abgrenzung thematisiert und für irrelevant erklärt. Die Liste kann generalisierend für die moderne Festivalkultur oder für Kategorien des Kapitalismus gelesen werden, von denen Stefan das Yogafestival abgrenzt und hiermit auch eine Differenz zur Alltagswelt ‚da draußen' setzt. Neben dieser Abgrenzung impliziert die Nennung der Kategorien aber durchaus deren ‚offensichtliche' Bedeutung im Rahmen einer Veranstaltung, die »von Jahr zu Jahr« eben immer »besser« und »toller« werde. Dabei gehe es aber vielmehr um »ein bisschen mehr Liebe, Frieden, Weisheit und Wissen«.

Interessant für die Fragestellung dieses Kapitels ist, wie Stefan diese Liebe und dieses Wissen verortet und darstellt. Liebe wird zunächst situiert und in Bezug auf die Anwesenden erneut mit einem inklusiven »Wir« kollektiviert: »Wir hier, die wir gerade halt nun mal hier sind.« Damit wird erneut ein Gemeinschaftsbezug eröffnet, der, wie im letzten Unterkapitel bereits angemerkt, alle Teilnehmer/-innen, und zwar auch solche, die vielleicht zum ersten Mal Yoga praktizieren oder ein solches Festival

besuchen, als die Liebenden einschließt: wir, die wir gerade hier sind. Liebe und
Weisheit gingen dabei zwar auch von der Veranstaltung selbst aus, da man sie hier
(auch von erfahrenen Yogapraktizierenden) »geschenkt« bekomme (oder eben durch
spezifische Praktiken hervorbringt). Wichtig sei aber auch, dass diese Liebe untereinander geteilt werde. Während diese »liebevolle Mentalität« in der Gruppendiskussion zuvor als ambivalent diskutiert wurde, wird sie hier uneingeschränkt positiv und
als generelle Zielsetzung des Festivals formuliert.

Im Umgang untereinander komme – so Stefans Darstellung – das eigentliche
»Wesen« des Yogafestivals zum Ausdruck, und zwar in »sehr schönen Szenen, wenn
die Leute sich so in die Arme fallen, wisst ihr?«. Durch die rhetorische, intersubjektive
Bestätigung einfordernde Frage »wisst ihr?« werden auch die Zuhörer/-innen aufgefordert, sich solche Umarmungen zu vergegenwärtigen. Stefan inszeniert diese Beschreibung anschließend gestisch und sprachlich, wie in der folgenden Abbildung 11
dargestellt wird. Dabei betont er die Äußerungen sehr stark: »so ACH biste auch da,
EIN jahr nicht gesehen. und DRÜCK=nwa, (-)«.

Abb. 11: Eröffnung durch die Veranstalter/-innen 2, Yogafestival Berlin, 2012.

Mit dem körperlichen *Reenactment* der Umarmung auf der Bühne wird »Liebe« im
Yoga und auf dem Yogafestival von einer subjektiven Empfindung und Atmosphäre

zu etwas Nachvollziehbarem, Greifbarem und Erfahrbarem übersetzt.[30] Das *Wesen des Yogafestivals* drücke sich in der »Liebe« zu den anderen aus, die (unter anderem) in der körperlichen Nähe und in Umarmungen sichtbar wird. Mit dem Reenactment rücken auch ganz alltägliche Interaktionssituationen in den Mittelpunkt, und zwar als ein Ausdruck dieser »Liebe«.

Abb. 12: Umarmung, Yogafestival Berlin, 2012.

Eher zufällig konnte ich, nur eine halbe Stunde später, eine solche »Szene«, wie sie Stefan beschreibt, über die ethnografischen Beobachtungen hinaus auch in meinen Videoaufzeichnungen verfolgen. Während ich die Kamera für das anschließende Mantra-Konzert aufgestellt und bereits eingeschaltet hatte, begrüßten und umarmten sich zwei Teilnehmerinnen direkt davor (vgl. Abb. 12). Die Umarmungsszene läuft für etwas mehr als vier Minuten, in denen sich die beiden weder vom Beginn des Konzerts

---

30 Vgl. zu körperlichen Reenactments ferner Meyer/Meier zu Verl 2013. In diesem Zusammenhang wurde u. a. eine EM/CA-Analysegruppe aufgezeichnet, während sie sich mit diesem Datenstück des Yogafestivals auseinandersetzte, denen ich an dieser Stelle herzlich danken möchte. In der Datensitzung re-inszenierten die Teilnehmer/-innen das »Drück« von Stefan (im Video) körperlich mehrfach in der Diskussion zur Darstellung ihrer Interpretations- und Analyseperspektiven. Die Re-Inszenierung von Stefan auf der Bühne beim Yogafestival, lässt sich z. T. mit der Re-Inszenierung in der Datensitzung, im Sinne von „lay and professional sociologists" (Garfinkel 1967), parallelisieren. Wobei auch zu unterscheiden gilt, dass bei einer Datensitzung neben Interpretationsperspektiven auch die gemeinsame Herstellungsleistung eines soziologischen Datums betrachtet werden kann (vgl. auch Meier zu Verl 2018).

hinter ihnen noch von der Überlegung, dass sie vielleicht anderen (und hier der Kamera) den Blick auf die Bühne versperren könnten, irritieren lassen. Sie bleiben für den kompletten Zeitraum der Begrüßung mit voller Aufmerksamkeit aufeinander bezogen und in körperlichem Kontakt. Wie bei der Liebesdusche zuvor verweisen solche Begrüßungsrituale auch auf die spezifischen Anerkennungs- und Ehrerbietungspraktiken an das Individuum, die in den Interaktionsordnungen des Yoga gepflegt werden.

Es lässt sich also festhalten, dass das soziale Miteinander von Yogafestivalteilnehmer/-innen bereits in der Selbstbeschreibung sowie in alltäglichen Gesprächen einen zentralen Gegenstand darstellt und seinen konkreten Ausdruck im körperlichen Vollzug und leiblichen Spüren findet, was insbesondere als eine Differenz zum Alltag wahrgenommen wird. Dies spiegelt sich auch in den Beschreibungen des Festivals wider, die ebenso gezielt solche Differenzbeobachtungen nutzen. »Love, Peace and Harmony« werden dabei zum normativen Maßstab der Interaktionsordnung erhoben.

Dabei ist »Liebe« natürlich kein yoga- oder festivalspezifisches Phänomen.[31] In der Rhetorik der Festivaleröffnung bleibt der Topos der Liebe vage und vieldeutig und eröffnet insofern unterschiedlichste individuelle Interpretationsmöglichkeiten, denen man moralisch kaum widersprechen kann (vgl. Luhmann 2004: 19). Wer würde schon etwas gegen »ein bisschen mehr Liebe« vorzubringen haben? Gleiches gilt für Wahrheit, Weisheit oder Frieden und daher kann die Kommunikation dieser Topoi auf Zustimmung und Applaus der Zuhörerschaft zählen und potenzieller Kritik vorbeugen. Yoga und Spiritualität werden so zu einem durchweg (moralisch) positiven Phänomen.[32]

Der Applaus und das zustimmende Nicken der Teilnehmer/-innen kann auch mit Blick auf die Sozialisation im Feld des Yoga betrachtet werden. Es wird ein Gemeinschaftsbezug eröffnet, der alle Teilnehmenden als Liebende einschließt. Obgleich Stefan dabei eine sehr praktische Übersetzung der Liebe anbietet, so verweisen seine Ausführungen doch auf einen komplexeren Bedeutungshorizont, in welchem auch Wissen und Weisheit und letztlich »alles« aus »Liebe« hervorgeht. Dies ließe sich vielleicht mit Fromm ([1956] 1993: 46) umschreiben, der die Liebe unter anderem als „Antwort auf das Problem der menschlichen Existenz" fasst:

---

31 Begreift man Liebe mit Luhmann (1982) als ein Kommunikationsmedium, so erscheint die Diagnose unwahrscheinlicher werdender Sinnzumutungen auch hier überaus anschlussfähig. Allerdings zielt Luhmann in seiner Analyse auf Liebe in Intimsystemen ab, und insofern könnte man vielleicht auch die Frage stellen, ob sich im Yoga eine Ausweitung und Generalisierung des Intimsystems beobachten lässt.

32 Ähnliche Formen der Rhetorik werden auch in anderen Kontexten genutzt, so etwa im Zusammenhang der öffentlichen Veranstaltungen der Corona-Proteste in Deutschland (vgl. Eisenmann/Koch/Meyer 2021).

Im Akt der Vereinigung erkenne ich dich, erkenne ich mich, erkenne ich alle die anderen, und ich ‚weiß' doch nichts. Ich erkenne auf die einzige Weise, in welcher dem Menschen Erkenntnis des Lebendigen möglich ist: im Erleben von Einheit – und nicht aufgrund des Wissens, das mir mein Verstand vermittelt. Im Akt der Liebe, im Akt der Hingabe meiner selbst, im Akt des Eindringens in den anderen finde ich mich selbst, entdecke ich mich selbst, entdecke ich uns beide, entdecke ich den Menschen.

In einer solchen Lesart rückt Liebe doch sehr nahe an das, was im Yoga als Spiritualität beschrieben wird. Wie Spiritualität wird auch Liebe zunächst als ein zutiefst subjektives Phänomen wahrgenommen und verortet, das letztlich auf ein *Mehr* verweist und sich einer Definition ganz analog entzieht: „und ich ‚weiß' doch nichts."

4.3 Die rituelle Eröffnung der Yogalehrerausbildung

Während die Besonderheiten der Yogafestivalatmosphäre auf wenige Tage im Jahr beschränkt bleiben, leben im Aschram bis zu ca. 300 Personen dauerhaft. Die Spezifika einer Yogaatmosphäre bzw. ihre kontinuierlich hervorzubringenden Interaktionsordnungen zeigen sich hier also auch in verstetigten Formen. Ebenso verbringen die Yogalehreranwärter/-innen vier Wochen lang Tag und Nacht in diesem Setting, das für sie, wie im zweiten Kapitel beschrieben wurde, mit einer kurzen »Vorstellungsrunde«, einem »Vortrag mit Meditation« und einem »Einweihungsritual« beginnt (vgl. Kap. 2.3.4). Nirmala, der Ausbildungsleiter, verweist im Verlauf des ersten Abends mehrfach darauf, dass das »Einweihungsritual« von zentraler Bedeutung sei und den »eigentlichen Beginn der Ausbildung« darstelle.

Ganz ähnlich wie das Yogafestival mehrfach rituell eröffnet und begonnen wurde (vgl. Kap. 4.1), trägt die mehrfache explizite Hervorhebung des Beginns zur Besonderheit und Relevanz dieses Ereignisses bei, das im Folgenden genauer betrachtet wird. Dabei ist auch relevant, dass im Feld explizit von einem »Ritual« gesprochen wird, das in einem etwa zwanzigminütigen Vortrag im Vorfeld umfangreich erläutert wird.

Der folgende Abschnitt stellt den Ablauf und diese Erläuterungen vor (Kap. 4.3.1), bevor eine genauere Analyse, zum einen mit ritualtheoretischen Überlegungen (Kap. 4.3.2) und zum anderen mit Fokus auf den praktischen körperlichen Vollzug (Kap. 4.3.3), anschließt. Vor dem Hintergrund der empirischen Ergebnisse wird die Besonderheit von reflexiven Ritualhandlungen sowie Überlegungen zu einer Dauerliminalität im Yoga abschließend diskutiert (Kap. 4.3.4). Ein wichtiger Punkt liegt in einer praxeologischen Respezifizierung der in der Forschungslandschaft meist (zumindest implizit) strukturalistischen und bedeutungstheoretischen Ritualtheorien. Anhand der Eröffnung der Yogalehrerausbildung wird empirisch herausgearbeitet, wie sich Rituale nicht nur durch ihre vorgegebene Struktur, ihre gesellschaftliche Einbettung oder ihre sozialen Bedeutungen (und latenten Funktionen) auszeichnen, sondern durch *praktische Handlungsprobleme* und den *konkreten körperlichen Vollzug* hergestellt werden und gerade dadurch auch ihre soziale Einbindungs- und Transformationskraft gewinnen.

4.3.1 Der Ablauf der rituellen Eröffnung

Im sogenannten Shiva-Raum sitzen die 39 Teilnehmenden der Yogalehrerausbildung, zusammen mit den vier Ausbildenden (vor dem Podest des Altars), in einem Kreis auf Sitzkissen am Boden. Das gemeinsame Singen von Om, das Eröffnungs-Mantra und ein dreifaches Om Shanti und Om Frieden markieren, genau wie beim Yogafestival zuvor, den (ersten) Beginn. Nirmala bittet nun darum, nicht mehr mitzuschreiben und die Laptops auszumachen, damit »bei diesem Ritual eine sehr hohe Konzentration auch entstehen kann, [...] dass ihr euch wirklich ganz auf das Hier und Jetzt, auf den Moment konzentriert, ja?« (a).

Er betont die Wichtigkeit eines guten Beginns und eines guten Endes in der Yogalehrerausbildung und kündigt erneut ein »klassisches indisches Segnungsritual« an. Dieses Ritual diene ferner auch dazu, dass »wir gemeinsam zusammenkommen durch das Ritual als Gruppe« (b). Er erläutert, dass beim Ritual Mantras rezitiert werden und man diese »gerne mitwiederholen kann«. Wenn einem diese noch »fremd« seien, könne man aber auch »einfach lauschen«, sie würden in den nächsten Tagen genauer erläutert werden. Mantras werden ferner als »in Indien selbstverständlich« und »universell« eingeführt. Ihre Bedeutung wird von Nirmala folgendermaßen umschrieben:

> Diese Mantras haben eine spezifische Energie, sie helfen, eine sehr starke, konzentrierte Energie aufzubauen, die auch dann diesen Raum sehr erfüllt, so dass dann dieses Einweihungsritual eine besondere Qualität auch bekommt dadurch. (c) Ja, und dann bitte ich euch auch, direkt während dem Ritual euch nicht zu unterhalten, auch nicht zu sprechen, sondern ganz euch so auf diesen Moment zu konzentrieren auch. (a)
>
> (Eröffnungsritual Yogalehrerausbildung, Segment 1)

Nirmala erläutert ferner das Auftragen von »drei heiligen Pulvern« auf die Stirn. Diese symbolisieren Transformation (Śiva) (d), Erhaltung (Viṣṇu) (e) und Kreativität (Devī) (f). Die Stirn stehe dabei für Intuition und das Dritte Auge (*ājñā-cakra*), das hierbei, so Nirmala, geöffnet werde (g). Die zentralen Aspekte – der sehr umfassenden Ausführungen zu diesen vier Punkten – sollen mit dem folgenden Transkript zumindest in stark gekürzter Form wiedergegeben werden.

> (d): symbolisiert den Aspekt der Transformation. Ja und diese Ausbildung hat ja auch als Sinn, durchaus eine gewisse Transformation der Persönlichkeit durchzuführen, das heißt, wer Yoga unterrichten will, braucht auch eine Yogapersönlichkeit, [...] auch das niedere Bewusstsein zu transzendieren zu höherem Bewusstsein, Unbewusstsein zu transzendieren zu Bewusstsein [...], schlechte Gewohnheiten [...] aufgeben möchte und neue gute Gewohnheiten ins Leben zu bringen [...]; (e): dass man durchhält, weitermacht, wenn es mal schwierig wird [...]; (f): Kreativität

[...], Neues beginnen, früher oder später kommt es anders, als wir gedacht haben, als wir es uns vorgestellt haben. Fähigkeit zu haben, auch umzudenken. Neue Lösungswege einzuschlagen [...]. Lernaufgabe [...], umlernen, umdenken [...]. Die meisten sind ja hier, weil sie etwas Neues ins Leben bringen wollen, etwas verändern wollen. [...]; (g): Das dritte Auge, auch das Auge der Intuition genannt, ja, so dass dieses geöffnet wird, und das Lernen in dieser Ausbildung findet nicht nur über den Intellekt statt, ja Lernen ist nicht nur rationales Lernen, Informationsverarbeitung, ja, sondern auf verschiedenen tieferen Aspekten auch, ja, und diese Verbindung von Vermittlung von Theorie und praktischen Übungen öffnet dann auch das Unterbewusstsein auf eine einzigarte Art und Weise. [...] Fähigkeit zu haben, loszulassen vom Glauben, alles rational steuern zu müssen oder zu können. [...] Ich verstehe nicht, was geschieht, und trotzdem funktioniert es, ja, das ist dann auch der Aspekt der Intuition, drüber hinauszugehen über die eigenen Begrenzungen.

(Eröffnungsritual Yogalehrerausbildung, Segment 2)

Die ausführlichen Erläuterungen zur Bedeutung des Rituals (die hier mit den Buchstaben a-g gekennzeichnet wurden, um auf diese in den anschließenden Unterkapiteln zurückzukommen) geben einen Einblick in die Verortung des »Einweihungsrituals« im Kontext der Yogalehrerausbildung. Zentral erscheint dabei ein *gemeinsames* »tieferes Umlernen und Umdenken«, das über die »eigenen Begrenzungen« sowie die »begrenzte Rationalität« hinausgeht, durchweg positiv konnotiert ist, sich durch die »Konzentration auf das Hier und Jetzt« und ein »Durchhalten« auszeichnet und auf eine spirituelle Dimension verweist. Bevor aber diese Ausführungen weitergehend interpretiert werden, soll der weitere Ablauf genauer beschrieben werden.

Nirmala fährt fort, dass nicht *er* es sei, der »die Einweihung vornimmt«, sondern die Meister Swami Sivananda und Vishnudevanda, deren »Energie« durch ihn »als ein Kanal fließt«. (Ähnlich hatte Miriam bei der Eröffnung des Yogafestivals etwas scherzhaft darauf verwiesen, dass nicht sie die Veranstaltung organisiert habe, sondern Ganesha.) Diese »Energie« komme aus der »Vollkommenheit« und damit wird, Nirmala weiter folgend, auch das Ritual nicht durch »begrenztes Wissen« geleitet, sondern durch das »allumfassende Wissen« der Meister begleitet. Um dies zu ermöglichen, vollziehe Nirmala zunächst ein entsprechendes »Reinigungsritual«.

Dazu trägt er sich selbst – während er Mantras rezitiert – die drei zuvor genannten Pulver auf. Er beginnt diese rituelle Handlung, unterbricht sie aber im Verlauf mehrfach, um die einzelnen Schritte zu erläutern. Das zum Auftragen der Pulver verwendete Wasser steht zunächst im Zentrum. Nirmala trinkt davon zum einen selbst, um die »drei Körper zu reinigen«. Zum anderen versprengt er das Wasser – ganz ähnlich wie Weihwasser in der Kirche – in alle Richtungen, um die »vier Himmelsrichtungen zu reinigen«, was in der Abbildung 13 mit der erhobenen Hand von Nirmala angedeutet ist.[33] Es folgt ein längeres Mantra und Stille.

---

[33] Abbildung 13 sowie die beiden folgenden Abbildungen 14 und 15 dienen als Illustration, um den Beschreibungen besser folgen zu können. Die Bilder sind allerdings aus Videoaufzeichnungen des

Abb. 13: Rituelle Eröffnung 1, Yogalehrerausbildung, 2013.

In seinen Erläuterungen verweist Nirmala mehrfach auf das »Fließen der Energie der Meister«, die besondere »Reinheit« und »Energie im Raum«, die dadurch hergestellt werde und die auch durch die »mystische Klangenergie« der Mantras erzeugt werde. Als dieses erste »Ritual« abgeschlossen ist, markiert Nirmala einen erneuten, den »eigentlichen« Beginn.

> Dann beginnen wir mit dem eigentlichen Ritual, ja, und dabei wird es jetzt so laufen, ihr kommt der Reihe nach ((eine Teilnehmerin will aufstehen, Nirmala zeigt gestisch an, dass die Person sitzen bleiben soll und sagt)) gleich ((gemeinsames Lachen)), ich erkläre es erst, dann fangen wir an.
>
> (Eröffnungsritual Yogalehrerausbildung, Segment 3)

Abschlussrituals vier Wochen später entnommen, welches bezüglich der Segnung mit drei Aschen, dem Waser und der Sitzordnung der Lehrer/-innen nahezu identisch abläuft. Das Datenmaterial unterscheidet sich aber deutlich, insbesondere da die Teilnehmer/-innen beim zweiten Mal bereits mit dem Ablauf vertraut sind (und in Abb. 13 ein weiterer Ausbilder sich bereits selbst die Asche aufträgt, was bei der Eröffnung erst im Anschluss an Nirmalas Erläuterungen geschieht). Die Analyse und Beschreibung basieren daher ausschließlich auf den Feldnotizen und der Audioaufzeichnung der Eröffnung, zu welcher keine Videodaten möglich waren, da zunächst ein Vertrauensbildungsprozess für die Zustimmung zur Aufzeichnung nötig war.

Somit wird zunächst der exakte Ablauf beschrieben: Jede/r soll sich vor ihm mit Namaste, d.h. die Hände vor der Brust gefaltet, verbeugen und bekommt dann die Aschen aufgetragen. Anschließend könne man sich vor dem Altar vorbeugen sowie vor den anderen drei Lehrer/-innen und allen anderen Teilnehmenden, die sich alle wechselseitig zurück verbeugen, um auf diese Weise mit allen Anwesenden im Sinne eines »ich grüße das Göttliche in dir« (eine mögliche Übersetzung von Namaste) »in Kontakt zu kommen«.

Abb. 14: Rituelle Eröffnung 2, Yogalehrerausbildung, 2013.

Auch im weiteren Ablauf wird nicht nur das Ritual durchgeführt, sondern Nirmala erläutert die vielen einzelnen Mantras, die dann jeweils für eine Weile wiederholt werden, ausführlich in ihren Bedeutungen. Zu Beginn werden sogenannte »Mokṣa-Mantras« rezitiert. Diese werden als »einfach« und »sehr wirkungsvoll« beschrieben und Nirmala fügt hinzu: »diese einfachen mantras die ich jetzt rezitieren werde die könnt ihr dann GERne lAU:t mit wiederholen«. Bereits an dieser Stelle setzt, wie beim Festival mit einem Ganesha-Mantra beginnend, das gemeinsame Rezitieren fast aller Teilnehmer/-innen ein. Die Mantra-Rezitation wird während des gesamten Ablaufs fortgesetzt, d. h., bis alle Teilnehmer/-innen die gesamten Stationen abgelaufen (sprich die Pulver aufgetragen bekommen, vgl. Abb. 14) und sich vor jeder/m verbeugt haben, was etwa zwanzig Minuten in Anspruch nimmt. Es folgen achtzehn Sekunden Stille. Das Ritual schließt, wie zu Beginn, mit dem gemeinsamen dreifachen Singen von Om Shanti und Om Frieden: »Jetzt hat die Ausbildung begonnen, ja.«

4.3.2 Ein ritualtheoretischer Blick

Das beschriebene »Ritual« wird zwar mehrfach in seiner Besonderheit hervorgehoben, zugleich aber als eine Selbstverständlichkeit im Feld eingeführt, die – wie bspw. die theoretische Prüfung am Ende der Ausbildung – als nicht weiter hinterfragbar vorausgesetzt wird, denn »damit beginnt die Ausbildung«. Das spezifische Format rahmt den Ausbildungsbeginn rituell und vollzieht damit eine Grenzziehung. Im Anschluss an klassische Ritualtheorien gesprochen, werden die Teilnehmenden mit dem Vollzug des Rituals aus ihren bisherigen Lebensbedingungen herausgelöst und mit einem neuen Status ‚Yogalehreranwärter/-in‘ versehen.

In dieser Weise und auf Bourdieu (2005) bezugnehmend interpretiert bspw. Pille (2013: 91 f.) die Vereidigung von Lehramtsanwärter/-innen zu Beginn des Referendariats. Bourdieu (2005: 111) beschreibt Einsetzungsrituale als einen „Akt sozialer Magie“, der, mit entsprechender Autorität ausgestattet, eine Identität ausspricht und auferlegt, die neue Grenzen schafft und andere überschreiten kann.

> Von Einsetzungsriten sprechen heißt, die Aufmerksamkeit darauf zu lenken, dass jeder Ritus auf Bestätigung und Legitimierung abzielt, also darauf, dass eine willkürliche Grenze nicht als willkürlich erkannt, sondern als legitim und natürlich anerkannt wird; oder, was auf dasselbe hinausläuft, die feierliche, das heißt statthafte und außerordentliche Überschreitung grundlegender Grenzen der – um jeden Preis zu wahrenden – sozialen und mentalen Ordnung zu vollziehen.
> (Bourdieu 2005: 111)

Bourdieu legt dabei den Fokus insbesondere auf die Öffentlichkeit, Autorität und gesellschaftliche Anerkennung dieser Grenzziehung und Überschreitung (vgl. auch Audehm 2001: 116). Öffentlichkeit und legitime Anerkennung beziehen sich in diesem Fall auf den Kontext des Yoga-Aschrams, der zwar von der Außenwelt mehr oder weniger abgeschottet ist, in welchem aber durchaus, etwa beim anschließenden Abendessen, andere Mitarbeiter/-innen einzelnen neuen Yogalehreranwärter/-innen zum Beginn ihrer Ausbildung gratulieren. Dass die Teilnehmer/-innen nun Yogalehreradept/-innen geworden sind, wird hier materiell durch die farbige Stirn (der 39 Personen) nach außen visuell sichtbar; und auch innerhalb der Gruppe führt dies zur wechselseitigen Wahrnehmung einer neuen Zugehörigkeit der Bemalten.

Mit Blick auf die Struktur des Rituals kann, zum einen, mit Turner (1969: 94 ff.) – der wie Bourdieu an die *rites de passage* (Van Gennep [1909] 2005) anschließt – die klassische Unterscheidung von drei Phasen zur Verortung des Rituals genutzt werden: *separation*, *liminal* und *reaggregation/incorporation*.[34] Diese Strukturierung

---

34 Dieser analytischen Unterscheidung liegt eine durchaus kritisch zu reflektierende Entwicklungsvorstellung zugrunde, die in ihrer Struktur dem Hegel'schen Dreischritt von These, Antithese und Synthese ähnelt und auch Mead und den Pragmatismus beeinflusste und sich insofern in

bietet sich im Folgenden insofern an, als sie sich in den Erläuterungen von Nirmala zum Ablauf und der Bedeutung des Rituals widerspiegelt. Neben diesem Drei-Schritt eines sogenannten ‚Statuswechsels' soll im Folgenden, zum anderen, der konkrete körperliche Vollzug des Rituals genauer betrachtet werden (was wiederum der Beschreibung des Feldes folgt). Auch gegenwärtige Ritualtheorien haben sich von sozialen Makrofunktionen distanziert und rücken die Performanz von konkreten Ritualhandlungen in den Mittelpunkt ihrer Betrachtungen. In radikalster Form findet sich eine solche Perspektive etwa bei Staal (1989), der das Mantra-Singen mit Vogelgesang vergleicht und von einer grundsätzlichen Bedeutungslosigkeit des Rituals ausgeht.

Bereits vor Beginn des Rituals wird explizit die Aufmerksamkeit fokussiert und ein Rahmen mit spezifischen „rules of irrelevance" (Goffman 1961b: 24) in Bezug auf mögliche Ablenkungen, wie das Aufschreiben von Notizen oder Gespräche, geschaffen. Dies geschieht zunächst durch explizite Aufforderungen und durch die Betonung des »Hier und Jetzt«, das bereits in der zuvor angeleiteten Meditation im Zentrum stand und insofern im Verlauf des Abends schon vorbereitet wurde (vgl. zur Beschreibung und Analyse der Eröffnungsmeditation Kap. 2.3.4). Auch die Hinweise auf das mehrfache Beginnen, die eine Grenzziehung von Vorher zu Nachher beobachtbar machen, verweisen auf die Herauslösung (*separation*) aus dem Gewohnten.

Dabei zeigen die beobachtbaren Mechanismen zur kollektiven Einbindung der Anwesenden in die gemeinsame Praxis einige Ähnlichkeiten mit der Analyse der Eröffnung des Yogafestivals zuvor (vgl. Kap. 4.1). So finden sich auch hier ein kollektivierendes »Wir«, ausführlich detaillierte Erläuterungen und mehrfache Einladungen bis hin zu konkreten Aufforderungen zum Mitsingen, die sich im performativen Vollzug und schließlich in der aktiv-körperlichen Involvierung verstärken. Die Teilnahme am Ritual wird als eine Art von Normalität vorausgesetzt und an keiner Stelle infrage gestellt. Wie Ganesha der »eigentliche Festivalveranstalter« war, ist es auch nicht Nirmala, der hier den Segen gibt, sondern er diene als »Instrument der Meister«, deren Energie durch ihn fließe. Allerdings unterscheidet sich der Kontext der Yogalehrerausbildung insofern, als hier allen Teilnehmenden eine ‚ernsthafte' Beteiligung unterstellt bzw. diese erwartet wird. Entsprechend wird hier auch keine *Ritualdistanz* sichtbar oder notwendig. Die kollektive Kraft zur Einbindung in Rituale beschreibt

---

psychologischen und soziologischen Sozialisations- sowie Entwicklungstheorien wiederfindet, bspw. bereits bei Piaget beim Erlernen von Schemata und in den Begriffen der Akkomodation und Assimilation bei der Herstellung eines Äquilibriums (vgl. bspw. Kegan 1982). Insbesondere Gurwitsch (1967) hat in „Field of Consciousness" die Limitationen und Probleme solch analytisch-theoretischer Figuren mit Blick auf die Wahrnehmungstheorie konsequent aufgezeigt (vgl. Eisenmann/Lynch 2021). Die folgende Analyse nutzt allerdings diese Unterscheidungen insofern, als die Interpretation des Rituals im Feld partiell einer solchen Logik folgt. Ferner handelt es sich bei der Aushandlung von Welt- und Selbst-Verhältnissen im Yoga um ein *soziales* Äquilibrium einer gemeinsamen ‚alternativen' Wirklichkeit, die in Bezug auf Spiritualität relevant wird.

Pille (2013: 91) bei der Vereidigung der zuvor genannten Lehramtsanwärter/-innen überaus treffend, wenngleich etwas drastisch:

> Die Novizen schauen sich gegenseitig verunsichert an, stimmen aber allmählich – einer nach dem andern – in den ‚Choral' ein. Jeder steht unter dem kollektiven Druck, ‚über seinen Schatten springen' und ein Teil der ungewohnt sprechenden, sich in diesem Akt konstituierenden Gemeinschaft werden zu müssen. Die wechselseitigen Blicke aller Anwesenden – auch die der Seminarleiterin – machen letztendlich diejenigen zu ‚Nicht-Dazu-Gehörigen', die das Mitsprechen augenscheinlich verweigern. Aus bestimmter Perspektive lassen die ‚Verweigerer' auch diejenigen im Stich, die mit dem Nachsprechen bereits begonnen haben und ihre Mitstreiter mit verzweifelten Blicken auffordern einzustimmen, um nicht länger ‚die Einzigen' sein zu müssen, die den Vereidigungstext nachsprechen.

Ähnlich ließe sich auch die soziale Situation des zwanzigminütigen Singens der Mantras betrachten, in das alle Anwesenden schon nach einer kurzen Weile eingestimmt haben. Bei der Vereidung handelt es sich allerdings um eine soziale Situation, die den Teilnehmenden überwiegend fremd ist. Dahingegen haben bei der Yogalehrerausbildung viele der Anwesenden bereits mehrjährige Erfahrungen und sind somit in das Singen von Mantras eingeübt in das sie selbstverständlich einstimmen können. Dies galt auch für den Ethnografen, für den eine Erfahrung von Fremdheit und ihre kollektive Überwindung bereits Jahre zurücklag. Zudem wird bei der Vereidigung die *soziale Bedeutung* dieses Rituals von Pille (2013) herausgearbeitet und nicht tiefergehenden von den Ausübenden thematisiert.

Dahingegen findet sich bei der Yogalehrerausbildung eine ausführliche Interpretation und Verortung der Bedeutungen des Rituals (vgl. die Dimensionen von a-g oben) durch den Ausbildungsleiter. In diesen Ausführungen zeichnet sich u. a. eine Entwicklung, welche die Teilnehmer/-innen zu durchlaufen hätten. Es geht um das »Beginnen«, »Umlernen«, »Neuanfangen« und »Umdenken«, um schließlich »auch Unerklärliches zu akzeptieren«, was sich zunächst als Separationsphase umschreiben lässt: „signifying the detachment of the individual or group either from an earlier fixed point in the social structure, from a set of cultural conditions (a ‚state'), or from both" (Turner 1969: 94). In der Separation geht es auch in der Sicht des Feldes um eine Grenzüberschreitung von der alltäglichen Weltsicht hin zu Außeralltäglichem und Unerklärlichem, sprich: zu Formen der Spiritualität, die im Verlauf der Yogalehrerausbildung erlernt werden sollen und die im Einweihungsritual symbolisiert oder vielmehr vollzogen werden sollen.

Ein zentraler Aspekt einer solchen Einschätzung wird auch von Goffman (1977: 40) in seiner Einleitung zu „Rahmen-Analyse" festgehalten: „In unserer Gesellschaft wird allgemein die sehr bedeutende Annahme gemacht, daß alle Ereignisse – ohne jede Ausnahme – in das herkömmliche Vorstellungssystem hineinpassen und mit seinen Mitteln bewältigt werden können. Man nimmt das Unerklärte hin, aber nicht das Unerklärliche." Andere Erfahrungen, wie etwa das Erleben von Spiritualität, werden also, solange irgendwie möglich, „in den Bereich der gewohnten Kräfte und Wesen eingliedert" (Goffman 1977: 39). Entsprechend geht es bei der Eröffnung der Yogalehrerausbildung nicht nur darum, formal Yogalehreranwärter/-in zu werden, sondern um eine »neue Sichtweise«, die sich von der Einstellung in der Alltagswelt unterscheide. Dies wird in den Ausführungen von Nirmala aber nicht als eine von vielen möglichen Alternativen vorgestellt, sondern erwartet und moralisch positiv bewertet. So gehe es etwa um »gute Eigenschaften« und »höheres Bewusstsein« gegenüber »schlechtem«, »niederem« Bewusstsein und »Unbewusstem«, dass die Teilnehmer/-innen jetzt hinter sich lassen sollen.

In den klassischen Ritualtheorien ist für ein solches Umlernen die Erfahrung von Liminalität zentral, nach Turner (1969: 94) eine Schwellenphase, in der eine Loslösung von der sozialen Ordnung ins Zentrum rückt: „the characteristics of the ritual subject (the ‚passenger') are ambiguous." Die Hervorbringung eines liminalen Zustands wird im Folgenden mit Blick auf den Ablauf und die konkreten Ritualhandlungen und deren Vorbereitung genauer gefasst. Bereits Nirmalas Ausführungen können nicht nur inhaltlich betrachtet werden, sondern auch mit Blick auf ihre Performanz. Diese beginnt bereits mit der Zeitlichkeit. Etwas überspitzt ließen sich Nirmalas Erläuterungen folgendermaßen zusammenfassen: ‚Kommt alle vor, ich trage drei Pulver auf, dann verbeugt euch wechselseitig vor allen'. Seine Ausführungen dazu dauern aber über achtzehn Minuten, die dazu beitragen, den Rahmen eines besonderen und außergewöhnlichen Ereignisses herzustellen.

Das verfrühte Aufstehen einer Teilnehmerin, deren ‚Ungeduld' mit dem Lachen von einigen Anwesenden begleitet wird, weist in diese Richtung. Die verlangsamte Betonung von allen Teilaspekten des Rituals bezeichnet Levi-Strauss (1975) als *morcellement* (Stückelung), wobei es sich um einen Mechanismus der Verfremdung und Rekonfiguration handelt. Dadurch „wirken Rituale bedeutsam und wichtig. Die rituelle Situation löst auf diese Weise eine erhöhte Aufmerksamkeit und Sensibilität der Teilnehmer aus" (Meyer 2007: 248 f.). Eine solche Verlangsamung kann auch mit Blick auf die kollektive Einbindung in die Praxis gesehen werden, denn auch Langeweile kann ein Motiv zum Mitmachen darstellen. Ferner kann auch kontinuierliche Unterforderung, ähnlich wie eine Reizüberflutung, zu tranceartigen Zuständen beitragen.

Obgleich die spezifischen Qualitäten jeweiliger Bewusstseinszustände unzugänglich bleiben, ist aber deren jeweilige Verortung von zentraler Bedeutung. So beschreibt etwa Schüttpelz (2010: 167) in Bezug auf Geistverkörperungen in der Trance den elementaren Unterschied zwischen dem „Selbst als Subjekt der Erfahrung" auf der einen Seite und dessen, was „nicht das Selbst ist, als Objekt der Erfahrung". Er diskutiert diese Unterscheidung mit Blick auf die von Edward Tylors (1971) in seinem spät veröffentlichten Feldtagebuch festgehaltenen Erfahrungen mit dem Spiritualismus seiner Zeit. Tyler, ein fundamentaler Skeptiker, der zuvor bereits den Animismus überaus abwertend als eine archaische Form primitiver Kulturen beschrieben hatte, steht hier vor der Herausforderung, seine eigene, in Ansätzen vollzogene Tranceerfahrung bei einer Séance in London 1872 zu entmystifizieren.

> Tylor retrospectively succeeds in translating (through introspection: 'To myself I seemed...') his séance experience into the language of intentionality, in order to conceive of it in terms of a self-induced simulation. This meant convincingly identifying the 'self as subject of experience' with the 'not the self as object of experience.' [...] The demystifiers succeeded in doing so in response to certain tricks, but they had more difficulty with the central trance-experience itself. Very few concepts seemed capable of closing, once and for all, the gap experienced by the subject between individual conscious action and effects from outside the self. One such concept was Tylor's idea of mediums' 'self-deception' as 'at once dupe and cheat.' Tylor's account might stigmatize the spiritualist mediums in social terms, but ultimately, the experience-memory of the transmissibility of a 'psychic force' could not simply be written off.
>
> (Schüttpelz 2010: 167 f.)

Dieses Beispiel kann auch zu einer erweiterten interaktionssoziologischen Perspektive auf die Erfahrung von kognitiven Dissonanzen beitragen, wenn neue (zunächst liminale) Erfahrungen mit etablierten Welt- und Selbstverhältnissen kollidieren. Die »Transformation der Yogalehrerpersönlichkeit«, das »Umlernen und Umdenken« zur »Akzeptanz von Unerklärlichem«, das Nirmala fordert, wird bei Tyler als „Selbstbetrug" unterminiert. Schüttpelz fasst die soziale Situation der Séance für den Skeptiker Tyler als eine Art von „spirit attack", der er sich aber letztlich nicht gänzlich entziehen kann. Mit Blick auf Rituale bietet sich insofern noch eine weiterführende Lesart an.

Im Zentrum stehen dabei die Methoden und Praktiken der aktiven Einbindung der Teilnehmer/-innen beim Ritual, die bereits beim Yogafestival auch mit Blick auf die Erfahrung kollektiver Efferveszenz (Durkheim [1912] 1981: 290 ff.) bei gemeinsamen körperlichen Handlungsvollzügen diskutiert wurden. Ein wichtiger Aspekt, der auch in den Beschreibungen von Pille (2013, oben) zum Ausdruck kommt, ist eine „kollaborative Erwartungshaltung" (Kertzer 1988: 101), die von Burke (1969: 58) als „attitude of collaborative expectancy" beschrieben wurde. Kertzer bezieht sich auf Bettelheims (1960) Analyse des Hitlergrußes, der unabhängig vom eigenen Weltbild öffentlich zu vollziehen war: „Da die Integration eines Menschen darauf beruht, daß er im Einklang mit seinen Überzeugungen handelt, bestand der einzige leichte Ausweg darin, seine Überzeugungen zu ändern, wenn er sich seine Integration bewahren wollte." (Meyer 2007: 255) Dieser Vergleich führt hier sicherlich deutlich zu weit, nicht zuletzt da eine Yogastunde und auch eine Yogalehrerausbildung jederzeit verlassen bzw. abgebrochen werden können.

Dennoch zeigt sich auch hier die soziale Persuasion von Ritualen. Denn unabhängig davon, ob Einzelne etwa an den Segen der Meister glauben oder sich diesen wünschen, partizipieren alle Teilnehmer/-innen der Yogalehrerausbildung am Einweihungsritual (wie auch an allen anderen Ritualen der Ausbildung). Eine alltägliche, ‚objektiv geteilte Wirklichkeit', die Transzendenzerfahrungen ausschließt, kann insbesondere im Fall von entsprechenden Liminalitätserfahrungen (etwa der „spirit attack") als wirkmächtige kognitive Dissonanz erlebt werden, die nicht nur in der Abwehr, sondern auch in der Akzeptanz spiritueller Welt- und Selbstverhältnisse eine

Auflösung finden kann: „Die Rhetorik des Rituals kreiere einen emotionalen Zustand, der die Botschaft unanfechtbar macht, da sie so eingebettet werde, daß sie den Dingen inhärent zu sein scheint. Dabei würden kognitive mit emotiven Elementen verschmolzen und kognitive Dissonanzen überwunden." (Meyer 2007: 255)

Während mit Blick auf diese Persuasion des Rituals die *soziale Praxis* ins Zentrum rückt, geht es aus der Sicht des Feldes um den konkreten körperlichen Handlungsvollzug des Rituals, also um die konkrete (spirituelle) »Praxis«, die die »Energien der Mantras« und »den Segen der Meister« und somit auch »spirituelle Erfahrungen« mit hervorbringt. Ganz entsprechend steht die körperliche Praxis im folgenden Abschnitt im Zentrum der Analyse, die auf der einen Seite eine Korrektur der klassischen Ritualtheorien anbietet, auf der anderen Seite, in ihren sozialen Dimensionen, aber auch eine die Feldinterpretation erweiternde Analyse ermöglicht.

4.3.3 Zum körperlichen Vollzug des Rituals

Die ersten Teilnehmer/-innen, die vorne rechts im Kreis sitzen und von denen eine Person zuvor bereits aufstehen wollte, erheben sich nun von ihrem Sitzkissen, um sich nur wenige Schritte weiter vorne wieder niederzulassen. Sie bilden kniend eine Schlange vor Nirmala. Die erste Person in der Schlange beginnt langsam sich vorzubeugen. Nirmala bittet sie mithilfe von Handgesten, während er weiter das Mantra rezitiert, noch ein Stück näher an ihn heranzukommen. Dann trägt er die Pulver auf und die erste Person rutscht einen Platz weiter nach links. Die hinteren Personen, es sind mittlerweile vier in der Schlange, rutschen jeweils eine Position weiter nach vorne, um sich dann ebenso zum Auftragen der »heiligen Pulver« mit ihrer Stirn vorzubeugen. Der Ablauf nimmt seinen Gang. Die vier Yogalehrerausbilder sitzen vor dem Altar auf dem Boden in der ersten Reihe. Mit ihrer überaus aufrechten Sitzhaltung, mit teilweise nur halbgeöffneten Augen, aber geradem, konzentriertem Blick, der jedoch nicht direkt fokussiert, bringen sie eine gewisse Ernsthaftigkeit und Versunkenheit zum Ausdruck (vgl. exemplarisch Abb. 13 oben). Die Haltung der Ascheempfangenden zeichnet sich dahingegen durch Vorbeugen und das leichte Senken des Kopfes aus. Gleichzeitig wird dabei die Stirn präsentiert, die Augen sind geschlossen oder halb geöffnet, der Blick leicht nach unten geneigt. Kurz vor der Berührung kommen Bewegungen zur Ruhe und der Körper wird still, bevor nach kurzem Innehalten wieder weitergerutscht wird. Was ich als ‚rutschen' bezeichne, trifft aber nur bedingt die Art der Fortbewegungen, die sich hier beobachten lassen und die sich von alltäglichen Bewegungsweisen in Räumen deutlich unterscheiden.

Es zeigen sich ganz verschiedene Fortbewegungsformen, die sich z. T. auch vermischen: Da findet sich ein wortwörtliches Rutschen auf den Knien; daneben die Zuhilfenahme der Hände mit einem kleinen Sprung; oder das Krabbeln von Person zu Person im Vierfüßler-Stand (mit Händen und Beinen); sowie das kurzzeitige Aufstehen aus dem Fersensitz, um sich ein kleines Stück weiter direkt wieder zu Boden zu begeben. Es sind meine eigenen starken Knieschmerzen in der Situation (nachdem ich zuvor bereits mit Meditation und Vortrag mehrere Stunden auf dem Boden gesessen hatte), die mir das Handlungsproblem ganz praktisch verdeutlichen und mich selbst unterschiedliche Fortbewegungsmöglichkeiten und Sitzhaltungen kombinieren lassen. Die körperliche Herausforderung für mich lautet: Wie kann ich mich am besten fortbewegen, um insgesamt etwa 50 Stationen am Boden (ca. fünf Positionen in der Schlange, vier Lehrer/-innen, Altar und 39 Teilnehmer/-innen) zu erreichen? Das Problem verstärkt sich insofern, als an allen diesen Stationen ein Moment auf dem Boden, ohne Sitzkissen oder Stuhl, zu verweilen ist und das Ganze etwa eine weitere halbe Stunde lang andauert. Gleichzeitig erfordert die Situation eine erhöhte Aufmerksamkeit, um von diesen Fortbewegungsproblemen unbeirrt dem Geschehen zu folgen und zu partizipieren, d. h. den Segen zu empfangen und einen aufrichtigen, »vom Herzen kommenden« Kontakt zu den jeweiligen Gegenübern mit Lächeln und Verbeugung herzustellen.

(Eröffnungsritual, Yogalehrerausbildung, 2013)

Abb. 15: Rituelle Eröffnung 3, Yogalehrerausbildung, 2013.

Abbildung 15 veranschaulicht einige der beschriebenen Fortbewegungsformen in einer Momentaufnahme. Während die vordere Person sich mithilfe der Hände nach vorne bewegt, richtet die andere Person sich gerade von ihren Knien auf, um anschließend zur nächsten Station zu gelangen. Das Ritual erfordert eine Körpertechnik, die im Alltag normalerweise unvertraut ist und einige der Teilnehmer/-innen vor Handlungsprobleme stellt. Es zeigen sich aber noch weitere ungewohnte Handlungsvollzüge, etwa den richtigen Abstand zu Nirmala zu finden, so dass dieser die Pulver auftragen kann, was teilweise durch übermäßiges Vorbeugen zu lösen gesucht wird, woraufhin Nirmala allerdings die Personen bittet, noch ein Stück weiter nach vorne zu kommen.

Auch die Berührung der Stirn findet sich in der ‚westlichen Kultur' eher in intimen oder Eltern-Kind-Interaktionen, etwa als ein Über-die-Stirn-Streichen. Demgegenüber ist die Berührung der Stirn in Indien – zur Übertragung von (geheimem) Wissen, Energie oder gar Erleuchtung durch den Guru (Meister) – eine gängige und entsprechend bedeutungsvolle Praxis. Ebenso wie andererseits das *bindī*, ein aufgemalter Punkt oder Schmuckstück zwischen und leicht über den Augenbrauen, eine in Indien mittlerweile sehr beliebte und nicht nur verheirateten Frauen vorbehaltene Mode geworden ist. Auch das Trocknen der angerührten Pulver auf der Stirn hinterlässt eine eher ungewohnte und ungewöhnliche Sinneswahrnehmung. Es ist ein leichtes Spannen der Haut, das manchmal über einen längeren Zeitraum spürbar bleibt.

Hinzu kommt das Singen bzw. Mitrezitieren der größtenteils fremden Mantras, die rhythmisch und gleichbleibend im Kollektiv für insgesamt zwanzig Minuten wiederholend gesungen bzw. gesprochen werden und ebenso eine unvertraute Sinneserfahrung hervorbringen können, die sich durch die gemeinsame Ausführung potenzieren kann. Humphrey und Laidlaw (1994: 261) beschreiben beim Rezitieren von Mantras einen „direct psychological response to the act, an identification with certain archetypical actions, in which repetitive motility generates culturally patterned emotions". Wie bereits ausgeführt ist dabei die Wiederholung, *repetitio*, ein zentrales Merkmal von Ritualen, das Gefühle und Stimmungen, bis hin zu tranceartigen Zuständen, auslösen kann und zur kollektiven Kraft bzw. sozialen Persuasion von Ritualen beiträgt (vgl. Meyer 2007: 247).

Anstatt also nach der Funktion des Rituals zu fragen, wird mit der Beschreibung der konkreten körperlichen Handlungsaspekte des Rituals eine eher immanentistische Interpretation des Rituals (vgl. auch Meyer 2013) möglich, wie oben bereits mit der grundsätzlichen Bedeutungslosigkeit von Ritualen angedeutet wurde (vgl. Staal 1989; Streck 1998). In den Worten von Humphrey und Laidlaw (1994: 261): „discursive meanings do not ‚underlie' ritual acts". Somit wird die Ausübung selbst zum Zweck und die gelungene Ausführung des Rituals zum Kriterium. In einer solchen Perspektive kommen ferner die (teilweise außeralltäglichen) körperlichen Erfahrungen der Teilnehmer/-innen in den Blick:

> Besonderes Charakteristikum des Rituals sind die unalltäglichen leiblichen Erfahrungen der beteiligten Akteure. Durch die körperliche Einbindung in einen formalisierten Zusammenhang werden das Ich und seine inneren Begehren in einen sozialen, kulturellen und ökologischen Kontext eingebunden und zugleich von diesem geprägt, meist unter Bezug auf einen ‚nicht-empirischen Referenten' [Firth 1951], d. h. eine übernatürliche Gewalt.
>
> (Meyer 2007: 247)

Der Kontext des Rituals unterscheidet sich insbesondere vom alltäglich Vertrauten, was auch mit dem beschriebenen Umherkrabbeln, der fortlaufenden Mantra-Rezitation sowie beim Empfangen des Segens deutlich wurde. Der rituelle Kontext selbst wird aber gerade mit diesen spezifischen Handlungen und Herausforderungen hervorgebracht.

Die liminale Erfahrung lässt sich anhand der beschriebenen Handlungsprobleme mit einer pragmatistischen bzw. Mead'schen Lesart noch genauer fassen. [35]

> Handlungsprobleme zeichnen sich [...] dadurch aus, dass sie in Widerspruch stehen zur Welt der gemeinsamen Geltungen. Entsprechend können sie zunächst auch nicht als objektive Bestandteile dieser Welt definiert, sondern nur subjektiv – über eine Bezugnahme auf die eigenen Sinne – bestimmt werden.
>
> (Heintz 2000: 134)

Dies kann also, ähnlich zu Tylors Séance-Erfahrung zuvor, sowohl zur Infragestellung der eigenen Urteilsfähigkeit wie auch zur Infragestellung der Außenwelt führen und verweist in der hier vorgeschlagenen Perspektive auf die Herstellung von Liminalität, bei der „the characteristics of the ritual subject (the ‚passenger') are ambiguous" (Turner 1969: 94), „neither here nor there, betwixt and between all fixed points of classification" (Turner 1974: 232). Auch im Bereich der Spiritualität geht es in gewissem Sinne um die Erzeugung einer gemeinsam geteilten Objektwelt, die sich in ihrem Transzendenzbezug allerdings von einer als säkular angenommenen und unterstellten Alltagswelt unterscheidet.

Es ist der liminale Zustand, der in diesen konkreten Handlungsproblemen sichtbar wird und eine Akzeptanz von neuen Situationsdefinitionen oder gar Weltsichten mit ermöglichen kann, die allerdings auch verworfen werden können. So reiste bspw. eine Teilnehmerin bereits nach den ersten Tagen wieder ab, um eine »weltanschaulich neutralere Ausbildung« für sich zu suchen. Turners (1969: 95) Beschreibung von Liminalität geht aber noch darüber hinaus: „liminal entities, such as neophytes in initiation or puberty rites, may be represented as possessing nothing [...] their behavior is normally passive or humble; they must obey their instructors implicitly." Mit Demut, Gehorsam und Passivität kommen weitere Aspekte hinzu, die sich ebenso in der Beschreibung zuvor identifizieren lassen. Das Krabbeln am Boden und die

---

35 Eine solche Lesart wird im anschließenden Kapitel zur Körperpraxis (Kap. 5) wieder aufgegriffen und weiterentwickelt. Der ‚Pragmatismus' hatte u. a. dem Kartesianischen Zweifel einen konkreten, in Problemsituationen von Handlungen verankerten Zweifel entgegengestellt. Mead schließt daran an und sieht, dass Handlungen typischerweise in der „objective condition" routinisiert ablaufen: „In fact, it is essential to the economy of our conduct that the connection between stimulation and response should become habitual" (Mead 1964: 127). Erst bei Irritationen und Problemen komme es zu einer Manipulations- und Reflexionsphase, in der die natürliche Einstellung zur intersubjektiv geteilten Objektwelt zu einem gewissen Grad suspendiert wird. Heintz (2000) entwickelt diesen Gedankengang am Beispiel der Mathematik weiter. Die gemeinsam geteilte Welt, zu der Handlungskrisen hierbei in Widerspruch geraten können, ist im Fall der Mathematik die der Wissenschaft. Erst durch Begründungsarbeit und schließlich den Beweis kann die ‚Subjektivität' der Handlungskrise wieder zu Aussagen über Wahrheit werden. Es kann hier vergleichend zur Spiritualität argumentiert werden, dass das, was bei der Mathematik der Beweis leistet, teilweise über Rituale gewährleistet werden soll.

vorbeugende Körperhaltung (mit gesenktem Kopf und exponierter Stirn) können entsprechend als Demutshandlungen bzw. Demutsdarstellungen gedeutet werden, die performativ das Ritual mit hervorbringen und es damit auch als Segnungs- und Einweihungsritual (auch für die Anwesenden selbst im Vollzug) erkennbar machen.

Die Frage nach Passivität führt noch einen Schritt weiter und betrifft die Frage nach der Verortung von *agency* im Ritual. So zeigt Meyer (2013: 24 f.) am Beispiel von Geistverkörperungen der Ubanda auf, wie *agency* im Ritual den Standort wechseln kann, und zwar „mindestens zwischen Individuen und geteilten Orten, je nachdem ob das handelnde Individuum die Situation (das Ritual) beherrscht oder die Situation (das Ritual) das handelnde Individuum". Genau diese Frage wird auch bei der Eröffnung der Yogalehrerausbildung relevant. Die Teilnehmer/-innen sitzen zunächst etwa zwanzig Minuten auf ihrem Sitzkissen, hören zu und warten ab, um dann – etwas überspitzt formuliert – herumzukrabbeln, die Stirn vorzustrecken und einen monotonen, für sie bedeutungslosen Mantra-Text nachzusprechen. Ihre Handlungsoptionen sind stark reduziert und von der formalisierten Struktur des Rituals bestimmt, worauf auch das verfrühte Aufstehen einer Teilnehmerin verweist, das sofort unterbunden wird.

Dies kann ferner auch als eine Form des »Durchhaltens« beschrieben werden, das ebenso in der Feldtheorie zum Ritual hervorgehoben wird und direkt im Anschluss an das Ganesha-Eröffnungs-Mantra anhand eines Subrahmaṇya-Mantras von Nirmala erläutert wurde. Denn die »Subrahmaṇya-Energie«, so Nirmala, »helfe beim Durchhalten und Weitermachen«, was nicht nur beim schmerzhaften Krabbeln, monotonen Rezitieren oder geduldigem Abwarten, sondern auch beim Sitzen in der Meditation und beim längeren Halten von Körperhaltungen von Bedeutung ist. Im Ritual kann durch dieses Durch- und Aushalten ferner auch ein Transzendenzbezug eröffnet werden.

Auch die *agency* von Nirmala steht hierbei zur Diskussion, wie zuvor bei der Festivaleröffnung durch Ganesha, dem »eigentlichen Veranstalter«. Nirmala gibt, seinen Ausführungen zufolge, seine *agency* an den Transzendenzbereich ab, also an die Meister der Tradition, welche die Segnung vollziehen. Während dies bei der Festivaleröffnung mit einer Form von Ritualdistanz auch etwas scherzhaft dargestellt wurde, vollzieht Nirmala diese Abgabe mittels eines spezifischen Rituals, das er genau in diesem Sinne rahmt, erläutert und mit Akribie vollzieht.

Somit bleibt nach den ausführlichen Erläuterungen nur noch der Vollzug, die Situation, das Ritual, das sich selbst zu vollziehen scheint. Die Abgabe von *agency* der Teilnehmer/-innen, ihre Passivität, die beschriebene Demutshaltung und die Befolgung der detaillierten und verlangsamten Anweisungen des Ausbildungsleiters entsprechen somit par excellence der eingeführten Liminalitätsbeschreibung von Turner. Der Statuswechsel zum Adepten der Yogalehrerausbildung wird aber nicht nur öffentlich gemacht und legitimiert, er muss auch praktisch von und für die Teilnehmer/-innen selbst vollzogen und körperlich hergestellt werden. Mit Blick auf die konkreten körperlichen Handlungsprobleme wurde es also möglich, Beschreibungen von Liminalität in ihrer *praktischen Hervorbringung* genauer herauszuarbeiten.

Erst die wechselseitige Verbeugung vor jeder/m Einzelnen verortet die *agency* wieder im Individuum. In der wechselseitigen Verbeugung wird entgegen der passiven Ritualbefolgung (welche gleichwohl ein Handeln darstellt) und ihren Demutsdarstellungen erneut die Ehrerbietung an das (sakrale) Selbst relevant, die bereits anhand der Interaktionssituationen auf dem Yogafestival besprochen wurde (vgl. Kap. 4.2 und ferner Kap. 4.5). Sie lässt sich durchaus analog als Reintegration bzw. Inkorporation fassen und wird ferner in der abschließenden Phase der Stille relevant, die bereits von Nirmala im Vorfeld angekündigt wird als ein »Moment der Stille, in dem dann der Segen Gottes, der Segen der Meister tief in euch hineinfließen kann«.

Die körperlichen Erfahrungen des Rituals können, unterstützt von einem langsam auf der Stirn trocknendem Pulver und entsprechenden Erläuterungen, die die Berührung der Stirn etwa als »Drittes Auge« (*ājñā-cakra*), als Erfahrung von Licht und (allumfassender) Intuition und Wissen beschreiben – auch dazu beitragen, neue spezifisch Sinneserfahrungen zu machen. In der praktischen Rahmung der achtzehn Sekunden Stille am Ende des Rituals wird genau diese Erfahrung als eine Möglichkeit und damit als ein *Bedeutungshorizont* vorbereitet, dessen Nachvollzug eine entsprechende Inkorporation par excellence vollziehen würde. Eine Erfahrung, über die man sich in den folgenden Tagen auch mit den anderen (angehenden) Yogalehrer/-innen austauschen kann und die in diesen Gesprächen weiter stabilisiert, mit spezifischen Bedeutungen versehen werden und zur biographischen Narration oder kann (vgl. hierzu bereits die Einleitung in Kap. 4 und ferner Kap. 6.2.4).[36]

4.3.4 Dauerliminalität und Reflexivität des Rituals im Yoga

Die Eröffnung der Yogalehrerausbildung schließt mit einem erneuten Beginn, nämlich der vierwöchigen Seklusionsphase im Aschram, in welcher Handlungsprobleme,

---

36 Der in den Erläuterungen und Gesprächen eröffnete *Bedeutungshorizont* erweist sich für die mögliche Interpretation des Erlebens der Teilenehmer/-innen und dessen Herstellung als überaus relevant ist. Knoblauchs (2012) Beschreibungen des Nahtods und Schnettlers (2004) Analysen von Visionserfahrungen zeigen in diesem Zusammenhang auch die zentrale Relevanz entsprechender kultureller Deutungsmuster auf. Allerdings erweisen sich weiterführende theoretische Bemühungen das zugrundeliegende dialektische Verhältnis (letztlich: von Sprache und Erleben) genauer zu bestimmen, oftmals als eindimensional oder reduktionistisch, nicht zuletzt da sie den körperlichen Vollzug in der sozialen Mitwelt partiell ausblenden. Im fünften Kapitel dieser Arbeit wird hierzu der Versuch unternommen, ausgehend von leibphänomenologischen Überlegungen und Wittgenteins Sprachphilosophie, zumindest das Bezugsproblem ethnomethodologisch mit Blick auf die *accountability* zu re-formulieren (vgl. Kap. 5).

Liminalität und neue körperliche und spirituelle Erfahrungen (z. T. wortwörtlich) auf der Tagesordnung stehen. Eine Differenzierung von unterschiedlichen Phasen des Rituals fällt dabei zusammen bzw. es lässt sich eine ineinander verschachtelte Multiplizierung der verschiedenen Phasen beobachten. Die gesamte Ausbildung kann als eine Liminalitätserfahrung gesehen werden, in der – in den einzelnen Yogastunden, Vorträgen und Satsangs – Separation, Liminalität und Aspekte von Inkorporation kontinuierlich erneut hergestellt werden. Mit der Analyse von Om (in Kap. 3) wurde bereits ein rituell strukturierendes Element genauer betrachtet, das die gesamte Ausbildung und auch spätere Yogastunden an deren Beginn und Ende kontinuierlich („for ‚another first time‘"; Garfinkel 1967: 9) begleitet.

Sophie Müller (2015: 331) spricht beim Ballett, im Anschluss an Szakolczai (2009), von „permanenter Liminalität". Das Ziel sei „als unendliche Perfektion" (Müller 2016) nie abgeschlossen, sondern der Ballettkörper befinde sich „im Werden", müsse kontinuierlich „gestimmt und trainiert" werden und die Rituale der Zugehörigkeit immer wieder mit dem Balletttraining vollzogen werden. Eine solche prinzipielle Unabgeschlossenheit lässt sich sowohl für die Yogapraxis als auch für die Zielsetzung der Erleuchtung beobachten. Die Betonung des »Durchhaltens«, verweist genau auf diesen Umstand, ähnlich wie die immer wiederkehrende Betonung des »Beginnens« im jeweiligen »Hier und Jetzt«. (vgl. zum *Anfängergeist* im Kontext des Zen-Buddhismus Suzuki 2001).

Im Sinne einer rituellen Strukturierung lässt sich also zum einen die gesamte Ausbildung betrachten, deren Abschluss ebenso einen Neubeginn, nun als Yogalehrer/-in, markiert. Zum anderen lässt sich jeder einzelne Tag, der morgens und abends mit Meditation und Satsang gerahmt wird, mit seiner gleichbleibenden, formalisierten Strukturierung und festgelegten Zeiteinheiten für Yoga, Essen, Schlafen etc. in entsprechende Phasen unterteilen. Der Satsang wird dabei im Feld ebenso als Ritual gesehen. Zwar findet bei diesem Ritual keine Berührung durch den/die Yogalehrer/-in statt (wie bei der Einweihung), aber beim Schwenken des Feuers auf dem Altar, dem sogenannten *ārati*, handelt es sich ebenso um ein »klassisches indisches Segnungsritual«. Dieses erfordert ähnliche Ritualhandlungen: das Ausstrecken der Hände, das Streichen der Hände über den eigenen Körper, das Verbeugen und damit den performativen Vollzug des Empfangens des Segens, das Essen der gesegneten Süßspeisen etc. Ferner lässt sich, neben dem Satsang, auch jede einzelne Yogastunde und Meditationseinheit in einer solchen Weise betrachten: vom Ankommen auf der Matte oder dem Kissen (als Separation) über die Handlungsprobleme und etwaiges Durchhalten (als Liminalität) bis zu neuen Sinneserfahrungen und der Endentspannung bzw. der Rückkehr in den Alltag (als Inkorporation). Das folgende Kapitel zur Körperpraxis (Kap. 5) setzt in diesem Sinne die vorgestellten Überlegungen zum körperlichen Vollzug fort und vertieft diese mit Blick auf einzelne Yogahaltungen (und deren Korrektur).

Die Beschreibung einer permanenten Liminalität findet sich dabei sowohl in der Sicht des Feldes als auch in einer ethnomethodologischen Perspektive. Das „another first time" (Garfinkel 1967: 9) der sogenannten Vollzugswirklichkeit, ein *ongoing accomplishment*, wird mit jedem Om und jedem Niederlassen auf dem Sitzkissen im aktuellen »Hier und Jetzt« aktualisiert und mit den entsprechenden Anleitungen von Yogalehrenden unterstützt.

Zusammenfassend wurden in diesem Kapitel elementare soziale Mechanismen der Einbindung und der spirituellen Wirklichkeitskonstruktion in Ritualen sichtbar, ausführlich beschrieben und vertiefend diskutiert. Eine strukturalistische oder bedeutungstheoretische Sicht auf Rituale wurde mit Verweis auf deren kontinuierliche Hervorbringung durch konkrete körperliche Ritualhandlungen korrigiert. Anhand dieser wird die kollektive Kraft von Ritualen sowie ihre soziale Persuasion deutlich, die am spirituellen Erleben beteiligt ist. Ebenso wie ein »spirituelles Selbst« in seinem kontinuierlichen Vollzug und seiner Fragilität hinterfragbar wird, wie dies auch Schüttpelz (2010) mit Blick auf die *spirit attack* Edward Tylors angedeutet hat (vgl. ferner Eisenmann/Oberzaucher 2019). Diese Mechanismen werden nicht nur bei der Eröffnung der Yogalehrerausbildung relevant, sondern tagtäglich im Aschram vollzogen.

Dem Fokus auf die *kollektive Kraft von Ritualen* wohnt aber auch eine Tendenz zur Reifizierung, zum Soziologismus und zu einer Entlarvungssoziologie inne, die letztlich den Gegenstand verfehlt. Dies soll abschließend, insbesondere vor dem Hintergrund der reflexiven Verwendung von Ritualen, diskutiert werden.

Bereits Nirmala hatte das Eröffnungsritual mit Blick auf (a) Gemeinschaftsbildung, (b) Konzentration und Fokussierung, (c) Hervorbringung einer besonderen Atmosphäre, (d) Transformation der Persönlichkeit, (e) notwendiges Durchhalten, (f) Fähigkeit, umzudenken und Neues zu lernen, sowie (g) Akzeptanz von Unerklärlichem und Überschreitung der rationalen Begrenzung diskutiert. Auf dem Weg zur »Yogalehrer-Persönlichkeit« müsse man eben (auch körperlich) »mitmachen«, »durchhalten«, »umdenken, umlernen« und schließlich »auch Unerklärliches akzeptieren«.

Wie etwa Geertz (1973: 113) bei Ritualen von einer „transformation in one's sense of reality" spricht, betreffen diese Dimensionen auch Bourdieus (2005: 111) „Überschreitung grundlegender Grenzen" in der „sozialen und mentalen Ordnung" oder Goffmans (1977) „Rahmen". In der Ritualtheorie des Feldes finden sich ferner von Durkheims ([1912] 1994) kollektiver Efferveszenz über Van Genneps (1909) Phasen bis hin zu neueren Ansätzen etwa der „ritual action" bei Humphrey und Laidlaw (1994) – bereits aus der Sicht des Feldes – überaus detaillierte Interpretationen, die in den vorherigen Unterkapiteln entsprechend genutzt und eingeführt wurden.

Dabei handelt sich bei der Einweihung, wie bei den meisten anderen Ritualen im Aschram, vielleicht noch für einige Menschen aus Indien um ein ganz klassisches und typisches Ritual, nicht jedoch für die Teilnehmer/-innen der Yogalehrerausbildung. Zwar bildet sich durch die repetitive, kontinuierliche Einübung eine entsprechende Vertrautheit heraus, deren ‚kollektive Kraft' der Wirklichkeitskonstruktion entsprechend diskutiert wurde, aber zunächst kann eben nicht auf das sedimentierte und inkorporierte Wissen einer ‚Kultur', das klassischen Ritualtheorien zugrunde liegt, zurückgegriffen werden.

Die Situation könnte daher vielmehr als eine Art Inszenierung eines Rituals gesehen werden, dessen Strukturelemente in der Selbstbeschreibung höchst reflexiv eingesetzt und mit spezifischen sozialen Bedeutungen, der Gemeinschaftsbildung, Persönlichkeitstransformation etc. – eben die aufgeführten Dimensionen a bis g – umschrieben werden. Diese Feldbeschreibungen ähneln dabei nicht nur zufällig den klassischen Ritualtheorien, wie sie in diesem Kapitel verhandelt wurden (ein Blick in die wissenschaftliche Semantiken aufrufenden Selbstbeschreibungen des Yoga bestätigt dies, vgl. Kap. 1). Etwas überspitzt könnte man daher fragen, ob es nicht eher die „kollektive Efferveszenz" von Durkheim oder die „Liminalität" von Turner ist, die in der Inszenierung des Rituals angerufen wird, als die »Energie der Meister« selbst.

Durch die spezifische Inszenierung eines an sich bedeutungslosen Rituals (auch diese Sicht findet sich entsprechend im Feld) und dessen expliziter ritualtheoretischer Rahmung in der Yogalehrerausbildung wird das Ritual zwar durchaus im Sinne von Ritualtheorien lesbar, doch kommt die soziologische Analyse sozusagen einen Schritt zu spät. Daher stellt sich auch die Frage, inwiefern Elemente aus wissenschaftlichen Theorien (der Anthropologie, Psychologie etc.), im Feld genutzt werden und hier quasi als funktionales Äquivalent zum Glauben fungieren können. Entsprechend finden sich rationalisierte und verwissenschaftlichte Interpretationen von Spiritualität, die teilweise ohne Widerspruch neben alternativen Weltsichten und traditionellen Ritualhandlungen stehen oder mit diesen zusammengebracht werden. Das Ritual wird dann bspw. nicht ausgeführt, um einen transzendenten Segen von außen zu erhalten, sondern da angenommen wird, dass die Ausübung des Rituals aufgrund unserer anthropologischen Sozialität segnend wirke. (Eine Sicht, zu der dieses Buch auch im Feld herangezogen werden könnte.)

Was diesen »Segen« in seinen phänomenalen Qualitäten, im subjektiven Erleben einzelner Teilnehmer/-innen (die »besondere Qualität von Erfahrung« (b)) auszeichnet, bleibt aber der soziologischen Analyse letztlich unzugänglich und markiert eine Grenze der Untersuchung, die systematisch zu reflektieren und auszuloten ist. In seiner Analyse eines Zen-Klosters hat diesen Umstand Preston (1988) hervorgehoben, der gerade mit Blick auf Interaktionssoziologie und Ritualtheorien attestierte, dass diese zwar – wie später auch Collins (2004) – etwa von „emotionalen Energien" sprechen, dass aber letztlich die besondere Ruhe und erhöhte körperliche Sensibilität der Wahrnehmung *spiritueller Praxis* (auch in ihren Konsequenzen) unberücksichtigt bleibt: „This sensitivity is easily missed by those unacquainted with it [...] (and) is usually perceived by outsiders as no more than a curious typification of experience [...]. Few social scientist have taken these accounts seriously." (Preston 1988: 146)

Ganz in diesem Sinne ist es der soziologische Drang zur Typifizierung, etwa einer *kollektiven Kraft und sozialen Persuasion des Rituals*, der gerade das „Außeralltägliche" verfehlt, das im Kontext von Spiritualität im Zentrum steht. Es ist daher ein zentrales Anliegen dieses Buches, diesen Phänomenbereich nicht etwa nur als „große

Transzendenz" treffen zu umschreiben, wie das abschließende Zitat von Peter L. Berger (1992: 56), sondern in seinen sozialen Praktiken und Methoden als eine kontinuierliche Arbeit in ihrem Vollzug herauszuarbeiten, wie dies auch in den anschließenden Kapiteln und beim *doing ,being Guru'* zum Tragen kommt.

> Die Erfahrung des Übernatürlichen verändert auch die Wahrnehmung seiner selbst und der anderen. Während des Erlebnisses tritt man sich selbst in einer radikal neuen und vermeintlich endgültigen Art und Weise gegenüber und hat das Empfinden, sein ,wahres Selbst' sei aufgedeckt worden. Damit ist notgedrungen eine andere Wahrnehmung der Mitmenschen und seiner Beziehung zu ihnen verbunden.

4.4 Der Kumaré-Effekt: doing ,being Guru'

> In der vierwöchigen Yogalehrerausbildung ist jeweils nur ein Abend pro Woche, der Dienstagabend ab 18:10 Uhr, zur freien Verfügung. An diesen Tagen wird nach dem Essen um 19:30 Uhr ein meditativer Spaziergang angeboten, an welchem die Mehrheit in der ersten Woche teilgenommen hat. In der zweiten Woche macht jedoch Tricia den Vorschlag, einen »superwitzigen, guten und kritischen Film«, namens »Kumaré«, der von Yoga handle, gemeinsam zu schauen. Der Shiva-Raum, in dem ansonsten die meisten Yogakurse und Ausbildungen stattfinden und der für Vorträge auch mit Beamer und Leinwand ausgestattet ist, soll nun kurzerhand zur Filmvorführung umfunktioniert werden.
>
> Eine Mitarbeiterin an der Rezeption, die von den Plänen für den freien Abend hört, kommentiert den Film sehr bedeutungsvoll: »Wenn ihr Kumaré verstanden habt, dann habt ihr Yoga verstanden.« Ein anderer Mitarbeiter aus der Küche erklärt sich bereit, sich um die Bedienung des Beamers zu kümmern, während ein Teilnehmer der Ausbildung seinen Laptop zur Verfügung stellt. Die Matten und Sitzkissen, die sonst für Meditation, Vorträge und Haṭha-Yoga verwendet werden, dienen nunmehr als gemütliche Sofakissen und Liegeflächen. Nur der Altar auf der Bühne und die lebensgroßen Bilder von Swami Sivananda sowie die Abbildungen weiterer Gottheiten erinnern noch an den Yogaraum, als sich etwa fünfzehn Personen gegen acht Uhr zum Kinoabend einfinden.
>
> Eine kleine Gruppe hat sich sehr nahe, teilweise kuschelnd, aneinandergelegt. Einer der Ausbilder, der seinen freien Abend ebenso mit den Teilnehmer/-innen beim Filmschauen verbringen will, betritt den Raum und hält kurz inne. Er sucht den Blickkontakt zu der kleinen Gruppe in der Mitte des Raumes. Es scheint mir ein prüfender Blick zu sein, der insbesondere dem Paar unterschiedlichen Geschlechts gilt, die ebenso in der Gruppe am Boden eng nebeneinanderliegen. Erst nach diesem kurzen Innehalten geht er weiter, um sich in der hinteren Reihe (demonstrativ) aufrecht auf ein Sitzkissen zu setzen.
>
> (Freier Abend, Yogalehrerausbildung, 2013)

Der Blick des Ausbildungsleiters schien zweierlei zu vermitteln: Zwar war der Shiva-Raum für die Teilnehmenden nun primär zu einem entspannten Kino geworden, doch nichtsdestotrotz gilt es, zum einen die *Sakralität des Raums*, in dem man (eigentlich) angehalten ist, nicht über yogafremde Themen zu sprechen, zu wahren. Zum anderen ist auch die Trennung von körperlicher Nähe und sexuell konnotierter Intimität aufrechtzuerhalten, welche insbesondere im Aschram-Kontext, aber auch bei Yogastunden im Allgemeinen, zu beobachten ist. Zwar lassen sich körperliche Nähe und

Berührungen, Umarmungen und kurze Massagen oder bspw. eine Hand auf der Schulter während eines Gesprächs, unter den Teilnehmer/-innen deutlich häufiger als in anderen alltäglichen Kontexten beobachten, wie dies unter dem Thema der »Liebe« bereits als zentrales Merkmal der Yogafestivalatmosphäre diskutiert wurde (vgl. Kap. 4.2). Gleichzeitig soll diese Nähe aber (insbesondere während der Ausbildung im Aschram) keiner sexuellen Rahmung unterliegen.

Dass sich Teilnehmer/-innen etwa küssten oder andere Formen von Paarintimität zur Schau stellten, war sowohl explizit nicht erwünscht als auch innerhalb der Gruppe in den vier Wochen nicht zu beobachten. Auch in den Unterrichtseinheiten zur Tantra-Philosophie war zwar Sexualität, bis hin zu spezifischen Techniken, ein wichtiges Thema, blieb aber vollends theoretisch. Für die Unterscheidung von körperlicher Nähe und sexueller Konnotation bedarf es in konkreten Interaktionssituationen spezifischer Darstellungs- und Interpretationsleistungen.

Solche Methoden der Darstellung (und deren wechselseitige Anerkennung) stehen in diesem Kapitel mit Blick auf spirituelle Meister, sogenannte Gurus, im Zentrum der Betrachtung. Dabei geht es im Folgenden aber nicht um die normativ asketischen Erwartungen bezüglich der Sexualität von Gurus, die in der Presse mit größeren Skandalen, insbesondere in den 1980ern und 90ern die Medienrezeption alternativer Spiritualität dominiert haben (vgl. exemplarisch und keineswegs differenziert: „Tod des Guru. Überblick über Skandale in der Yogawelt").[37]

Von einem sogenannten Guru, dessen Wort schwer wiegt (schwer/gewichtig ist die wörtliche Übersetzung von *guru*), handelt auch der Film „Kumaré" (2011), den die Teilnehmer/-innen an diesem Abend gemeinsam schauen. Dieser Film soll im Folgenden als ein Felddokument betrachtet werden. Die Einbindung des Films in die Yogalehrerausbildung und die überaus positive Resonanz, mit welcher er im Anschluss diskutiert wurde, verweisen auf seine Relevanz. Folgt man der Äußerung der Aschram-Mitarbeiterin, ermögliche der Film sogar ein ganz grundlegendes Verständnis von Yoga.

4.4.1 Kumaré: ‚The Big Con'

„Kumaré" (2011) ist ein (inszenierter) Dokumentarfilm mit dem Untertitel „The true story of a false prophet",[38] der mit einem Zitat des populären ‚New-Age'-Autoren

---

37 Dieser Artikel wurde in verschiedenen Yoga-Foren überaus kritisch diskutiert. Anstelle des ursprünglichen Artikels verlinkt die Internetadresse mittlerweile eine Beschreibung zu traditionellen Aspekten (URL: https://vedanta-yoga.de/guru/spiritueller-lehrer-guru/ [Letzter Aufruf: 31.08.2021]).
38 Dieses Zitat stammt von der DVD-Hülle. Im Folgenden werden normale „Anführungszeichen" auch für Zitate aus dem Film und Trailer sowie von der Website verwendet. Die Homepage liegt noch

Deepak Chopra als: „the greatest lesson any guru [...] can teach" beworben wird. Vikram Gandhi, der Regisseur und Hauptdarsteller, spricht selbst von der „biggest lie I ever told and the greatest truth I have ever known". Diese tiefe Wahrheit beziehe sich auf die zentrale Botschaft des Films: „spiritual leaders are an illusion", „you don't need a guru". Die Illusion *externer* Gurus und die Betonung des *inneren* Gurus, des *wahren Selbst*, kann dabei durchaus im Sinne der Selbstbeschreibung des Yoga bspw. anhand der Unterscheidung von alltäglicher *māyā* (Illusion) und der zugrundeliegenden Identität von *brahman* (das absolute Sein) und *ātman* (als absolutes Selbst) gedeutet werden (vgl. ferner Kap. 6.1 »Ois is' Brahman«).

In der Handlung des Films beschließt der aus New Jersey (USA) stammende Vikram, desillusioniert von den spirituellen Lehrern seiner Zeit, über welche er einen Dokumentarfilm in Rishikesh (Indien) gedreht hatte, selbst einen Guru zu spielen. Dafür beginnt er Yoga und Meditation zu praktizieren, lässt sich Bart und Haare lang wachsen, setzt einen indischen Akzent mit gebrochenem Englisch auf, zieht sich orangefarbige Gewänder an, trägt einen Stab mit einem Sanskrit-Symbol herum und gibt sich selbst den Namen Kumaré. Mit einem selbst erfundenen Set an Mantras, Körperübungen, einer heiligen Schrift namens „Kumaré-Sūtra", der sogenannten „mirror philosophy" und der „Blue-Light-Meditation" sowie einer entsprechenden Homepage, die diese Inhalte publikumswirksam darstellt, zieht Kumaré zusammen mit zwei eingeweihten Assistentinnen – seinen ersten Schülerinnen – nach Phoenix, Arizona, und tourt dort zunächst durch verschiedene Yogastudios.

Bereits nach wenigen Wochen hat er vierzehn Schüler/-innen versammelt, die – über Vikrams Hintergrund ahnungslos – von diesem auch zu Hause besucht werden und die zu *teachings*, Workshops und Yogastunden in seinen angemieteten sogenannten Aschram kommen. Dort erfahren sie letztlich – einige Monate später – in der zweiten Enthüllung („unveiling"), dass alles eine große Show war. Der Film zeigt ganz im Stil eines Dokumentarfilms, neben dem Besuch einiger anderer spiritueller Lehrer und Gemeinschaften, vor allem Interviews mit den Schüler/-innen, in denen diese über ihre tiefen Erfahrungen, Erlebnisse und Eindrücke mit dem „Meister" berichten, sowie Interaktionssituationen, bspw. Unterrichtssequenzen mit Kumaré. Vikram selbst kommentiert das Geschehen dabei als Sprecher aus der Ich-Perspektive, jedoch ohne den indischen Akzent, mit dem er in seiner Rolle als Guru agiert.

Der Film gewinnt seine Komik insbesondere dadurch, dass die aufgezogene Scharade von Kumaré in seinen eigenen Lehren kontinuierlich aktualisiert wird: „I am the biggest faker that I know, I fake so much, I forget, who I was before", dies seitens der Schüler/-innen aber nicht als solche durchschaut wird. Bereits im Trailer findet sich eine Szene, in der Kumaré sein Guru-Image für einen kurzen Moment

---

in derselben Version vor wie zur Zeit der Dreharbeiten (vgl. URL: http://www.kumare.org/home/ [Letzter Aufruf: 30.08.3021]). Sie ist nun jedoch mit einem zusätzlichen Link zum Film versehen: URL: http://kumaremovie.com/ (Letzter Aufruf: 30.08.2021).

verlässt. Er ist zu Gast bei einer *Past Life Psychic* (einer Wahrsagerin, die sich auf vorherige Leben spezialisiert hat), die davon spricht, dass sie durch seine Energie wärmer als sonst werde. Sie beschreibt ferner seine beeindruckende lilafarbige Aura, hinter der ein ganzes Meer an weiteren Kumarés stehen würden.

Kumaré verändert daraufhin seinen Blick – während sie die Augen geschlossen hat – und setzt für einen kurzen Moment, mit leicht nach links schielenden, weit geöffneten Augen, ein ‚verschmitztes' Lächeln auf. Dem in die Inszenierung eingeweihten Zuschauer wird hier mit der Kameraführung dieser kurze Verlust der Fassade präsentiert, die die Ausführungen der Seherin entsprechend partiell ins Lächerliche ziehen, was auch im Publikum der Yogalehrerausbildung zu lautem und herzhaftem Lachen führt.

4.4.2 Eine soziologische Lesart

Die Begriffe Fassade, Image, Rolle und Inszenierung, die auch im Film selbst verwendet werden, legen eine soziologische Lesart des Filmes nahe. In „Wir alle spielen Theater" verwendet Goffman (1959) in ähnlicher Weise eine Bühnenmetapher, allerdings um durch diese Verfremdung des Blicks die zugrunde liegenden Mechanismen der sozialen Wirklichkeit aufzudecken. Entsprechend werden aber soziale Mechanismen und die Praktiken und „Techniken der Imagepflege" bei Goffman z. T. mit einem ganz ähnlichen Vokabular beschrieben, wie von Vikram im Film. Goffman (1971: 19) schreibt: „Jeder Mensch, jede Subkultur und jede Gesellschaft scheinen ihr eigenes charakteristisches Repertoire an Praktiken zur Wahrung des Images zu haben. Auf dieses Repertoire beziehen sich die Leute zum Teil, wenn sie fragen, wie ein Mensch oder eine Kultur nun wirklich ist."

Der Film erinnert aber noch an einen weiteren Klassiker der Soziologie: Garfinkels (1967) Agnes-Studie. Agnes, eine Frau mit männlichem Geschlechtsorgan, die „vehemently insisted that she was and was to be treated as a natural normal female" (Garfinkel 1967: 122). Garfinkel beschreibt in seiner wegweisenden Studie das „passing" von Agnes, d. h. die Arbeit, die notwendig ist, um dieses ganz normale Frausein kontinuierlich herzustellen und in sozial akzeptierter Weise darzustellen. Durch ihre besondere Situation erlangte Agnes dabei auch eine gewisse Meisterschaft im *passing* und wurde zu einer Expertin bezüglich der alltäglichen Praktiken des ansonsten allzu gewöhnlichen Frauseins. In diesem Sinne kann auch das *passing* als indischer Guru von Kumaré betrachtet werden, um etwas über die Methoden und Praktiken des *doing ‚being* Guru' herauszufinden. Ganz ähnlich wie etwa Wieder und Pratt (1990: 64) in einem Artikel nach dem *doing* „being a visible and recognizable (i.e. accountable, in Garfinkel's sense) real Indian for other real Indians" fragen, welches sich nicht an einer vorausgesetzten Identität, sondern an ganz konkreten Praktiken der Selbstdarstellung in sozialen Situationen identifizieren lasse.

Die Darstellungsformen des Gurus beginnt mit der äußeren Erscheinungsform: lange Haare, Bart und Kleidungswahl, die hier orangefarbige und traditionelle indische Kleider sowie das Fehlen derselben, etwa das schlichte Tragen eines Tuches, umfassen. Hinzu kommen weitere (religiöse) Symbole wie *rudrākṣa mālā* (ein 108-teilige Kette aus für religiöse Zwecke verwendeten Baumsamen) und Blumenketten, der bereits genannte Stab sowie Bemalungen der Stirn und weitere symbolische Accessoires, wie sie etwa auf dem indischen Markt beim Yogafestival zu erwerben sind (vgl. Kap. 2.1). Die spezifischen Verhaltensweisen erscheinen jedoch noch bedeutsamer. Dabei steht im Film die Sichtbarmachung eines kontinuierlichen Zufriedenheits- und Glückszustands im Zentrum, den Vikram selbst entsprechend benennt: „As Kumaré, I got to be happy all the time. That was my job." In diesem Sinne bricht Kumaré auch sehr häufig und oft unerwartet in ein überzeichnetes Lachen aus.

Auf das „Komische als Signal der Transzendenz" hat Berger (1998: 241 f.) aufmerksam gemacht. Religion und Komik werden, Berger zufolge, im Alltag domestiziert und auf bestimmte Orte und Kontexte begrenzt, so dass es einem nicht etwa wie Ulrich in Musils „Der Mann ohne Eigenschaften" einfalle, „permanente Ferien zu machen". Zur *Guruness* gehört aber gerade die kontinuierliche Entgrenzung als ein Zeichen des außergewöhnlichen Seins-Zustandes der Erleuchtung, der im Yoga u. a. als *ānanda* (Glückseligkeit) beschrieben wird und für Kumaré selbst wie auch für die anderen praktisch erkennbar (sprich: *accountable*) werden muss.

Was sich bei Kumaré – auch anhand seiner humorvollen Art – sehr überzeichnet beobachten lässt, gilt indes auch für die Anforderung von *Authentizität* im Yoga, zu der es gehört, Gefühle ‚ungehemmt' erleben bzw. darstellen zu können, wobei dies für Aggression oder Wut etc. oftmals nicht in derselben Weise zu gelten scheint und in der zurückgezogenen Meditationspraxis und in der ‚Kunst des Schweigens', die im nächsten Absatz behandelt wird, eine entsprechende Umkehrung findet.

Bereits mit Buddha ist das „beredte Schweigen" (Sturm 2014) ein Ausdruck für die höchste Erkenntnis, dessen absolutes Nicht-Wissen sich kaum besser darstellen lässt und entsprechend auch eine Ausdrucksform des Gurus darstellt (vgl. ferner zum Schweigen auch Liberman 2008: 252 f.). Bei der Darstellung von Spiritualität zeigt sich dies nicht nur an Schweigetagen, sondern auch in Interaktionssituationen bspw. als ein kurzes, aber merkliches Innehalten beim sonst üblichen nahtlosen Sprecherwechsel. Diese Pausen können etwa von einem deutlich längeren Halten des Blickkontaktes mit den Gesprächspartner/-innen begleitet werden, das als Kennzeichen einer ‚tieferen' Begegnung interpretiert werden kann und sich im Film sowie im Aschram oder auf dem Festival beobachten lässt.

Das kurze Innehalten, etwa in einem Vortrag, kann aber auch dazu genutzt werden, mit halb geschlossenen Augen die Pupillen leicht nach oben zu verdrehen, was als eine verbreitete Darstellungsform von Transzendenzerfahrungen, bspw. beim „Fall Uriella" von Schnettler (2001: 145 f.), herausgearbeitet wurde. Das Nach-oben-Drehen der Pupillen, hin zum »dritten Auge«, ist darüber hinaus eine weit verbreitete Meditationstechnik, die nicht nur bei Vorträgen Nachdenklichkeit, sondern auch außergewöhnliche Präsenz darzustellen vermag. Auch das kurze Aussprechen von Om (fast als *response cry*) oder ein kurzes Schließen der Augen sowie das zuvor beschriebene unkontrollierte ‚kosmische' Lachen dienen dazu, die kontinuierliche Präsenz des Göttlichen oder des wahren Selbst in alltäglichen Interaktionssituationen zu vergegenwärtigen.

Wichtig sind darüber hinaus bei Kumaré, wie im gesamten Yogafeld, häufige Verbeugungen, etwa mit gefalteten Händen (im Namaste) oder das langsame Führen der Hand zum Herzen bei leicht gesenktem Kopf. Diese können als Respekts- und Ehrerbietungsbekundungen sowie Darstellung von Demut gelesen werden, wie sie bereits bei der Hervorbringung der spezifischen Yogafestivalatmosphäre diskutiert wurden (vgl. Kap. 4.2). Demut wird auch mit Kumarés Aussage „I'm not a guru, I'm just an illusion" zum Ausdruck gebracht, die gerade seine Authentizität und seine Bescheidenheit und Egolosigkeit kontinuierlich bestätigt. Man denke hier bspw. auch an Monty Phythons (1979) „Life of Brian", wo Brian der Rolle des Messias aus ganz ähnlichen Gründen nicht mehr entkommt: „Nur der wahre Messias verleugnet seine eigene Göttlichkeit."

Auch die perfekte Präsentation von schwierigen Yogahaltungen – die als Bilder auch auf der genannten Homepage dargestellt werden – gehören in diesem Kontext zur Darstellung von Meisterschaft bzw. bringt diese mit machen diese beobachtbar. Ferner bedient Vikram im Film die (westliche) Vorstellung des *indischen* Gurus mit einem (fast) übertriebenen indischen Akzent. Dazu gehört auch das Sprechen in Rätseln, wie es etwa aus dem Zen bekannt ist oder das Verschieben der Satzstruktur, das sich – sehr überzeichnet durch Master Yoda in „Star Wars" (1977) – großer Bekanntheit erfreut; ferner die allgemeinen Themen und Inhalte, die Aravamudan (2005) ausführlich als „Guru-English" auch in ihrer historischen Formation – vom „linguistic register" bis zum „commodifiable cosmopolitanism" – beschrieben hat.

All diese Verhaltensweisen können als Merkmale des *doing ‚being* Guru' betrachtet werden. Sie könnten Vikram anstatt in den eigenen Aschram aber ebenso geradewegs in eine andere totale Institution führen (bspw. in die Psychiatrie), würden diese Praktiken keine Anerkennung durch andere (in konkreten sozialen Situationen) erfahren, worauf Goffman (1971: 94) verweist, wenn er zusammenfasst:

> Es mag zwar wahr sein, daß das Individuum ein einziges Selbst allein für sich hat, aber die Bestätigung dieses Besitzes ist doch gänzlich ein Produkt gemeinsamer zeremonieller Arbeit, wobei die Rolle, die sein Benehmen spielt, nicht bedeutsamer ist als die Rolle, die die Ehrerbietung anderer ihm gegenüber spielt.

Die Frage, was einen Guru zum Guru macht, hängt also von der Anerkennung und wechselseitigen Bestätigung ab und findet somit zwischen Guru und Schülerschaft, Publikum und potenzieller weiterer Fremdbeobachtung statt. Es ist von konkreten Anerkennungspraktiken abhängig, wie jemand sozial auftritt und auftreten kann. Für Kumaré übernehmen dies bereits zu Beginn seine beiden eingeweihten

Assistentinnen, welche das *Image* des Meisters unhinterfragt akzeptieren, im Zweifel auch verteidigen und so für andere öffentlich erkennbar machen.

Dazu gehören ebenso die Rahmungen der sozialen Situationen, in denen Kumaré bspw. auf einem erhöhten Podest sitzt oder als bedeutsamer Lehrer eingeladen und vorgestellt wird. Auch das im Film nicht weiter thematisierte Kamerateam ist hier von zentraler Bedeutung, welches Kumarés Außergewöhnlichkeit öffentlich durch das entsprechende Medieninteresse der Fremdbeobachtung bestätigt. Es sind ferner die kleinen einzelnen Ehrerbietungspraktiken, wenn Teilnehmer/-innen sich etwa vor ihm verbeugen oder jemand seine Füße berührt, sowie die generelle Akzeptanz der (teilweise auch ungewöhnlichen) Tätigkeiten Kumarés. Dieser gibt einzelnen Teilnehmer/-innen *darśana* (Segnungen) und legt dabei seine Hände auf ihren Kopf auf, berührt mit seinem Daumen die Stirn (wie beim Einweihungsritual im Kap. 4.3 zuvor) oder legt gar seine Stirn auf die Stirn von Teilnehmer/-innen auf.

Die Anerkennung des *Images*, die Goffman in ganz alltäglichen sozialen Settings beschreibt, ist beim Guru jedoch in einer zugespitzten und dramaturgisierten Version zu beobachten. Seine Authentizität ist nicht zuletzt aufgrund der Medienrezeption von Skandalen in den 1980er und 90er Jahren, etwa als Scharlatanerie, kontinuierlich infrage gestellt und somit ungleich fragiler als etwa die Darstellungsleistungen eines Postboten oder katholischen Priesters, die sich stärker auf institutionelle Legitimierungen stützen können.

Zwar lässt sich die Inszenierung im Film zunächst ganz im Sinne von Goffmans strategischem *impression management* lesen, denn der Film gewinnt gerade dadurch auch seine Komik. Nichtsdestotrotz wird hier aber Garfinkels (1967: 165 f.) Kritik relevant. Anhand von Agnes' *passing* zeigt Garfinkel, dass die Betrachtung von alltäglichen sozialen Situationen von gezielt nutzbaren strategischen Überlegungen zu unterscheiden sei. So könne Agnes nicht mit Leichtigkeit zwischen den beiden Geschlechterrollen wechseln, und die Regeln, die sie zu befolgen habe, werden für sie oftmals erst im Vollzug erkennbar und bleiben daher kontinuierlich bedrohlich und problematisch. Garfinkel (1967: 175) spricht von „attempts to come to terms with practical circumstances as a texture of relevances over the continuing occasions of interpersonal transactions".

Die Goffman'sche Interpretation gewinne dahingegen ihre Plausibilität aus der illustrativen Episodenhaftigkeit, die aber nicht den alltäglichen, kontinuierlich immer wieder bedrohlichen Vollzug betreffe. Ähnliches lässt sich auch bezüglich des Filmes einwenden, da gerade durch den Filmschnitt eine Episodenhaftigkeit und somit eine erfolgreiche Inszenierung mit spezifischem Charakter dargestellt wird. *Passing* sei aber, nach Garfinkel, keine Tätigkeit, die irgendwann einmal abgeschlossen ist, sondern stelle eine kontinuierlich zu vollziehende Arbeit dar. Diesen Aspekt sieht Manning (1992: 100) als eine sinnvolle Ergänzung zu Goffmans Analysen von Stigmata: „Thus the idea that a person can successfully manage information about a stigma suggests an unobtainable degree of security: in reality, maintaining an

unblemished personal image is a continually precarious and unending project."
(vgl. ferner zu Lesarten, die Unterschiede hervorheben: Hettlage/Lenz 1991).

Eher kritisch betrachtet eine solche komplementäre Perspektive Hirschauer
(2017), der gerade andersherum im kontinuierlichen *passing* eine Überforderung der
Akteure sieht, eine Überforderung, von der auch Kumaré im Film berichtet. Die Annahme einer generellen Überforderung übersieht aber, meines Erachtens, dass die zu
vollziehende Arbeit, etwa das „doing ‚being ordinary'" (Sacks 1984) in der Regel unproblematisch und „seen but unnoticed" (Garfinkel 1967: 36) bleibt. Sie zeigt sich erst
als potenzielle Überforderung für Grenzgänger/-innen wie Agnes bzw. für all diejenigen, denen die gewöhnlich uninteressante soziale Ordnung zum konkreten Problem
wird, d. h. vor allem für marginalisierte und exkludierte Personengruppen, bspw.
Menschen mit psychiatrischen Diagnosen oder im Kontext von Rassismus. Rawls und
Duck (2020) beschreiben die zugrunde liegenden interaktionalen Praktiken und hervorgebrachten Interaktionsordnungen und Identitäten im Kontext des (impliziten)
Rassismus in den USA, die auch zu einer Art „double consciousness" beitragen können, was bereits für Garfinkels Überlegungen zentral war.

> The awareness of unequal social processes such trouble can produce, famously called 'double
> consciousness' by Du Bois (2015 [1903]), gave Garfinkel, as a Jewish minority, an awareness of
> 'tacit' hidden structures in interaction, which he drew on to find ways to demonstrate that equal-
> ity and reciprocity are necessary for meaning making in interaction. [...] Garfinkel proposes that
> this heightened awareness – 'double consciousness' in Du Bois' terms – and the authority it can
> confer on others to determine objective reality, is a characteristic of those who find themselves
> in precarious identities (unless, like Black Americans, they develop their own Interaction Order
> with expectations that support their marginal status; see Rawls, 2000).
>
> (Turowetz/Rawls 2020: 3 und 17)

In diesem Sinne lässt sich Hirschauers Argument vielmehr mit Blick auf die Frage der
Überforderung von Grenzgängern, wie Agnes oder Kumaré, beziehen und die Frage
stellen, ob es nicht auch für sie gewissermaßen einen Weg zurück aus der kontinuierlichen Auseinandersetzung mit den ungewohnten und z. T. bedrohlichen *textures of
relevance* geben kann. Wobei dies allerdings (primär) keine persönliche, sondern
eine gesellschaftliche Frage darstellt: Sie betrifft auch die (interaktionalen) Gestal-
tungsmöglichkeiten von sozialen Gruppen, im Kontext dieser Untersuchung etwa
also den Aschram als einen sozialen Ort, in dem sich alternative und spirituelle Umgangsweisen und Formen der Selbst- und Weltwahrnehmung z. T. stabilisieren lassen.

Die zuvor an Goffman kritisierte Episodenhaftigkeit bietet hier durchaus einen
empirisch relevanten Aspekt, wenn es sozial in einer Gesellschaft möglich ist und
praktisch gelingt, den Alltag stärker in getrennte Episoden zu differenzieren und man
bspw. tagsüber Bankangestellte, abends Domina, am Wochenende Intellektuelle, im
Urlaub körperorientierte Yogalehrerin und im Aschram eine »spirituelle Sinnsuche-
rin« sein kann.

Ganz in diesem Sinne hat Kumaré im Film zwei Angestellte und ein Filmteam, die ihm als Eingeweihte auch Hinterbühnen ermöglichen können (und er bspw. im Bad vor der Kamera seine Fassade fallen lassen kann), genauso wie er die Inszenierung nur für einen begrenzten Zeitraum aufrechterhalten muss. In ähnlicher Weise lassen sich auch im Aschram entsprechende Hinterbühnen finden (während der Aschram zugleich z. T. eine geschützte Hinterbühne vom gesellschaftlichen Alltag darstellt). Vor allem aber endet nach einer vierwöchigen Yogalehrerausbildung diese Episode für die meisten, die ihr spirituelles Erleben und ihre Yogalehreridentität im Alltag keineswegs in gleicher Form kontinuierlich aufrechterhalten müssen.

Eine zweite mögliche Antwort auf diese Frage findet sich im Übergang zu einer anderen Wirklichkeitskonstruktion (quasi durch Vollinklusion), welche die Arbeit des *passing* im Kontext von Spiritualität zu einem gewissen Grad obsolet werden ließe. Im Film wird dieser Aspekt in einem dargestellten Transformationsprozess behandelt, der bereits mit einem Eingangszitat von William Ralph Inge vorbereitet wird: „Faith begins with an experiment and ends as an experience." Vikram beschreibt, dass, so wie Mütter ihre Kinder warnen: „Be careful what face you make because it will stay like this", seine Kumaré-Darstellung begonnen hatte, auf seine eigentliche Identität abzufärben („to rub off"). Diesem Phänomen trägt auch die bekannte Redensart Rechnung: *Fake it, until you make it.*

Anhand der von ihm erfundenen „Blue-Light-Meditation" erläutert Vikram, wie „something made up is becoming something real", bis es schließlich in der spirituellen Erfahrung des blauen Lichts kulminiert: „for the first time, I felt the blue light". Wie etwa High-Erfahrungen beim Marihuana-Rauchen erlernt werden müssen (Becker 1953), so wird auch im Film ein Lern- und Sozialisationsprozess dargestellt. Das Motto von Kumaré („if you act like a guru, you can become a guru") wird hier nicht nur im Sinne eines *trickster* lesbar, sondern mit Blick auf eine Transformation der Persönlichkeit, wie sie etwa in der Yogalehrerausbildung explizit angestrebt wird (vgl. Kap. 4.3). Im Folgenden möchte ich dies als den *Kumaré-Effekt* bezeichnen.

Eine solche Lesart lässt sich ferner an die im vorherigen Unterkapitel diskutierte soziale Persuasion und kollektive Kraft von Ritualen anschließen. Auch die kognitive Dissonanz einer kontinuierlichen Überforderung kann mit der eigenen Erfahrung und sozialen Akzeptanz der *Guruness* aufgelöst werden. Dieser Aspekt zeigt sich auch in den Praktiken, die von Kumaré erfunden werden. Der Film thematisiert diese Körperstellungen, Mantras, Rituale und Philosophie als „made up" bzw. „nonsense". Was jedoch nicht behandelt wird, ist, dass diese im Kontext der Feldtheorie und der Yogapraxis durchaus verortbar und lesbar bleiben (und eine entsprechende Familienähnlichkeit aufweisen). Dies gilt nicht nur für die sogenannte „mirror philosophy", sondern auch für die spezifischen Techniken.

So wird bspw. das erfundene Mantra „uea" von Kumaré als „just like Om" eingeführt und die Tätigkeit somit im konkreten Vollzug als Yogapraxis plausibilisiert. Bereits im Unterkapitel zuvor wurde die prinzipielle Bedeutungslosigkeit von Ritualen diskutiert. Mit Staal (1989), der Mantras mit Vogelgesang verglichen hat, lässt sich argumentieren, dass es nicht um dahinterliegende Bedeutungen gehe, sondern primär darum, dass das Ritual ausgeführt, sprich gemacht werden müsse. Ganz in diesem Sinne bleiben auch andere Übungen, wie die „Blue-Light-Meditation", durch ihre Anleitung, soziale Rahmung und ihren konkreten körperlichen Vollzug als Yogapraxis erkennbar und entsprechend auch (sozial) wirksam. Ähnlich den zuvor diskutierten Darstellungspraktiken zeigt sich auch hier, dass die Wiedererkennbarkeit und soziale Relevanz von Handlungen weniger anhand von Inhalten oder Strukturen und deren Spezifika festzumachen sind, sondern im konkreten körperlichen Vollzug in sozialen Situationen (und deren praktischen Reflexivität) zu verorten sind.

4.4.3 Zurück zu Gurus im Aschram

Die zentrale Kritik des Films an modernen Gurus und deren damit einhergehende ‚Dekonstruktion' wird in der Yogalehrerausbildung von den Teilnehmenden überaus positiv aufgenommen und führt zu großer Heiterkeit im Shiva-Raum. Ähnlich wie am Ende des Films der Hinweis gegeben wird, dass einige bis heute davon überzeugt seien, dass Kumaré übernatürliche Fähigkeiten habe, wird auch im Shiva-Raum die Spannung zwischen ‚Inszenierung' und ‚wahrem Guru' nicht aufgelöst. So ‚thront' während des gesamten Films die Abbildung von Swami Sivananda direkt über der Demontage der Guru-Inszenierung auf der Leinwand.

Im Aschram ist es bspw. üblich, sich vor diesem Bild kniend vollständig zu verbeugen. Jedoch wird diese Verbeugung, ganz analog zur Betonung des inneren Gurus im Film, häufig als eine Verbeugung vor dem eigenen wahren Selbst interpretiert. Nichtsdestotrotz bleibt eine Spannung bezüglich der Guru-Verehrung bestehen, die bspw. beim Besuch von Yogameistern und Gurus im Aschram sichtbar wird. Daher sollen zwei kurze Szenen solcher Besuche, die zwar eher eine Ausnahme darstellen, in denen aber das Guru-Image im Aschram beobachtbar wird, im Folgenden betrachtet werden. Das nachfolgende erste Protokoll beschreibt eine Situation, die sich zwei Tage nach der Filmvorführung beim Abendessen ereignete.

> Eine Gruppe von Menschen fällt mir sowie auch vielen anderen – was an gedrehten Köpfen und Blickrichtungen im Essensaal sichtbar abzulesen ist – beim Abendessen auf. Ein weiß gekleideter, älterer Mann mit Bart steht an der linken Seite am Buffet an und etwa acht jüngere und teilweise ebenso weiß gekleidete Personen reihen sich in einer langen Schlange direkt hinter ihm auf. Normalerweise wird auch die zweite Reihe am Buffet, das von zwei Seiten zugänglich ist, gleichermaßen genutzt. Der Zugang zum Buffet ist aber aufgrund der Schlange hinter dem älteren Herrn, die bis zur Eingangstür reicht, nahezu versperrt. Dies führt zu Irritationen für Neuankömmlinge, die zunächst hinter der Schlange stehen bleiben und sich hier anstellen, dann jedoch sehen, dass die Schlange auf der anderen Seite deutlich kürzer ist. Da sich die meisten aber zunächst nicht ‚vorbeidrängeln' wollen, teilweise erst umherblicken, z. T. auch bei den Personen in der Schlange nachfragen und erst nach einer Weile beginnen, an der Schlange vorbeizugehen, um sich auch an der anderen Seite anzustellen. Die Gruppe scheint keinerlei Eile zu haben, denn die Speiseauswahl an der linken Seite dauert deutlich länger, weshalb die ungleiche Verteilung

an beiden Schlangen und damit die von vielen beäugte Szene mit ihren Irritationen und Höflich-
keitsdarstellungen – in einer sehr geschäftigen Großküche – eine ganze Weile andauert. Erst als
alle Personen der Gruppe ihr Essen genommen haben, was zu einem weiteren kleinen Stau hinter der Essenstheke führt, bewegt sich die gesamte Gruppe, der offensichtliche Lehrer/Meis-
ter/Guru voraus, die Schüler/-innen hinterher, zu einem Tisch. An diesem angekommen, ist der
Meister noch stehend in ein Gespräch vertieft – und so stehen auch die Schüler/-innen, die erst
dann Platz nehmen, als ihr ‚Anführer‘ einige Momente später beschließt, sich hinzusetzen. In
gleicher Formation, die Schüler/-innen immer direkt einen Schritt hinter ihm, bewegen sie sich
anschließend auch durch die Korridore zum abendlichen Satsang, was bei dieser Gruppengröße
und den schmalen Korridoren, die durch einige Türen abgetrennt sind, zu weiteren kleinen Interaktionskrisen führt.

(Protokoll: Yogalehrerausbildung, 2. Woche, 2013)

Was zuvor bei „Kumaré" in seiner Inszenierung und Komik eingängig beschrieben
wurde, findet sich hier im Aschram in einer konkreten sozialen Situation wieder. In
dieser ist selbst für unerfahrene und mit Gurus nicht vertraute Beobachter/-innen sofort sichtbar, wer Schüler/-in und wer Meister ist. Die Formen der Ehrerbietung seitens der Adept/-innen, die mit der Selbstdarstellung des Gurus einhergehen, führten
jedoch im Aschram sichtlich zu Irritation und Verwunderung. Diese gehen mit einer
gesteigerten Aufmerksamkeit einher, welche besonders greifbar wird, als der »Yogameister« im Satsang vorgestellt wird und vor Beginn seines Vortrags einen längeren
Moment innehält. Im Saal wird es dabei deutlich ruhiger, als es noch wenige Momente zuvor war. In seinem Vortrag verweist der »Yogameister«, wie er hier vorgestellt wird, mehrfach auch auf den »Meisterstatus« des Aschram-Leiters Sukadev, der
am anderen Ende der Bühne sitzt. Die mehrfache Betonung von Sukadevs Meisterschaft lässt sich als weiterer Aspekt seiner Selbstdarstellung lesen, wird aber auch
aufgrund der Differenz des alltäglichen Umgangs im Aschram interessant.

Sukadev wird zwar auch, bspw. auf dem Gang, mit leichter Verbeugung, mit zum
Namaste gefalteten Händen und Om, begegnet, aber es werden ihm (in der Regel)
keine vergleichbar offensichtlichen Ehrerbietungspraktiken entgegengebracht wie dem
Neuankömmling durch dessen Schülerschaft. Die Irritation des Umgangs der Schü-
ler/-innen mit ihrem Lehrer führte entsprechend auch zu Gesprächen unter den Teil-
nehmer/-innen im Anschluss an den Satsang, als ich mit einer kleineren Gruppe am
Teestand verweilte. Das Verhalten der »Yogatruppe« wurde tendenziell ein wenig be-
lächelt, während die Darbietung einigen auch imponiert hatte. Schnell wechselte das
Gespräch aber zu Sukadev, wobei eine Person ihm, dem »Ostwestfalen«, das »nötige
Charisma« eines Erleuchteten absprach. Zwei Personen in der Gruppe zeigten sich
diesbezüglich unsicher und andere stellten das Guru-Schüler-Verhältnis und Erleuchtung per se infrage, wohingegen eine Person von einer sehr tiefen Verbindung
mit Sukadev sprach und von ihrer zeremoniellen Einweihung und Namensgebung
und der »besonderen Energie« berichtete.

Der skizzierte Gesprächsausschnitt verdeutlicht meines Erachtens die zuvor angesprochene Ambivalenz im Umgang mit Gurus und Meister/-innen im Feld, wobei
diesen zugleich eine gesteigerte Aufmerksamkeit zukommt.

Anhand einer weiteren Szene aus dem darauffolgenden Samstagabend-Satsang lässt sich das Verhältnis zu Lehrenden und der Umgang mit ihnen weitergehend betrachten.[39]

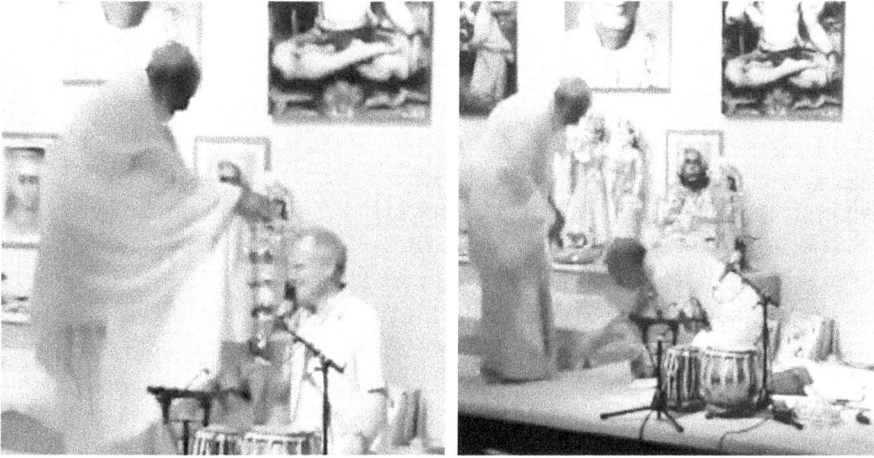

Abb. 16 und 17: Pramukh Swami Maharaj und Sukadev Bretz, Yoga Vidya Satsang, 2013.

Pramukh Swami Maharaj, den ich auf seiner Deutschland-Tour einige Wochen zuvor bereits auf dem Yogafestival in Berlin bei einem Vortrag gesehen hatte, ist zu einem Vortrag im Satsang eingeladen und wird von Sukadev vorgestellt. Swami Maharj steht auf und beginnt zur Bühne bzw. zum Altar zu kommen. Auf dem Weg hält er aber vor den Stufen inne, dreht sich zum Publikum, faltet die Hände vor der Brust im Namaste und verbeugt sich vor den ca. 300 Anwesenden. Er verweilt einen Moment dem Publikum zugewendet und lässt seinen Blick langsam durch die Menge der Teilnehmer/-innen schweifen. Anschließend geht er sehr langsam und bedächtig die Stufen zum Altar hinauf. Auch hier hält er inne, kniet und verbeugt sich langsam in der Mitte des Altars, bis sein Kopf den Boden berührt. Dann steht er auf, verbeugt sich nun vor Sukadev und nimmt eine Blumenkette, die eine Mitarbeiterin neben ihm auf einem Tablett bereithält, um diese um Sukadevs Hals zu legen (Abb. 16), während dieser noch dabei ist, den Swami am Mikrofon vorzustellen und über dessen Leben und die Entsagung seiner königlichen Abstammung berichtet. Als Maharaj ihm die Blumenkette umlegen will, ist Sukadev einen kurzen Moment irritiert und seine Überraschung wird von Lachen im Publikum begleitet. Sukadev, der die Blumenkette auch mit einer kleinen Verbeugung und dem sofortigen Falten der Hände vor der Brust entgegennimmt, scheint aber erst kurz darauf die zweite Blumenkette auf dem Tablett wahrzunehmen. Er steht aus seiner Sitzhaltung, dem Lotussitz, auf, was zunächst einen kurzen Moment

---

39 In einer Online-Live-Übertragung werden die Samstagabend-Satsangs von den Aschram-Mitarbeiter/-innen aufgezeichnet und anschließend im Internet veröffentlicht, was auch örtlich verstreute Yogapraktizierende an den Ereignissen im Aschram teilhaben lässt. (URL: http://mein.yoga-vidya.de/video/yoga-vidya-satsang-vom-20-juli-2013 [Letzter Aufruf: 31.08.2021; während der Link mit der Kurzbeschreibung des Satsang noch vorliegt, ist das Video mittlerweile offline]).

benötigt, um sich gleich wieder nach unten zu beugen, um die Füße des Swamis zu berühren (Abb. 17). Maharaj weicht allerdings etwas zurück und beugt sich selbst leicht nach unten, was den Anschein macht, als wollte er diesen vom Berühren seiner Füße abhalten bzw. andeutet, selbst ebenso die Füße von Sukadev berühren zu wollen.

(Samstagabend-Satsang, Juli 2013)

Auch in dieser Beschreibung finden sich einige der bei Kumaré beschriebenen Darstellungsleistungen, etwa beim andächtigen und demütigen Betreten des Altars, der Verbeugung vor den Anwesenden, dem Altar und Sukadev. Was in Alltagssituationen beim gemeinsamen Durch-die-Tür-Gehen auch sprachlich mit „Bitte nach Ihnen" ausgehandelt werden kann, zuweilen aber auch körperlich konfligiert, findet sich hier in einer dramaturgischen Form bei dem, in Indien gegenüber besonderen Personen üblichen, Überreichen von Blumen und dem Berühren der Füße. Die »heilige Verehrung« der »Lotus-Füße des Gurus« ist ein wichtiger Bestandteil hinduistischer Zeremonien, die auch durch ein Replikat der Holzsandalen von Swami Sivananda in der Mitte des Altars symbolisiert wird. Das Berühren der Füße einer anderen Person stellt in Indien eine der höchsten Formen der Anerkennung dar, die bspw. auch Achtung gegenüber älteren Menschen zum Ausdruck bringt. Zugleich gelten die Füße in Indien aber auch als unreiner Teil des Menschen (vgl. zur vertikalen Hierarchie und archaischen Sakralität die Analyse des Fußes bei Scherer 2012). Diese Berührung der Füße, die von Sukadev vollzogen wird, kann entsprechend neben der Ehrerbietung auch als Demutsgeste gedeutet werden. So wie auch das Zurückweichen und Herunterbücken des Swamis, wiederum als eine Demutsdarstellung und Ehrerbietung seinerseits gedeutet werden kann (vgl. Abb. 17). Somit wird die Situation auf der Bühne zu einer art von ‚Statusaushandlung' bzw. auch zu einer Darstellungsleistung der beiden Lehrer, die sich bereits mit dem mehrfachen Verbeugen und Innehalten von Maharaj auf dem Weg zu Sukadev andeutet.

Doch auch diese Szene ist, wie die Beschreibung zuvor, innerhalb des Yogafeldes in Deutschland eher eine Ausnahme. Die überwiegende Mehrzahl der Yogalehrenden und auch die Ausbildungsleiter/-innen der Yogalehrerausbildung im Aschram erheben keinen Anspruch auf Erleuchtung oder Meisterschaft. Beim wechselseitigen Überreichen der Blumenketten wird deutlich, dass auch Sukadev irritiert oder überrascht ist, da die Handlung ihm gegenüber tendenziell unüblich ist. In dieser Hinsicht kann auch die Heiterkeit und das Lachen im Publikum gelesen werden, die den zeremoniellen Aspekt hier eher mit einer Form von Ritualdistanz vollziehbar werden lässt, an die unterschiedliche Interpretationsmöglichkeiten anschließen können (vgl. Kap. 4.1).

Dennoch sind die Darstellungs- und wechselseitigen Anerkennungspraktiken des Gurus, die Ausdrucksformen von authentischer Emotionalität, Ausgeglichenheit, Demut, innerem Glück, die Selbstbezüglichkeit von Transzendenzerfahrungen ebenso wie die Offenheit gegenüber der Welt und die wechselseitigen Formen der Ehrerbietung gegenüber den Mitmenschen, eine Art überzeichneter Idealtypus für die alltäglichen Umgangsweisen der Teilnehmer/-innen, wie sie auch in den vorherigen Unterkapiteln auf dem Yogafestival beschrieben und diskutiert wurden. Teilweise mit Ritualdistanz und anderen Übersetzungs- und Anpassungsleistungen entschärft, verweisen sie auf die sprachlichen, körperlichen und vor allem *sozialen* Darstellungsweisen von Spiritualität, die in Interaktionssituationen wechselseitig verfertigt werden. Das Namaste, die leichte Verbeugung mit vor dem Herzen gefalteten Händen, stellt in diesem Zusammenhang nicht nur eine der kleinsten sozialen Formen von Alltagsritualen dar, es bringt auch auf verdichtete Weise zentrale Elemente der Interaktionsordnungen des Yoga zum Ausdruck, die im anschließenden Kapitel mit Blick auf ihre theoretische Verortung weiterführend diskutiert werden.

4.5 Theoretische Verortung und moralischer Individualismus

Der Zusammenhang von Ritualen, alltäglichen Interaktionssituationen, Darstellungspraktiken und körperlichen Vollzügen legt für die soziologische Betrachtung eine Reihe von unterschiedlichen Theoriebezügen nahe, die in den vorhergehenden Unterkapiteln genutzt wurden. Zu Beginn wurde aber auf eine von der Empirie losgelöste Theoriediskussion zum Verhältnis zwischen Interaktionssoziologie und anthropologischen Ritualtheorien – sowie zu den Unterschieden und Komplementaritäten zwischen Goffman und Garfinkel – verzichtet, um diese Fragen ausgehend vom Untersuchungsgegenstand zu behandeln.

Nach Geertz (1973: 112 f.) sind es Rituale, „which shape the spiritual consciousness of a people", die Stimmungen und Motivationen erzeugen und eine „transformation in one's sense of reality" hervorbringen. So führen Rituale, nach Geertz, zu einer umfassenderen Realität, dem „really real", das mit einer Aura der Faktizität versehen wird und damit letztlich zu einer neuen Auffassung von Selbst, Welt und deren Verhältnis führen könne (Geertz 1973: 123).[40] Die Frage nach der Etablierung und Stabilisierung von spirituellen Selbst- und Weltbezügen bildete auch das Zentrum dieses Kapitels. Allerdings wurde in Abgrenzung zu Geertz und klassischen Ritualtheorien

---

40 Es sei auf Asads (1993) Kritik an Geertz' einseitiger, westlicher und protestantischer Perspektive auf Rituale hingewiesen. So unterscheidet demgegenüber bspw. Snart (1969) mit Bezug auf den Buddhismus zwischen „pragmatischen Ritualen", wie „Techniken der Selbstschulung, [...] abzielend auf die Erlangung bestimmter Erfahrungen, in Abgrenzung zu sakralen Ritualen (die auf ein heiliges Wesen, wie etwa Gott, gerichtet sind)." Dabei finden sich beim Yoga auch Mischformen, auf welche auch Snart bei der christlichen Mystik verweist. Im Sinne der Perspektive dieses Buches – auf die praktische Reflexivität und *accountability* von konkreten Handlungsvollzügen – rücken solche kategorisierenden Ordnungsformen aber in den Hintergrund (vgl. hierzu ausführlicher zur Kritik am Kulturverständnis bei Geertz: Rawls/Turowetz 2019). In ähnlicher Richtung fragt auch Asad (1993) nicht nach einem „web of significations" im Symbolsystem der Religion, sondern danach, wie Glaube aus repetitiver Praxis hervorgehen kann, eine Perspektive, die, wie am Ende des Kapitels nochmals deutlich wird, bereits bei Durkheim ([1912] 1981) angelegt ist (vgl. auch Rawls 2004).

die *soziale Praxis* allen anderen (theoretischen) Bezugsgrößen vorgeordnet (vgl. auch Schüttpelz/Meyer 2019).

Im Zentrum steht somit die interaktive und dialogische, also die wechselseitige Verfertigung in konkreten praktischen Situationen, d. h., die Interaktions- und Darstellungspraktiken sowie die verkörperten Dimensionen sozialer Praxis. Dies ermöglichte es, in diesem Kapitel einen erweiterten Blick auf (klassische) Rituale zu gewinnen. Der kollektivierende Sog und die transformative Kraft von Ritualen wurde weniger in der festgelegten Handlungsabfolge und deren (vermeintlichen) Bedeutungen identifiziert, sondern konnte anhand konkreter praktischer Handlungsprobleme empirisch herausgearbeitet werden. Dabei erwies sich vor allem eine pragmatistische Lesart von Handlungsvollzügen mit Blick auf die sowohl körperlichen als auch interaktionalen Anforderungen sozialer Situationen als besonders gewinnbringend für die Analyse des Vollzugs von Ritualen.

Während sich die Ethnologie und Kulturanthropologie seit ihren Anfängen mit Ritualen (und deren Funktionen und Bedeutungen) beschäftigt haben, sind in der Soziologie die Alltäglichkeit von Ritualen und ihre Interaktionsordnungen insbesondere durch Goffman (u. a. 1967) zu einem zentralen Thema avanciert. Goffman rückte die moralische Ordnung und ihre Zwänge an das Selbst bzw. das moderne Individuum sowie Formen der Ehrerbietung und Anerkennungsrituale (u. a. im Anschluss an Durkheim) in den Mittelpunkt seiner Untersuchungen (vgl. ferner Rawls 1987).

Diese rituelle Dimension von Handlungsvollzügen blieb jedoch in der Ethnomethodologie und Konversationsanalyse eher im Hintergrund und es kam vielmehr zu wechselseitigen Abgrenzungen: So machte Schegloff (1988: 94), bezüglich der rituellen Wahrung des sozialen Gesichts (*face*), Goffman gar einen Psychologismus-Vorwurf, während Goffman mit Blick auf die Konversationsanalyse z. T. von Kommunikationsingenieuren sprach (vgl. allerdings für vermittelnde Perspektiven ferner Bergmann 1991 und Rawls 2003). Vor dem Hintergrund dieses Diskussionszusammenhangs zeigen die Analysen in diesem Kapitel eine Perspektive auf, die zwischen ethnologischen Ritualtheorien, Goffman und Garfinkel zu vermitteln vermag und entlang des Gegenstandes, d. h. empirisch, nach (Alltags-)Ritualen, Interaktionsordnungen und ihren sozialen (Her- und Darstellungs-)Praktiken in (alltäglichen) Interaktionssituationen und körperlichen Vollzügen fragt.

Dabei steht die Rolle von Ritualen und alltäglichen Interaktionsformen auch aus der Perspektive des Feldes durchaus im Zentrum und lässt sich bereits am Namaste, der Begrüßung mit leichter Verbeugung und gefalteten Händen, das oftmals mit: »Ich grüße das Göttliche in Dir« übersetzt wird, weiterführend erläutern. Im Aschram wird die Geschichte erzählt, dass Albert Einstein bei einem Treffen (zutreffender könnte evtl. ein Briefwechsel sein) Mahatma Gandhi gefragt haben soll was Namaste bedeute und dieser folgendermaßen geantwortet haben soll:

„Namasté: My soul honors your soul. I honor the place in you where the entire universe resides. I honor the light, love, truth, beauty and peace within you, because it is also within me. In sharing these things we are united, we are the same, we are one."

Das Zitat, das auch als Wandposter im Internet bestellt werden kann, findet sich auf unzähligen Postkarten und Kalendern auch in deutscher Übersetzung: »Meine Seele ehrt die deinige. Ich ehre das Licht, die Liebe, die Wahrheit, die Schönheit, den Frieden und das gesamte Universum in dir, die auch in mir sind.« Die in den Kapiteln zuvor beschriebenen Rituale und Interaktionssituationen im Aschram und auf dem Yogafestival finden in diesem Zitat eine zugespitzte Zusammenfassung und mögliche Interpretation.

Man denke etwa an die beschriebene »Liebesdusche« und die Anrufung von Liebe, Weisheit und Frieden in der Eröffnungsrede auf dem Festival, die im wechselseitigen Umgang untereinander ihren Ausdruck finden soll und die besondere Atmosphäre auszeichnet. Oder an die Darstellungspraktiken im Vollzug der Einweihung und die wechselseitige Verneigung und Kontaktaufnahme zwischen den Teilnehmenden. Auch die Ehrerbietung gegenüber dem Guru und dessen Demutsbekundungen lassen sich im Kontext dieses Zitats lesen.

Das Zitat lässt sich auch mit Blick auf Durkheims ([1898] 1986) „Kult des Individuums" betrachten, an den auch Goffman (1967) in seinen Interaktionsanalysen angeschlossen hatte. Hier wird die wechselseitige Ehrerbietung zum Ausdruck von moderner Spiritualität. Durkheim erklärte den Individualismus zur Religion der Moderne, welche moralisch noch zur sozialen Integration beitragen könne, wenn „alle sozialen Bande, die der Ähnlichkeit entstammen, allmählich ihre Kraft verlieren" (Durkheim [1893] 1992: 228).

Den dahinterliegenden Prozess beschreibt Joas (2011) als „Sakralisierung der Person", den er auch als zentral für die Fundierung der Menschenrechte sieht (vgl. hierzu ferner Heintz/Leisering 2015). Dabei sei die individualistische Moral, wie dies bereits Tyrell (2008) im vergleichenden Blick auf Weber und Simmel herausgearbeitet hat, aus dem Christentum hervorgegangen. Durkheim ([1898] 1986: 64) beschreibt die christliche Eigentümlichkeit dahingehend, dass „das Zentrum des moralischen Lebens selbst [...] von außen nach innen verlegt und das Individuum zum souveränen Richter seines eigenen Verhaltens erhoben [ist]." Zentral sei die erst zu entwickelnde moralische Autonomie, in welcher der Mensch letztlich „Gläubiger und Gott ist" (Durkheim [1898] 1986: 57).[41] Den „moralischen Individualismus" grenzt Durkheim

---

41 Entgegen der Durkheim-Lesart von Joas schreibt Fateh-Modghadam (2014: 139 f.): „Wenn Durkheim die individualistische Moral der Moderne als eine Religion beschreibt, in der ‚der Mensch zugleich Gläubiger und Gott' (Durkheim 1986: 57) ist, dann muss das vor allem als Kampfansage an den Antimodernismus der katholischen Kirche der Dritten Republik gelesen werden, die sich aber in ihrer Konsequenz gegen sämtliche theistische Religionen richtet. Der Mensch als ‚Gläubiger und Gott

von der „Glorifizierung des Ichs" und utilitaristischen Strömungen seiner Zeit ab. „Seine Triebfeder ist nicht der Egoismus, sondern die Sympathie für alles, was Mensch ist" (Durkheim [1898] 1986: 60). Durkheim zufolge ist es die menschliche Person, die in der rituellen Bedeutung des Wortes als *heilig* betrachtet und entsprechend geehrt wird.

> Und genau daher kommt der Respekt, der der menschlichen Person entgegengebracht wird. Wer auch immer einen Menschen oder seine Ehre angreift, erfüllt uns mit einem Gefühl der Abscheu, in jedem Punkt analog zu demjenigen Gefühl, das der Gläubige zeigt, der sein Idol profanisiert sieht. Eine solche Moral ist also nicht einfach eine hygienische Disziplin oder eine weise Ökonomie der Existenz; sie ist eine Religion, in der der Mensch zugleich Gläubiger und Gott ist.
>
> (Durkheim [1898] 1986: 56 f.)

Während Luhmann (1981) in dieser *Zivilreligion der Person* u. a. auch eine notwendige Folge der Theorie-Architektur Durkheims sieht,[42] zeigt sich die Durkheimsche Figur in den beschriebenen Situationen auf dem Festival und im Aschram nahezu idealtypisch. Das Individuum scheint der Wert zu sein, auf den man sich in einer pluralisierten, differenzierten und individualisierten Gesellschaft, zumindest im Yoga, durchaus noch einigen kann.

Durkheims Überlegungen bildeten auch einen zentralen Ausgangspunkt für Goffman, der in „Interaction Ritual" (1967: 47) schreibt: „In this paper I want to explore some of the senses in which the person in our urban secular world is allotted a kind of sacredness that is displayed and confirmed by symbolic acts." Goffman adaptiert dazu den klassischen anthropologischen Ritualbegriff für interpersonelle und ganz alltägliche Interaktionsrituale. Dabei unterscheidet er u. a. Zuvorkommenheits- und Vermeidungsrituale als Formen der Ehrerbietung an das moderne Individuum. Die »Liebesdusche« auf dem Festival fasst diese beiden Aspekte pointiert zusammen: »we will shower you with love« und »we will give you the space you need to be yourself«. Auch etwa der Ausdruck körperlicher Nähe bei gleichzeitiger Vermeidung von sexuellen Implikationen beim Kinoabend im Aschram sowie die generelle Aufgeschlossenheit bei gleichzeitig legitimer Interaktionsverweigerung, etwa beim Praktizieren von Schweigen, verweisen auf diese beiden Dimensionen.

Diese Interaktionsformen, die sich im Aschram und auf dem Festival zeigen und etwa auch in der Guru-Verehrung widerspiegeln, lassen sich als zugespitzte Formen alltäglicher Ehrerbietung und Demutsbekundungen ganz im Sinne von Goffman (1967: 95) lesen, der zu dem Schluss kommt: „The implication is that in one sense this

---

zugleich' ist der neuzeitliche, seine Ordnung in ‚humaner Selbstbehauptung' (Hans Blumenberg) erschaffende Mensch, der aller religiösen Bindungen entledigt ist und den Menschen selbst in den Mittelpunkt der gesellschaftlichen Ordnung stellt. Eine ‚Sakralität mit Transzendenzbezug' (Joas 2012: 618), die sich als Kritik an einem modernisierungstheoretischen Säkularisierungsverständnis versteht, ist mit Durkheim dagegen nicht zu haben."

42 „Wenn es keine Zivilreligion gäbe, müsste die Theorie sie erfinden." (Luhmann 1981: 301)

secular world is not so irreligious as we might think. Many gods have been done away with, but the individual himself stubbornly remains as a deity of considerable importance. He walks with some dignity and is the recipient of many little offerings."

Ein zentraler Beitrag von Goffman lag dabei in der strikten Fokussierung auf alltägliche Interaktionssituationen ganz gemäß einer „secular world", in welcher das moderne Individuum keinen Mittler bzw. Priester mehr brauche, sondern als Gott und Priester gleichermaßen fungiere. Die Beobachtungen und Analysen aus den vorherigen Kapiteln lassen sich zwar daran anschließen, sie zeigen aber auch, dass im Yoga klassische (hinduistischer) Rituale, (indische) Gottheiten, Gurus bzw. Meister und insbesondere absolute Transzendenzen keineswegs verschwinden.[43]

Vielmehr werden klassische Rituale (teilweise) ganz gezielt, man könnte auch sagen reflexiv, eingesetzt, um ihre spirituellen Wirkungen für das moderne Individuum zu entfalten. In der Analyse des Eröffnungsrituals wurde deutlich, wie Aspekte von Ritualtheorien auch zur Anleitung und Begründung der Praxis im Yoga dienen. In analoger Weise können auch Überlegungen zum moralischen Individualismus der Praktizierenden zur Interpretation ihrer klassischen Ritualausübung dienen. Dabei kann es auch zu einem Nebeneinander kommen, wenn bspw., wie in der Analyse des letzten Unterkapitels, das Spannungsfeld zwischen klassischer Guru-Verehrung und selbstbestimmter innerer Führung nicht gänzlich aufgelöst wird. Eine vorschnelle Einordnung etwa als *Spiritualität des moralischen Individualismus* kann dabei gerade diese reflexiven Methoden und Praktiken verdecken, die eine solche Interpretation überhaupt erst ermöglichen würden.

Ein weiterer Anschluss an diesen Diskussionszusammenhang findet sich ebenso in den Annahmen des Feldes, die die tagtägliche Praxis von Körperübungen und gemeinsamen Ritualen sowie die kontinuierliche Meditationspraxis mit Nachdruck empfehlen. Diese lassen sich auch mit Blick auf Durkheims ([1912] 1995: 420) klassische Analyse religiöser Formen interpretieren, wenn dieser zusammenfasst:

> In short, we must act; and so we must repeat the necessary acts as often as is necessary to renew their effects. From this standpoint, it becomes apparent that the set of regularly repeated actions that make up the cult regain all its importance. In fact, anyone who has truly practiced a religion knows very well that it is the cult that stimulates the feelings of joy, inner peace, serenity, and enthusiasm that, for the faithful, stand as experimental proof of their beliefs. The cult is not merely a system of signs by which the faith is outwardly expressed; it is the sum total of means by which that faith is created and recreated periodically. Whether the cult consists of physical operations or mental ones, it is always the cult that is efficacious.

---

43 Ganz im Gegensatz zur großen Anzahl an religionssoziologischen Publikationen zur Säkularisierung (vgl. bspw. Bruce 2002; Oevermann/Franzmann 2006; Pollack 2009) und ebenso wenig im Sinne einer zwischenzeitlich entdeckten ‚Wiederverzauberung' (vgl. bspw. Riesebrodt 2001; Höhn 2007).

Demgegenüber können gesellschaftstheoretische Religionskonzeptionen, aber zuweilen auch Interaktionsanalysen im Anschluss an Goffman, dazu tendieren, die soziale Wirkmächtigkeit des Kultes bzw. der spirituellen Praxis und vor allem des konkreten körperlichen Vollzugs zu unterschätzen. Dabei ist es die Verschränkung von (Alltags-)Ritualen und körperlichen Praktiken in ihrer jeweiligen Sozialität, die kokonstitutiv an der Herstellung und Aufrechterhaltung von spirituellen Wirklichkeitskonstruktionen beteiligt sind. So werden bspw. in klassischen Ritualen auch Formen des körperlichen Erlebens und Verhaltens eingeübt, die sich in alltäglichen Interaktionssituationen wiederfinden und stabilisieren.

Allerdings wird die Unterscheidung von alltäglicher Interaktion auf der einen Seite und körperlichen Yogatechniken oder klassischen Ritualen auf der anderen Seite selbst fragil, da diese allesamt körperlich und sozial als solche erst hervorgebracht werden müssen. Auch die Alltäglichkeit von Interaktionssituationen lässt sich nicht losgelöst von den konkreten körperlichen Techniken (sei dies etwa stilles Sitzen oder religiöses Singen) betrachten, die im Yoga selbst im Zentrum der Praxis stehen. Es ist auch in diesem Sinne zu verstehen, dass am Ausgangspunkt des Kapitels mit Interaktionsordnungen, Ritualen und Darstellungspraktiken zunächst sehr unterschiedlich scheinende Phänomene gemeinsam zum zentralen Gegenstand erklärt wurden. Es ist die zugrunde liegende wechselseitige Verfertigung dieser Elemente, die in der ethnomethodologischen Perspektivierung sichtbar wird.

Dabei habe ich u. a. anhand der Praktiken der *Ritualdistanz* gezeigt, wie heterogene Interpretationen möglich werden, die auch zwischen traditionell-religiöser Ernsthaftigkeit und säkularen Deutungen eines *moralischen Individualismus* vermitteln können. Zentral erweist sich dabei der Handlungsvollzug und die beobachteten Handlungsprobleme von z. T. ungewohnten, verlangsamten, zerstückelten, repetitiven und/oder verfremdeten körperlichen Tätigkeiten, an die im nachfolgenden Kapitel 5 zur Körperpraxis weiter angeschlossen wird. Doch nicht nur in spezifischen Ritualhandlungen und Körperstellungen, sondern auch in der Rahmung und im alltäglichen Vollzug der Yogalehrerausbildung, wurde eine Art Dauerliminalität beobachtbar. Diese zeigte sich als eine kontinuierlich zu vollziehende Arbeit, die auch anhand des *passing* von Kumaré beschrieben wurde. Es handelt sich um die soziale Arbeit der ‚Herstellung von Wirklichkeit‘, die ebenso für vermeintliche Normalbedingungen konstatiert werden kann. Allerdings wird diese Alltagsnormalität (vgl. zum *„doing ‚being ordinary'"* Sacks 1984) in der Regel nicht zum Gegenstand der Menschen in ihrem Alltag, sondern erweist sich als gänzlich *„uninteresting"* (Garfinkel 1967: 7 ff.). In der Ausrichtung auf eine alternative spirituelle Weltsicht kann diese Arbeit im Yoga nicht nur Grenzgängern wie Agnes oder Kumaré, sondern allen Teilnehmer/-innen potenziell zum Problem werden. Dabei bilden das »notwendige Umlernen« und die »Akzeptanz von (bisher) nicht Versteh- oder Erklärbarem« sogar eine zentrale Zielsetzung der Yogalehrerausbildung, die in diesem Buch beschrieben wird.

Allerdings ist nicht zu unterstellen, dass die Etablierung einer spirituellen Weltsicht von allen Teilnehmer/-innen vollzogen oder angestrebt wird. Es ist gerade die

Episodenhaftigkeit von Goffmans Analysen, die Garfinkel (1967) anhand des *passings* von Agnes kritisiert hatte, die hier ihre empirische Relevanz zeigt. Die kontinuierliche Betonung und Forderung, dass Yoga nicht nur in den zwei Stunden auf der Yogamatte geschehe, sondern einen integralen Bestandteil des alltäglichen Lebens darstellen solle, verweist umgekehrt darauf, dass es durchaus möglich ist und geschieht, Yoga und Spiritualität episodenhaft zu praktizieren. Ganz ähnlich wie in der Gruppendiskussion kritisiert wurde, dass die »Love-and-Peace-Atmosphäre« mit dem Ende des Festivals für die meisten Besucher/-innen wieder enden würde. So verlassen auch die meisten Teilnehmer/-innen der Yogalehrerausbildung nach vier Wochen wieder den Aschram, ebenso wie Kumaré nur für begrenzte Zeit den Guru spielte.

In den von mir geführten Interviews mit langjährig Praktizierenden wurde gerade dieses Thema als eine zentrale Herausforderung und Schwierigkeit hervorgehoben, die darin liege, einen yogischen Lebensstil im gewöhnlichen Alltag aufrechtzuerhalten. Die empirische Episodenhaftigkeit, die anhand von Kumarés Guru-Darstellung im letzten Unterkapitel mit Blick auf die Komplementarität von Goffmans und Garfinkels Interpretations- und Analyseperspektiven diskutiert wurde, erweist sich auch in diesem Zusammenhang als zentral. Interessant für eine solche komplementäre Lesart ist ferner der bisher noch unveröffentlichte Briefwechsel zwischen Goffman und Garfinkel, aus dem hervorgeht, dass „Stigma" (Goffman 1963) und das spätere Agnes-Kapitel (Garfinkel 1967) zu Beginn der 1960er Jahre noch als eine gemeinsame Buchpublikation „On Passing" geplant waren (vgl. Briefwechsel 1961, Harold Garfinkel Archive, Newburyport, MA, USA).

Auch in dieser Hinsicht erwies sich der ‚Big Con' von Kumaré als ein instruktives Beispiel, da sich sowohl Garfinkel als auch Goffman in dieser Zeit für die sozialen Methoden von Trickbetrügern interessierten, wie Turowetz und Rawls (2020: 7) beschreiben:

> With regard to the struggles Garfinkel faced as a Jewish man, it was not only a matter of overcoming anti-Semitism. He was trying to learn the rules that members of the dominant White Anglo-Saxon Protestant culture took for granted in their everyday interaction so that he could participate. Like his Jewish colleague Erving Goffman, with whom he was in close contact throughout the 1950s and 1960s, Garfinkel found a parallel in confidence games, which they both read (e.g. Maurer, 1940) and wrote about during this period. Such games require imposters to learn the rules of a social group well enough to convincingly 'pass' as one of its members. Goffman's (1952) second published paper, 'On Cooling the Mark Out', focused on this topic.

Mit Blick auf eine eher komplementäre Lesart wird auch erneut die zentrale Relevanz der Gegenstandsangemessenheit deutlich, d. h. theoretische Verortungen je kontextabhängig am empirischen Phänomen zu prüfen (vgl. Kap. 2.3). Zwar bildet die Frage nach den Umgangsweisen und Interaktionsformen ein ganz grundlegendes Interesse von (qualitativen) Soziolog/-innen, sie beinhaltet aber ebenso die Gefahr eines Soziologismus. Recht schnell finden sich in Analysen von Tätigkeitsfeldern Fokussierungen darauf, „where the action is" (Goffman 1969), und somit darauf, wo soziale

Interaktionen (im Sinne des theoretischen Instrumentariums) beobachtbar werden. Auch Interaktionsordnungen und soziale Rahmungen können ein Container-Vokabular nahelegen, das mit einer Tendenz verbunden sein kann, diese Kategorien den konkreten Tätigkeiten vorzuordnen.

Dementsprechend geht die ethnomethodologische Perspektivverschiebung in diesem Buch einen Schritt weiter bzw. tritt einen Schritt weiter zurück. Denn über klassische Interaktionsanalysen hinaus soll in den beiden folgenden Kapiteln auch die Sozialität der konkreten Körperpraxis und Yogaphilosophie betrachtet werden. Dabei wird die Gegenstandsangemessenheit von Theorieperspektiven anhand der Diskussion des Theorie-Praxis-Verhältnisses am Ende dieser Arbeit nochmals aufgegriffen und weiterführend diskutiert (vgl. Kap. 6.3).

Dass Interaktionsordnungen oder soziale Rahmungen nicht ohne eine Körperlichkeit zu denken sind, ist im Kontext von gegenwärtigen Praxistheorien ansatzweise zum theoretischen Allgemeinplatz geworden (vgl. Kap. 2.3). Dieses Kapitel zeigte allerdings empirisch die Relevanz des körperlichen Handlungsvollzugs mit seinen konkreten Handlungsproblemen in Ritualen. Dabei betrifft ein grundlegender Aspekt das Verhältnis von Innen und Außen. Wie auch das Eingangszitat zum Namaste veranschaulicht, liege nämlich die Wahrheit, die Liebe, der Frieden, kurz: das gesamte Universum, aus der Sicht des Feldes: »within you and me«. Dies zeigte sich auch in der Betonung des »inneren Gurus« oder beim »inneren Spüren« des »Segens der Meister« im Einweihungsritual.[44] Was bedeutet aber diese Innerlichkeit von Spiritualität? Etwas salopp gefragt: Wo findet diese statt? Unter der Haut, etwa im Kopf oder im Herzen? Wie fühlt sich diese an und wie hängt sie mit unserer Erfahrung von Körperlichkeit zusammen? Die Perspektivverschiebung auf Interaktionsordnungen

---

[44] Dass eine solche ‚innerliche' Lesart aber überaus voraussetzungsreich ist, zeigt bspw. Eck ([1998] 2007: 11 f.) anhand einer Interpretation von hinduistischen Ritualen in Indien, die im folgenden längeren Zitat dargestellt werden soll: „While Hindu spirituality is often portrayed in the West as interior, mystical, and other-worldly, one need only raise the head from the book to the image to see how mistakenly one-sided such a characterization is. The day to day life and ritual of Hindus is based not upon abstract interior truths, but upon the charged, concrete, and particular appearances of the divine in the substance of the material world. Many Westerners, for example, upon seeing Hindu ritual observances for the first time, are impressed with how sensuous Hindu worship is. It is sensuous in that it makes full use of the senses – seeing, touching, smelling, tasting, and hearing. One ‚sees' the image of the deity (*darśan*). One ‚touches' it with one's hands (*sparśa*) and one also ‚touches' the limbs of one's own body to establish the presence of various deities (*nyāsa*). One ‚hears' the sacred sound of the mantras (*śravaṇa*). The ringing of bells, the offering of oil lamps, the presentation of flowers, the pouring of water and milk, the sipping of sanctified liquid offerings, the eating of consecrated food – these are the basic constituents of Hindu worship, puja. For all of its famous otherworldliness, India is a culture that has also celebrated the life of this world and the realms of the senses." Es sind gerade solche Erfahrungen der Farben, Gerüche, Klänge sowie der ganzkörperlichen Involviertheit mit dem gesamten Sinnesapparat, die sich bei den Ritualen auf dem Yogafestival und im Aschram in diesem Kapitel gezeigt haben.

in diesem Kapitel vermag zwar, wie gezeigt wurde, einen zentralen Erkenntnisbeitrag zu leisten, sie blendet aber auch notwendigerweise die subjektive Innerlichkeit zu weiten Teilen aus. Das folgende Kapitel sucht, an diesen Fragen anschließend, auch verkörperte *Praktiken der Innerlichkeit* anhand der Yogapraxis zum Untersuchungsgegenstand zu machen.

5 Zur Körperpraxis des Yoga

In diesem Kapitel befinden wir uns auf der Yogamatte. Im Zentrum der Betrachtung stehen die Körperpraktiken der Yogapraxis, der sogenannte Haṭha-Yoga. Körperübungen stellen nicht nur den verbreitetsten und einen niedrigschwelligen Zugang zum Yoga dar, sie können auch als eigenständige Praxis ausgeübt werden. Haṭha wird wörtlich als Kraft und Anstrengung (richtig) übersetzt, die es eben brauche, um die Zielsetzung des Yoga zu verwirklichen. Darüber hinaus findet sich eine verbreitete metaphorische Übersetzung in der Symbolik von Sonne (männliches Prinzip, *piṅgala nāḍī, ha*) und Mond (weibliches Prinzip, *iḍā nāḍī, ṭham*), die auf die praktische Überwindung dieser (und aller) Polaritäten abzielt.

Im Yoga-Wiki von Yoga Vidya wird der Fokus auf die Körperstellungen (*āsana*) im Haṭha-Yoga zwar erläutert, allerdings wird bereits im nächsten Absatz ergänzt, dass es vielmehr um eine ganzheitliche Sicht gehe:

> Der körperorientierte Teil des Yoga, [...] der Yoga der Körperarbeit. [...] Hatha Yoga sagt, dass der Körper der Tempel der Seele ist und als solcher gepflegt werden sollte, ohne ihn allerdings für das Wichtigste zu halten. Hatha Yoga sieht den Menschen also als Ganzes. Hatha Yoga richtet sich nicht nur an den physischen Körper, sondern auch an die Energiehülle (Pranamaya Kosha) und die geistig-emotionale Hülle (Manomaya Kosha).

Neben Körperstellungen gehören in diesem Sinne auch Atemtechniken (*prāṇāyāma*) und die Meditationspraxis zum Haṭha-Yoga sowie Ernährung, Entspannung und positives Denken, wie sie im Aschram als die »fünf Säulen des Haṭha-Yoga« unterrichtet werden.

Während in den anderen Kapiteln dieses Buches die *Körperlichkeit* von vermeintlich eher geistigen Tätigkeiten betont wird, wie etwa das *doing* von Yogaphilosophie (vgl. Kap. 6) und der konkrete leibliche Vollzug von Ritualen (vgl. Kap. 4), geht es in diesem Kapitel, wenn man der skizzierten Selbstbeschreibung folgt, gerade andersherum um die *Geistigkeit* der körperlichen Übungen. Diese Gegenüberstellung möchte ich in den folgenden Absätzen zunächst – auch mit Blick auf die gegenwärtige Forschungslandschaft – hinterfragen, bevor Haṭha-Yoga weiterführend verortet wird (Kap. 5.1) und wir uns schließlich auf die Yogamatte begeben (Kap. 5.2 bis 5.5). Dabei sind es insbesondere die dichotomen Unterscheidungen von Innen und Außen, Körper und Geist etc., die anhand der *Praktiken der Innerlichkeit* in diesem Kapitel reflektiert und praxelogisch re-spezifiziert, d. h. empirisch in ihrer konkreten Verwendung neu verortet werden sollen.

Bezüglich des Verhältnisses von körperlicher und spiritueller Praxis beginnt auch Schnäbele (2009: 9) ihre umfangreiche Forschungsarbeit mit der Überschrift „Mein Körper ist mein kleiner Tempel" und hält fest, dass gegenwärtiger Yoga zwar vor allem Körperpraxis sei, jedoch mit einer unterschiedlich ausgeprägten „spirituellen Ausrichtung der Praxis". In ihren Interviews berichten die Teilnehmer/-innen

https://doi.org/10.1515/9783110652802-005

u. a. davon, dass sie ihren Körper durch die Yogapraxis als einen „Tempel" neu ent-deckt haben, und beschreiben ferner, wie sich damit auch ihre Selbst- und Weltver-hältnisse im Verlauf der Praxis gewandelt haben.

In ähnlicher Weise sprechen auch die Interviewpartner/-innen von Leledaki und Brown (2008: 303) von der bewussten Transformation der Körper-Selbst-Konfigura-tion, die im Rahmen der westlichen Kultur zunächst als Körper-Geist-Dualität verortet sei. Mit „physicalization" bezeichnen sie die Kultivierung einer Körper-Geist-Einheit sowie die De-Identifikation und emotionale Re-Habitualisierung im Yoga, die für die Praktizierenden im Feld von Bedeutung sind. Haṭha-Yoga betrachten sie mithin als eine „pedagogy of body-mind cultivation".

Ein Schluss, zu dem auch Konecki (2016: 6) in seiner langjährigen Untersuchung der Yogapraxis in Polen kommt: „The work on the body can change the ‚Western' perspective of defining the body as a material element of human existence (the Car-tesian vision) to a vision of treating the body as a spiritualized substance (the vision of Eastern philosophy)." Dabei unterscheidet Konecki drei Phasen im Prozess des „becoming a hatha-yoga-practitioner", welche (1) von ganz praktischen, etwa ge-sundheitlichen, Gründen über (2) die Wahrnehmung von positiven psycho-physi-schen Effekten bis (3) zur spirituellen Phase reichen. Während Yoga für Praktizie-rende der ersten Phase eher eine „physical exercise" sein könne, würden spirituelle und moralische Werte für Praktizierende zumeist erst in der optionalen Phase drei relevant werden. Diesbezüglich verweist Konecki (Iyengar zitierend) auf *yama* und *niyama*, quasi die *dos and don'ts* der Yogapraxis, wie: Gewaltfreiheit (*ahiṃsā*), Wahr-haftigkeit (*satya*), Kontrolle von (sexuellen) Begierden (*brahmacarya*), Disziplin/As-kese (*tapas*) usw. Diese sollten traditionell zwar eigentlich zeitgleich zur (bzw. vor Beginn der) Yogapraxis befolgt werden, werden aber nach den Beobachtungen von Konecki (2016: 28) zumeist erst dann relevant, wenn es für die Praktizierenden darum gehe, ihre Yogapraxis weiter zu vertiefen.

Die Erzählungen und Narrative der Praktizierenden sowie die analytischen Sys-tematisierungen in den drei hier nur ansatzweise skizzierten Studien bleiben relativ nahe an der Selbstbeschreibung. So wurde Haṭha-Yoga bspw. in der Yogalehreraus-bildung als eine gute Einstiegsmöglichkeit beschrieben, um erste eigene körperliche und spirituelle Erfahrungen zu machen, auf denen dann aufgebaut werden könne. Die drei Phasen von Konecki (2016) finden sich hier auch als Unterrichtsprinzip, wenn etwa empfohlen wird, dass »spirituelle Elemente« wie Om und Mantra, aber auch spirituelle Deutungen von Körperstellungen, durch die Yogalehrenden erst schrittweise eingeführt werden sollten, und zwar dann, wenn die Teilnehmer/-innen bereits mit der »physischen Praxis« und ihren »Effekten« und »positiven Wirkungen« vertraut seien.

Ferner bilden die Betonung von Ganzheitlichkeit und die Abgrenzung vom Kör-per-Geist-Dualismus zentrale Topoi in der Selbstbeschreibung. So heißt es etwa im Einstiegszitat des Yoga-Wiki: „Hatha Yoga sieht den Menschen also als Ganzes." Konecki (2016: 37) kommt zu dem Schluss: „I state, after the analysis of data, that the work on the body is done to change the way of functioning of the mind." Für dieses Um-zu-Motiv, das auch in der Selbstbeschreibung zentral ist, bedarf es allerdings gerade der ,bekämpften' Dichotomie von Körper und Geist, damit diese einen Sinn ergibt. Selbiges gilt für die Innen-Außen-Dichotomie, die am Ende des letzten Kapitels bereits angesprochen wurde. Denn in den Anleitungen zur Yogapraxis sollen Körperstellungen oftmals zunächst äußerlich (körperlich) eingenommen, dann aber innerlich (geistig) im eigenen Erleben vollzogen werden. Relevant wird hier die klassische Dichotomie, die auch auf der alltagsweltlichen Verwendung der Begrifflichkeiten aufruht und die in der Yogapraxis eigentlich zum Gegenstand der Auseinandersetzung werden soll.

Einordnungen von Körper-Geist-Verhältnissen als westlich, cartesianisch, materialistisch oder dualistisch bleiben dabei nicht nur nahe an der Selbstbeschreibung, sondern lösen die Differenz in der analytischen Betrachtung letztlich nicht auf. Dies gilt in weiten Teilen auch für die Behandlung dieser Dualismen in gegenwärtigen Praxistheorien (vgl. Kap. 2.3). Ferner ist es ein überaus relevanter Unterschied, ob die »Körper-Geist-Einheit« in einer Interviewsituation, einem Wiki oder in einem Vortrag der Yogalehrerausbildung *besprochen* wird oder ob man genauer betrachtet, wie in sozialen Situationen der körperlichen Yogapraxis *praktisch* mit dem Körper-Geist-Verhältnis umgegangen wird.

Die Vorgehensweise in diesem Kapitel zielt daher weder darauf ab, diese Dualismen theoretisch-analytisch aufzulösen, noch darauf, sie anhand von Diskursen und Narrativen zu rekonstruieren. Vielmehr wird es darum gehen, zu beobachten und zu beschreiben, wie Unterscheidungen dieser Art im Yoga praktisch relevant werden. In diesem Sinne beginnt das übernächste Unterkapitel weder mit Erzählungen über jahrelange Yogapraxis noch mit einem theoretischen Instrumentarium, dies zu verorten, sondern mit dem konkreten „Ankommen auf der Yogamatte", mit dem auch die Körperpraxis ihren Ausgangspunkt nimmt (Kap. 5.2). Zuvor werden allerdings noch einige eher allgemeine Anmerkungen zum Haṭha-Yoga ergänzt, die es ermöglichen sollen, Körpertechniken auch über den Aschram hinaus genauer zu kontextualisieren bzw. zu verorten (Kap. 5.1). Anschließend folgt die Untersuchung den praktischen Anleitungen auf dem Yogafestival (Kap. 5.3) und dem Erlernen von Korrekturen in der Yogalehrerausbildung (Kap. 5.4), um von hier erneut, wie am Ende einer Yogastunde, liegend auf der Yogamatte in der Endentspannung anzukommen (Kap. 5.5). Ausgehend zunächst von leibphänomenologischen Überlegungen werden in diesem Kapitel anhand des »Ankommens« auf der Matte sowie »im inneren Universum« die *Praktiken der Innerlichkeit* in ihrer praktischen und sozialen Hervorbringung zum Gegenstand der Betrachtung.

5.1 Die Vielfalt von körperorientieren Yogaformen

Angefangen beim Yogastudio ‚um die Ecke' gibt es heute eine große Vielfalt an Yogatraditionen und -schulen. In den verschiedenen Yogastilen lassen sich teilweise erhebliche Unterschiede in Bezug etwa auf Unterrichtsformen, die Auswahl von Körperhaltungen, deren Abfolge, jeweilige Dauer, spezifische Ausübung und Intensität beobachten. In Zeitschriften finden sich dementsprechend Anleitungen, um sich im vermeintlichen Durcheinander zurechtzufinden, so etwa im Stern: „Die Vielfalt der Yogastile in Deutschland ist verwirrend. Manche sind anspruchsvoll, manche sanft, viele bieten einen weltanschaulichen Überbau, einige verzichten bewusst darauf. Erfahren Sie, welcher Stil für Sie der richtige ist" (Zimmermann 2006). Die Zeitschrift Brigitte (2016) offeriert sogleich einen Test, mit dem unterschiedliche „Yogatypen" identifiziert werden können: „Welches Yoga passt zu mir?"

So lassen sich z. B. eher sportliche oder spirituelle und eher anstrengende oder entspannende Kursangebote unterscheiden. Es finden sich ferner eher dynamische oder statische Übungen, mit und ohne Zwischenentspannung sowie unterschiedliche Fokussierungen von Atmung und Lenkung der Konzentration. Hinzu kommen ganz unterschiedliche Unterrichtsstile, die auch von individuellen Hintergründen der Lehrer/-innen abhängen können. Dabei ist trotz einer seit den 1980er Jahren einsetzenden Professionalisierung (vgl. hierzu bereits Fuchs 1990) mit teilweise mehrjährigen Yogalehrerausbildungen und Krankenkassenakkreditierung der Beruf ‚Yogalehrer/-in' weiterhin kein geschützter Begriff. Jede Person kann, solange er oder sie Teilnehmende findet, einen ganz ‚individuellen' Kurs auch mit eigenem Namen anbieten.

Eine Möglichkeit der Erschließung und Darstellung dieser Vielfalt liegt in der Herausarbeitung der spezifischen Unterschiede. So betrachtet bspw. Hauser (2013: 127) in ihrer Untersuchung die diametrale Art der verbalen Instruktionen zwischen „Yoga für Yeden", wie es in den 1970er Jahren von Kareen Zebroff in Deutschland popularisiert wurde, und „Bikram Hot Yoga", welches Ende der 1990er Jahre in den USA patentiert wurde. Dabei verweist sie auf die relevante Forschungslücke, dass in „academic debates and medico-scientific research on the global circulation of Hatha Yoga the role and impact of speech patterns in yoga tutorials is hardly mentioned." Sie zeigt, wie unterschiedlich „discursively shaped somatic experiences, i.e., regarding the practitioners' assessment of their body, personal limits, and the evaluation of pain", ausfallen können, und verortet die verschiedenen Anleitungsformen im Kontext der „Medicalization of Modern Yoga" seit den 1920er Jahren.

Eine andere Stoßrichtung, mit dieser Vielfalt umzugehen, die solche und weitere relevante Unterschiede keineswegs zu ignorieren braucht, liegt darin, die Familienähnlichkeit von Praktiken in den Vordergrund zu rücken. Die Perspektive in diesem Kapitel folgt einem solchen Fokus und interessiert sich daher für die Gemeinsamkeiten in der konkreten Praxis. Denn trotz der gravierenden Unterschiede in der Ausübung bleibt die Vielfalt an Körperübungen als Yoga, bzw. für die Feldteilnehmer/-innen genauer als Haṭha-Yoga, erkennbar und auch praktisch erklärbar. Vielen der

Praktizierenden, insbesondere jenen mit langjähriger Erfahrung, sind unterschiedlichste Stile vertraut. Ganz analog schöpfen Lehrende in ihrem Unterricht oftmals aus
Elementen der verschiedensten Richtungen. Dabei findet sich im Feld auch vehe-
mente Kritik an Grenzziehungsprozessen und Schulbildungen – zu nennen wäre hier
bspw. die Patentierung von Bikram Yoga™ – die gar als *yoga wars* und Open-source-
Bewegung diskutiert wurden. Es ist der Kontext eines vermehrten „Post-lineage Yoga:
From Guru to #metoo" (Wildcroft 2020), in dem viele Yogalehrer/-innen ihre Kursfor-
mate explizit nicht weiter spezifizieren oder einer Tradition zurechnen wollen, sondern eben Kurse in »Haṭha-Yoga« anbieten.

Hierbei spielt auch ein weiteres Motiv eine Rolle, das sich bereits in der Betonung
der »Einheit in der Vielheit« auf dem Yogafestival gezeigt hat (vgl. Kap. 2.1). Denn
trotz unterschiedlicher Wege wird eine identische bzw. zumindest ähnliche Zielsetzung angenommen, wie mit Blick auf die Yogaphilosophie und einen »spirituellen
Konstruktivismus« noch genauer behandelt werden wird (vgl. Kap. 6.2). Doch selbst
auf der Ebene der spezifischen Techniken sind z. T. die Unterschiede zwischen An-
fänger- und Fortgeschrittenenkursen innerhalb einer Tradition größer als zwischen
verschiedenen Yogarichtungen. Dabei lässt sich die Expertise der Praktizierenden,
wenn auch nur bedingt, auch auf andere Übungsstile übertragen. So erläuterte ein
Yogalehrer auf dem Festival, dass man sich nicht an einem Kurs in Ashtanga-Yoga zu
versuchen brauche, bevor man die fortgeschrittene Mittelstufe im Sivananda-Yoga
praktizieren könne. Die verschiedenen Yogarichtungen bleiben dabei insgesamt dem
zwar keineswegs einheitlichen, aber dennoch als Yoga identifizierbaren Bedeutungshorizont verpflichtet. Ein weiteres Beispiel soll dies in den folgenden Absätzen anhand spezifischer Techniken verdeutlichen.

So macht es einen gravierenden Unterschied, ob man eine Körperstellung wie im
Sivananda-Yoga bis zu mehreren Minuten lang hält oder in einem sogenannten Flow
durch unterschiedliche Haltungen geht. Ein Argument dafür, eine Stellung länger zu
halten, besagt, dass sich erst dann die spirituelle und meditative Dimension der
Übung und ihre Wirkungen voll manifestieren würden. Eher dynamische Übungsformen wären aus dieser Sicht zunächst ihrer Spiritualität beraubt. Eine solche Interpretation übersieht aber, dass sich Meditation auch innerhalb von Bewegungen konzi-
pieren lässt, wie dies bspw. im Tai-Chi hohe Bekanntheit erreicht hat (vgl. Mitchell
2022 fc.). So kritisiert eine Vini-Yoga-Lehrerin (fließende Praktiken sind in dieser Tradition besonders prominent) den zuvor genannten Beitrag in Brigitte (2016) mit einem
Kommentar auf der Homepage folgendermaßen: „Manche Aussagen (z. B. Vini-Yoga
nur zur Gesundheitsförderung, wenig spirituell) schlecht recherchiert. Schade."

Während beim Halten einer Körperstellung die Konzentration u. a. auf einzelne
Körperpartien, die Gesamt-Gestalt und Figur, den Atem oder auf ein Chakra, Farben
oder ein Mantra gelenkt werden kann, liegt der primäre Fokus in bewegungsorien-
tierten Praktiken neben der Form (und der Gestalt des Ablaufs) insbesondere auf der
Synchronisation von Bewegung und Atem (was in allen Traditionen eine Rolle spielt)
und wird oftmals kombiniert mit dem Halten und Lösen von unterschiedlichen

bandhas, d. h. Muskelpartien im Beckenboden, oberen Bauchraum und Kehlkopf. Bei Yoga Vidya bspw. sind diese Fokusbereiche insbesondere im vorgeschalteten *prāṇāyāma*, den Atemübungen, relevant, während bei dynamischen Übungsformen *āsana* und *prāṇāyāma* quasi miteinander verschmelzen. Hier kann ein Kontinuum von Bewegungen zu einer längeren Meditation werden bzw. als solche interpretierbar und erfahrbar werden, so dass auch im sogenanntem Power-Yoga auf spirituelle Effekte abgezielt werden kann.

Was in diesem sehr knapp erläutertem Beispiel, der Gegenüberstellung von Flow und Halten, jedoch auffällt, ist, dass meine Beschreibung ausgehend von den körperlichen Praktiken relativ schnell zur Bedeutung dieser Übungen und ihrer Interpretation übergegangen ist. Dabei stellt sich aber in der empirischen Analyse die Frage, wer unter welchen Bedingungen eine solche Interpretation formuliert. Es könnten auch andere Interpretationen und Semantiken als die der Spiritualität anschließen, z. B. die Betonung des Kardio-Aspekts der Flow-Praktiken oder die Infragestellung des Dehnungserfolgs beim mehrminütigen Halten; Aspekte, die im Feld durchaus diskutiert werden. Wie also solche Praktiken in der spezifischen Situation des Yogaunterrichts angeleitet, ausgeübt, interpretiert und wechselseitig verfertigt werden, ist zentraler Gegenstand dieses Kapitels.

Dabei rückt entgegen der Vielseitigkeit zunächst die Ähnlichkeit der Praxisformen in den Mittelpunkt der Betrachtung, die mit dem Ausrollen der Matte oder etwa dem Sitzen in einer Vorwärtsbeuge beginnen. Interessiert man sich für das *Wie* der Praxis und die soziale Situation, weisen die unterschiedlichen Stile zunächst deutlich mehr strukturelle Gemeinsamkeiten als Unterschiede auf. Es handelt sich in allen Formaten um Unterrichtssituationen mit Yogalehrenden und Teilnehmenden. Dabei liegen, unabhängig von Stil und Niveau der Teilnehmer/-innen, die Redeanteile weitestgehend bei den Lehrenden. Die ‚Rolle‘ der Lehrer/-innen wird in diesen Situationen ebenso sozial hervorgebracht wie die einzelnen Körperhaltungen, deren soziale Praxis im Folgenden nachvollzogen wird. Ausgangs- und Endpunkt dieses Kapitels bildet, entsprechend der Struktur der Yogastunde, das Ankommen auf der Yogamatte.

5.2 »Ankommen« auf der Yogamatte (Teil 1)

„Du liegst in *śavāsana* (4) für eine kurze Anfangsentspannung, (5) um ganz bei dir (2) in dieser Yogastunde anzukommen. (6)"

(Anleitung, Yogalehrerausbildung, 4. Woche, 2013)

Mit diesen Worten eröffnet der Yogalehrer eine der fortgeschrittenen Yogastunden, die in der Yogalehrerausbildung täglich vor- und nachmittags stattfinden. Mit »Du liegst« spricht er jede/n Teilnehmer/-in direkt an und beschreibt einen Ist-Zustand bzw. die Erwartung, dass alle bereits die Rückenentspannungslage, wie *śavāsana* auch genannt wird, eingenommen haben. Ein Teilnehmer, der gerade noch auf seinem Kissen sitzt, und eine Teilnehmerin, die gerade den Raum betritt und sich hastig ein Kissen vom Regal nimmt, bekommen so zu verstehen, dass auch sie bereits auf dem Rücken liegen sollten – und begeben sich zügig in diese Position. Die anderen werden in ihrer aktuellen Körperhaltung angesprochen und liegen bereits bewegungslos unter weißen Decken auf Yogamatten: Die Beine hüftbreit geöffnet, die Hände leicht vom Körper abgespreizt, die Nasenspitze und Handflächen zeigen nach oben zur Decke.

Bei der »kurzen Anfangsentspannung« gehe es um das »Ankommen« »bei dir«, also bei einem selbst, im Hier und Jetzt »dieser« konkreten Yogastunde. Diese einzelnen Aspekte werden durch die mehrere Sekunden andauernden Pausen im Sprechfluss des Yogalehrers (die im Transkript in runden Klammern angeführt werden) betont und hervorgehoben. Das Gesagte wird durch die langen Pausen als etwas Bedeutungsvolles interpretierbar. Im Gegensatz zu Gesprächen im Alltag überwiegen zeitlich gesehen die Pausen gegenüber dem gesprochenen Wort und bringen somit performativ auch die zu vollziehende Tätigkeit als etwas Ruhiges und Langsames mit hervor. Selbiges gilt für die Intonation und Sprechweise des Yogalehrers, der leicht melodisch, langsam und langgezogen, mit wenig Höhen und Tiefen spricht. Die Melodie der Prosodie wird eher durch den gleichbleibenden Rhythmus und Dehnungen als durch steigende oder fallende Tonhöhen erzeugt. Durch ein leichtes Ausatmen am Ende von Worten wirkt das Gesprochene eher gehaucht und erzeugt eine Art von ‚Weichheit‘. Es scheint sich um etwas Sanftes zu handeln, das hier besprochen wird.

Die Äußerungen des Yogalehrers, die im späteren Verlauf als eine Anleitung erkennbar werden, beginnen zunächst aber nicht mit einer Aufforderung, etwa: ‚Lege dich auf den Boden‘, sondern mit einer Beschreibung der Situation: »Du liegst.« Dies kann hier als eine sprachliche Darstellungsform gesehen werden, die den Instruktionscharakter selbst zunächst infrage stellt. Die eher beschreibende Ausdrucksform kann somit dahingehend interpretiert werden, dass die Aufmerksamkeit primär bei den Teilnehmenden selbst und nicht bei den Anleitungen des Yogalehrers liegen solle. Denn externe Anleitungen können auch als problematisch angesehen werden, wenn es darum gehen soll, sich statt auf diese ganz auf sich selbst zu fokussieren und zu achten.

Betrachtet man den Inhalt des Satzes weiter, erscheint die Unterstellung bemerkenswert, dass die körperlich bereits anwesenden Teilnehmer/-innen noch nicht »ganz« angekommen seien. Die Anfangsentspannung scheint hier als Mittel zu diesem Zweck zu dienen: »Ankommen« wird als eine Tätigkeit beschreibbar, die noch zu vollziehen ist und unterschiedliche Grade des Angekommen-Seins impliziert. Auch die Pausen des Yogalehrers verweisen performativ auf diese Tätigkeit, insofern sie andeuten, dass es Zeit bedarf, um dem Gesagten zu folgen bzw. einen Raum dafür zu schaffen, das Gesagte erlebend nachvollziehen zu können.

»Ankommen« ist eine zentrale Metapher, die nicht nur zum Beginn dieser Yogastunde genutzt wird, sondern die in Yogastunden sowie bei der Meditation, im Satsang oder beim Mantra-Singen häufig verwendet und wiederholt wird. So könne etwa in einer Körperhaltung wie der Vorwärtsbeuge, im »Yoga-Aschram«, »auf dem

Kissen«, »beim Sich-Spüren«, »in der Ausbildung«, »bei sich selbst«, »im Hier und Jetzt« oder etwa im »kosmischen Bewusstsein« angekommen werden. Die räumliche Metapher des »Ankommens« wird mit einem innerlichen Erleben kombiniert, das auf eine geistige Haltung oder Präsenz bzw. eine spezifische Aufmerksamkeit verweist.

In diesem Sinne finden sich weitere Umschreibungen der Tätigkeit des Ankommens, die zunächst körperliche Anleitungen geben: »sich in einer Position einrichten«, »die Stellung aufbauen«; und diese kombinieren mit einem »Hineinspüren«, »Fühlen«, »Beobachten« oder »Wahrnehmen«. Zu dieser Haltung gehört auch die Aufforderung zum »Entspannen« und zum »Los-« und »Geschehen-Lassen« sowie dessen konkreter Vollzug. Diese *Tätigkeit des Ankommens* kann dabei in verschiedenen Stellungen, aber eben auch bewegungslos auf dem Rücken liegend und mit geschlossenen Augen ausgeführt werden.

Die Rückenentspannungslage, welche fast alle Teilnehmer/-innen bereits vor Beginn der Ausführungen eingenommen haben und mit der jede Yogastunde im Aschram beginnt und endet, wird im Yoga als eine der spezifischen *āsana* (Körperhaltungen) beschrieben und mit einem eigenen Namen benannt: *śavāsana*, was übersetzt Totenstellung heißt. Sie wird manchmal auch ins Englische übersetzt und als *dead body position* oder *corpse pose* benannt. Mit der Sanskrit-Bezeichnung wird bereits auf ein *Mehr* verwiesen, was die Tätigkeit *śavāsana* vom einfachen Auf-dem-Rücken-Liegen zu unterscheiden scheint. Denn während das Sich-auf-den-Boden-Legen zunächst eines der einfachsten Dinge der Welt sein könnte, werden die Herausforderungen der Position im Feld häufig thematisiert: „Von allen Asanas stellt die Ruhehaltung an den Körper die geringsten Anforderungen. Jedoch gilt die Ruhehaltung als am schwersten zu meistern, da es bei ihr darum geht, die ganze Spannung aus Körper und Geist weichen zu lassen."[45] (vgl. auch Kaminoff 2011: 143) Ferner soll die Bezeichnung der Stellung als Leichnam „ausdrücken, daß der Körper vollkommen entspannt ist, und Reize der Außenwelt nicht beachtet werden. Dafür erschließt sich das innere Universum".[46]

Das Ankommen und das Entspannen in *śavāsana* gelten hier, entgegen ihrer scheinbaren Einfachheit, als am schwierigsten zu meistern. Mit dem »inneren Universum« wird eine Metapher verwendet, die auf einen quasi unendlichen »inneren Raum« verweist und damit auf einen zentralen Bereich dessen, was im Feld als Spiritualität bezeichnet wird und hier in der einfachen Rückenlage spürbar und erlebbar werden soll. Entsprechend geht es im Folgenden und insbesondere am Ende des Kapitels um die situierte Hervorbringung und wechselseitige Verfertigung dessen, was hier als »inneres Universum« beschrieben wird und mit dem »Ankommen« in Verbindung zu stehen scheint (vgl. Kap. 5.4).

---

45 URL: https://de.wikipedia.org/wiki/Shavasana (Stand: 22.02.2016; Letzter Aufruf: 19.09.2021).
46 URL: http://www.yoga-vidya.de/de/asana/tiefenentspannung.html (Letzter Aufruf: 19.09.2021).

Die Tätigkeit des Ankommens kann aber bereits vor den verbalen Instruktionen des Yogalehrers beginnen, spätestens mit der Entscheidung, an einer Yogastunde teilzunehmen. Dazu gehört eine mehr oder weniger aufwendige Vorbereitung auf die Yogastunde. Im Idealfall vier Stunden (mindestens jedoch eine Stunde) zuvor keine Nahrung aufgenommen zu haben, kann bereits eine Umstrukturierung des gesamten Tagesablaufes erfordern. Auch geduscht und mit geschnitten Fuß- und Fingernägeln zu erscheinen, kann bei einer schweißtreibenden gemeinsamen Tätigkeit von Vorteil sein. Hinzu kommt die mehrfach angesprochene sattvische Lebensweise, die es erschwert, direkt nach dem Rauchen einer Zigarette oder dem Trinken eines Bieres entspannt ein Yogastudio zu betreten.

Diese und weitere Vorstellungen von Reinheit lassen sich, bspw. in Anlehnung an Mary Douglas (1966), nicht nur mit Blick auf den Bedeutungshorizont des Yoga genauer betrachten. Obgleich dies an dieser Stelle nur angedeutet wird, können solche sozialen Ordnungen des Heiligen wie auch des Ekels durchaus das Erleben der Teilnehmenden figurieren, wenn diese etwa beschreiben, wie es sich anfühlt, mit frisch gewaschener Yogakleidung, frisch geduscht und leerem Magen in einem geräucherten und frisch gelüfteten Raum, der ausschließlich zur spirituellen Praxis genutzt wird, in *śavāsana* zu liegen. Dies betrifft auch die sogenannte ‚innere Haltung‘ auf dem Weg zur Yogastunde, die ebenso auf die Tätigkeit des Ankommens verweist. So berichten einige Teilnehmer/-innen in Interviews von »inneren Konflikten«, etwa wenn sie von ihrem Büro oder einem Termin zu einer Yogastunde hetzen, um noch pünktlich zu kommen, wobei es doch eigentlich darum gehe, zu entspannen und diese Entspannung auch in ihrem Alltag zu erleben. Schnäbele (2009) beobachtete in ihren Interviews die Tendenz, dass Teilnehmer/-innen im Kontext ihrer Yogapraxis häufig in Teilzeit oder sogar gänzlich den Job wechselten, um einen entsprechend anderen Lebensstil verfolgen zu können.

Dies verweist auch darauf, dass das »Ankommen« keine abrupte Tätigkeit darstellt, sondern eher als ein langsames ‚Abbremsen‘ beschrieben werden kann, dass sich nicht nur auf die Zeit auf der Matte beschränkt. Im spezifischen Kontext des Aschrams ist der Alltag bereits entsprechend ‚entschleunigt‘ und auf die gemeinsame Yogapraxis ausgerichtet. Die Tätigkeit des Ankommens lässt sich aber auch im Yogaraum genauer betrachten, und zwar, wie das folgende Protokoll verdeutlicht, noch vor dem Beginn der verbalen Äußerungen des Yogalehrers oben.

Circa sieben Minuten vor Beginn betrete ich den Yogaraum im ersten Untergeschoss. In drei Reihen sind bereits einige Yogamatten ausgerollt und Richtung Altar ausgerichtet. Vor dem Altar befindet sich die einzige quer ausgerollte Matte von Arjuna, dem Yogalehrer, der in sich gekehrt am weit geöffneten Fenster steht. Eine Teilnehmerin legt einen Rucksack, ein Kissen und ein Kirtanbuch neben der Yogamatte vorne rechts ab und platziert bedächtig ein Kissen mit einer weißen Decke in der Mitte ihrer Matte. Sie schließt das zweite hintere Fenster und verlässt mit langsamen Schritten den Raum. Der Assistent des Yogalehrers, Dharmananda, sitzt aufrecht auf einer überaus exakt gefalteten Decke links neben Arjunas Matte. Er verlässt seine Sitzhaltung, geht in die Rückenlage und zieht die Knie zu seinem Körper, bevor er beginnt, mit ganz langsamen Pendelbewegungen vor- und zurückzuschaukeln, während Arjuna das vordere Fenster schließt und wortlos den Raum verlässt. Hinten mittig liegt bereits eine Teilnehmerin in der Rückenlage mit leicht gespreizten Armen und Beinen und nach oben zeigenden Händen unter einer weißen Decke.

Ich hole eine Matte aus dem Regal, um sie sorgfältig rechts hinten im Eck, parallel zu der ausgerollten Matte daneben und mit etwa einem halben Meter Abstand auszurollen, und stelle meine Tasche links daneben ab. Während ich mich erneut zum Regal begebe, um einen Gurt, eine Decke sowie ein großes Kissen zu holen, kommt Stefan mit seiner zur Hälfte gefalteten eigenen Yogamatte in der rechten Hand sowie Kissen, Decke und Rucksack unter dem linken Arm in den Raum, läuft an mir vorbei und fragt: „Ist da hinten noch frei?" Die liegende Teilnehmerin hebt leicht den Kopf und erwidert: „Weiß ich nicht, da steht ne Tasche, aber." „Des ist meine," sage ich gleich, und Stefan wiederholt „Ist deine, ok." „Ach so", sagt die Teilnehmerin leicht lachend und Stefan erläutert, während er die Matte links neben meiner zusammenrollt, um anschließend seine persönliche Yogamatte an dieser Stelle auszurollen: „Ist nämlich besser, wenn ich an der Wand bin, wenn ich dann Kopfstand übe und so."

Die Teilnehmerin von vorne rechts kommt mit einer Tasse heißem Wasser zurück in den Raum und stellt diese vorsichtig neben ihrer Matte auf den Boden, bevor sie aufgerichtet auf ihrem Kissen Platz nimmt und noch kurz beide Arme mit verschränkten Händen über den Kopf streckt. Weitere Personen betreten den Raum. Markus pfeift leise und sichtlich fröhlich, während er zu seiner zuvor bereits ausgerollten Matte schlendert. Er schiebt mit dem Fuß die weiße Decke, die er auf die Matte gelegt hat, leicht zur Seite und geht immer noch leise pfeifend und bedächtig in die Hocke, blickt kurz umher, richtet sich aber wieder auf, um ein Kissen aus dem Wandregal zu holen. Zurückgekehrt stützt er sich mit der linken Hand leicht auf dem Boden ab und kommt langsam zum Sitzen. Er breitet sorgfältig die Decke über seine Knie aus und begibt sich ganz gemächlich und bedächtig in die Rückenlage, in der er zunächst die Arme hinter seinem Kopf verschränkt. Während einige sich noch Gegenstände holen und vereinzelt leise Gespräche führen, begeben sich die meisten Teilnehmer/-innen bereits in die Rückenlage. Sie bewegen noch kurz ihre Decken, rollen teilweise den Kopf nach links und rechts, dehnen und strecken sich ein wenig, bevor ihre Körper mit geschlossenen Augen zur Ruhe kommen. Dabei wird es im Verlauf immer ruhiger im Raum.

(Protokoll, Yogalehrerausbildung, 4. Woche, 2013)

Anhand der ethnografischen Beschreibung wird deutlich, dass, bevor es um einen »inneren Raum« des Ankommens geht, bereits eine ganze Menge im äußeren Raum geschieht. Der Yogaraum wird zunächst vorbereitet und von den Teilnehmenden gestaltet und individuell und kollektiv angeeignet. In der Zeitspanne vom Lüften des Raums bis zum Beginn der Stunde entsteht eine Anordnung von Yogamatten, Gegenständen und Körpern im Raum, die bereits die folgende Yogapraxis von anderthalb Stunden antizipiert.

Dazu gehören häufig eine Decke, die im stillen Liegen und Sitzen den Körper bedeckt, das *kīrtan*-Buch zum Singen des längeren Eröffnungs-Mantras, das Kissen zum Sitzen während des anschließenden *prāṇāyāma*, ein Gurt, der bspw. in der Vorwärtsbeuge zum Einsatz kommen kann, vereinzelt Getränke oder auch Block und Stift, um sich Übungen oder Probleme und Erfahrungen zu notieren. Die Teilnehmenden bereiten ihren individuellen Platz zur Praxis sorgfältig vor und wählen sich einen Ort zum Üben aus: zum Beispiel in der Nähe der Yogalehrenden, um diese genauer beobachten zu können, oder möglichst weit von diesen entfernt, um persönliche

Korrekturen zu vermeiden. Andere Präferenzen können auf den Windzug der Fenster beim Lüften bezogen sein oder bspw. auf die Nähe zur Wand, wenn die Teilnehmer/-innen etwa im Kopfstand noch unsicher sind und die Wand eine mögliche Unterstützung anbietet.

Es ist eine soziale Ordnung, bei der – fast wie am Pool eines Hotels – Matten bereits im Vorfeld belegt und reserviert werden: »Ist hier noch frei?« Allmählich wird die Ordnung des Raums hervorgebracht, die mit gleichbleibenden Abständen parallel nach ‚vorne‘ zum Altar und zum Yogalehrer ausgerichtet ist. Eine Ausrichtung, die in den folgenden Anleitungen auch die Interaktionssituation fokussiert. Teilweise gehen die Teilnehmer/-innen nochmals zur Toilette oder holen sich ein Heißgetränk und dehnen und strecken sich, was sich bspw. am Vor- und Zurückpendeln des Assistenten beobachten lässt und eine spezifische Vorbereitung etwa auf die Rückenlage darstellt.

In gewisser Hinsicht lässt sich die soziale Situation mit dem Aufwärmen vor einem Fußballspiel vergleichen. Während beim Fußball ein Level an Konzentration und Ernsthaftigkeit durch die Demonstration von Körperspannung und Kampf- bzw. Einsatzbereitschaft, bspw. durch kurze Sprints und hohes Springen, zur Schau gestellt wird (vgl. Müller 2009: 167), wird auch im ruhigen und bedächtigen Vorbereiten der Yogamatte und weiterer Gegenstände eine Form von Ernsthaftigkeit kommuniziert bzw. ein Sich-Einstimmen hergestellt, das eine Fokussierung der Teilnehmer/-innen auf ihre eigenen Körper, Gemütszustände und die nachfolgende Praxis beobachtbar werden lässt.

Die meisten Blicke der Teilnehmer/-innen sind leicht nach unten gesenkt und auf die Gegenstände und schließlich auf die eigene Matte fokussiert. Ihre langsamen, ruhigen und bedächtigen Tätigkeiten bereiten zum einen darauf vor, dass die Yogamatte für den gesamten Ablauf nicht mehr verlassen werden muss. Zum anderen bringen sie bereits eine Form von »Achtsamkeit« zum Ausdruck und stellen diese mit her, die sich in der anschließenden Praxis fortsetzt. Es wird erkennbar, wie bereits das sorgfältige Auswählen des Platzes, das faltenfreie Ausrollen der Matte in exakten Abständen, das bedächtige Hinsetzen, langsame Ausstrecken der Beine und Überstreifen einer Decke einen wichtigen Teil der Praxis von *śavāsana* darstellen. Es geht um ein Sich-Einstimmen auf die Tätigkeit. Ein Einstimmen, das im Anschluss an die Rückenentspannungslage im gemeinsamen Singen von Om eine entsprechende kollektive Fortsetzung findet.

Anhand des gemeinsamen Singens von Om hatte ich bereits darauf hingewiesen, dass man im Anschluss an Schütz ([1945] 1971) überlegen könnte, beim Yoga von einer spezifischen Sinnprovinz zu sprechen, die einen bestimmten kognitiven Stil, ein Relevanzsystem, eine Aufmerksamkeitsstruktur und eine Bewusstseinsspannung voraussetzt bzw. erfordert und hervorbringt (vgl. Kap. 3). Während Schütz insbesondere den Schock beim Wechsel zwischen geschlossenen Sinnprovinzen, etwa der Wechsel vom Traum- zum Wachzustand, hervorgehoben hatte, lässt sich beim Yoga die konkrete Arbeit ihrer schrittweisen, situativen, sozialen und verkörperten

Verfertigungen beobachten. In diesem Sinne zeigen bspw. Meyer und von Wedelsta-edt (2017: 27), wie im Handball die außeralltägliche Sinnprovinz des Leistungssports hergestellt und bereits beim Aufwärmen „ein Gefühl für einen Teamkörper und ein Teamterritorium entwickelt und ein gemeinsames, synchronisiertes Zeitbewusstsein erzeugt wird".

Was diese Sinnprovinz aber im Yoga auszeichnen würde, lässt sich weniger an-hand der Schütz'schen Kategorien ableiten als an der Beobachtung der konkreten Praktiken. Im Mittelpunkt der Beobachtung stand bisher die achtsame Vorbereitung, das Sich-Einrichten und Ankommen auf der eigenen Matte und die eröffnenden Worte des Yogalehrers, die eben diese Tätigkeit als eine sehr spezifische Tätigkeit rah-men und mit hervorbringen. Im Folgenden werden neben dem körperlichen Vollzug auch die Rolle der Yogamatte und der soziale Raum, in dem diese ausgerollt wird, weiterführend betrachtet.

Die Yogamatte begrenzt einen physischen und sozialen Raum, indem sie eine Grenze zieht und damit einen Ort für die eigene Praxis schafft, an dem das »Ankom-men« vollzogen werden soll. Die Unendlichkeit des »inneren Universums« muss hier einen Platz auf 60 mal 190 Zentimetern finden, auf dem sich die individuelle Yogapra-xis materialisiert. Bollnow (1960: 401 f.) befasst sich mit dem „erlebten Raum" der Wahrnehmung im Unterschied zum „mathematischen Raum" und unterscheidet den „Innen- und Außenraum" anhand des „eigenen Hauses". Er führt aus, dass sich dem Menschen mit dem Haus ein Raum des „Geschützt-seins und Geborgen-seins" er-öffne, „in dem er die ständige ängstliche Aufmerksamkeit auf eine mögliche Bedro-hung entlassen kann [...], um dort zu sich selber zurückzukehren". Den Mittelpunkt des Hauses bilde das Bett „als Raum der Geborgenheit", in dem der Mensch liegen könne, wohingegen „er im sonstigen Leben, wenn auch mit verschiedenen Abwand-lungen, sich aufrecht verhält" (Bollnow 1962: 57).

Es mag zunächst irritieren, dass eine soziale Situation, in der zwanzig Matten am Boden liegen, mit der Privatheit des Hauses und mit dem eigenen Bett als Null- und Ausgangspunkt der Strukturierung des erlebten Raumes des Menschen verglichen wird. Ferner wären die Überlegungen Bollnows im spezifischen sozio-historischen Kontext zu hinterfragen. Doch das Spannungsfeld dieses Vergleichs dient hier als eine gewinnbringende Metapher für ein sehr konkretes praktisches Problem, das in der Yogapraxis ausgehandelt wird: das Verhältnis der individuellen und privaten Praxis zu einer öffentlichen, kollektiven und sozialen Situation.

Während es sich um eine soziale Orchestrierung der gemeinschaftlichen Yoga-stunde handelt, geht es gleichzeitig um die Herstellung eines geschützten, privaten und individuellen Raumes, in welchem eben »ganz bei sich selbst« angekommen werden soll. Innerhalb des sozialen Settings soll sich der Fokus der Aufmerksamkeit auf der eigenen Matte und in der Wahrnehmung des eigenen Körpers materialisieren. Dies kann schrittweise beschrieben werden und beginnt bereits mit dem Arrange-ment des Auf-dem-Rücken-Liegens, das den Blick primär auf die Decke einschränkt und mit dem Schließen der Augen den Wahrnehmungsraum weiter eingrenzt. Damit wird auch die soziale Interaktionssituation insofern reduziert, als die wechselseitige Wahrnehmung, es sei denn mit einem kurzen Blick zur Seite, eingeschränkt werden soll, als liege man ganz alleine bei sich zu Hause.

Der Vergleich zu Bollnows Haus verweist ferner auf die symbolische Bedeutung, die der Yogamatte zukommen kann. Bollnow spricht vom „sakralen Charakter" des Hauses, setzt es mit dem Tempel gleich und betont, auf Cassirer (1955) verweisend, dass aus dem chaotischen Raum ein Bereich als heilig herausgeschnitten wird, „die Scheidung des Heiligen und Profanen, die durch die Mauern des Hauses verkörpert wird" (Bollnow 1960: 403). Während bereits der Yogaraum mit seinem Altar und seinen Bildern von Göttern und Heiligen auf einen sakralen Charakter verweist, kann auch die eigene Yogamatte einen solchen Raum abgrenzen und, etwas überspitzt formuliert, zu einem mobilen ‚heiligen Bett' für die Praktizierenden werden.[47] Die Praktizierenden können dann an unterschiedlichsten Orten auf ihrer Matte »ganz bei sich ankommen«, als wären sie gerade zu Hause in ihrem eigenen Bett.

Dass hier ein spezifischer ‚Raum' der Matte hergestellt wird, zeigt sich auch daran, dass dieser von den anderen Praktizierenden gewahrt wird, ähnlich wie die „Territorien des Selbst" (Goffman 1971: 29 f.). Selbst bei Abwesenheit der Teilnehmer/-innen laufen diejenigen, die nochmals kurz den Raum verlassen, mit Abstand um die ausgerollten Yogamatten der anderen herum, anstatt den kürzesten Weg zur Tür über die Matten zu gehen. Ferner strukturieren die Yogamatten die gemeinsame Praxis. Die Anordnung paralleler Matten, in Reihen mit gleichbleibenden Abständen, normieren die Ausrichtung zum Altar und Yogalehrer und fokussieren die anschließende Interaktionssituation. Im räumlichen Verhältnis der Yogamatten spiegelt sich das Verhältnis zwischen kollektiver und individueller Yogapraxis. Die Frage nach dem »inneren Raum« des »Ankommens« wird somit bereits vor Beginn der Yogastunde in Bezug auf die aktive Gestaltung und Hervorbringung eines physischen, symbolischen und sozialen (individuellen) Raumes relevant.

In diesem Raum begeben sich die Teilnehmer/-innen in die Rückenentspannungslage: śavāsana, die Fußkanten fallen nach außen, die Handflächen zeigen nach oben, der Kopf ruht mit geschlossenen Augen auf dem Hinterkopf. Die z. T. implizite Aufforderung des Yogalehrers, in dieser Haltung ganz bei sich anzukommen, erscheint vielleicht naheliegend, kann aber in der konkreten Praxis auch zu einer Art Aporie der Entspannung führen. *Jetzt, in diesem Moment*, unmittelbar bei sich anzukommen und zu entspannen, ähnelt zuweilen der Aufforderung zur Spontaneität. Es ignoriert das subjektive Erleben der Teilnehmer/-innen, die vielleicht gerade mit leerem Magen an das Frühstücksbuffet oder mit verspannten Schultern an das Schreiben ihrer Dissertation denken und am Ende der dreiminütigen Anfangsentspannung

---

47 Eine weitere Vergleichsperspektive ließe sich in dieser Hinsicht z. T. im islamischen Gebetsteppich finden, wenn etwa im Sufismus der šaiḫ (Scheik) als as-saǧǧāda, d. h. als Meister des Gebetsteppichs, bezeichnet wird.

nirgendwo angekommen sind. Das Spüren von dem, was gerade in diesem Moment ist, findet in einem zeitlich und körperlich strikt vorgegebenen und in gewisser Weise auch disziplinierten Rahmen statt.

Dabei ist die bewegungslose Rückenlage ohne Kopfkissen nicht per se für alle Teilnehmer/-innen und noch weniger über einen längeren Zeitabschnitt hinweg notwendigerweise angenehm. Für Anfänger/-innen etwa wird empfohlen, sich von den Yogalehrenden bei Bedarf ein Kissen unter den Knien, dem unteren Rücken oder dem Kopf platzieren zu lassen. Es bedarf nicht unbedingt eines Kopfstandes, um die Widerständigkeit und Eigensinnigkeit des Körpers zu erfahren. Bereits in der Rückenlage sind Juckreize, Bewegungswünsche, körperliche Spannungen, Harndrang etc. selbst für erfahrende Praktizierende nicht immer leicht zu kontrollieren.

Die bewusst bewegungslose, ruhige, stabile und angenehme Haltung gilt entsprechend bereits als eine der zentralen Zielsetzungen des Haṭha-Yoga, die im „Yoga-Sūtra" (2.46) als *sthira-sukham-āsanam* bezeichnet wird. Diese Zielsetzung verweist auf die konkreten Handlungsprobleme, die Praktizierende in unterschiedlichen Yogahaltungen erleben und überwinden sollen. Ihre Herausforderungen betreffen nicht nur die körperliche Haltung, sondern insbesondere auch die Fokussierung der Aufmerksamkeit, die schon nach wenigen Momenten beginnen kann, umherzuschweifen. Der verbalen Anleitung zu folgen, bzw. der Stimme der Yogalehrenden, sowie der ritualisierte Ablauf und die regelmäßige Praxis und Einübung bieten indes mögliche Ankerpunkte für die Aufmerksamkeit der Praktizierenden. In diesem Sinne wird in der beschriebenen fortgeschrittenen Yogastunde *śavāsana* auch nicht mehr grundlegend hinterfragt, sondern standardmäßig und selbststständig von den angehenden Yogalehrenden eingenommen.

Das Einnehmen der körperlichen Haltung führt ferner zu einer kollektiven Synchronisierung aller Teilnehmer/-innen, wie etwa beim Gebet in einer Kirche, das mit Blick auf den rituellen Vollzug und die zuvor angesprochenen Handlungsprobleme im letzten Kapitel bereits ausführlich diskutiert wurde (vgl. Kap. 4). Diese Dimensionen der Praxis sind auch hier in ähnlicher Weise an der Erzeugung einer inneren Haltung beteiligt. Wurde bereits mit Blick auf das Ausrollen der Matte von der gleichzeitigen Herstellung eines kollektiven und individuellen Raumes gesprochen, so gilt dies auch für den weiteren Vollzug. Die kollektive Situation des gemeinsamen Auf-dem-Boden-Liegens läuft dabei in der individuellen Praxis oftmals nahezu unbemerkt mit.

Denn das Schließen der Augen und das Zurückziehen der Sinne sollen ja gerade ein Ausblenden der sozialen Situation bewerkstelligen, was als eine soziale Leistung betrachtet werden kann, wie bspw. auch Hirschauer (1999) mit Blick auf die Praktiken der Minimierung von Anwesenheit bei Fahrstuhlfahrten beschreibt. Auch der kurze, schielende Blick zur Seite wirft die Teilnehmer/-innen auf sich selbst und ihre eigene Haltung zurück, wenn sie eine andere Person in der bewegungslosen und exakten Haltung mit ruhigem Atem und geschlossenen Augen am Boden liegend beobachten.

Dieser Darstellungsaspekt der Körperhaltung erweist sich ebenso für die eigene Wahrnehmung des Körpers als überaus relevant. Im Interaktions- und Ritual-Kapitel wurden die Darstellungspraktiken von Spiritualität in ‚offensichtlichen' Interaktionssituationen, etwa in Gesprächen oder Verbeugungen und Umarmungen, ausführlich diskutiert (vgl. Kap. 4). Doch auch für die konkrete körperliche Praxis einer Körperhaltung erweist sich die soziale Darstellungsdimension als elementar, wie dieses Kapitel in den anschließenden Unterkapiteln zu zeigen sucht.

Dafür ist bereits die Bezeichnung als »Totenstellung« insofern interessant, als sich, wie im Vergleich zu Bollnow bereits deutlich wurde, im Alltag – abgesehen von anderen Körperpraktiken wie etwa dem Autogenen Training – kaum soziale Situationen finden lassen, in denen eine größere Gruppe von erwachsenen Menschen bewegungslos mit ausgebreiteten Armen und Händen auf ihrem Rücken liegen, quasi hilf- und schutzlos, und sich dem Fühlen und Spüren hingeben. Wer sich etwa in seinem Mehrpersonen-Büro am Arbeitsplatz einmal in *śavāsana* unter den Schreibtisch legt, kann an den Reaktionen der Kolleg/-innen die Besonderheit dieser Körperhaltung ablesen. Auch das Schließen der Augen in einer Gruppe kann in diesem Sinne eine Überwindung und ein Vertrauen erfordern, das nicht allen Teilnehmenden von Beginn an leichtfällt, sondern erst eingeübt wird.[48] Das bewegungslose Halten einer Körperstellung mit geschlossenen Augen bildet in der sozialen Situation einen Bruch mit der Alltagswelt und ihren Erwartungen und Erwartungserwartungen.

Mit der in diesem Kapitel begonnenen Analyse der konkreten Arbeit der Rückenlage im Yoga, dem *doing* von *śavāsana*, wird es möglich, die körperlichen wie sozialen Dimensionen dieser Tätigkeit genauer zu fassen und schließlich das Verhältnis von Innen und Außen empirisch neu zu verorten. Dafür wird der Fokus im Folgenden zunächst auf die soziale Vermittlungssituation von Yogaanleitungen gerichtet (Kap. 5.3), um anschließend am Beispiel des Erlernens der Korrekturen von Yogalehrenden einen tieferen Einblick in die Ausübung der Körperhaltungen zu gewinnen (Kap. 5.4). Insofern die Rückenentspannungslage nicht nur den Beginn, sondern auch das Ende von Yogastunden markiert, endet auch dieses Kapitel mit einer vertiefenden Betrachtung des »innerlichen« Vollzugs beim »Ankommens im inneren Universum« (Kap. 5.5.).

---

48 Zu dieser Überlegung gilt mein herzlicher Dank Maximiliane Plöger, die das Schließen der Augen in der Yogapraxis im Seminar „Spiritualität und Moderne" (Universität Bielefeld, 2011) zum Thema einer Hausarbeit machen wollte und mir ihre persönlichen Beobachtungsprotokolle von einigen Yogastunden zur Verfügung gestellt hat.

5.3 Anleitung beim Yogafestival: »Mehr Raum im Schultergelenk!«

Die im Folgenden im Zentrum stehende Yogastunde auf dem Festival in Berlin endet zwar ebenfalls in *śavāsana*, beginnt aber mit den verbalen Ausführungen des Yogalehrers. Dieser hat sich – gänzlich ohne Matte – zusammen mit einer Assistentin am Ende der großen Wiese neben dem Hauptzelt mit dem Rücken zum Wannsee in den Fersensitz gesetzt (vgl. Abb. 18 und 19). Im Festivalprogramm wird seine Stunde mit »Rücken- und Gelenke-Yoga« angekündigt; etwa 100 Teilnehmer/-innen haben ihre Yogamatten ausgerollt und folgen seinen Ausführungen, nachdem er kurz das Mikrofon des Headsets getestet hat. Dabei kommt der Yogalehrer u. a. auf »nicht-physische Energie« zu sprechen und bringt diese auch mit seiner Gestik zum Ausdruck, wie das folgende Transkript, das nach ca. zwei Minuten einsetzt, detailliert darstellt.

Abb. 18 und 19: Anleitung Yogafestival Berlin 1 und 2, »Rücken- und Gelenke-Yoga«, 2012.

Transkript 9: Anleitung Yogafestival Berlin, »Rücken- und Gelenke-Yoga«, 2012, Segment 1.

```
01 L: also die !nICHt!physische energie–
```
Der Yogalehrer (L) rotiert den rechten ausgestreckten Arm mehrfach in einem großen Kreis, während der linke Arm zur linken Seite ausgestreckt bleibt, mit ausgestreckten Indexfinger (siehe Abb. 18).

```
02    die noch KEIne form angenommen hat, die brauch rAUm;
```

Er führt beide Hände mit etwas Abstand vor seinem Gesicht in der Mitte des Körpers zusammen und streckt die Finger – als ob er eine unsichtbare Kugel halten würde – weit auseinander (siehe Abb. 19).

```
04   damit sie frEI fließen kann-(.)
05   wenn die sonst ansonsten so an=an enge widerstände
```

Der Yogalehrer bringt Ellenbogen und Hände vor dem Körper zusammen, zieht die Schultern nach oben und vorne und macht einen leichten Buckel (siehe Abb. 20).

```
06   anstÖ:SST,(.) ob das nun <<acc>physische widerstände=sind
07   oder emotionale widerstände oder mentale widerstände=sind;=des=is
08   völlig egal dabEI>, (.)
09   °h dann bleibt die ers=ma hÄNgen,=ja?=hehehehe ((lacht))
```

Er führt die rechte Hand nach schräg rechts vorne in einer angedeuteten Greifbewegung, die er mehrfach wiederholt.

```
10   und=di_ie fliesst da rein
```

Der Yogalehrer führt beide Arme vor dem Körper zusammen und hebt die Hände und Arme schnell nach links oben.

```
11   in diesen WIDERstand; und dann wird DAS- da wos hÄngen bleibt;
12   wirds auch dann deutlicher sICHtbar, (.) sobald rAUm ist-
```

Er öffnet beide Arme und streckt diese weit nach hinten und oben mit den Handflächen nach vorne (siehe Abb. 21).

Abb. 20 und 21: Anleitung Yogafestival Berlin 3 und 4, »Rücken- und Gelenke-Yoga«, 2012.

```
13   sobald wir uns ent entfal e_ent=äh (-) sobald wir uns entfAlten KÖNNen, (-)
14   kann DIE freier fließen;
```

Der linke Arm bleibt nach oben ausgestreckt, während er die rechte Hand mit ausgestrecktem Zeigefinger in den folgenden Ausführungen bei fast jedem Wort von oben nach unten und zurück bewegt wird. Dabei dreht sich der Yogalehrer mit dem Oberkörper von rechts nach links und zurück.

```
15    und EnerGIE wird leichter wAndelbar Umwandelbar; (-)
16    es fällt dir einfacher- (.) zu WÄHhlen
17    in welchem zustand du dich befinden möchtest; (.)
18    gEIstig emotional (.) enerGEtisch körperlich. (.)
19    du musst nicht mehr so viel dazu (.) TUE:n- um zu sagen
20    ich muss mich von a °°h über b c d e f g nach z bewegen;
```

Er tippt mit den Fingern bei der Nennung eines Buchstabens und gleitet dabei mit der Hand von links unten bis nach rechts oben, als er bei z ankommt.

```
21     =sondern (.) OH:,
```

Der Yogalehrer schnipst mit den Fingern der rechten Hand.

```
22    so schnell geht da:s; (.) lass=uns=ma, (.) diREKT anfangen
23    damit zu A:beitn; schULTergürtEl:, (.)
```

Er hebt die Arme auf Schulterhöhe neben dem Körper, der Unterarm im rechten Winkel nach oben und nickt den Teilnehmer/-innen in der Position mehrfach zu (siehe Abb. 22).

```
24    ist ne gute möglichkeit GANZ viel energie freizusetzen;=ja- (.)
```

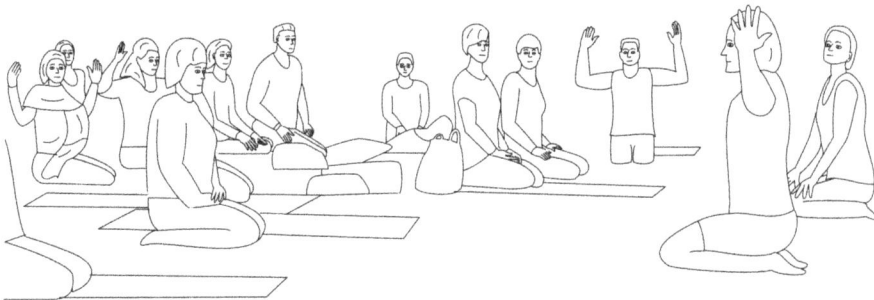

Abb. 22: Anleitung Yogafestival Berlin 5, »Rücken- und Gelenke-Yoga«, 2012.

Erst am Ende dieser Ausführungen beginnt die gemeinsame körperliche Praxis mit einer Streckung des Armes (siehe Abb. 22). Die »nicht-physische Energie«, die noch keine Form angenommen habe, sowie »emotionale oder mentale Widerstände« sind allerdings überaus voraussetzungsreiche Konzepte. Sie zeichnen sich zunächst insbesondere dadurch aus, dass sie in der Regel nicht sichtbar sind. Auch erschließt sich vielleicht nicht auf den ersten Blick, inwiefern das Heben und Strecken des Armes dazu führen kann, »ganz viel Energie freizusetzen« (Z. 24), »frei fließen zu lassen« (Z. 4) oder »Energie umzuwandeln« (Z. 15), um dann »frei wählen zu können« (Z. 16. f.), in was für einem »Zustand man sich geistig, emotional, energetisch und körperlich befinden möchte«.

Das detaillierte Transkript ermöglicht es nachzuvollziehen, wie in den Ausführungen des Yogalehrers eine Art von Übersetzungsleistung vollzogen wird.[49] Das Fließen der »nicht-physischen Energie« wird mit weit kreisenden Armbewegungen dargestellt (vgl. Abb. 18) und »der Raum«, den diese Energie brauche, mit weit gestreckten Handflächen, die quasi eine unsichtbare Kugel bilden (vgl. Abb. 19). »Emotionale oder mentale Widerstände« (Z. 7) werden zu einer gekrümmten, zusammengezogenen Körperhaltung (vgl. Abb. 20), wohingegen die Zielsetzung durch weit zu beiden Seiten hoch- und ausgestreckte Arme dargestellt wird (vgl. Abb. 21). Der Zusammenhang zwischen Körperübungen und Energie- und Bewusstseinszuständen wird hier performativ mitvollzogen und inszeniert. Der Körper des Yogalehrers wird zum Medium und zur Metapher für die ansonsten nicht sichtbaren Phänomene, die hier in alltäglich anschlussfähige und physisch-materielle Korrelate übersetzt werden.

Damit wird eines der zentralen Vermittlungsprobleme von Spiritualität bearbeitet, und zwar deren prinzipielle Unsichtbarkeit. Der Yogalehrer thematisiert diese Übersetzungsleitung selbst, wenn er darauf verweist, dass »Enge« und »Raum« eben beim »Hängenbleiben von Energie« auch »deutlicher sichtbar« (Z. 12) werden. Der Oberkörper des Yogalehrers bleibt mit seinen Händen und Armen im Verlauf seiner Ausführungen kontinuierlich in Bewegung. (Dabei wurden nicht alle, sondern nur die besonders interpretationsrelevanten Bewegungen beschrieben.) In Alltagssituationen findet sich eine solche Fülle an körperlichen Begleitungen der Rede, bspw. in emotional aufgeladenen Situationen, weshalb dies hier – zu Beginn einer Lehrsituation – zunächst als überzeichnet erscheinen mag. Die gestische Inszenierung erzeugt aber, zum einen, eine für den Yoga typische Rahmung der Interaktionssituation, in der eine kollektive Fokussierung der Aufmerksamkeit auf die Ausführungen und den Körper des Lehrers hervorgebracht wird.[50]

---

49 Mein herzlichster Dank gilt den Teilnehmenden verschiedener Datensitzungen, insbesondere im Rahmen eines EM/CA Workshops an der Universität Luzern im Februar 2013, die an der Analyse dieses Datums mitgewirkt haben.

50 Was in anderen Situationen bspw. bei der Meditation auch mit weiteren Mitteln, z. B. mit leisem und bedächtigem Sprechen, hervorgebracht wird. Dabei ist davon auszugehen, dass Aufmerksamkeit prinzipiell knapp ist und als soziales Phänomen in der Situation gelenkt und fokussiert wird, wie Hahn (2003: 3 ff.) treffend zusammenfasst: „Kein Lebewesen wäre existenzfähig, wenn es dauernd auf alles aufmerksam wäre, wenn es alles, was in seiner Umwelt stattfindet, wahrnähme und sich ihm zuwenden müßte. Das gilt bei aller Weltoffenheit unserer Sinne auch für den Menschen. […] Der gesellschaftliche Normalfall ist die direkte Regelung der Aufmerksamkeit selbst. Das kann in

Zum anderen macht die körperliche Darstellung von Enge und Weite in ihrer übertriebenen Kontrastierung eine klare Differenz der verschiedenen Zustände sichtbar. In diesem Sinne stellen auch die ersten vier Standbilder (Abb. 18–21) visuell die körperliche Inszenierung eines »Raumes« für Energie deutlich dar. Dabei geht es nicht nur um eine Übersetzung von Unsichtbarem und Geistigem wie Energien und Bewusstseinszuständen in körperliche Haltungen, sondern auch um die Transferleistung zwischen den damit verbundenen semantischen Räumen sowie um das, was körperlich nachempfunden werden soll.

Das Lachen des Yogalehrers beim »Hängenbleiben« der Energie kann in diesem Sinne als eine Markierung der Grenzen der verwendeten Metaphern gedeutet werden: Wie bleibt »nicht-physische Energie«, die »noch keine Form angenommen hat«, konkret physisch »hängen«? Das Lachen könnte einerseits eine Art des Überspielens dieser Grenzen darstellen. Andererseits lässt sich das Lachen auch im Sinne der bei der Festivaleröffnung diskutierten *Ritualdistanz* deuten (vgl. Kap. 4.1), welche dem heterogenen Festivalpublikum unterschiedliche Interpretations- und Anschlussmöglichkeiten eröffnet.

Die Annahme spiritueller Energien kann somit von Teilnehmenden auch primär als »physische Energie« interpretiert werden. Die Beschleunigung der Rede (im Transkript als <<acc>> dargestellt) lässt sich ebenfalls in diese Richtung lesen, insofern die Adjektive *physisch, emotional, mental, energetisch, geistig* etc. in schneller Auflistung direkt hintereinander gesprochen werden und eine Betonung der Ganzheitlichkeit und Komplexität hervorbringen. Hier werde eben nicht nur einfach Gymnastik praktiziert, sondern Yoga. Inwiefern sich Yoga nun genau vom schlichten Heben des Armes unterscheide, wird nicht eindeutig festgelegt, sondern auf verschiedenen Ebenen und mit unterschiedlichen Semantiken interpretierbar (vgl. hierzu ferner zum »spirituellen Konstruktivismus« in Kap. 6.2).

Von besonderer Bedeutung ist aber die körperliche Inszenierung, die im *doing* des Lehrers mögliche Bedeutungs- und Erfahrungshorizonte der Praxis vorzeichnet – und damit die anschließende Praxis mitstrukturiert –, die im eigenen Erleben der Teilnehmer/-innen auch körperlich nachvollzogen werden sollen.

Folglich beginnt auch das gemeinsame körperliche Üben mit der Ankündigung, dass hier »ganz viel Energie« freigesetzt werde (Z. 24). Der Lehrer leitet dies durch das Heben beider Arme und mehrfaches Nicken (vgl. Abb. 22) ein, welches einigen Teilnehmenden bereits genügt, um selbst die Position einzunehmen. Erst dann folgt eine

---

schlichten Normen geschehen, die einem sagen, worauf man aufmerksam sein muß und worauf man u. U. keine Aufmerksamkeit verschwenden darf, wovon man also absehen muß. Das ist ein universales soziales Phänomen. Da in Grenzen gilt, daß jede Zuwendung von Aufmerksamkeit Energie kostet, geht die Aufmerksamkeit, die man A zuwendet, B verloren. Es muß also Kriterien der Wichtigkeit geben, welche die entsprechenden Investitionen steuern." (vgl. ferner auch Bergmann 2013)

sprachliche Aufforderung, die dazu beiträgt, dass nun alle Teilnehmer/-innen die Arme heben. Das folgende Transkript schließt hieran ohne Auslassung weiter an.

Transkript 10: Anleitung Yogafestival Berlin, »Rücken- und Gelenke-Yoga«, 2012, Segment 2.

```
25 L: streckt ruhig mal den RECHten arm bitte nach Oben; (.)
26     und zIEht die schulter so hoch wie ihr könnt bis zum OHR, (.)
27     so dass die lINke flanke immer noch LA:NG ((Abb.23)) bleiben kann;=ja (.)
28     ((Abb. 24)) und greift dann mit dem LINKen harm
29     =m_mit der linken hand den rechten OBERarm- (.)
30     richtig schön die ganze HANDfläche-((lacht))
```

Abb. 23 und 24: Anleitung Yogafestival Berlin 6 und 7, »Rücken- und Gelenke-Yoga«, 2012.

Das Dehnen wird hier vom Yogalehrer körperlich demonstriert. Dabei werden spezifische Körperpartien markiert und hervorgehoben, indem der Yogalehrer bspw. mit der linken Hand an seiner linken Seite von oben nach unten streicht (vgl. Abb. 23) und damit anzeigt, an welcher Stelle die sprachlich angesprochene »Länge« körperlich zu verorten sei. Ferner finden auch Korrekturen statt. Zum einen verbal, wenn er darauf hinweist, »richtig schön die ganze Handfläche« zu benutzen, da er gesehen hatte, dass einige Teilnehmer/-innen nur mit einigen Fingern gegriffen haben. Zum anderen durch interkorporales Zeigen. Das heißt in diesem Fall, durch haptische Berührung, die von einer Assistentin durchgeführt wird. In Abb. 24 wird sichtbar, wie die Assistentin an die Schulter einer Teilnehmerin greift, um die etwas zu weit nach oben gezogene Schulter, die auch zu einer kleinen Drehung des Oberkörpers führt, zu korrigieren. Körperliches Zeigen kann bei falschen Körperstellungen als sogenannte »Korrektur« eingesetzt werden, aber auch als »Hilfestellung« verwendet werden, um Teilnehmenden noch »tiefer« oder »weiter« in eine Haltung hinein zu verhelfen.

In kleineren Settings werden Korrekturen und Hilfestellungen meist von den Yogalehrenden selbst durchgeführt (wobei dies in manchen Yogastilen auch weniger üblich ist), während es bei größeren Gruppen durchaus öfter vorkommt, dass Assistierende durch die Reihen gehen, während die Lehrenden selbst mit den Demonstrationen beschäftigt sind. Die Mediations- und Übersetzungsleistungen von Assistent/-innen (manchmal auch von Übersetzer/-innen) sind insofern relevant, als in der Art und Weise ihrer Tätigkeit auch eine mögliche Interpretation der Anleitungen sichtbar wird (vgl. hierzu am Beispiel von Moderation Rebstein/Rabl/Schnettler 2011). Die unterschiedlichen Formen des Zeigens und Verstehens durch Berührung werden anschließend noch genauer behandelt (vgl. Kap. 5.4).

Eine Orientierung, welche Haltung wie auszuführen sei, bieten aber nicht nur verbale Anleitung, Demonstration und mögliche Korrekturen, sondern auch die Ko-Partizipierenden, d. h. vor allem die anderen Körper, welche allen Teilnehmenden das aktuelle Geschehen und die spezifische Ausübung in unterschiedlichen Formen spiegeln. Dies kann besonders für die mittleren und hinteren Reihen insofern von Bedeutung sein, als manchmal die Sicht auf die Lehrenden eingeschränkt ist oder Details auf die Distanz nicht sichtbar werden. Der Abgleich mit den anderen bietet zuweilen auch ein Korrektiv für den Vergleich der eigenen körperlichen Möglichkeiten mit denen der fortgeschrittenen Yogalehrer/-innen, da die meisten Teilnehmenden keineswegs eine ähnlich ‚perfekte' Haltung einnehmen können.

In diesem Sinne ließ sich bspw. bei der Teilnehmerin, die zuvor am Oberarm korrigiert wurde (vgl. Abb. 24), beobachten, wie sie anschließend ihre Ausführungen kurz abbricht und zunächst zu ihrer rechten Nachbarin blickt, bevor sie selbst in die Körperhaltung zurückkommt. Ihr Blick geht dann noch einmal zum Lehrer und anschließend, als sie sich scheinbar vergewissert hat, die Haltung ‚richtig' auszuführen, richtet sie sich gerade nach vorne aus, wobei sie niemanden mehr sehen kann. Durch das Geradeaus-Schauen wird, ähnlich wie beim Augenschließen, auch nach außen hin verdeutlicht, dass sie ihre Aufmerksamkeit nun auf die *eigene* Haltung fokussiert. Dies entspricht der sozialen Ordnung der Yogapraxis, genauer gesagt wird diese durch solche Praktiken hervorgebracht. Bei Abweichung kann dies auch durch verbale Anleitung aktualisiert werden – bspw. mit: »der Blick geht auf die *eigenen* Füße« oder »vergleiche nicht mit den anderen, sondern bleibe ganz bei Dir und schau, was sich *jetzt gerade* für *Dich* richtig anfühlt«.

Der Sequenz auf dem Festival weiter folgend beginnt nun die erste gemeinsame Dehnübung, die währenddessen vom Yogalehrer weiterführend erläutert wird, wie das folgende Transkript zeigt.

Transkript 11: Anleitung Yogafestival Berlin, »Rücken- und Gelenke-Yoga«, 2012, Segment 3.

```
31 L: greift drum herUm; und jetzt wirklich
32    mit der LINKen Hand ziehst du richtig sch-SCHÖ:N
33    den oberarm nach oben die schulter mehr nach Oben- (.)
34    und sollst dabei spÜREN können dass du den ganzen
35    <<acc> bRUSTkorb mit in die länge ziehst> (.)
36    <<acc>die ganze BRUSTwirbelsÄUle> mit in die länge ziehst. (.)
37    die BEwegung solltest du so ausführen dass es (.)
38    geprägt ist von: WEIchheit von: von lEICHtigkeit, (.)
39    aber immer noch eine KRAFT wirkt,

          ((YL zeigt mit dem Zeigefinger der nach oben gestreckten Hand nach oben))

40    die permanent wirkt, (.) die dafür sorgt dass mehr Raum entstEHT. (.)
41    am ANfang ist es so, (.) wechsel mal die seiten; (.)
42    am Anfang ist es sO- (-) dass das ÄUSSerliche äh (.)
43    ne ÄUSSerliche bewegung stattfindet- (.)
44    und irgendwann hört die äußerliche bewegungen AUF,
45    und=es findet nur noch INNERliche bewegung statt; (.)
46    aber das=is die: Idee dabei, dass wenn die äußere bewegung aufhÖRT,
47    dass=es dann erst RICH:TIG interessant wird; ((lacht))
48    dass wir DA weiter die kräfte weiter WIRKen lassen,
49    wo eigentlich äußerlich nichts mehr passiert;
50    so dass INNERlich ne veränderung entstehen kAnn, (.)
51    für MI:Ch (-) dass wir (-) schau:n, dass mehr RAUm entsteht; (.)
52    in diesem fall vor allen dingen mehr raum im SCHULTERgelenk; (.)
53    mEhr raum=im=schultergelenk-=mEhr raum=im=schultergelenk-
54    mEhr raum=im schultergelenk
```

Die erste Körperübung der Yogastunde schließt mit der mehrfachen Wiederholung von »mehr Raum im Schultergelenk«. Dieser Raum wurde bereits zu Beginn als Bereich, in dem »nicht-physische Energie« fließe und »Widerstände« überwunden würden, eingeführt und dabei auch körperlich dargestellt. Nun soll dieser Raum anhand der eigenen Körperübung erlebbar und nachvollziehbar werden. Dazu wird die Differenz von »äußerer« und »innerer Bewegung« eingeführt. Die äußere Bewegung wird sowohl anatomisch, nach Länge und Raum im Brustkorb, der ganzen

Brustwirbelsäule und im Schultergelenk, als auch in Bezug auf die Art der Bewegung, die bei gleichzeitig wirkender Kraft weich und leicht sein soll, näher spezifiziert.

Diese Anleitungen verweisen dabei auf das eigene »Fühlen« und »Spüren«, das von den Teilnehmenden nachvollzogen werden soll. Mit der »inneren Bewegung« behandelt der Yogalehrer weiterhin das Problem der (Un-)Sichtbarkeit, vor welchem auch der Ethnograf steht – dem Umstand, dass, wenn »äußerlich nichts mehr passiert«, es dann »erst richtig interessant« werde. Dieses Innere wird – wie zu bereits zu Beginn – mit der Metapher des Raumes übersetzt, wobei das Lachen an dieser Stelle erneut auf die Grenze dieser Metaphorik und unterschiedliche Bedeutungshorizonte verweisen kann. Die Erläuterungen des Yogalehrers lassen sich dahingehend zuspitzen, dass erst bei der nicht sichtbaren, inneren Bewegung Yoga im *eigentlichen* Sinne stattfindet. Die innerliche Veränderung, die entstehen kann, wird mit einem »für mich« individualisiert und mit »vor allen Dingen« weiter eingeschränkt (Z. 53 f.). Das Schultergelenk ist der (primäre) Ort, an welchem sich nun auch die vorherigen eingehenden Ausführungen des Yogalehrers materialisieren und für die Teilnehmer/-innen in der Praxis wahrnehmbar werden sollen.

In einem Interview, das ich im Jahr zuvor mit demselben Yogalehrer geführt hatte, erläutert er ganz entsprechend dieser Interpretation den Unterschied zwischen Sport und Yoga durch die Lenkung von Aufmerksamkeit nach »innen« und beschreibt sein Selbstverständnis als Yogalehrer bezüglich dieser »Innenorientierung«.

> L: Yogapraxis ist für mich eine Innenorientierung, auch wenn der Yogalehrer erst mal will, dass die Aufmerksamkeit beim Yogalehrer ist. Es sollte eigentlich so schnell vermittelt werden, dass du (C: mhm) noch so mitkriegst, was passiert, aber dass du durch die Anweisung wieder in die Innenorientierung hineingehen kannst [...]. Yoga hört auf in dem Moment Sport zu sein, in dem Moment, wo deine Aufmerksamkeit nach innen geht. (C: mh). Auf der anderen Seite gibt es Sportarten, die sehr yogisch sind. [...] Dann der Hauptpunkt, was sicherlich auch die Aufgabe des Lehrers ist, den Schüler dazu zu bringen, sich auf das Yoga einzulassen. (C: mh). Das ist die Herausforderung. Also wenn ich reflektiere, was ich mache, dann ist es genau das: Wie vermittel' ich dem Schüler die Fähigkeit, sich aufs Yoga einzulassen. Wer lernt, sich aufs Yoga einzulassen, der lernt auch, sich aufs Leben einzulassen (C: mh), und diese Fähigkeit, sich einzulassen, ist eben auch die Fähigkeit, in Kontakt zu kommen mit deiner spirituellen Dimension (C: mh). Ähm, weil letztendlich haben wir gelernt, viele Sachen auszublenden [...]. Meine Erfahrung ist, sobald du nen Schüler zum Atmen bringst, ist es der Beginn der spirituellen Praxis.
>
> (Interview 7a, Yogafestival, 2011)

Es gehe letztlich um den »Kontakt« zur »spirituellen Dimension« und um die Herausforderung der Lehrenden, den Schüler/-innen das »Sich-Einlassen« auf die Praxis zu vermitteln. Das Sich-Einlassen wird dabei als eine Fähigkeit beschrieben, die man üben könne. Im Interview wird als zentrales Element die Atmung hervorgehoben, die in späteren Übungen der Stunde noch stärker fokussiert wird. Doch auch die beschriebene Dehnübung kann in diesem Sinne als eine Übung im Sich-Einlassen auf die Wahrnehmung und das Spüren von »Raum« im eigenen Körper gelesen werden, der sich nicht auf einen rein materiellen Raum begrenzen lässt. Dabei spielt auch die

Individualität der einzelnen Teilnehmer/-innen eine zentrale Rolle. Im Interview führt er dazu weiter aus:

> L: Yogapraxis war mal so gedacht, dass es eine Praxis des Entdeckens ist (C: mh), und ich möchte Leuten nicht zu viel vorgeben, sondern ich möchte ihnen die Chance lassen, dass sie Sachen sich selber entdecken, gerade ihre spirituelle Dimension, dass sie die selber entdecken können. Warum? Weil, die Manifestation der spirituellen Dimension ist bei jedem anders. Komplett anders. Deswegen: Je subtiler Anweisungen sind von Yogalehrern, desto eher ist die Chance, dass sie völlig falsch liegen. (C: Okay.) Dass sie völlig richtig liegen, für das, was für sie zutrifft (C: mhm), aber eben nicht für den Rest der Leute, und dann denkt der: Aber ich hab das nicht. Ich seh die Farben nicht, hör die Klänge nicht (C: lacht). Die Vibration spür ich nicht: ‚Was ist mit mir falsch?‘ ‚Oh, ich bin noch so grob, bin so whatever ähm so‘ (C: mhm). ‚Was fehlt mir alles?‘ (C: mh) Und lass sie anfangen zu atmen: und der Atem, der wirkt wie so ne Leuchte, wie ne Taschenlampe, und das Prinzip, das spirituelle Prinzip heißt: Dort, wo Licht hinkommt, verschwindet Dunkelheit automatisch (lacht).

(Interview 7b, Yogafestival, 2011)

Auch hier lacht der Yogalehrer am Ende seiner Ausführungen zum »spirituellen Prinzip«, einem durchaus ‚ernsten‘ Thema, bei der Taschenlampen-Analogie. In gewisser Weise wird die Ernsthaftigkeit der Praxis aufgelockert und die spirituelle Dimension in ihrer Ungreifbarkeit thematisiert und damit wie zuvor z. T. auch für ein breiteres Publikum, im Sinne der Ritualdistanz, anschlussfähig.

In seinen Ausführungen zur spirituellen Dimension geht es dem Yogalehrer vor allem darum, die Individualität der spirituellen Praxis hervorzuheben. Er gebe den Schüler/-innen möglichst wenig spezifische Inhalte vor, da innere Erfahrungen »bei jedem komplett anders« ausfallen könnten. Würde man nur das Interview zur Interpretation heranziehen und diesem hier folgen, wäre leicht zu übersehen, wie in der Yogastunde eine ganze Menge an Interpretationsangeboten gemacht werden, deren Wahrnehmbarkeit durchaus auch unterstellt wird. Ferner wird auch die Annahme, dass es eine innere spirituelle Dimension gebe und diese bei Körperübungen eine zentrale Rolle spiele, keineswegs infrage gestellt.

Die Beschreibungen und Interpretationen der ersten Dehnübung auf dem Festival zeigen, wie in der *sozialen* Situation, mit der Rede-, Darstellungs- und Übersetzungsarbeit durch Yogalehrende, vielgestaltige Interpretationsmöglichkeiten für die Teilnehmer/-innen hervorgebracht werden. Was in den zuvor dargestellten Transkripten 9 bis 11 ‚äußerlich‘ geschieht, ist schlicht das jeweils ca. 45-sekündige Dehnen des linken und rechten Arms. Dabei handelt es sich noch nicht um eine der klassischen *āsana* wie Dreieck, Kopfstand oder Hund, die mit vielzähligen Bedeutungen in Zusammenhang gebracht werden.

Die wenigsten würden im Alltag das ‚einfache‘ Dehnen des Arms mit »innerer Bewegung« oder dem »freien Fließen von nicht-physischer Energie« in Verbindung bringen. Diese Interpretation wird aber im Yoga möglich und durch den Yogalehrer in der sozialen Situation angeleitet. Es geht mit den Übungen und Anleitungen des Yogalehrers um die Herstellung dieses »inneren Raums«, in dem »nicht-physische

Energie« und »wirkende Kräfte« wahrgenommen und im eigenen Spüren nachvollzogen werden können. Entsprechend wird dieser innere Raum im weiteren Verlauf der Yogastunde sowohl in komplexeren Körperstellungen als auch durch das Singen von Mantras bspw. in Bezug auf das »nicht-physische Herz-Zentrum« weiter differenziert, spezifiziert und fortgesetzt. Die Praxis folgt in gewissem Sinne der im Interview von dem Yogalehrer erläuterten Selbsteinschätzung des Bezugsproblems: Wie kann es gelingen, die Teilnehmer/-innen dazu zu bringen, sich auf den Yoga und die spirituelle Dimension der Praxis einzulassen?

Eine Möglichkeit liegt, wie diese Analyse zeigt, in der Übersetzung von zunächst unsichtbaren Phänomenen in körperliche Darstellungen und multioptionale Bedeutungshorizonte. Dabei werden unterschiedliche Arten des Anzeigens und Explizierens sichtbar, nämlich die der Demonstration, der performativen Inszenierung und der Korrektur, welche sowohl verbal als auch körperlich angeleitet, dargestellt und in der sozialen Situation gemeinsam vollzogen werden. Dazu gehören auch die Art des Sprechens, das Auftreten und sonstige Darstellungsleistungen der Teilnehmenden wie auch des Yogalehrers, der mit seinem sportlichen Körper, gekleidet in Leggings und T-Shirt, durchaus eine Darstellungsform wählt, die ihn z. B. von Lehrenden mit Turban und orangefarbenen Gewändern auf dem Yogafestival unterscheidet (vgl. hierzu ferner das *doing ,being Guru'* in Kap. 4.4).

Die möglichen Erfahrungen der Teilnehmer/-innen bleiben inhaltlich indexikal auf ein Mehr bezogen und insofern z. T. unspezifisch und optional, was mit Einschränkungen, etwa »für mich« (Z. 53, Transkript 11), sowie kontinuierlichem Lachen weiter unterstützt wird. Inwiefern die Teilnehmer/-innen die entsprechenden Erfahrungen in ihrer Praxis nachvollziehen, kann sich selbst in der geschulten Wahrnehmung der Lehrenden nur andeuten und bleibt letztlich empirisch eine offene Frage, die noch weiterführend betrachtet wird. In der Übung sind es die Differenzierung und Verfeinerung der Wahrnehmungsmöglichkeiten im Schultergelenk und der mit dem Schultergelenk zusammenhängenden Grammatik und Logik des Bewegungsapparats. Beides kann eine tiefere Erfahrung ermöglichen und mithin auch weiterführende konzeptuelle Beschreibungsmöglichkeiten, bspw. von Energien, plausibilisieren – im Sinne etwa der Einschätzung, dass wenn ,das alles' bereits beim Strecken des Arms im Schultergelenk wahrnehmbar sein kann, was mag der Yoga dann noch alles bereithalten?

Diesen Fragen wird anhand der Differenzierungsleistung von Innen und Außen insbesondere im abschließenden Unterkapitel (Kap. 5.5) weiter gefolgt. Zunächst aber sollen die Demonstration und das Korrigieren in ihrer jeweiligen Interaktionsleistung und bezüglich ihrer Vermittlungsprobleme noch genauer betrachtet werden. Beides wird in der didaktischen Vermittlung von Unterrichtstechniken bei der Yogalehrerausbildung besonders deutlich expliziert und im Folgenden genauer betrachtet.

5.4 Der »Fisch« und die Korrektur der Korrektur

Beim Yogafestival wurde die Anleitung einer vorbereitenden Dehnübung beschrieben. Daran anschließend rückt dieses Unterkapitel eine der ‚klassischen' Yogastellungen, den sogenannten Fisch (*matsyāsana*), in den Mittelpunkt der Betrachtung.

> In einem privaten Yogastudio leitet Kathrin den Fisch an. Die Teilnehmer/-innen liegen auf dem Rücken und legen ihre Arme unter den Körper, die Hände unter das Gesäß. Aus dieser Position heben sie Kopf und Brustkorb, stützen sich dabei zunächst auf die Ellenbogen und legen den Kopf anschließend nach hinten Richtung Boden ab. Als alle im Fisch angekommen sind, fügt Kathrin eine „Affirmation" hinzu, welche man still für sich wiederholen könne: „Meine Seele schwimmt im kosmischen Ozean der Liebe." Sie lässt die Teilnehmer/-innen etwa eine halbe Minute in Stille in der Position verweilen.
>
> (Beobachtungsprotokoll, Yogastudio, 2010)

Die Feldnotiz, die ich ein paar Jahre vor Beginn meiner Feldforschung im Aschram und beim Festival geschrieben habe, verdeutlicht bereits eine Reihe von Herausforderungen, auf die man stoßen kann, wenn man beginnt, die konkrete Körperpraxis auf der Yogamatte genauer zu beobachten und zu beschreiben. Aus der kurzen Beschreibung werden, wenn man mit der Yogastellung nicht vertraut ist, eine Reihe von Dingen kaum nachzuvollziehen sein: Erstens, wie der Fisch genau aussieht; zweitens, wie die Körperhaltung konkret auszuführen sei; drittens, welchen Zusammenhang es zwischen Fisch und Liebe geben soll; und viertens – wie bereits mehrfach thematisiert wurde – bleibt das subjektive Erleben der Beobachtung unzugänglich und verschwindet in einer halben Minute der Stille.

Bezüglich der beiden ersten Schwierigkeiten kombinieren daher Yogabücher in der Beschreibung eine Schritt-für-Schritt-Anleitung mit Darstellungen und Abbildungen von Zwischenschritten sowie der finalen Position, deren Gestalt die Haltung visuell verdeutlicht und eine Entsprechung in den Demonstrationen durch die Yogalehrer/-innen im Unterricht findet. Birch (2013) hat auf diese Schwierigkeit bei historischen Quellen hingewiesen: Da bei einigen Dokumenten zwar die Texte, aber nicht die Bilder erhalten sind, lassen sich manche der Positionen nur sehr schwer, wenn überhaupt, rekonstruieren. Blickt man bspw. in Vishnudevanandas „Das Große Illustrierte Yogabuch" ([1960] 2011: 114), so sind die schriftlichen Ausführungen für die Anfängervariante, die auch im Yogastudio praktiziert wurde, nicht viel genauer als in der Feldnotiz oben:

> Man lege sich auf den Rücken, strecke die Beine vor und schiebe die Hände, die Handflächen nach unten, unter die Oberschenkel. Dann hebe man mit den Ellenbogen die Brust, beuge den Nacken so weit wie möglich nach hinten, bis der Scheitel des Kopfes den Boden berührt.

Was aber „Heben mit den Ellenbogen", „Beugen des Nackens" und „Berühren des Bodens" in der Praxis bedeutet und wie sich dies praktisch vollziehen lässt, wird auch aus dieser Beschreibung ohne den eigenen Nachvollzug (kaum) zugänglich. Es handelt sich dabei um das grundsätzliche Problem der begrenzten Explizierbarkeit dessen, was häufig als *knowing how* (Ryle 1969), *tacit knowledge* (Polanyi 1976) und als (implizites) Körperwissen (vgl. Keller/Meuser 2011) gefasst wird. Schindler (2011a) hat sich intensiv mit der Frage der Vermittlung von implizitem Wissen beim Kampfkunsttraining auseinandergesetzt und gezeigt, wie Interaktionssituationen moduliert und Bewegungsabläufe zerteilt, verlangsamt und kommentiert werden, um sie damit in Demonstrationen für anschließende Partnerübungen beobachtbar zu machen. Dabei hat sie besonderes Augenmerk auf das Einüben einer spezifischen Sehfertigkeit (vgl. Goodwin 2001) gelegt, die den Teilnehmenden überhaupt erst ermöglicht, dem Gezeigten folgen zu können.

Das von Schindler (2011a) behandelte Problem der Vermittlung und Wahrnehmung von komplexen Bewegungsabfolgen gestaltet sich zunächst sehr ähnlich zur Frage nach der praktischen Erklärbarkeit von Spiritualität in dieser Arbeit. Denn noch bevor überhaupt vermeintlich ‚unsichtbare‘ spirituelle Erfahrungen oder Energien in der Yogapraxis relevant und *accountable* werden, stellt sich auch hier das Problem von unterschiedlichen Graden der Explizierbarkeit bei konkreten Körpertechniken (vgl. Hirschauer 2016). Ferner wird die spirituelle Dimension nicht unabhängig von der Körperpraxis betrachtet, sondern es wird von einem direkten Zusammenhang ausgegangen, dessen praktische Grundlagen ich für die soziologische Analyse als das *missing what* der Yogapraxis beschrieben habe (vgl. Kap. 2.3).

Anhand der ersten beiden Beispiele, dem Ankommen auf der Yogamatte und der Anleitung auf dem Yogafestival, wurden bereits zentrale Dimensionen der Unterrichtssituation eingeführt: die räumliche und soziale Gestaltung und Vorbereitung, d. h. die *Hervorbringungen des sozio-materiellen Arrangements sowie die fortwährende verkörperte interaktionale Arbeit*, die sich in sprachlichen Anleitungen, Demonstrationen, Korrekturen sowie in der sozialen Darstellungsdimension von Körperstellungen in einem Spannungsfeld von kollektiver und individueller Praxis vollzieht.

Im Folgenden wird die Korrektur als ein zentrales Element herausgegriffen, nicht zuletzt, da bei ihr die ‚richtige‘ von der ‚falschen‘ Yogapraxis unterscheidbar wird und es somit ganz explizit um die praktische Erklärbarkeit des Vollzugs von einzelnen Körperstellungen geht. Die Yogalehrerausbildung ist dabei ein *perspicuous setting*, um einen vertieften Einblick in diese Praxis zu gewinnen. Denn in ihr werden Korrekturen nicht nur durchgeführt, sondern die Auszubildenden sollen sie von Yogapraktizierenden praktisch erlernen, d. h., sie sollen in der Unterrichtssituation expliziert und nachvollziehbar gemacht werden. Die Yogalehrerausbilder/-innen stehen also vor der Frage, wie sie ihr Können und ihre Expertise bei Körperkorrekturen beobachtbar und vermittelbar machen – und damit vor einer sehr ähnlichen Aufgabe wie Ethnograf/-innen, die die zugrunde liegenden Praktiken zu beschreiben suchen.

5.4.1 Einleitung: Unterrichtstechniken

In den ersten zwei Ausbildungswochen werden die zwölf Körperstellungen der sogenannten *Rishikesh-Reihe* einzeln, in jeweils zwei Stunden am Nachmittag, sehr ausführlich besprochen und unterschiedliche Methoden und Praktiken des Unterrichtens vermittelt und eingeübt. Dabei handelt es sich um die Körperstellungen, die im Aschram als sogenannte *Yoga Vidya Grundreihe* unterrichtet werden.[51]

Die zweistündigen sogenannten »Unterrichtstechniken« beginnen dabei wie eine übliche Yogastunde bei Yoga Vidya mit *śavāsana* (Rückenentspannungslage), *prāṇāyāma* (hier: Wechselatmung und Feueratem) und *sūrya namaskār* (Sonnengruß). Auch wird, bevor und nachdem die jeweilige Stellung ausführlich behandelt wird, eine Auswahl der zwölf Grundhaltungen praktiziert. Damit wird, ganz im Sinne der Betonung der kontinuierlichen eigenen Praxis in der Ausbildung, auch der ritualisierte Ablauf eingehalten und die Teilnehmer/-innen für die anschließenden Partnerübungen aufgewärmt.

Die Unterrichtstechniken behandeln zunächst das »Ansagen« der Körperstellungen. Das heißt, es wird geübt, wie man als Lehrer/-in die Teilnehmenden verbal anleitet, Schritt für Schritt in eine Körperstellung hineinzugelangen. Das „YogalehrerInnen Handbuch" (2011) gibt dabei für die einzelnen Stellungen verschiedene Ansagetexte vor, an welchen sich eine Vielzahl der Lehrenden im Aschram orientiert. Die Korrektur, d.h. die spezifischen körperlichen Korrekturen und Hilfestellungen, bildet den zentralen Gegenstand der Unterrichtstechniken, worauf auch der größte Teil der zwei Stunden verwendet wird. Die Unterrichtssequenz gliedert sich dabei in einen Dreischritt: Erstens, die Demonstration von Fehlern sowie Korrekturen und Hilfestellungen; zweitens, die gemeinsame Praxis von Partnerübungen; und drittens, Rückfragen und abschließende Kommentare (ggf. mit weiteren Demonstrationen).

Dabei sind die zwölf unterschiedlichen Stellungen in Bezug auf ihre Fehleranfälligkeit und ihre positionsspezifischen Anforderungen durchaus zu unterscheiden. So ist bspw. die Beckenstellung in einer stehenden Position einfacher zu korrigieren als – wie im Folgenden noch deutlich wird – in einer Rückbeuge. Rück- und Vorwärtsbeugen sowie gedrehte Haltungen unterscheiden die Übungen bereits rudimentär dahingehend, worauf bei Korrekturen und Hilfestellungen ein besonderes Augenmerk zu lenken ist, was es also jeweils zu beachten gilt. Für die Analyse in diesem Kapitel ist zunächst zweitrangig, anhand welcher Position die Argumentation entwickelt wird, da die Fragestellung nicht auf die Wiedergabe der Bandbreite der

---

[51] Den Begriff der *Rishikesh-Reihe* prägte der Belgier Andre van Lysebeth (1919–2004). Diese Körperstellungen sind auch als *sivananda basic class* bekannt, es handelt sich um die folgenden zwölf āsana: śīrṣāsana (Kopfstand), sarvaṅgāsana (Schulterstand), halāsana (Pflug), matsyāsana (Fisch), paścimottānāsana (Vorwärtsbeuge), bhujaṅgāsana (Kobra), śalabhāsana (Heuschrecke), dhanurāsana (Bogen), ardha matsyendrāsana (halber Drehsitz), mayūrāsana (Pfau), pādahastāsana (Fuß-Hand-Stellung) und trikoṇāsana (Dreieck).

Körpertechniken abstellt, sondern auf die Methoden und Praktiken und somit die generativen Prinzipien, die bei der Vermittlung von Körperpraktiken im Yoga in sozialen Situationen relevant und bearbeitet werden.

Markus (M) leitet die Unterrichtstechniken an, während Arjuna als Proband sowohl Fehlstellungen als auch perfekte Demonstrationen auf der Bühne inszeniert. Dharmananda, der Jüngste (sowohl vom Alter als auch von der Dauer der Yogapraxis), sitzt meist schweigend mit gekreuzten Beinen und aufgerichteter Wirbelsäule daneben. In den Partnerübungen geht aber auch er zusammen mit Markus und Arjuna umher, um, ähnlich den Assistierenden auf dem Yogafestival zuvor, Hilfestellungen und Feedback zu geben. Nach etwa einer Stunde gemeinsamer Praxis, bei der bereits der Schulterstand korrigiert wurde, beginnen Markus (M) und Arjuna gemeinsam mit der Demonstration des Fisches auf dem erhöhten Podest vor der Gruppe der Yogalehrerauszubildenden. Hier setzt das folgende Transkript ein.

Transkript 12: Korrektur, Yogalehrerausbildung, 1. Woche, 2013, Segment 1.

```
01 M: okA:Y dann mach mer weiter mit dem fIsch (1) ähm (.)
02    der Arjuna macht ihn erst nochmal (.) wieder wie gewO:hnt (.)
03    falsch vOr (11) ((leichtes Tuscheln))
04    gut (-) ((leichtes Lachen)) ((Abb. 25))
05    das was man öfters hat im fisch
06    is dass die arme so: falsch positioniert sind (.)
07    dass mer (-) die āsana wieder auflösen muss,=
08    ne dass mer sagt okay[          äh]m
09 T:                     [super fisch] ((Lachen))
10 M: (lacht(6.0))
```

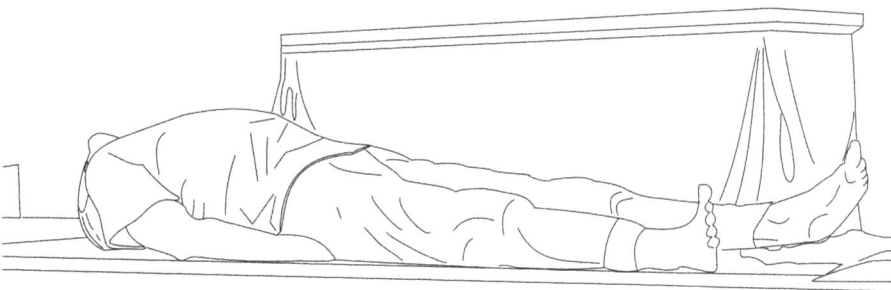

Abb. 25: Korrektur Fisch 1, Yogalehrerausbildung, 1. Woche, 2013.

Bereits in der Unterrichtssituation beim Yogafestival konnte beobachtet werden, dass starke Kontraste und Übertreibungen eingesetzt werden, um Körperstellungen in ihren Unterschieden hervorzuheben und damit in ihrer Spezifik darstellbar zu machen. Der »falsche Fisch« weicht hier aber so stark von der üblichen Position ab, dass die Teilnehmer/-innen nach Tamaras Kommentar »super Fisch« zu einem allgemeinen Lachen übergehen, in das auch der Yogalehrer herzhaft einstimmt. Der Fisch wird hier nicht mehr als Fisch erkenn- und identifizierbar. Bezüglich der Explizierbarkeit von Praktiken lässt sich an dieser Position bereits verdeutlichen, dass rudimentäre Bedingungen erfüllt sein müssen, um einen *erkennbaren* Fisch darzustellen, dass dieser also als solcher *accountable* wird.

5.4.2 Das körperliche Sich-selbst-Anzeigen

Insofern als der Fisch als solcher zunächst nicht mehr als Yogapraxis erkenn- und identifizierbar ist, folgt die Aufforderung von Markus, die Position »aufzulösen«.

Transkript 13: Korrektur, Yogalehrerausbildung, 1. Woche, 2013, Segment 2.

```
11 M: ähm lös die āsana noch mal auf (.)
12     und positioniere die arme richtig weit (-)
13     äh (-) ((Abb. 26)) unterhalb (.) äh (.)
14     unterm rumpf mit gestreckten armen
15     hände möglichst weit äh (.)
16     nach unten bringen (3) und ähm (.)
17     genau dann kannste wieder reinkommen in (.)
18     den falschen fisch mit richtigen armen (4)
```

Die Terminologie des »Auflösens« und »Reinkommens« in eine *āsana* – häufig wird auch von »sich einrichten in« oder dem »Aufbauen« einer Position gesprochen – verweist bereits darauf, dass es einer Arbeit bedarf, um die entsprechenden Körperstellungen einzunehmen. *Matsyāsana* soll im Folgenden zwar weiterhin noch Fehler enthalten und damit einen »falschen« Fisch darstellen, aber im Unterschied zu Abb. 25 sollen die Arme nun »richtig« und damit unterhalb des Körpers liegen. Dies sucht der Yogalehrer mit seinen Ausführungen zu verdeutlichen. In Abb. 26 verschränkt er dabei selbst seine Arme hinter dem Rücken und zeigt damit an, wie in die Position des Fisches hineinzukommen sei.

Dabei geht diese körperliche Darstellung seinen verbalen Äußerungen voraus. Er gerät kurz ins Stocken (»äh (-)«, Z. 13) und erst als er die Arme selbst in der entsprechenden Position hat, folgt die sprachliche Anleitung. Dies gilt auch für das »äh« (in Zeile 15) vor dem »nach unten bringen«, bei welchem Markus zunächst mit einer Arm- und Handbewegung selbst die Richtung anzeigt, bevor die Rede anschließt. Wie bei der Anleitung auf dem Yogafestival vollzieht auch hier der Lehrer performativ den Inhalt der Erläuterungen mit.

Abb. 26: Korrektur Fisch 2, Yogalehrerausbildung, 1. Woche, 2013.

Diese Darstellung ist vor allem für den Nachvollzug der Körperposition in der Unterrichtssituation relevant, da mit diesen Verkörperungen und Inszenierungen die verbalen Ausführungen für Teilnehmer/-innen besonders gut sichtbar gemacht werden. Entsprechend hat der Yogalehrer auch seinen Kopf Richtung Publikum gedreht, was die Bezogenheit seiner Ausführungen auf die Yogalehreranwärter/-innen verdeutlicht. Das kurze Stocken, der körperliche Vollzug und die erst dann anschließende verbale Anleitung – eine Struktur, die sich in der gesamten Unterrichtssequenz auch im Folgenden kontinuierlich wiederfinden lässt – legen aber auch noch eine andere Interpretation nahe, die im Folgenden erläutert wird.

So hatte bspw. Singh (2019) in seiner Forschung zur Trainer-Athlet-Interaktion zunächst Experteninterviews mit Trainer/-innen geführt, dabei aber schnell festgestellt, dass er mit Audioaufzeichnungen die kontinuierlich auftretenden körperlichen Darstellungen der Trainer/-innen nicht adäquat berücksichtigen konnte. Mit Bourdieu (2001: 208) könnte man hier von einer Art des praktischen Reflektierens sprechen:

> Ein Augenblick des Zögerns [kann] eine Form von Nachdenken hervorrufen [...], die nichts mit dem eines scholastischen Denkers zu tun hat und die über angedeutete Körperbewegungen

(etwa die, mit der ein Tennisspieler einen misslungenen Schlag wiederholt, um einen Blick oder eine Geste, den Effekt dieser Bewegung oder den Unterschied zwischen ihr und derjenigen zu prüfen, die es auszuführen galt) der Praxis zugewandt bleibt und nicht demjenigen, der sie vollführt.

Dies kann insofern als ein Problemlösungsmechanismus im Umgang mit dem sogenannten Körperwissen gesehen werden (vgl. auch Pille 2013: 57). Denn nicht nur bei der Darstellungsseite von Praktiken kann von einem „Kontinuum der Explizität" (Hirschauer 2016) gesprochen werden, sondern auch in Bezug auf die Verfügbarkeit des eigenen körperlichen Könnens, d. h. bei der Herstellungsseite von Praktiken, die nur bedingt der Versprachlichung und Informationsverarbeitung zugänglich sind (vgl. auch Collins 2001). So zeigen etwa Böhle und Porschen (2011) anhand von Werkzeugmachern, dass die Wahrnehmung der Umwelt nicht als kognitive Leistung zu sehen ist, sondern mit dem ganzen spürenden Leib vollzogen wird.[52]

Die *accountability* von Tätigkeiten umfasst ganz in diesem Sinne beide Seiten der Medaille und verweist auf den sozialen und beobachtbaren Charakter der „Produktions- und Reproduktionsprozesse sinnhafter Ordnung" (Bergmann 1987/88: 46). Dennoch wird *accountability* häufig als *Darstellung* übersetzt und mit Blick auf die öffentliche Seite der sozialen Umwelt gelesen und interpretiert. Demgegenüber ermöglicht die Betonung der *praktischen Erklärbarkeit* auch das zu berücksichtigen, was ich im Folgenden als *Sich-selbst-Anzeigen* bezeichnen möchte. Dies wird bereits in alltäglichen Situationen nachvollziehbar, wenn man beispielsweise einen ‚vergessenen' Pin-Code mit der routinierten Tippbewegung der Finger auf einem imaginären Zahlenfeld rekonstruiert.[53]

Es handelt sich um eine Art von Vollzugskönnen, eine Kompetenz, die erst beim Ausführen oder Andeuten der Tätigkeit hergestellt und reaktiviert wird, bevor sie sich sprachlich ausdrücken lässt. Dabei bleibt aber auch das Sich-selbst-Anzeigen ganz grundsätzlich und elementar auf die soziale Situation bezogen (vgl. ausführlicher ferner Kap. 5.5), die im Folgenden beim Fisch in ihrem Ablauf weiter betrachtet wird.

---

52 In Kapitel 2.3 hatte ich diesen Aspekt bereits hervorgehoben, versehen mit dem Hinweis, dass die Körper-Geist-Dualität auf der Differenzierung einer „auf die ‚äußere' Welt ausgerichteten, verstandesmäßig geleiteten Erkenntnis und der hiermit verbundenen objektiven Wahrnehmung von Informationen einerseits sowie dem auf die ‚innere' Welt bezogenen, empfindenden und gefühlsgeleiteten Erleben und der hiermit verbundenen Sinnlichkeit andererseits" aufruhe und noch zu überwinden sei (Böhle und Porschen 2011: 64 f.). Dies möchte ich hier nochmals betonen, da es sich in diesem Kapitel als zentral erweisen wird.
53 Das Beispiel entspringt der Anregung von Robert Mitchell aus einem längeren Gespräch zu diesem Thema, in dem es u. a. darum ging, inwiefern das *Sich-selbst-Anzeigen* vor den viel diskutierten Subjekt- und Habitus-Formationen ansetzt. Ihm gilt, insbesondere auch für dieses Kapitel, mein besonderer Dank für den überaus gewinnbringenden Austausch.

5.4.3 Die Korrektur des »falschen« Fisches

Bei der Demonstration des »falschen« Fisches werden zunächst eine Reihe von »Fehlern« Punkt für Punkt mit Demonstrationen angesprochen, gezeigt, erläutert und korrigiert. Wie der Yogalehrer weiter ausführt, können Fehler bspw. bei Beckenschiefstand auftreten oder »wenn man noch nicht das Körpergefühl dafür hat«.

Im Folgenden kann nur eine Auswahl im Detail und mit Transkripten betrachtet werden. Zunächst wird die Ausrichtung von Beinen und Füßen korrigiert, die eine gerade Linie in Verlängerung der Wirbelsäule darstellen sollen, wobei die Beine nicht völlig entspannen, sondern »aktiv« bleiben sollen, während die Fußinnenkanten sich berühren. Daran schließt eine Korrektur der Schultern an, deren verbale Darstellung im folgenden Transkript und deren performative Darstellung in den Abbildungen 27 und 28 sichtbar werden. Diese erinnern an die körperliche Inszenierung eines »inneren Raums«, mit deren Hilfe der Yogalehrer auf dem Yogafestival in Kapitel 5.3 den »Raum« im Schultergelenk verdeutlicht hatte.

Transkript 14: Korrektur, Yogalehrerausbildung, 1. Woche, 2013, Segment 3.

```
25 M: mhh dann sind oft die schultern (1) so ähm (.) ja ((Abb. 27)) (-)
26     nicht nach hinten gezogen (.) die außenschultern sondern (.)
37     ähm (-) ((Abb. 28)) ein bischen zu weit äh (.) nach vorne gegeben (.)
38     da kann ma hingehen und ähm (.) die außenschultern zurückbringen (1)
39     und (.) also nen impuls geben (.)
40     dass quasi die schulterblätter eher nach (.)
41     in richtung becken gezogen werden (1)
```

Abb. 27 und 28: Korrektur Fisch 3 und 4, Yogalehrerausbildung, 1. Woche, 2013.

Der relativ schnelle Wechsel des Yogalehrers zwischen zwei übertriebenen Haltungen, mit stark nach hinten und unten sowie mit nach vorne und oben gezogenen Schultern, dient auch hier der Inszenierung und dem körperlichen Beobachtbar-Machen der richtigen Körperhaltung, die mit einer Öffnung des Brustkorbs einhergehen soll. Die Darstellungen verweisen aber auch auf die verbale Anleitung von Richtungsangaben, die sich in diesem Zusammenhang als schwierig gestalten. »Zu weit nach vorne« (Z. 37) bleibt hier zunächst unverständlich und wird vom Yogalehrer entsprechend körperlich verdeutlicht. Es bedarf in der Körperhaltung des Fisches sowie bezüglich der relativen Positionierung des Yogalehrers, der hier über dem Teilnehmer im falschen Fisch steht, einer genaueren Verortung, um Richtungsangaben nachvollziehbar zu machen.

Denn die alltägliche Orientierung ist im Fisch, wie auch in Kopf- und Schulterstand durch die Drehung von Kopf (bzw. Körper) zunächst nicht mehr gegeben. Indexikale Äußerungen wie *oben* und *unten*, *vorne* und *hinten*, verweisen zunächst auf eine stehende Alltags-Körperhaltung, welche hier durch Dreh- und Umkehrhaltungen konterkariert wird. Dies zeigt sich auch in den Formulierungsschwierigkeiten des Yogalehrers, der mit der körperlichen Inszenierung ansetzt und schließlich mit »in Richtung Becken gezogen« (Z. 41) eine bessere Formulierung findet. Häufig wird auf die Anleitung: »Schultern weg von den Ohren« zurückgegriffen, die eine ähnliche Funktion erfüllt, nämlich eine positionsunabhängige Orientierung relativ zum eigenen Körper zu bieten.

Die anschließende konkrete Korrektur der Schulter erfolgt über einen körperlichen »Impuls«. In den unterschiedlichen Körper- und Fehlstellungen variieren die Möglichkeiten, diese physisch von außen zu korrigieren. Da im Fisch ein großer Teil des Körpergewichts über die Ellenbogen getragen wird, sind die Schultern nur sehr eingeschränkt manipulierbar. Durch die haptische Berührung kann aber zum einen die Körperpartie, zum anderen die Richtung der Korrektur taktil angezeigt werden. Singh (2013) interpretiert solche Korrekturen in Trainer-Athlet-Interaktionen beim Trampolinspringen als Handlungsorientierungen im Zuge sinnhafter Kommunikation von „accounting practices" (Garfinkel 1967), die den Trainer/-innen dazu dienen, die entsprechenden Stellen des Körpers der Athleten sichtbar anzusteuern.

Auch wenn die Position einfach zu manipulieren ist, bleibt es bei der Korrektur oftmals bei einem sanften Andeuten, denn Fehlstellungen verweisen häufig auf die individuellen Dehnungsgrenzen der Teilnehmer/-innen. Eine zu starke äußere Manipulation (bspw. der Schultern im Drehsitz) könnte diese Grenzen missachten und bei Überdehnung zu Verletzungen der Korrigierten führen. Es geht im Folgenden also auch darum, ein Gespür für die Intensität von Korrekturen und Hilfestellungen zu gewinnen.

Zielsetzung ist es, die »Aufmerksamkeit« der Schüler/-innen in die entsprechenden Körperpartien zu lenken. In der aufgerichteten Sitzposition ist es bspw. eine Hilfestellung, sanft beidseitig an der Wirbelsäule bzw. entlang des Longissimus zu streichen, was die eigene Aufrichtung der Haltung unterstützen soll. Die Lenkung der

Aufmerksamkeit wird dabei zu einer interkorporalen Leistung, eine soziale Koproduktion von Lehrenden und zu Korrigierenden. Hilfestellungen werden aber erst dann relevant, wenn die Korrekturen abgeschlossen sind. Ansonsten würden die Teilnehmer/-innen Gefahr laufen, noch tiefer in eine falsche Haltung hineinzugelangen. Neben der Ausrichtung von Beinen, Füßen und Schultern ist bei den Korrekturen im Fisch die Stellung des Beckens von zentraler Bedeutung, wie der Lehrer weiter ausführt.

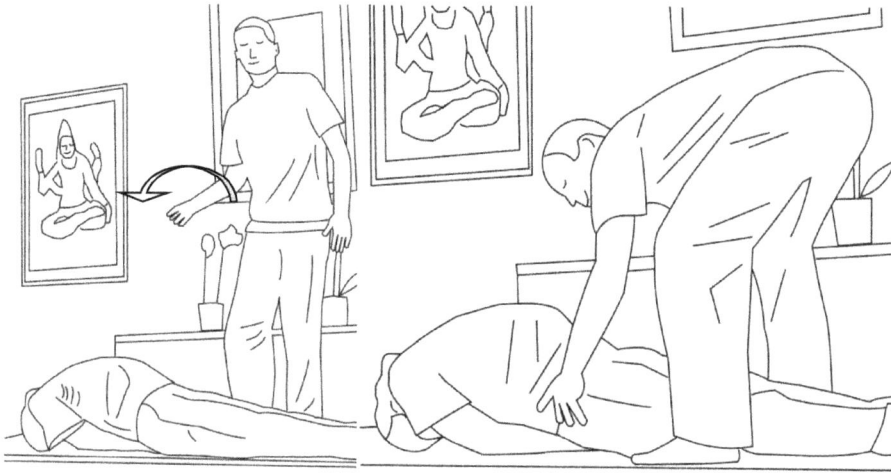

Abb. 29 und 30: Korrektur Fisch 5 und 6, Yogalehrerausbildung, 1. Woche, 2013.

Transkript 15: Korrektur, Yogalehrerausbildung, 1. Woche, 2013, Segment 4.

```
55 M: dann hat mans sehr häufig (.) dass die leute (.)
56     ins hohlkreuz gehen ne (.) da könnt mer jetzt nochmal sagen mhh (.)
57     also verbal korrigieren und sagen äh (-) ((Abb. 29))
58     des steißbein unten einrollen
59     und man könnte auch noch mal so einen impuls geben
60     mit den händen ne ((Abb. 30)) das man die ((X)) beckenkämme
61     in diese richtung kippt ne? (.) des is des um was es geht
```

Der Yogalehrer beginnt hier mit einer »verbalen Korrektur«. Die Sequenz verdeutlicht die Multimodalität dieses Anzeigens. Die verbale Korrektur geht, wie in Abb. 29 angedeutet, mit einer Geste einher. Der Yogalehrer dreht mit dem Arm zusätzlich ausholend die Hand um etwa 180 Grad nach rechts (aus seiner Perspektive, siehe Pfeil). Die Drehung stellt, deutlich übertrieben, die zu vollziehende minimale Drehung des Beckens des Probanden dar, der vor ihm auf dem Boden mit leichtem Hohlkreuz in *matsyāsana* liegt. Die Geste stellt somit insbesondere die Richtung dar, die sprachlich mit »das Steißbein unten einrollen« verdeutlicht wird.

Ähnlich macht Schindler (2011b: 341) beim Kampfkunsttraining darauf aufmerksam, dass auch die verbalen Anteile in Demonstrationen als „verbales Zeigen" fungieren können und somit Wissen implizit darstellend vermitteln. Beim Ballett, um ein anderes Beispiel anzuführen, sind sprachliche Hinweise sogar das zentrale Mittel für Korrekturen, während „interkorporales Zeigen mit körperlicher Berührung eine ultima ratio in professionellen Ballettproben darstellt, die nur in Problemfällen hinzugezogen" wird (Mitchell 2010: 88). Demgegenüber ist die körperliche Korrektur im Yoga durchaus ein häufig verwendetes Mittel im Unterricht. Entsprechend positioniert sich der Yogalehrer über dem zu Korrigierenden (siehe Abb. 30), um mit den Händen einen »Impuls« in die Richtung zu geben, in welche die Beckenkämme zu kippen sind.

»Das, um was es hier geht«, ist zwar schnell erläutert und wird von den zwei erfahrenen Yogalehrern auf dem erhöhten Podest zügig demonstriert. Die Richtungsangaben sind aber, wie zuvor bereits erläutert, in einer Position, in welcher der Kopf verkehrtherum vom Körper wegschaut, problematisch. Auch lastet im Fisch ein Großteil des Gewichts letztlich auf dem Gesäß, was Manipulationsmöglichkeiten der Hüftstellung, wie zuvor bei den Schultern, stark einschränkt. Zudem geht man in der Rückbeuge zu einem gewissen Grad automatisch ins sogenannte Hohlkreuz. Die Rückbeuge im Fisch soll letztlich aber im Brustwirbelbereich akzentuiert werden. Bei der Korrektur handelt es sich um eine sehr kleine Drehung des Beckens. Im Transkript findet diese an der Stelle, die mit einem ((X)) markiert ist, statt, noch bevor der Yogalehrer seine Anleitung zu Ende gesprochen hat.

Die Differenz der Positionen ist aber sogar mit Standbildern kaum einzufangen und trotz der deutlich überakzentuierten Demonstration der Yogalehrer auf der Bühne für ungeübte Beobachter kaum bis gar nicht zu erkennen. Noch schwieriger ist es, diese körperlich selbst nachzuvollziehen. Die *Sehfertigkeit,* die notwendig ist, um die Bewegung zu erkennen (Schindler 2011b), hängt dabei maßgeblich vom *Verständnis* und damit, zumindest in rudimentären Ansätzen, vom eigenkörperlichen Nachvollzug der unterschiedlichen Hüftstellungen ab. Dies wird besonders in der anschließenden Partnerübung und Diskussion deutlich.

Für einige Minuten sollen die Auszubildenden in Zweier-Teams die gezeigten Korrekturen und Hilfestellungen ausprobieren und einüben. Dies beginnt mit dem Läuten einer Glocke, die den Partnerwechsel einleitet, und mit dem Hinweis des Yogalehrers, sich auch gegenseitig Feedbacks zu geben, »wie sich des anfühlt«. Dazu ruft der Yogalehrer laut in die Gruppe, in der das Sprechen von circa zwanzig Paaren einen für den Yogaraum ansonsten ungewöhnlichen Lärmpegel erreicht hat. Mit dem Hinweis, sich bezüglich des Gefühls und Spürens der Korrekturen auch Feedback zu geben, spricht er einen zentralen Punkt der Partnerübungen an. Nicht nur der Feldforscher steht vor dem Problem, dass er nicht in die Köpfe der Yogapraktizierenden schauen kann, sondern auch die angehenden Yogalehrer/-innen müssen bei der haptischen Korrektur das Maß an Kraft, Druck und Intensität so zu regulieren lernen, dass es sich für den anderen angenehm und, noch wichtiger: richtig anfühlt.

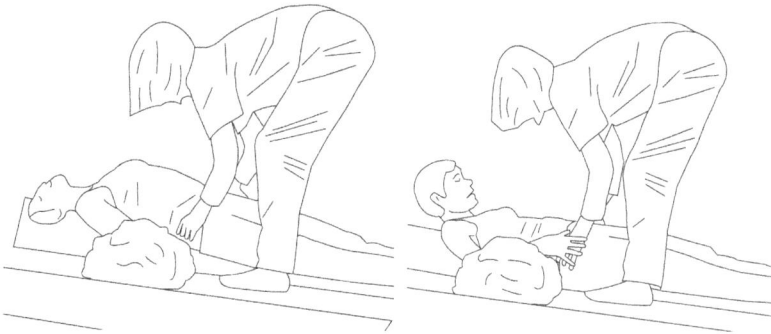

Abb. 31 und 32: Korrektur Fisch 7 und 8, Yogalehrerausbildung, 1. Woche, 2013.

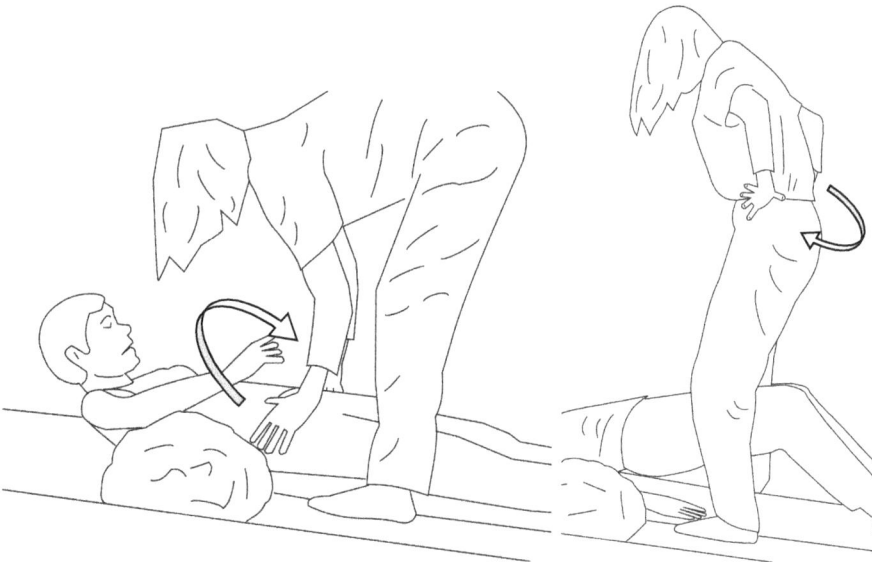

Abb. 33 und 34: Korrektur Fisch 9 und 10, Yogalehrerausbildung, 1. Woche, 2013.

Es handelt sich bei der Hüftkorrektur, wie oben bereits angesprochen, um eine sehr kleine Veränderung, die in der Rückbeuge nicht nur schwer zu erkennen, sondern auch schwer zu erspüren ist. Die stehende Teilnehmerin, die zuvor bereits selbst in der Position korrigiert wurde, greift in Abb. 31 an die Körperseite und Lendenwirbelsäule von Stephanie und versucht hier – jedoch ohne Erfolg – Druck auszuüben, woraufhin sie mit den Händen weiter am Körper entlangsucht. Stephanie kommt daraufhin aus der Position und nimmt die Hände der Korrigierenden und führt diese (in Abb. 32) etwas tiefer an ihre eigenen Beckenkämme. (Sie kommentiert dabei die Korrektur, was aber aufgrund des Lärmpegels im Raum nicht rekonstruierbar ist.) Die Szene ähnelt der Situation, in der Nishizaka (2007) zeigt, wie eine erfahrene Hebamme einer Auszubildenden beibringt, mit den Händen das Baby einer Schwangeren zu erspüren. Wie bei der Hebamme handelt es sich auch hier um den „multilayered character of touching a touching hand" (Nishizaka 2007: 210). Dies lässt sich hier ebenso als eine interkorporale Organisation der interaktionalen Aktivität betrachten (vgl. Merleau-Ponty [1961] 2007), bei der die relevante Körperpartie durch die wechselseitige Orientierung der beiden Körper und Hände in der Situation erst erkennbar gemacht werden muss.

Stephanie übernimmt in der Situation die Rolle der demonstrierenden Yogalehrerin. Nachdem sie die korrigierenden Hände an die richtige Position gebracht hat, zeigt sie in Abb. 33, wie zuvor bei der Demonstration auf der Bühne, die Drehrichtung mit beiden Händen an. Anschließend kommt sie erneut in die Position, hebt aber dabei das Becken etwas an und führt selbstständig die Beckendrehung aus. Das gehobene Becken ermöglicht eine größere Sichtbarkeit und Manipulierbarkeit der Bewegung des Beckens, als dies in der Rückbeuge möglich gewesen wäre. Die relevante Bewegung wird dabei aus der Stellung herausgelöst, um diese isoliert darstellbar zu machen.

Daraufhin steht die Korrigierende auf und fasst sich an die eigenen Beckenkämme, während sie die Drehung des Beckens selbst zweimal ausführt, wie in Abb. 34 angedeutet wird, bevor sie sich erneut an der haptischen Korrektur ihrer Partnerin versucht.

In dieser Sequenz werden nicht nur die bereits zuvor erläuterten Methoden sichtbar, mit denen mit Sprachbarrieren des impliziten Körperwissens umgegangen werden kann. Es zeigen sich auch die konkreten Handlungsprobleme einer Teilnehmerin, die das, »worum es hier geht«, noch nicht nachvollziehen kann, sowie die Bemühungen ihrer Partnerin, sie in der Interaktion zu unterstützen. Das Erlernen der Korrektur ist hier, ganz im Sinne von Wiesemann (2000), nichts, was in den Köpfen der Teilnehmer/-innen zu verorten wäre, sondern wird zu einer beobachtbaren Tätigkeit in der sozialen Situation. Die Korrektur spiegelt dabei nicht nur den Korrigierten etwas über ihre eigene Körperhaltung, sondern auch den Korrigierenden. Bei der Praxis des Korrigierens lernen die Teilnehmer/-innen über die Körper der anderen auch die eigene Haltung zu korrigieren und Bewegungen und Grundprinzipien vom eigenkörperlichen Nachvollzug zu isolieren. Somit kann die ‚Logik der Bewegung' erkenn- und verstehbar werden.

Schindler (2011b) hat darauf aufmerksam gemacht, dass die Art und Weise, wie Paarübungen durch Schüler/-innen ausgeführt werden, dazu führe, dass diese in einem metaphorischen Sinne zu „Displays" (Goffman 1979) werden, an welchem die Trainer/-innen den jeweiligen Wissensstand der Teilnehmer/-innen ablesen können. Obgleich dieser Beobachtung auch hier gefolgt werden kann, erscheint zunächst bedeutsamer, dass die Korrekturen den Teilnehmer/-innen selbst etwas über ihren eigenen Vollzug und ihr eigenes Können anzeigen. In den Paarübungen wird auch für den eigenkörperlichen Nachvollzug sichtbar, dass viele der angehenden Yogalehrer/-innen – die selbst keineswegs Anfänger/-innen sind – in einigen Positionen (noch) in leichte Fehlstellungen gehen und teilweise die ‚Logik der Stellung' nicht nachvollziehen können.

Die Bedeutung des eigenen körperlichen Nachvollzugs wird besonders am Ende der betrachteten Sequenz sichtbar, als die Korrigierende aufsteht und beim *Sich-selbst-Anzeigen* der Beckendrehung versucht, das nötige Verständnis herzustellen, sprich sich *praktisch selbst-anzuzeigen*, wie die Korrektur auszuführen sei. Die Schwierigkeit ist dabei, in der Rückbeuge nicht ins Hohlkreuz zu gehen und den Zusammenhang mit der Stellung des Beckens bzw. der Hüfte nachzuvollziehen. Stephanie hat damit keine Probleme und leitet die Korrektur in der Situation auf kompetente Weise an.

In einem Interview erläutert Stephanie, dass ihr viele der Übungen leichtfallen, da sie als gelernte und praktizierende Physiotherapeutin viel Erfahrung mitbringe. Dabei gehen ihr die Spezifik der Korrekturen und des mittäglichen Anatomie-Unterrichts an einigen Stellen sogar nicht weit genug, da sie hier eine noch größere »Professionalität« von Yogalehrer/-innen erwarten würde. Die Handlungsprobleme ihrer Partnerin, die sich auch bei anderen Teilnehmenden beobachten lassen, verweisen aber auf die Schwierigkeiten, die bereits eine leichte Beckendrehung dem Alltagskörper bereiten kann. Im Anschluss an die Partnerübung werden diese Schwierigkeiten nochmals bei der Feedback-Runde mit dem Yogalehrer in der expliziten Nachfrage einer Teilnehmerin deutlich.

Transkript 16: Korrektur, Yogalehrerausbildung, 1. Woche, 2013, Segment 5.

```
161 M: ne frage war da noch ja (.)
162 S: und zwar hattest du vorhin eine hüftstellungskorrektur gezeigt (.)
163    ich weiß nicht in welche richtung soll des denn gehen?= (-)
164    also schon die idee folgen, dass wir den oberkörper
165    nach oben ausrichten (.) dass des becken ((Abb. 35))
166    dann in die senke geknickt werden oder wie?
167 M: also du möchtest ja verhindern
168. dass derjenige in ein hohlkreuz ge[ht] also des dann beim fisch,
169 S:                                  [ja]::
170 S: ahja
171 M: bist du zwar in einer rückbeuge (-)
172    aber du möchtest die rückbeuge akzentuieren im brustwirbelbereich
173 M: ja
174 M: das heißt du kippst die beckenkämme nach hinten
```

175 S: Ja (.) jet[zt]   jetzt ist alles wieder da dankeschön
176 M: [ok]ay
177 S: alles klar bitteschön (.) sonst noch ne frage?

Abb. 35: Korrektur Fisch 11, Yogalehrerausbildung, 1. Woche, 2013.

Während einige wenige Teilnehmer/-innen dabei sind, sich Notizen zu machen, blicken die meisten Auszubildenden zu Susann, als sie ihre Frage zur Beckenstellung formuliert. Erneut bereitet die Frage nach der Richtung, in der verdrehten Sicht des Fisches, größere Schwierigkeiten. »Oberkörper nach oben ausrichten« und »Becken in die Senke knicken« bleiben in ihrer Indexikalität zu unspezifisch, um die Richtungsangabe im körperlichen Vollzug zu verorten. Entsprechend wiederholt auch Susann die Geste des Drehens beider Hände, wie der Pfeil in Abb. 35 andeutet, um damit die Richtung der Bewegung anzuzeigen.

Auch der Yogalehrer wiederholt die Geste mit den Händen und spezifiziert in seinen Erläuterungen die Stellung des Beckens in Relation zur Akzentuierung der Rückbeuge im Brustwirbelbereich. Die Erläuterung des Yogalehrers, dass das Kippen »nach hinten« auszuführen sei, bezieht sich auf den eigenen Vollzug und nicht auf die Beobachtung der Haltung durch Korrigierende, was mit »beim Fisch bist du zwar in der Rückbeuge« als Bezugspunkt formuliert wird. Susann zeigt mit Nicken und bestätigenden »Ja«-Äußerungen an, dass sie seinen Ausführungen folgen kann. Abschließend bestätigt sie ihr Verständnis mit den Worten: »jetzt ist alles wieder da«, was ebenso nahelegt, dass sie sich den eigenen Nachvollzug wieder vergegenwärtigen kann. Das »wieder« kann sich auf ihre eigenkörperliche Praxis des Fisches beziehen. Es kann aber auch als eine Form der Selbstdarstellung gelesen werden, mit welcher sie anzeigt, keine Anfängerin zu sein, die nicht wüsste, wie die Stellung richtig auszuführen sei, sondern dies nur vorübergehend vergessen habe.

Der Yogalehrer formuliert als zentralen Punkt die »Akzentuierung der Rückbeuge im Brustwirbelbereich«. Bereits zuvor wurden im Anschluss an die Korrekturen zwei sogenannte »Hilfestellungen« eingeführt, bei denen diese Fokussierung der Rückbeuge ebenso im Zentrum steht und von denen eine noch kurz dargestellt werden soll.

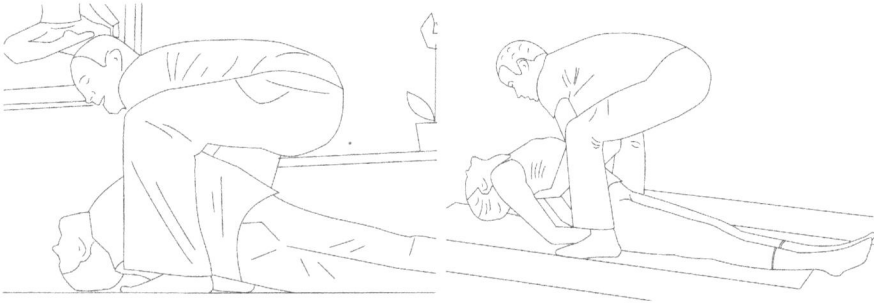

Abb. 36 und 37: Korrektur Fisch 12 und 13, Yogalehrerausbildung, 1. Woche, 2013.

Transkript 17: Korrektur, Yogalehrerausbildung, 1. Woche, Segment 6.

```
225 M: ne sEhr angenehme (.) ja hilfestellung dazu muss nichts falsch sein
226     um des einzusetzen ähm is (.) dass ma (-) über denjenigen geht (.)
227     wieder aus den Beinen arbeitet und hier ist es wichtig
228     dass die hände (.) ähm wirklich unter so auf höhe schulterblätter oder (.)
229     knapp unterhalb der schulterblätter an den brustkorb gegeben werden mh (.)
230     und ((Abb. 36)) dann hebt man denjenigen so ein bisschen an (.)
231     und automatisch dadurch dass man so weit vorne steht (.)
232     ziehts die lendenwirbelsäule in die länge (.)
233     man kann ihn wieder absetzen und noch mal diesen abschließenden impuls
234     geben ne hier oben bleiben in der mitte der brustwirbelsäule
235 M: Die Finger sind dan[n ( )
236 T:                    [kannst du noch mal genau zeigen
237     wo du jetzt gegriffen hast?
238     man hat es durch dein bein nicht so richtig [sehen] kö[nnen
239 M:                                             [also ] [okay wichtig ist
240     dass man hier in diesem bereich steht ne
241 T: mhh
242 M: ähm weil was ein absolutes no-go ist dass ma hier unten steht
243     hier greift und denjenigen ins hohlkreuz zieht
244 T: mh
```

```
245 M: genau des was man nicht will und wo man den wirklich verletzen kann
246    das heißt man positioniert sich hier und greift dann (-) hier runter
247 T: ja, du hast die hände noch ein bisschen nach vorne genommen so auch
248 M: genau und wenn du jetzt anhebst
249 T: mh
250 M: dann ziehst du allein schon durch das anheben ähm
251    an der lendenwirbelsäule sanft nach vorn (.) mh (.)
```

Erneut sind es indexikale Äußerungen, wie »hier oben bleiben«, »hier runter« oder »hier unten stehen«, die ohne bildliche oder beschreibende Darstellung der Körperpositionierungen der Yogalehrer nicht (oder nur sehr bedingt) nachvollziehbar sind.

Anhand von Abbildung 36 wird auch deutlich, dass die Sicht für einige Teilnehmer/-innen sowie für die Kamera versperrt war, was hier zur Nachfrage von Thomas bezüglich der Positionierung der Hände führt. Während zuvor die Beckendrehung *an sich* bereits schwer zu ,sehen' war, wird in diesem Fall auch die Perspektivität auf die Korrekturen und Hilfestellungen relevant. Häufig werden deshalb von Yogalehrer/-innen Vorführungen moduliert, um diese aus verschiedenen Blickwinkeln darzustellen. Im Anschluss an die Sequenz isoliert deshalb auch Markus (der Yogalehrer) die Hände und greift von einer anderen Position unter die Schulterblätter, um nur den Griff zu verdeutlichen. Gleichzeitig betont er aber, dass es dabei absolut wichtig sei, »weiter vorne« (wie in Abb. 36) zu stehen. Genau dieser Aspekt scheitert jedoch in Thomas' Ausübung der anschließenden Partnerübung, wie in Abb. 37 sichtbar wird, in der Thomas weiter hinten (in Relation zum Körper der Korrigierten) steht. Auf Fehler dieser Art, die sich auch bei anderen Teilnehmenden beobachten ließen, kommt der Yogalehrer im Anschluss an die Partnerübungen nochmals zu sprechen:

Transkript 18: Korrektur, Yogalehrerausbildung, 2013, 1. Woche, Segment 7.

```
298 M: ähm ich hab jetzt bei einigen schon noch gesehen
299    dass sie zu weit unten gegriffen haben,=ne (.)
300    beim reinheben (.) da (.) in der mitte des rückens is zu weit unten,
301    des sollte so richtung bh-verschluss äh
302    schulterblätter gehen wo man da hebt ne
303    und dann ist es auch günstiger wenn man die finger parallel
304    zur wirbelsäule ausrichtet und nicht (-) so quer greift (-)
305    ok dann hat man so ein richtig schönes gefühl (.)
306    ähm wenn man quasi den longissimus und die schulterblätter
307    so greift und anhebt zack (.) okay
```

Erneut geht es um die Methoden der Sichtbarmachung der richtigen Korrekturen und Hilfestellungen und dabei auch um die Explikation der richtigen Körperstellung. Die

Metapher des BH-Verschlusses dient als eine Übersetzung in alltägliche Orientierungsmöglichkeiten, die mit der Bezeichnung der Muskelpartien »Longissimus auf Höhe des Schulterblattes« und der parallelen Ausrichtung der Finger (zur Wirbelsäule) weitere verbale Konkretisierungen erhalten. Die abschließende Einschätzung der Partnerübungen durch den Yogalehrer lässt sich auch mit Blick auf die spezifische Lehr-Lern-Situation interpretieren. Die Evaluation schließt dabei die Unterrichtseinheit der sogenannten »Unterrichtstechniken« ab.

Während die Praktiken der Explikation und die Methoden der Vermittlung von Körperwissen bisher im Mittelpunkt dieses Unterkapitels standen, verweist die Unterrichtseinheit aber auch auf zugrunde liegende (teilweise implizite) Körperbilder, die für die Yogapraxis als handlungsanleitend fungieren und bei den Korrekturen und Hilfestellungen deutlich werden. Diese sollen im Folgenden genauer herausgearbeitet werden.

5.4.4 Zur Relevanz von (impliziten) Körperbildern

Anhand der Unterrichtstechniken lassen sich u. a. die Gestalt, das *Āsana-Ideal*, ein gesundheitliches bzw. medizinisches Körperbild, der Alltagskörper sowie spirituelle Körperbilder herausarbeiten und konturieren.

Die gezeigten Hilfestellungen bauen dabei auf den vorhergehenden Korrekturen auf. Steht man etwa beim Anheben des Oberkörpers »falsch« oder fasst »zu weit unten«, dann zieht man die Praktizierenden in das »Hohlkreuz«, dass man zuvor in der Korrektur der Hüftstellung zu vermeiden suchte und das in seiner Problematik auf ein gesundheitliches Körperbild verweist. Ferner werden die Schultern durch das Anheben des Oberkörpers vom Gewicht befreit und können »weiter von den Ohren weggezogen« werden, was in der Schulterkorrektur zuvor angestrebt wurde. Die einzelnen Korrekturen und Hilfestellungen orchestrieren somit zusammengenommen die Hervorbringung der »Akzentuierung der Rückbeuge im Brustwirbelbereich« und bringen die Gesamt-Gestalt der Körperstellung zum Ausdruck, die sich nur sehr bedingt in einzelne Komponenten zerlegen lässt und auf ein angestrebtes Āsana-Ideal und spirituelle Wirkungen, hier der »Herzöffnung«, verweist, die der gewöhnliche Alltagskörper allerdings zunächst kaum nachvollziehen kann.

Mit Blick auf die Bedeutung von bildlichen Darstellungen oder Vorführungen wurde bereits zu Beginn des Kapitels auf die Gestalt der Körperstellung verwiesen. In der Praxis ist diese insofern besonders relevant, insofern als alle Körperpartien im körperlichen Vollzug zusammenhängen. Es geht dabei nicht nur darum, dass diese physisch zusammenhängen, wie etwa, dass der Longissimus von der Halswirbelsäule bis zum Steißbein verläuft, sondern auch darum, dass der gesamte Körper für die Haltung im Yoga als relevant angesehen wird und somit auch etwa die Fußaußenkanten bei der Rückbeuge im Liegen von Bedeutung sind. *„It is the functional significance of any part of a Gestalt-contexture that makes this part that which it is. The part is what it* *is only as a constituent of the Gestalt-contexture and as integrated into its unity.*" (Gurwitsch 1964: 121, Hervorhebung im Original)

Die Korrekturen haben gezeigt, dass keine Körperpartie bei der Stellung unbeteiligt ist oder unberücksichtigt bleibt, was dann auch durch verbale Hinweise auf die scheinbar unbeteiligten Körperpartien aktualisiert werden kann, bspw. im Fisch: »Beine und Füße sind aktiv«. In einem Interview erläutert Iyengar, „dass es darum gehe, die Intelligenz in jeder Zelle des Körpers zu erwecken, so daß selbst die Haut bewußt wird. [...] Wenn du deinen kleinen Zeh nicht sehen kannst, wie willst du dann dein Selbst sehen?" (Yoga Journal 1997). Noch bevor also Atmung, Affirmationen, Visualisierungen, Mantras etc. in den Stellungen eingesetzt werden, verweist bereits das Einnehmen einer ganzkörperlichen Position auf eine Achtsamkeit und Bewusstheit, die mit einer spirituellen Dimension in Verbindung gebracht werden kann.

Die Unterrichtstechniken kommen zwar bei der Explikation der »richtigen« Haltung ohne religiöse bzw. spirituelle Semantiken aus und gestalten sich überaus technisch in Bezug auf die konkrete physische Position. Dennoch verweisen die Exaktheit der Tätigkeit, die Gesamt-Gestalt und das Āsana-Ideal bereits auf die zugrunde liegenden Annahmen eines Zusammenhangs von Körperstellungen und Bewusstseinszuständen, die in Bezug auf ‚spirituelle‘ Körperbilder noch behandelt werden.

Bei dem, was ich hier als Āsana-Ideal bezeichne, handelt es sich um die finalen und quasi als perfekt angenommenen Körperstellungen, wie sie von erfahrenen und teilweise berühmten Yogalehrenden zur Schau gestellt werden und sich in (traditionellen) Yogabüchern, Yogazeitschriften oder Handbüchern als Abbildungen finden. Sie sind auch für die Fremddarstellungen des Yoga von Bedeutung. Das ‚Bild‘, dass Yoga mit teilweise übermenschlichen Verrenkungen und übertriebenen asketischen Praktiken assoziiert wird, findet einen Ausgangspunkt bereits in den Reiseberichten des 17. Jahrhunderts, in denen Yoga häufig mit Fakir-Experimenten gleichgesetzt wurde. Fuchs (1990: 25), der diese Rezeptionsgeschichte in Deutschland z. T. nachgezeichnet hat, merkt dabei an, dass bis heute Meinungen zirkulieren, „die den Grundtenor jenes antiquierten Bildes widerspiegeln". Doch auch jenseits des büßenden Asketen, obgleich nicht unabhängig vom anschließenden Orientalismus, fungieren fortgeschrittene Yoga-*āsanas* auch innerhalb des Feldes als Faszinosum. So etwa die Darbietungen des hundertjährigen Swami Yogananda auf dem beschriebenen Yogafestival in Berlin, der mit beiden Beinen hinter dem Kopf für große Begeisterung und Erstaunen unter den Teilnehmer/-innen sorgte.

Für die konkrete Praxis ist das Āsana-Ideal gleich in mehrfacher Hinsicht relevant. Betrachtet man eine der finalen Positionen von *matsyāsana* in der Abb. 38, so gilt es, zu bedenken, dass diese Position für die überwiegende Mehrheit der Praktizierenden – und selbst für die erfahreneren Teilnehmer/-innen der Yogalehrerausbildung – körperlich schlicht nicht möglich ist und der Versuch, sie einzunehmen, sicherlich auch nicht gesund wäre. Die Haltung bleibt zumeist eine Idealvorstellung, die auf ein *Mehr* verweist. Nicht nur kann man feinfühliger, genauer und achtsamer einzelne Körperpartien, die Atmung und Positionen wahrnehmen, es gibt auch immer noch ein Potenzial, weiter fortgeschrittene Haltungen einzunehmen und/oder diese tiefer, weiter, intensiver etc. zu praktizieren oder über längere Zeiten zu halten.

Abb. 38: Yogahaltung *matsyāsana* (der Fisch), Yoga Vidya.

So erläutert einer der Yogalehrerausbilder, dass manche jüngere Yogalehrer/-innen schnell beginnen würden, die Rishikesh-Reihe, die manchmal als etwas rigide und langweilig wahrgenommen werde, zu variieren, was aber nicht notwendig oder zu empfehlen sei, denn es gebe in den zwölf Stellungen »immer wieder etwas Neues zu entdecken«. Wie auch Erleuchtung als ein kaum abschließbarer Prozess erscheint, bleibt auch das finale Āsana-Ideal für viele Teilnehmer/-innen meist unerreichbar am Horizont. Somit wird auch die körperliche Yogapraxis zu einem immer wieder erneut fortzusetzenden Prozess, der mit Blick auf Dauerliminalität bereits im Kontext von Ritualen diskutiert wurde (vgl. Kap. 4.3).

Die Verweisungsstruktur auf ein *Mehr* der Yogapraxis findet sich hier entsprechend auch bei den Körperübungen. Dabei wird der Haltung selbst ebenfalls ein Mehr zugesprochen, denn die Exaktheit des Āsana-Ideals gründet in einer unterstellten feinstofflichen Wirkung. Diese Zielsetzung der Position verweist, aus der Sicht des Feldes, auf eine »tiefere Weisheit und Wirkung«, die sukzessive und nach langwieriger Praxis zugänglich werden soll. Strebt man jedoch eine fortgeschrittene Haltung, wie etwa *matsayāsana* in Abb. 38, an, ohne die körperlichen Voraussetzungen mitzubringen, können diese Haltungen durchaus zu Verletzungen führen oder zu anderen gesundheitlichen Beschwerden beitragen.

Daher werden viele Haltungen lange Zeit (oder immer) in einer Anfängerposition geübt, wie sie auch in den Unterrichtstechniken im Mittelpunkt stand. Ich möchte hier nochmals betonen, dass sich die in diesem Kapitel beschriebenen Korrekturen und Hilfestellungen mit ihren vielseitigen Schwierigkeiten und Herausforderungen auf eine Anfängerposition beziehen. Aber auch die anderen Körperstellungen wie Kopf- und Schulterstand oder Pflug, die in der Rishikesh-Reihe geübt werden, sind überaus voraussetzungsvolle und für den Alltagskörper schwierige Körperhaltungen, die ähnlicher Vorsicht bedürfen.

Die Unterscheidung einer richtigen von einer falschen Körperstellung orientiert sich nicht nur am finalen Āsana-Ideal, sondern auch an den gesundheitlichen bzw. medizinischen Körperkonzepten, die in gewisser Weise auch mit dem Āsana-Ideal in Konkurrenz treten können. Lösen Teilnehmer/-innen etwa die unterstützenden Arme hinter dem Rücken im Fisch heraus, um sie vor der Brust auszustrecken, kommen sie zwar der finalen Position näher, setzen sich aber gleichzeitig, mit dem Gewicht auf der Halswirbelsäule, einer Belastung aus, die aus gesundheitlicher Sicht kritisch betrachtet werden kann. Insbesondere dann, wenn muskuläre Voraussetzungen fehlen oder die Position, bspw. aufgrund von Dehnungsgrenzen, nicht exakt ausgeführt wird. Die Korrekturen und Hilfestellungen sollen gerade dazu beitragen, Fehlstellungen zu vermeiden und darin unterstützen, dass Teilnehmer/-innen einer finalen Position näherkommen, ohne gesundheitliche Risiken einzugehen. Die Dehnungsgrenzen der Teilnehmer/-innen zu erkennen bzw. zu erspüren, gehört dabei zum sogenannten ‚Fingerspitzengefühl‘, das die Yogalehrer/-innen bei den Korrekturen erlernen sollen, wie etwa, bei der beschriebenen Hilfestellung die Teilnehmer/-innen nicht in ein Hohlkreuz hineinzuheben.

Dieses Austarieren eines gesundheitlichen Körperbildes ist aber überaus voraussetzungsreich. Ob etwa der Kopfstand aus medizinischen Gründen gesundheitsförderliche Wirkungen habe oder nicht, wäre zunächst für eine spirituelle Yogapraxis nicht notwendigerweise relevant, wenn dem Kopfstand insbesondere feinstoffliche Wirkungen zugeschrieben werden. Es wird aber hier nicht nur traditioneller Weise eine Korrelation (von Gesundheit und Spiritualität) angenommen, sondern bereits seit Ende des 19. Jahrhunderts gab es insbesondere eine gesundheitsorientierte Rezeptionslinie, die als „medicalization of modern yoga" beschrieben wird und zur Verbreitung gegenwärtiger Yogaformen sowohl in Indien als auch im Westen beigetragen hat (vgl. Alter 2004; De Michelis 2004; Newcombe 2009; Singleton 2010). So finden sich bspw. in „Asana Pranayama Mudra Bandha" (Saraswati 1969), dem sogenannten »Orange-Book«, einem Yogahandbuch-Klassiker der Sivananda-Tradition, ausführliche Beschreibungen von *benefits* und *contraindications*, die sich an medizinischen Deutungsschemata orientieren.

So etwa für *matsyāsana*: „This asana stretches the intestines and abdominal organs and is useful for all abdominal ailments. To remove constipation, drink 3 glasses of water and then perform this asana. It also relieves inflamed and bleeding piles. This practice is very good for asthma and bronchitis as it encourages deep respiration [...]" (Saraswati 1969: 191). Während der biomedizinische Rahmen hier zunächst relativ klar umrissen erscheint und sich auf die spezifischen Wirkungen von einzelnen *asanas* bezieht, ist die allgemeine Ausrichtung auf und Betonung von Gesundheit in der Yogapraxis ein deutlich breiteres und mehrdeutigeres Phänomen.

Nevrin (2008: 134) hält in diesem Kontext fest: „Health is then typically used as an all-inclusive and vague catch-word, ranging in meaning from fitness to self-realization." Mit Blick auf gesundheitliche und medizinische Körperbilder lassen sich, etwas pragmatisch für den Zweck der Analyse hier, zwei verschiedene Bezüge unterscheiden: Erstens die unterschiedlichen Vorstellungen davon, was einen gesunden Körper auszeichnet und wie dies mit Yoga zusammenhängt; und zweitens Fragen nach dem gesunden bzw. aus dieser Sicht richtigen Einnehmen und Ausüben von Körperstellungen.

Der erste Bereich lässt sich mit Blick auf eine „naturalization of an idealized, aestheticized body – the so-called ‚body beautiful'" (Nevrin 2007: 10) oder bezüglich des „useful body: the yogic answer to appearance management in the post-fordist workplace" (Schnäbele 2013) betrachten. Auch in der Ausbildung wurde diese Dimension von einer Teilnehmerin überaus kritisch in einer Diskussionsrunde angesprochen, dass im Yoga, insbesondere von Yogalehrer/-innen, ein »Körper-Ideal« erwartet werden würde, das die überwiegende Mehrheit der Bevölkerung, inklusive ihr selbst, einfach nicht erfülle.

Die zweite Dimension betrifft eher die Frage, wie Yogaübungen richtig auszuführen seien. Bei der Hüftkorrektur zeigte sich, dass physiotherapeutisches Wissen, das bspw. Stephanie bei der Korrektur in der Partnerübung einbringen konnte, hierbei überaus hilfreich sein kann. Auch der tägliche Anatomie-Unterricht in der Yogalehrerausbildung ist auf diese Dimension bezogen und findet sich ferner auch im Alltag. Beim Anheben von Teilnehmenden im Schulterstand wies der Ausbilder bspw. darauf hin, »aus den Beinen zu heben«, da man als Yogalehrer/-in auch in dieser Hinsicht »ein Vorbild« sei. Die Relevanz dieses gesundheitlichen Körperbildes hängt ferner mit einem Diskurs zu gesundheitsschädigender Yogapraxis zusammen, der – prominent 2012 – erhöhte Medienresonanz erzeugte: Von „How Yoga Can Wreck Your Body" in der *New York Times* (05.01.2012) über „Trendsport Yoga und seine Risiken" in der *Süddeutschen Zeitung* (23.04.2012) bis zum *Spiegel* (03.07.2012): „Gefährliches Yoga – Körperkunst mit Nebenwirkungen – Yoga-Verletzungen: Riskante Körperkunst" kursierte das Thema in der Medienlandschaft und wurde entsprechend auch im Feld während der Ausbildung rezipiert und diskutiert.

In „Six Reasons To Ignore The ‚New York Times' Yoga Article" (*the Awl*, 11.01.2012) antwortete Miller mit: „Yes, you can get injured doing yoga; you can also get injured walking across the street." (vgl. ferner Grant 01.12.2012: „The 10 Best Responses to New York Times Magazine's Yoga Article"). Die häufigste Antwort auf diese Diskussion im Feld ähnelt jedoch der Argumentation von oben: dass Yoga nur dann gefährlich wäre, wenn fortgeschrittene Haltungen ohne körperliche Voraussetzungen und/oder ohne professionelle Anleitung eingenommen würden. Dem Āsana-Ideal wird quasi der Gesundheits-Körper vorgeordnet. In der Praxis können diese aber auch konkurrieren und müssen dann entsprechend ausgehandelt werden, wie dies etwa zwischen der »Tiefe« der Rückbeuge im Verhältnis zum Hohlkreuz und zur Belastung der Halswirbelsäule im Fisch austariert wird. Die Vorwärtsbeuge bietet ein gutes Beispiel, um dieses Verhältnis nochmals zu verdeutlichen.

Die Vorwärtsbeuge im Sitzen (*paścimottānāsana*) soll und wird häufig mit »geradem Rücken« ausgeführt. Dies führt jedoch dazu, dass viele Teilnehmer/-innen dann mit den Händen ihre Füße nicht mehr erreichen können. Das »Loslassen und die Hingabe«, die in dieser Stellung beim längeren Halten häufig angeleitet werden und von den Praktizierenden erlebt werden sollen, ist jedoch in einer solchen Haltung nur bedingt möglich. Entsprechend wird neben der Relevanz des »geraden Rückens« manchmal die Haltung ein zweites oder drittes Mal angeleitet mit dem Hinweis: »ihr könnt jetzt auch etwas rund werden«, was den Teilnehmenden ermöglicht, weiter in die Stellung hineinzugelangen. Die Aushandlung zwischen gesundheitlichem Körperbild und Āsana-Ideal hängt dabei aber maßgeblich von den körperlichen Möglichkeiten der Teilnehmer/-innen ab, die überaus unterschiedlich sein können, denn manchen ist es möglich, mit geradem Rücken den Kopf zwischen den Beinen abzulegen.

5.4.5 Der Alltagskörper

Bei den beschriebenen Schwierigkeiten der Teilnehmer/-innen mit der Beckendrehung im Fisch wurde bereits auf den Alltagskörper verwiesen, für welchen die verschiedenen Stellungen eine Herausforderung mit konkreten Handlungsproblemen darstellen können. Ebenso wurde der Alltagskörper bei der verbalen Anleitung relevant, da Richtungsangaben und Körperbewegungen in ihrer Indexikalität auf einen alltäglichen aufrechten Körper und dessen erwartbare Bewegungsmöglichkeiten bezogen sind. Aufforderungen etwa der Art: *sich mit der Hand an die Nase zu greifen* oder *sich auf den Bauch zu legen*, bedürfen keiner weiteren Erläuterung, sondern sind Tätigkeiten, die im Repertoire des Alltagskörpers liegen. Anders verhält es sich jedoch damit, *die Füße hinter den Kopf zu bringen* oder eben die Stellung des Fisches einzunehmen.

Um diese Bewegungsabläufe zu erläutern oder zu demonstrieren, sprich *accountable* zu machen, schließen Erklärungen Dimensionen der Körperlichkeit an, denen eine Bekanntheit unterstellt wird. Mit dem Begriff des *Alltagskörpers* sollen daher die praktischen und beobachtbaren Bezüge auf ein alltägliches, selbstverständliches und fraglos gegebenes Verständnis von Körpern und Bewegungen inklusive ihres konkreten Vollzugs bezeichnet werden, auf welche die Yogapraxis zunächst bezogen bleibt. Der Begriff kann ferner als analytische Basis fungieren, zu der die Yogapraxis oder andere Handlungen, die auf „nicht-alltagsweltliche symbolische Sinnwelten […] ausgerichtet sind" (Garfinkel [1959] 1973: 195), ins Verhältnis gesetzt werden können.

Das Konzept ist dabei ganz analog und in Anlehnung an den *common sense*, bzw. die fraglos gegebene Alltagswelt bei Schütz ([1945] 1971), zu verstehen. Es geht also um einen intersubjektiv geteilten – bzw. einen bis auf Weiteres mit Idealisierungen wechselseitig unterstellten – Bestand an Körperhaltungen, Orientierungen und Bewegungen, die von den Körpern der Mitglieder einer Kollektivität erwartbar sind.

Kollektivität soll dabei ganz im ethnomethodologischen Sinne nicht als Entität, sondern als ein Akteurskonzept verstanden werden (vgl. Meyer 2017: 10).

Den Alltagskörper als einen Körper von Mitgliedern einer Kollektivität zu betrachten ist insofern von Bedeutung, als kulturelle Unterschiede durchaus relevant werden. So gehört bspw. die in weiten Teilen des Globus verbreitete aufrechte, auf den Füßen sitzende Hocke in der Regel nicht zum Repertoire des Alltagskörpers in Nord-Europa und bereitet entsprechend im Yoga vielen der Teilnehmenden Handlungsprobleme. Dabei lässt sich überlegen, inwiefern die Welt in-der-Hocke-sitzend betrachtet durchaus eine andere sein kann.

So zeigt Meyer (2011), um ein anderes Beispiel zu nennen, eine deutlich elaboriertere Ausprägung des Gehörsinns bei den Wolof im Senegal, die nicht nur bei der Kommunikation in Dunkelheit auf einen in dieser Hinsicht divergierenden *common sense* der Alltagswelt bezogen ist bzw. diesen mit hervorbringt. Wenn Mitchell (2022 fc.) Wittgenstein adaptiert und formuliert, dass die Grenzen der Welt nicht in den Grenzen der Sprache, sondern in den Grenzen des Körpers verortet seien, dann verweist er genau auf diesen Punkt. Denn der Alltag wird erst durch einen Alltagskörper mit seinen Praktiken z. T. stabilisierbar und hervorgebracht.

Das Konzept des Alltagskörpers ähnelt den Überlegungen von Gebauer (2009: 98) zum *Umgangskörper*, der in Auseinandersetzung mit Wittgensteins Sprachspielen und Regelbefolgung beschreibt, wie ein Kind das „praktische Wissen erzeugt, das es ihm ermöglicht, in seiner Lebenswelt handlungsfähig zu sein". Daran anschließend schlägt Alkemeyer (2013: 54) vor, unterschiedliche Umgangskörper oder *Umgangsleiber* zu differenzieren, die sich von einer Praktik oder Sportart zur anderen unterscheiden und damit „auf die Anforderungskataloge einer Praktik eingestellt" sind. Obgleich in diesem Sinne durchaus von einem Yogakörper gesprochen werden könnte, ist eine solche Konzeption empirisch nur bedingt sensitiv für die unterschiedlichen Ausprägungen und situativen, kreativen und kontextbezogenen Vollzüge der Yogapraxis. Als „disponierter Körperleib" (Alkemeyer 2013: 55) läuft er auch analytisch Gefahr, eher Bourdieus Habitus zu ähneln.

Daher möchte ich den Alltagskörper nicht von den spezifischen Praktiken, etwa vom Yoga, ausgehend betrachten, sondern von der Körperlichkeit der alltäglichen Tätigkeiten. Das heißt, primär nicht von „Praktiken und ihre[n] Körper[n]" (Hirschauer 2004), sondern vom Alltagskörper und seinen Praktiken auszugehen. Diese Umstellung ermöglicht es, die Widerständigkeiten und Gewohnheiten von sozialisierten Körpern, ähnlich der Hysteresis des Habitus bei Bourdieu, zu berücksichtigen und damit die Arbeit, die notwendig ist, um sich neue Bewegungsmuster, Körper-, Welt- und Selbstverhältnisse anzueignen. So verweisen auch Brümmer und Mitchell (2014) bei Tai-Chi und Akrobatik auf diese Widerständigkeit von komplexen Übungssystemen, die sie entgegen einer Rekrutierungslogik von Praktiken, wie sie bspw. von Shove, Panzer und Watson (2012) konzeptionalisiert wurde, hervorheben.

Eine Beobachtung, die auch Feldenkrais beim Erlernen neuer Praktiken betont und die bezüglich der Schwierigkeiten der Teilnehmer/-innen bei der kleinen

Beckendrehung im Fisch durchaus deutlich wurde. Feldenkrais (1978: 90) erläutert, dass sich neue Körperhaltungen häufig unangenehm oder falsch anfühlen, selbst wenn diese für die Person eigentlich ‚besser' wären:

> Infolgedessen wird er rasch in seine gewohnte Haltung zurückkehren, in der er keine Anstrengung und die er als »richtig«, in der er sich »zu Hause« fühlt. Wenn man Gewohnheiten ändern möchte, so kann man sich also aufs Gefühl allein nicht verlassen. Bewußte Arbeit ist nötig, bis die richtige Haltung sich als die normale anfühlt und selber zu einer neuen Gewohnheit wird. Wer es einmal versucht hat, weiß, daß eine Gewohnheit viel schwerer zu ändern ist, als man meint.

Diese „bewußte Arbeit" war der Gegenstand dieses Kapitels. Dass man sich dabei auf das eigene „Gefühl alleine nicht verlassen" könne, verdeutlicht die Relevanz der beschriebenen Korrekturen und Hilfestellungen durch Yogalehrer/-innen. Komplexe Bewegungssysteme lassen sich nicht alleine als *learning by doing* beschreiben. Erst in der gemeinsamen Interaktionssituation mit den Lehrenden und weiterer Interaktionspartner/-innen werden neue Details des Fisches, Fehlstellungen und die Logik der Bewegung intelligibel.

Die Korrekturen führen zu einer sehr genauen und intensiven Auseinandersetzung mit den einzelnen Positionen, was für viele der Auszubildenden bedeutet, dass bezüglich einiger Elemente ihrer bisherigen Yogapraxis ein Umlernen erforderlich wird. Ein solches Umlernen wird aber nicht nur in Bezug auf physische Körperstellungen relevant, sondern auch für die Erfahrung und das Erleben in den einzelnen Positionen, das im folgenden Abschnitt behandelt wird.

5.4.6 »Meine Seele schwimmt im kosmischen Ozean der Liebe«

Das Unterkapitel hatte mit einer kurzen Beschreibung des Ethnografen begonnen, in der die Yogalehrerin den Fisch u. a. mit der Affirmation: »Meine Seele schwimmt im kosmischen Ozean der Liebe« angeleitet hat. Die Ausgangsfrage, wie sich der körperliche Vollzug und das, um was es in der Übung gehen soll, genauer beschreiben und analysieren lässt, folgte insbesondere der wechselseitigen körperlichen Korrektur und den Anleitungen in sozialen Situationen. Dabei erwiesen sich Fragen nach einem »kosmischen Ozean« oder der »Liebe« in den Unterrichtstechniken der Yogalehrerausbildung zunächst als zweitrangig, obgleich auch hier die Praxis auf diese Dimensionen bezogen bleibt. Die folgende autoethnografische Beschreibung der Eingangsyogastunde wendet sich nun dieser Dimension der Praxis genauer zu.

> Die Position ist ungewohnt und unbequem. Zwar habe ich – mit einer relativ starken und stabilen Nackenmuskulatur – keine Probleme, einen Teil des Gewichtes auf den Scheitel, der den Boden berührt, abzugeben, doch spüre ich Verspannungen und Unbehagen sowie leichte Schmerzen in Nacken- und Schulterbereich. Auch das Gewicht auf Handgelenken und Ellenbogen ist drückend und etwas unangenehm. Der Blick ist verkehrtherum und ähnlich wie im Kopfstand

zunächst gewöhnungsbedürftig – ich schließe kurz die Augen, kann mich aber in dieser Position nicht entspannen und öffne sie erneut. Durch die umgekehrte Orientierung beginnt mein Blick am Boden entlang zur Yogalehrerin zu schielen und es fällt bereits schwer, den Blick zu entspannen. Auch die Atmung erscheint mir in der Umkehrhaltung leicht beeinträchtigt, zwar atme ich tief, aber keineswegs ruhig ein und aus. Es fühlt sich so an, als würde eine größere Menge Blut in den Kopf strömen. Ich höre die Affirmation der Yogalehrerin, die mit überaus sanfter Stimme von einem »kosmischen Ozean der Liebe« spricht.

Aber was soll diese Position mit Liebe zu tun haben? Ich überlege und denke an andere Affirmationen wie: »Ich bin anpassungsfähig und bleibe dabei trotzdem ich selbst« im Dreh-Sitz, oder: »Ich verbeuge mich vor dem Göttlichen« in der Vorwärtsbeuge. Diese haben für mich bereits bezüglich der eingenommenen Positionen eine Plausibilität. Liebe, so überlege ich, wird mit Herzöffnung in Verbindung gebracht und dies soll mit der physischen Öffnung und Weitung der Brustgegend (dem spirituellen Herz-Raum, dem anāhata-Chakra) verbunden sein. Davon kann ich aber in der Haltung nichts erspüren oder nachvollziehen. Genauso wenig kann ich feststellen, dass die Gedanken zur Ruhe kommen würden oder ich mich in der Übung »fallen lassen« könne. Ich habe eher Irritationen und meine Gedanken folgen von den bereits beschriebenen weiter zu Überlegungen der Feldforschung und zum Beobachtungsprotokoll. Ich stelle mir vor, wie ich mein Unbehagen notieren und festhalten werde. Beim leichten Hin- und Herruckeln des Oberkörpers geht das gesamte Gewicht mit, das auf den Händen hinter dem Rücken lastet. Meine Bewegungsmöglichkeiten sind stark eingeschränkt, die Halswirbelsäule ist belastet und ich fühle mich ziemlich eingesperrt. Das Halten der *āsana* wird eher zu einem Durchhalten in der leicht unangenehmen, aber emotional für mich eher neutralen Position. Als ich die Hände je einzeln und mühevoll durch Gewichtsverlagerung hervorbringe, neben den Körper lege und den Kopf nach hinten ablege, scheint Blut wieder meine Hände und Arme zu durchströmen und ich fühle, wie diese buchstäblich pulsieren, nachdem sie mir zuvor durch das Körpergewicht wie abgeklemmt vorkamen. Dies fühlt sich auf eine gewisse Weise sehr gut an und ich überlege, ob diese Wahrnehmung des Pulsierens Teil der Erfahrung sein könne, um die es hier gehen soll. Ich genieße die kleine Pause in der Rückenentspannungslage vor der nächsten Übung. Auch meine Schultern erscheinen mir jetzt etwas flacher und tiefer am Boden zu liegen als zuvor.

(Protokoll, Yogastudio, 2010)

Die Beschreibung – die auch meinen Anfängerstatus zu diesem Zeitpunkt verdeutlicht – zeigt einige mögliche Herausforderungen, mit denen sich Teilnehmer/-innen in der Körperstellung konfrontiert sehen können. Auch in meinen Interviews erwies sich der Fisch als kontrovers. Mehrere Teilnehmer/-innen berichteten von unangenehmen Empfindungen (»da krieg ich richtig Beklemmungen«), die sie mit dem längeren Halten der ungewohnten Position verbinden. Eine andere Teilnehmerin erläuterte aber, dass es ein »richtig gutes Gefühl« sei, »wenn der Kopf ent-thront werde«, »du dich im Fisch fallen lässt« und »das Ego die Kontrolle« abgebe. Der Ethnograf scheitert jedoch an diesen Empfindungen und die Körperstellung wird eher zu einem Ertragen und Durchhalten. Zwar sind ihm die Feldtheorien zur »Herzöffnung« bereits bekannt, diese finden aber in der Praxis, trotz einer intensiven Suchbewegung nach dem »kosmischen Ozean«, keine Entsprechung.

Aus Sicht des Feldes lässt sich dieses Scheitern bspw. durch eine unzureichende Körperhaltung erklären: Erst wenn die Brustöffnung, im Sinne der in der Korrektur erläuterten Akzentuierung im Brustwirbelsäulenbereich, ohne größere körperliche

Einschränkungen und Handlungsprobleme möglich sei wird Aufmerksamkeit für »innere Bewegungen« frei. Mit der Fokussierung der Aufmerksamkeit auf den »Herz-Raum« könne sich dann – solange keine anderen emotionalen, karmischen oder energetischen Blockaden und Widerstände dies verhindern – die Empfindung von »Liebe« quasi automatisch einstellen. Ganz im Sinne eines »Geschehen-Lassens«.

Diese Erklärung erscheint dem Ethnografen zehn Jahre später z. T. plausibel. Zwar war ich 2010 kein kompletter Anfänger, aber an eine Drehung des Beckens etwa dachte ich zu diesem Zeitpunkt noch keineswegs und die Affirmation überforderte mich merklich. Ein zentrales Problem lag für mich – aus meiner heutigen Sicht – an einer eingeschränkten Flexibilität im Bereich der Schulterblätter, die es mir nicht ermöglichte, die Ellenbogen weit genug hinter den Körper zu bekommen. Dies schränkte die Rückbeuge stark ein und führte dazu, dass die Schultern »zu nah an den Ohren« und angespannt waren, was auch die zu Beginn der autoethnografischen Notiz geschilderten leichten Schmerzen erklären kann. Von den Dehnungsgrenzen der Schulterblätter ist aber in der Beschreibung keine Rede, da sich mir dieser Zusammenhang – der Logik der Bewegung – zu diesem Zeitpunkt noch überhaupt nicht erschlossen hatte.

Anhand der autoethnografischen Beschreibung und ihrer Interpretation wird deutlich, wie die verschiedenen Körperbilder in der Perspektive des Feldes zusammenhängen. Es gehe darum, durch Übung die anfänglichen Irritationen des Alltagskörpers zu überwinden, die Gesamt-Gestalt des Āsana-Ideals und somit die Logik der Bewegung zu erfassen, ohne gesundheitliche Fehlstellungen richtig in die Körperhaltung hineinzugelangen, und dann erschließe sich und wirke die psychische und spirituelle Dimension, auf die die Körperstellungen letztlich bezogen seien.

Insofern verweisen ebenso die technischen und gesundheitlichen Korrekturen im Feld auf die spirituelle Praxis, und zwar als praktische Hilfsmittel. Anhand der auch in den Kapiteln zuvor analysierten Anleitungen wird deutlich, wie Erfahrungshorizonte vorstrukturiert werden, die entsprechende Interpretationen nahelegen. Diese betreffen das Zusammenspiel von physischer, psychischer und spiritueller Ebene. Die Suchbewegung nach einem solchen Erleben wird in der autoethnografischen Beschreibung gerade im Scheitern deutlich. Dabei sind es solche Handlungsprobleme des Scheiterns, die im Sinne der beim Ritual eingeführten pragmatistischen Lesart einen Raum für neue Erfahrungs- und Erlebensmöglichkeiten eröffnen. Es sind somit die systematischen Irritationen und die kontinuierliche Hinterfragung des Alltagskörpers im Yoga, die alternative Sinn- und Bedeutungszuschreibungen mit-ermöglichen bzw. mit-hervorbringen. Der spirituelle Körper ist dabei z. T. gegen Widerlegungen insofern immunisiert, als etwa ein »das funktioniert bei mir nicht« aus Sicht des Feldes meist als ein »noch nicht« betrachtet wird.

Die eher idealtypischen Überlegungen, bspw. zum Alltagskörper, erweisen sich dabei zwar für die Verortung und Analyse als gewinnbringend, sie bleiben allerdings noch zu konzeptuell, um den konkreten Vollzug in den Blick zu nehmen. Daher sollen an die zuvor beschriebenen wechselseitigen Korrekturen und Praktiken der

Sichtbarmachung anschließend die in diesem Zusammenhang (beobachtbaren) *Praktiken der Innerlichkeit* den Fokus des an- und abschließenden Unterkapitels bilden. Hierzu begeben wir uns, wie auch am Ende einer Yogastunde, erneut in die Rückenentspannungslage.

5.5 Auf der Yogamatte »ankommen« (Teil 2)

Das Kapitel hatte mit der ausführlichen Analyse der unterschiedlichen Formen des »Ankommens« in der Rückenlage und den Eröffnungsworten einer Yogastunde im Aschram begonnen: »Du liegst in *śavāsana* (4) für eine kurze Anfangsentspannung, (5) um ganz bei dir (2) in dieser Yogastunde anzukommen (6).« Die Mehrdeutigkeit des »Ankommens« wurde zum Gegenstand der Betrachtung, und zwar bezüglich der Fragen, wie sich Teilnehmer/-innen materiell, körperlich und insbesondere sozial auf 60 mal 190 Zentimetern einfinden bzw. was zum *Sich-Einstimmen* in die Yogapraxis bereits vor und mit den ersten Worten der Anleitung alles geschieht.

Anhand des einfachen Auf-dem-Rücken-Liegens wurden ferner Handlungsprobleme, die selbst eine solch ruhige und stabile Haltung für den Alltagskörper aufwerfen kann, herausgearbeitet. Ebenso stand das Spannungsfeld von individueller und kollektiver Praxis im Mittelpunkt und wurde sowohl mit Blick auf die Materialität, etwa die Anordnung von Matten, als auch bezüglich möglicher Erwartungserwartungen der sozialen Situation reflektiert. Die wenigen Worte des Yogalehrers wurden in ihrer Prosodie, ihren Pausen und ihrer Bedeutung für die soziale Situation genauer betrachtet. Von hier konnte in den folgenden Unterkapiteln die Analyse insbesondere in zweifacher Hinsicht vertieft werden: Erstens anhand einer kurzen Sequenz auf dem Festival, in der beim Rücken- und Gelenke-Yoga ein »innerer Raum« und *Erfahrungshorizont* mit spirituellen Dimensionen bei einer einfachen Dehnübung eröffnet wurde, der sich im konkreten Erleben im Schultergelenk materialisieren sollte.

Zweitens anhand der Fisch-Position, bei der die verbalen, aber insbesondere auch haptischen Korrekturen und Hilfestellungen in der Yogalehrerausbildung einen tieferen Einblick in die konkrete Arbeit von Körperhaltungen ermöglichten. Die Analyse schloss zunächst mit verschiedenen Körperbildern, die in der Praxis handlungsanleitend fungieren können. Mit den Überlegungen zu spirituellen Körperbezügen wechselt die Perspektive schließlich von der Außenbeobachtung zum inneren Erleben der Teilnehmer/-innen, das als konstitutiv für Spiritualität angesehen wird. Die folgenden Überlegungen schließen an diese zuvor geleistete Identifikation von *Ethnomethoden der Sichtbarmachung* des sogenannten Körperwissens, Praktiken des *Sich-selbst-Anzeigens* und die Relevanz des *Alltagskörpers* und seiner *praktischen Handlungsprobleme* an.

Die Zielsetzung einer weiterführenden sozialtheoretischen Perspektivierung kann aber auch in diesem Kapitel erst vor dem Hintergrund und auf der Basis der empirischen Analysen entwickelt werden. Dabei folgt die Perspektive der Logik und den Methoden der Yogapraxis weiter und widmet sich der zu Beginn aufgeworfenen Frage nach dem Verhältnis von Körper und Geist bzw. von Außen und Innen, in dessen Verortung die Frage nach Spiritualität im Yoga kulminiert. Der Artikel „Warum Wiederholungen im Yoga gut sind" (Grimm 2015) bringt eine der praktischen Anleitungsperspektiven im Yoga nochmals auf den Punkt, die zunächst den Ausgangspunkt darstellt:

> Egal, ob es sich um die Asanas dreht oder Pranayama oder irgendwelche anderen Techniken handelt, die Schritte sind im Prinzip immer ähnlich: ‚Erst lerne ich den körperlichen Aufbau und festige die Übung äußerlich und lasse sie leicht/bequem werden (sthira und sukha). Wenn die Phase abgeschlossen ist und ich weiß, was ich tue, kann ich meinen Fokus langsam nach innen lenken, mit der Atmung arbeiten und bewusste Erfahrungen machen.' Darum geht's ja unter anderem im Yoga – es sei denn, man möchte nur eine schöne Gymnastikstunde machen.

Es ist diese »Innenorientierung«, die »Fokussierung der Aufmerksamkeit nach innen«, die am Horizont des gesamten Kapitels mitgeschwungen hat und bspw. auch in den Interviewäußerungen des Yogalehrers auf dem Festival betont und in den konkreten Anleitungen der Yogastunde verfolgt wurde. Im Folgenden sucht die Analyse, die konkrete Arbeit und die Sozialität der Hervorbringung des Verhältnisses von Innen und Außen zum Gegenstand zu machen. In einem ersten Schritt wird dazu der Anleitung beim Ankommen auf der Yogamatte weiter gefolgt und durch eine autoethnografische Beschreibung der eigenständigen *śavāsana*-Praxis vertieft (Kap. 5.5.1). Dieser empirische Vollzug wird in einem zweiten Schritt leibphänomenologisch expliziert, womit eine genauere Beobachtung der zu vollziehenden Tätigkeiten sichtbar wird (Kap. 5.5.2). Drittens wird im Anschluss an Mead und Wittgenstein eine Perspektivverschiebung vorbereitet (Kap. 5.5.3), um viertens und abschließend bei einer praxeologischen Beschreibung von *Praktiken der Innerlichkeit* anzukommen (Kap. 5.5.4).

Diese ausführliche und grundlegende Betrachtung ist insofern von Bedeutung, als die *Sozialität der Praxis* oftmals dazu tendiert, bei einer Außenbeobachtung stehen zu bleiben und (ganz im Sinne der De-Zentrierung des Subjekts) von eher offensichtlich beobachtbaren Dimensionen wie von sozialen Situationen, Interaktionen oder von Kommunikation auszugehen. Eine Perspektive, die auch in weiten Teilen dieses Buches fruchtbar genutzt wurde. Die weiterführende Überlegung liegt aber darin, dass eine solche Zugangsweise implizit einer Außen-Innen Differenz verpflichtet bleibt und es sich lohnt, über partielle Revidierungen nachzudenken.

Gespräche über Spiritualität; Alltagsrituale und Begrüßungen in ihrer Herzlichkeit; die Materialität des Yogaraumes und ihre Symbolwelt; Interaktionssituationen der Anleitung, Erläuterungen und interkorporale Korrekturen; der Gesichtsausdruck, Gang, die Stimmlage der Yogalehrer/-innen; die wechselseitige Wahrnehmung in einer Situation der Ko-Präsenz; die soziale Rahmung, Rituale, Normen, soziale Erwartungen usw. usf.: all dies rückt für soziologisch Forschende ganz augenscheinlich in den Blick und ermöglicht es, die *Sozialität* unterschiedlichster Praktiken aus einem anderen Blickwinkel zu beschreiben. Was aber passiert, wenn Menschen den Blick nach innen richten, wird, solange sie nicht lautstark davon berichten, diesbezüglich in Interaktion treten oder etwa andere ihr Schweigen als Mitteilung auffassen, kaum zum Gegenstand von Untersuchungen, genauso wenig wie ihre Körper im konkreten, physiologischen Sinne. Sobald Teilnehmer/-innen etwa alleine in ihrem Zimmer auf einer Yogamatte in Stille versinken, um ihren Tag abzuschließen, hat sich meist auch die soziologische Beschreibung bereits zur Ruhe begeben.

Ich möchte also in diesem Kapitel über die offensichtlichen *sozialen* Tätigkeiten und Rahmungen hinaus (deren Relevanz nicht infrage steht) die *Praktiken der Innerlichkeit* in ihrer Sozialität und ihrem verkörperten Vollzug zum Gegenstand der Analyse machen.

5.5.1 Die Fortsetzung: »Ankommen« auf der Yogamatte

Im Folgenden soll der Anleitung von Arjuna, dem Yogalehrer, mit dessen ersten Sätzen dieses Kapitel begonnen hatte, zunächst weiter gefolgt werden. Arjuna sitzt mit gekreuzten Beinen in einer gerade aufgerichteten und bewegungslosen Sitzhaltung auf einem Sitzkissen. Nachdem fast alle Teilnehmer/-innen im Yogaraum des Aschrams bereits auf ihren Yogamatten in der Rückenentspannungslage (*śavāsana*) angekommen sind, eröffnet Arjuna die Yogastunde mit ruhigen Worten:

> Du liegst in *śavāsana*. (4) Für eine kurze Anfangsentspannung (5) um ganz bei dir (2) in dieser Yogastunde anzukommen. (6) Atme ein paar Mal tief in den Bauch ein und aus (1) oder übe die Yoga-Vollatmung, um ganz in deinem *śavāsana* anzukommen. Schau, dass du die Beine mindestens hüftbreit geöffnet hast, die Füße angenehm zur Seite fallen. Schenk deinem unteren Rücken noch etwas Länge, indem du sanft das Schambein Richtung Brustkorb ziehst und loslässt, (2) ebenso sanft drücke die Schultern Richtung Füße, so dass die Schulterblätter ganz flach auf dem Boden liegen, (2) Arme liegen neben dem Körper, so weit von diesem entfernt, dass die Achseln frei sind, (3) Handflächen zur Decke hin geöffnet, Finger ganz entspannt (roll das Kreuzbein ein wenig ein) und auch deinem Nacken kannst du noch etwas Länge schenken, indem du, ohne den Kopf zu heben, das Kinn sanft Richtung Brustkorb ziehst und loslässt. (6) So in deinem *śavāsana* angekommen, lass die Atmung nun einfach frei fließen und bleibe mit deiner Aufmerksamkeit dabei. Ganz bei dir (2), nehme wahr, wie sich einatmend auch jetzt die Bauchdecke sanft hebt und ausatmend wieder senkt. Sei dir jeder Einatmung voll bewusst, sei dir jeder Atempause voll bewusst, sei dir jeder Ausatmung voll bewusst. Einatmend weißt du ,ich atme ein' und ausatmend weißt du: ,ich atme aus'. (3) Lass so alles Vergangene los. Lasse so alle Projekte, alle Pläne los. Lasse so alle Ideen und Konzepte für diesen Moment los. Verbleibe völlig anstrengungslos im momentanen Augenblick (.), Stille. (59) Und dann lass deine Atmung langsam wieder tiefer werden. Atme noch einmal, einmal, ein paar Mal vollständig ein und aus [...]. Stell dich auf Bewegung ein und ganz in deiner Zeit beginne, dich von außen nach innen wieder zu bewegen: Füße, Hände, Beine, Arme [...].
>
> (Anleitung, Yogalehrerausbildung, 4. Woche, 2013)

Arjuna leitet die Anfangsentspannung in *śavāsana* Schritt für Schritt an. Obgleich einige Sekunden nach Beginn seiner Ausführungen die erfahrenen Teilnehmer/-innen bereits in der entsprechenden, richtigen Körperstellung angekommen sind, benennt er die exakte Positionierung von Füßen, Beinen, Händen und Armen. In der vierten Woche der Yogalehrerausbildung sind diese zentralen Elemente der Position bereits allen vertraut. Die Regieanweisungen des Yogalehrers bleiben aber Tag für Tag und Sitzung für Sitzung nahezu gleich bzw. ähnlich genug, um immer wieder, Punkt für Punkt, die zentralen Elemente der körperlichen Haltung, der Atmung sowie der »inneren Haltung« zu fokussieren, die mit der Anfangsentspannung in Verbindung gebracht werden. Nicht zuletzt durch die kontinuierliche, zweimal tägliche Wiederholung wird *śavāsana* zu einem Ritual. Wie bereits durch die Bezeichnung als *Totenstellung* auf ein *Mehr* als einfaches Liegen verwiesen wird, verweist auch die Exaktheit der spezifischen Körperhaltung, wie beim Fisch, auf ein *Mehr* dieser Praxis.

Die Teilnehmer/-innen nehmen ferner durch die Anleitung kollektiv eine identische Körperhaltung ein und synchronisieren ihre Bewegungen und Selbstkorrekturen entlang der Anleitung. Auch in dieser vermeintlich einfachen Position gehen die Yogalehrenden in manchen Stunden wie auch bei anderen Körperstellungen umher und geben Teilnehmer/-innen körperliche Hilfestellungen, indem sie etwa eine zu eng angelegte Decke entspannen; die beiden Füße, leicht an den Fersen ziehend, vom Boden abheben, um sie sanft wieder nach außen fallen zu lassen; oder etwa beide Schultern mit den Händen sanft Richtung Boden drücken. Nicht nur bei Anfänger/-innen finden sich auch in dieser vermeintlich einfachen Position Schieflagen, und so wird zuweilen auch die Ausrichtung in einer geraden Verlängerung der Wirbelsäule korrigiert. Der Anleitungstext fungiert ebenso als eine Form von Korrektur, indem verbal eine Folie zur Selbstkorrektur formuliert wird, die in der ritualisierten Form verinnerlicht und entsprechend Schritt für Schritt von den Teilnehmenden abgearbeitet werden kann.

Externe körperliche Korrekturen können die eigenkörperliche Wahrnehmung stark beeinflussen. Die Wahrnehmung der körperlichen Lage kann sich durch das sanfte Auf-den-Boden-Drücken der Schultern durch die Yogalehrer/-innen deutlich verändern, so dass *śavāsana* in einer neuen Qualität erlebt wird. Durch solche Erfahrungen gewinnt bspw. das »Loslassen in den Schultern« eine neue Qualität, ebenso der Anleitungstext des Yogalehrers: »Drücke die Schultern Richtung Füße, so dass die Schulterblätter ganz flach auf dem Boden liegen.« Die tägliche Yogapraxis über mehrere Wochen hinweg kann dabei ein ganzes Repertoire und eine Differenzierung und Verfeinerung der Wahrnehmungsqualitäten erzeugen, so dass die Empfindung eines entspannten »flachen Aufliegens« des einen Tages einige Wochen später gar als An- und Verspannung erlebt werden kann.

Trotz der gleichförmigen Anleitung wird in der Beschreibung oben sichtbar, dass es sich um eine fortgeschrittene Stunde handelt. So werden einige Übungen, wie die »Yoga-Vollatmung«, nicht weiter ausgeführt und als bekannt vorausgesetzt. In Anfängerstunden würde es zunächst darum gehen, die Teilnehmer/-innen darin zu unterstützen, überhaupt einen »Kontakt mit der Atmung« herzustellen. So etwa in dem schlagwortartigen Anleitungstext im „YogalehrerInnen Handbuch" (2011: 152):

„Atem spüren. Passiv beobachten, wie Bauch sich hebt und senkt. Atem vertiefen. 3–4 Sekunden lang einatmen und ausatmen. Hand auf den Bauchnabel, um Bauchatmung zu überprüfen. (Wenn nötig Schüler helfen).“

Ein weiteres Detail, das auf eine fortgeschrittene Yogastunde verweist, sind die 59 Sekunden Pause mit dem einzigen verbalen Hinweis der »Stille«. Bei der Diskussion von Unterrichtsmethoden in der Ausbildung war es ein Punkt dieses Ausbilders, zu betonen, dass längere (Sprech-)Pausen, insbesondere bei Anfänger/-innen, zu vermeiden sind. Als Grund wurde der »abschweifende Geist« genannt, der häufig mit einem »betrunkenen und von einem Skorpion gebissenen Affen« verglichen wird und den die Yogalehrenden mit den Anleitungen »führen und fokussieren« sollen. Dabei gehe es darum, die Aufmerksamkeit in die Haltung und in das entsprechende Erleben hineinzuführen. Ob dies gelingt, hängt auch mit der bereits betrachteten performativen Seite, wie Prosodie mit Intonation, Rhythmus und Pausen, ab. So wählen auch Praktizierende häufig Lehrende aus, deren Stimme sie subjektiv angenehm empfinden, oder hören etwa YouTube-Videos oder CDs von Lehrer/-innen, von denen sie, insbesondere auch bei der Endentspannung, beim *yoga nidrā*, gut in die Entspannung von *śavāsana* geführt werden.

Die Anleitungen, denen anhand von Arjunas Yogastunde weiter gefolgt wird, beginnen mit der körperlichen Position und gehen über den Atem hin zum »anstrengungslosen« Spüren des Hier und Jetzt des »momentanen Augenblicks«, das mit dem »Loslassen aller Konzepte« sowie von Vergangenheit und Zukunft einhergehen soll. Spüren und Fühlen werden häufig im Gegensatz zum rationalen und bewertenden Geist betrachtet, der quasi in Form einer Epoché überwunden werden soll. Der Anleitungstext des „YogalehrerInnen Handbuchs“ (2011: 152) ist auch hier etwas vereinfachend und zugleich ausführlicher:

> Vergesst jetzt Vergangenheit und Zukunft. Seid nur in der Gegenwart, bei dem, was jetzt in Euch geschieht. Versucht auch, Eurem analysierenden Geist eine Pause zu gönnen. Urteilt weniger, denkt weniger nach, sondern spürt mehr. Gedanken mögen weiter kommen, aber richtet Eure Aufmerksamkeit mehr auf das, was ihr spüren könnt, als auf das, was Ihr denkt. Korrekte Lage nochmals überprüfen. Körperbewusstsein: Anspannen, locker lassen, nachspüren, von unten nach oben. Atem spüren. [...] Dann als Ganzes spüren.

Dabei fällt, auch mit Blick auf das Handbuch, die relativ hohe Standardisierung der Anleitungen auf, wie sie bspw. bereits anhand der ersten Meditationsanleitung am ersten Abend der Yogalehrerausbildung in diesem Buch genauer betrachtet wurde (vgl. Kap. 2.3). Diese erzeugt eine Gleichförmigkeit und Erwartbarkeit von Yogastunden, die sich auch im selbstständigen Vollzug (weiter unten) widerspiegeln. Dabei möchte ich nochmals hervorheben, dass der Monolog der Yogalehrer/-innen, gerade in der Zeitlichkeitsstruktur, bezüglich der interaktiven Momente in seiner Dialogizität zu betrachten ist. Der Benennung einzelner Körperpartien oder Techniken folgen jeweils zwei bis vier Sekunden Pause, die den Vollzug der Teilnehmer/-innen antizipieren und mit hervorbringen. Im Wechsel der Personalpronomina vom »Du« zum »Ich«

wird dies ebenso sichtbar: »Einatmend weißt du (.) ich atme ein (.) und ausatmend weißt du (.) ich atme aus (3)«. Dieser Wechsel wird häufig auch bei Affirmationen eingesetzt, so dass man bspw. bei der Ausatmung »innerlich wiederholen« soll: »Ich lasse ganz los«, und bei der Einatmung: »Ich komme ganz bei mir an«.

Diese Dialogizität wird beim bewegungslosen Liegen mit geschlossenen Augen in einem ansonsten stillen Raum besonders hervorgehoben, insofern der Gehörsinn exponiert und eine Aufmerksamkeitsfokussierung auf die ‚äußerliche‘ Stimme präformiert wird. Sie wird aber auch bei der Selbststeuerung von körperlichen Korrekturen und Haltungen relevant, in denen ebenso Variationen des Anleitungstextes abgearbeitet werden. Das folgende Protokoll soll u. a. dies verdeutlichen. Denn noch bevor Arjuna seine Ausführungen beginnt, liegen die meisten Teilnehmer/-innen, inklusive des Ethnografen, bereits in *śavāsana*. In Kapitel 5.2 hatte ich insbesondere die Hervorbringung der sozio-materiellen Situation im Detail beschrieben, allerdings den Vollzug der Körperstellung folgendermaßen zusammengefasst: „Sie bewegen noch kurz ihre Decken, rollen teilweise den Kopf nach links und rechts, dehnen und strecken sich ein wenig, bevor ihre Körper mit geschlossenen Augen zur Ruhe kommen.“ Eine autoethnografische Beschreibung eröffnet demgegenüber im Folgenden ein differenzierteres Bild. (Dabei war die Gleichzeitigkeit mit der vorhergehenden äußerlichen Beschreibung u. a. durch die Videoaufzeichnung möglich.)

> Ich liege unter der weißen Decke auf dem Rücken im Yogaraum. Zunächst bewege ich die Füße ein wenig nach außen und schiebe die Decke mit den Zehenspitzen etwas weiter nach unten, so dass ich vermeide, dass die Decke bei den Füßen spannt und meine Fußaußenseiten locker nach rechts und links außen fallen können. Nun spüre ich, wie mein Körper in diesem Moment auf der Matte aufliegt. Ich drücke meine beiden Schulterblätter auf den Boden, mein Brustkorb hebt sich leicht und ich ziehe beide Schulterblätter hinter dem Rücken zusammen, soweit dies angenehm möglich ist, und nehme ein leichtes Knacksen im linken Schulterblatt wahr. Mit dem Loslassen dieser Anspannung öffnen sich die Schultern zur Seite und es entsteht etwas mehr Raum zur Auflage. Fast automatisch drehen sich mit dem Loslassen der Schultern meine Handflächen leicht nach oben und ich rücke die Arme in einem etwa 30-Grad-Winkel vom Körper nach außen, so dass noch mehr Raum für die Auflage im oberen Rücken entsteht. Die Finger sind leicht gekrümmt, und mit einer sanften Streckung suche ich auch die Auflage der Handrücken auszuweiten, wobei auch die Finger sich anschließend von alleine wieder leicht zusammenziehen. Mit dem unteren Rücken spüre ich heute kaum Kontakt zur Matte und versuche, diesen Bereich etwas zu lockern. Dazu spanne ich die Gesäßmuskeln kurz an, was den unteren Bereich meines Körpers etwas weiter von der Matte hebt und bewege nach dem Loslassen mit leichten Schaukelbewegungen das Becken von links nach rechts, um meinen unteren Rücken entspannen zu lassen. Leider bewirkt dies aber im Moment kaum eine Veränderung an meiner Auflage und so akzeptiere ich den Zustand, wie er gerade ist, mit dem Gedanken, dass vermutlich bereits nach einigen *āsana* (spätestens nach dem Fisch) mein gesamter Rücken entspannt aufliegen wird. Ich hebe den Kopf kurz nur einige Millimeter an, um ihn – durch Heranziehen des Kinns und der damit erwirkten Verlängerung in der Halswirbelsäule – etwas nach hinten verlängert wieder abzulegen. Nun lasse ich den Kopf locker zur linken und zur rechten Seite rollen, um zu sehen, ob sich auch hier noch Verspannungen und Blockaden äußern oder ob der Kopf mit der Schwerkraft zu Boden sinkt. Ein weiteres leichtes Knacken in der Halswirbelsäule kulminiert im leichten Stocken der Bewegung, bevor ich versuche, den Kopf sich quasi von alleine in der Mitte einpendeln

zu lassen. Denn nur dann können die Muskeln wirklich loslassen und das Gewicht des Kopfes vollständig an den Boden abgeben.

Halbwegs zufrieden mit der in diesen Schritten erzeugten Körperhaltung beschließe ich, bewegungslos zu werden und dem etwaigen Wunsch nach Bewegung auch bei einem Juckreiz nicht mehr nachzugeben. Ich spüre kurz in meine Füße und Beine, dann in meine Hände und Arme, anschließend in Rücken, Bauch und Brust, Nacken, Kopf und Gesicht und stelle mir jeweils vor, wie der Atem tief in diese Körperteile fließt, und visualisiere und spüre, wie sich alle Körperteile sukzessive etwas weiter entspannen. Anschließend fokussiere ich meine Aufmerksamkeit auf den Atem. Einatmen, ausatmen. Beim Ausatmen stelle ich mir vor, wie ich letzte Verspannungen loslasse und tiefer in den Boden sinke. Beim Einatmen beginne ich unwillkürlich, den Atem leicht zu beeinflussen, indem ich den Bauch weiter als gewöhnlich ausweite. Meine Zielsetzung ist jedoch ein ‚Mich-atmen-Lassen‘ und so warte ich in der Pause nach dem Ausatmen auf den natürlichen Einatmen-Impuls. Dann spüre ich in den unteren Bauch und lasse diesen los, so dass sich Zwerchfell und Bauchraum nach unten sowie nach hinten und oben (also Richtung Yogamatte und Decke) beim Einatmen von ganz alleine weiter ausdehnen können. Trotz dieser Fokussierung bekomme ich mit, wie schräg vor mir jemand seine Matte ausrollt. Ich öffne kurz ein Auge und schiele nach links vorne. Es ist Matthias, der mir kurz zulächelt, bevor auch er sich in die Rückenlage begibt. Ich blicke nach links und sehe die, abgesehen von seinem überaus ruhigen Atem, bewegungslose *śavāsana*-Haltung von Stefan (der auch im Alltag einen überaus aufgerichteten Stand hat und mir in gewisser Weise aufrecht zu liegen scheint), bevor ich erneut die Augen schließe, um zu meinem Atmen zurückzukehren. Einatmen, ausatmen. Jedoch gelingt es mir nicht, mich zu konzentrieren, und ich folge dem leisen, kurzen Gespräch von zwei Teilnehmerinnen weiter links, nehme Geräusche weiterer Bewegungen im Raum wahr und beginne, an den anschließenden Frühstücksbrunch zu denken, während ich mich am rechten Oberschenkel kratze, als mich Arjuna mit den Worten seiner Anleitung aus meinem kurzen Tagtraum herausreißt und meine Hand wieder mit nach oben ausgerichteter Handfläche zu Boden sinkt.

(Yogalehrerausbildung, 4. Woche, 2013)

Das Protokoll erfasst einen individuellen Vollzug von konkreten Körpertechniken, der Aspekte der praktischen Arbeit in der Anfangsentspannung sichtbar werden lässt. Die Beschreibung der Aufmerksamkeitslenkung durch den eigenen Körper erscheint zunächst als ein sehr spezifisches, subjektives Erleben der Rückenlage des Ethnografen. Erst vor dem Hintergrund der zuvor betrachteten Anleitungen wird deutlich, dass es sich um *typische* Tätigkeiten der Yogapraxis handelt. Die ‚Verinnerlichung‘ dieser Anleitungen zeigt aber zugleich auch deren Adaption und zwar nicht nur an das individuelle Empfinden und Bewegungsmöglichkeiten dieses Körpers, sondern auch an an diesem spezifischen Tag (u. a. vor dem Frühstück) und in dieser sozialen Situation (u. a. in einer Yogalehrerausbildung). Dies ermöglicht es, *śavāsana* auch als eine Form der Selbststeuerung in den Blick zu nehmen, bei der auch Hirschauer (2016: 3 f.) auf eine „elementare Dialogizität" und die Bedeutung von „Feedback-Schleifen und Gelingenskriterien" verwiesen hat, die bei der Wahrnehmung des eigenen Tuns für das Eingreifen in Handlungsvollzüge relevant werden. Der konkrete Vollzug des Auf-dem-Boden-Liegens ermöglicht es, einen empirischen Einblick (in die Blackbox der Meditation) zu gewinnen, dem im Folgenden anhand von leibphänomenologischen Beschreibungen weiter gefolgt wird, bevor abschließend eine ethnomethodologische bzw. praxeologische (Re-)Spezifizierung angestrebt wird.

5.5.2 Leibphänomenologische Annäherungen

Die Beschreibung beginnt mit dem Einnehmen einer rudimentären Körperstellung bis zur *Qualität der Haltung* und wandert von den Füßen beginnend bis zum Kopf, um schließlich zur Atmung überzugehen: Das Fallen der Fußkanten nach außen, das durch die Spannung der Decke oder bspw. durch Anspannung im Beckenbereich oder in den Beinen verhindert werden kann; das Gesäß mit der Lage des Beckens und des Iliosakralgelenkes; die Auflage im unteren Rückenbereich, die bereits durch die natürliche Krümmung der Wirbelsäule leicht differiert; die Ausdehnung der Länge der Wirbelsäule in der Rückenlage; Brustwirbelsäule und Schulterregion und damit verbunden die Position/Rotation und Auflage von Armen, Händen und Fingern; und schließlich die Art und Weise, wie Nacken und Kopf am Boden ruhen. Auf-dem-Boden-Liegen wird zu einem komplexen Wahrnehmungsgeflecht, wobei es an jeder Körperregion möglich ist, die Wahrnehmung zu verfeinern und weiter zu differenzieren, wie dies anhand des Schultergelenks auf dem Yogafestival bereits bei einer einfachen Dehnung deutlich wurde (vgl. Kap. 5.3). Ein anderes Beispiel wären etwa die drei muskulären Schichten des Beckenbodenbereiches (innere, mittlere, äußere) mit ihren verschiedenen Spannrichtungen und Bewegungsmöglichkeiten.[54]

Aus einer phänomenologischen Perspektive beschreibt Karl Baier (2007: 251) die übergeordnete Zielsetzung anhand einer sitzenden Meditationshaltung wie folgt:

> Eine Haltung einnehmen und sie geschehen lassen, ist zweierlei. Wer sich hinsetzt, hat sich dadurch zwar für einen ganz bestimmten Weltbezug prädisponiert, muss aber erst noch in seinen Vollzug einschwingen. Die Form der eingenommenen Haltung ist nicht mehr und nicht weniger als die Vorwegnahme des in ihr zu entfaltenden Daseins. Die Übung besteht darin, dieses Vorweggenommene im eigenen Vollzug einzuholen und zu manifestieren. Dies geschieht durch den Abbau von Beeinträchtigungen der Haltung und des Atems im Vollzug des Sitzens sowie durch eine Beruhigung der Gedanken, die immer wieder vom nicht-intentionalen Anwesend-Sein ablenken […]. Die wichtigste, zum existentiellen Vollzug des Sitzens hinführende

---

54 Im Kontext von Taiji und Qigong beschreibt bspw. Zimmerman in einer sehr kurzen Anleitung „einige Übungen für den Selbstversuch", um die „Beckenbodenaktivität" in dieser Differenziertheit zu erspüren (URL: http://www.taiji-lebenskunst.de/scripts/tai-chi-lebenskunst-beckenboden-artikel.pdf [Letzter Aufruf: 20.09.2021]). Neben tantrischen Praktiken wird der Beckenboden im Yoga insbesondere bei der Praxis von *mūla bandha* relevant, hierbei ganz ähnlich beschrieben, und in der Praxis werden die unterschiedlichen Muskelpartien differenziert und bewusst steuerbar.

Bewegung ist das Sich-Loslassen in den Schultern, im Hals-, Nacken- und Kopfbereich, gefolgt vom Sich-Niederlassen im Becken.

Atmung und Gedanken, die noch genauer betrachtet werden, erscheinen auch hier erst im Anschluss an den „Abbau von Beeinträchtigungen der Haltung" als bedeutsam, die als zentral für das „Einschwingen" in der Haltung hervorgehoben werden. In ähnlicher Weise sollen auch in *śavāsana* alle muskulären Anspannungen »gelöst« und eine »entspannte« Rückenlage eingenommen werden, in welcher der Boden den Körper trägt: »Ich sinke tiefer und tiefer in den Boden hinein.« Es lässt sich ferner auch an die Beschreibung der Aufmerksamkeitsfokussierung im meditativen Sitzen von Baier (2007: 252) weiter anschließen, wenn dieser eine „Erdung" der Haltung beschreibt, die man lange üben müsse und die drei Dimensionen umfasse: „1. Den Boden als tragenden sein lassen. 2. Sich selbst auf den Boden bringen, d.h. sich von ihm tragen lassen. 3. In die Tiefe des Bodens spüren und die Abgründigkeit des Getragenwerdens zulassen."

Es ist somit das Verhältnis des Körpers im Kontakt mit dem Boden bzw. der Yogamatte, das als körperliche Arbeit auch beim Liegen genauer betrachtet werden kann. Dazu gehören – wie auch in der autoethnografischen Beschreibung deutlich wurde – ganz spezifische Körpertechniken, bspw. das »sanfte Ziehen des Kinns Richtung Brustkorb« oder das kurzzeitige Anspannen von einzelnen Köperpartien. Bereits die Lenkung von Aufmerksamkeit in spezifische Körperregionen – so die Annahme im Feld und das subjektive Erleben – bewirke eine Veränderung und Entspannung. Diese Wahrnehmungen organisieren sich oftmals als Differenzerfahrungen. So wird bspw. der Körperkontakt zum Boden im Verlauf der Yogastunde unterschiedlich wahrgenommen und verändert sich schon durch das Drehen der Handflächen nach oben und das Abspreizen der Arme, welche die Auflage – und Wahrnehmungsqualität derselben – insbesondere im Schulterbereich verändern.

Es ist eine tätige Auseinandersetzung mit dem Boden bzw. der Yogamatte, ein quasi-interaktives Verhältnis, das in der Darstellung etwa des Anspannens von Muskelpartien oder des leichten Hin-und Herschaukelns beschrieben wird. Entspannung zeigt sich dabei in der Wahrnehmung von körperlicher Länge und Weite, in einer möglichst großflächigen, weichen und angenehmen Auflage. Es geht also um die sich im zeitlichen Verlauf verändernden Wahrnehmungen von Materialität und Widerständigkeit sowohl des Bodens als auch des eigenen Körpers. In seiner Ethnografie der Yogapraxis hat Schink (2014: 8) in diesem Zusammenhang auch die Bedeutung der Meditationsdecke, u. a. im Anschluss an die „exzentrische Positionalität" (Plessner [1928] 1975) und den „körperlichen Leib" (Jäger 2004), hervorgehoben und wie folgt beschrieben:

So temperiert etwa die übergestreifte (Meditations-)Decke nicht nur den Organismus; als ‚zweite Haut' grenzt sie ihn als Ding erkennbar nach außen bzw. als Leib nach innen hin ab und erschafft somit einen ‚neuen' Außen- bzw. Innenraum. Durch die übergestreifte Decke wird der ansonsten ‚unsichtbare' meditierende Leib für andere – und für sich selbst als Objekt – erst sicht-

und spürbar. Die anfangs rein zweckmäßige Decke wird insofern mit zunehmender Praxis zum Bedeutungsträger, der die Meditation rahmt und eine spirituelle Sphäre beim Überstreifen eröffnet, allerdings diese nicht nur für andere markiert, sondern auch körperlich-leiblich und räumlich für sich selbst spürbar macht.[55]

Die übergestreifte Decke fungiert in diesem Sinne etwa bei der Beobachtung des Sich-Hebens und -Senkens des eigenen Bauches wie eine zweite Haut, die bei der Wahrnehmung der eigenen Leiblichkeit, im quasi-interaktiven Verhältnis mit der Welt, eine neue Innen-Außen-Differenz hervorbringen kann. Die konkrete Arbeit einer solchen Differenzierung von Innen und Außen, an der nicht nur die Decke oder der Boden beteiligt sein können, bildet auch im weiteren Verlauf der Analyse den zentralen Gegenstand dieses Kapitels.

Im Anschluss an die exakte Positionierung und physische Wahrnehmung folgt im *śavāsana* die Fokussierung der Aufmerksamkeit auf die Atmung und schließlich auf das »Ankommen im Hier und Jetzt ganz bei einem Selbst«.

Von der Praxis des *Zazen*, dem *Sitzen* im Zen-Buddhismus, kommend, spricht Gernot Böhme (2014: 148) vom „Präsenz-" und „Leibbewusstsein", die er vom „Alltagsbewusstsein" abgrenzt: „Warum sind wir zunächst und zumeist nicht präsent, warum leben wir nicht in dem Bewusstsein, jetzt und hier gegenwärtig zu sein?" Als allgemeinsten Grund verweist er erstens auf die Sorge (bei Heidegger) als Grundstruktur menschlicher Existenz, die uns stetig in Vergangenheit und Zukunft treibe; sowie zweitens auf die Zielorientierung des alltäglichen Bewusstseins. Als *Präsenzbewusstsein* bezeichnet Böhme (2014: 147) das „Spüren der eigenen leiblichen Anwesenheit", die auch als „säkularisierte Fassung von Satori", also bis zu einem „Erwachen zur Aktualität, zu wirklichem Dasein" reichen könne. „Das Mitgehen mit dem Atem", so führt Böhme (2014: 153) weiter aus, sei „eine fundamentale Form von Präsenzbewusstsein", die die eigene Gegenwart der Existenz zu Bewusstsein bringe.

Auch im Vollzug von *śavāsana* folgt auf die Wahrnehmung der Körperstellung die Lenkung der Aufmerksamkeit auf den Atem bzw. greifen die Wahrnehmungen von Haltung und Atem in der Praxis ineinander. Im Yoga bildet die Atembeobachtung eine zentrale Grundlage für (nahezu) alle Körperhaltungen und Meditationstechniken. Dabei wird sowohl auf die Schnittstelle zum vegetativen Nervensystem als auch auf die psychische und spirituelle Bedeutung der Atmung als *prana*, sprich: universelle Lebenskraft, Lebensenergie oder Odem verwiesen. Die vierte Stufe des achtgliedrigen Yogapfades ist entsprechend dem *prāṇāyāma*, den Atemtechniken, gewidmet, mit dem auch die Yogastunden im Aschram beginnen: „Einatmung, Ausatmung sowie Atemhalten wird verlängert und verfeinert durch Kontrolle von Intensität, Dauer und Häufigkeit." (Yoga-Sūtra 2.5)

---

55 Ich möchte Alan Schink an dieser Stelle auch ganz herzlich für ein Treffen in Berlin danken, bei dem wir uns über seinen hier zitierten Vortrag im Vorfeld sehr ausführlich austauschen konnten.

Die leibphänomenologischen Beschreibungen von Baier (2007: 255 f.) bieten auch bezüglich der Atmung einen Einstieg in die Beschreibung:

> Um die Mauer der Unbewusstheit, die das alltägliche Atmen umgibt, zu durchbrechen, bietet sich zunächst das Beobachten des Atmens als Zugang an. Doch jeder einfache Selbst-Versuch belehrt, dass der Atem sich dagegen strebt, zum Beobachtungsobjekt zu werden. In dem Augenblick, da man beginnt, ihn sich bewusst zu machen, merkt man auch schon, dass man ihn nicht zulassen kann. Und dies auf doppelte Weise: Das Bewusstmachen selber stört den Atem und man findet zudem, dass man den Atem auch schon vor der Bewusstmachung nicht voll zulassen konnte.

In Anlehnung an Middendorf (1990) spricht Baier (2007: 256) vom „gelassenen Atem" als Zielsetzung, bei der „nicht ich atme", sondern ein „es atmet" bewusst wahrgenommen werde. Die für Verben in der deutschen Grammatik nicht eigenständig vorhandene *middle voice*, also eine Medialkonstruktion zwischen aktiv und passiv, die sich in Formulierungen wie „das Korn reift", „der Reis kocht" oder „das Buch liest sich gut" finden, beschreibt hier den Sachverhalt der Atmung überaus passend (vgl. ferner Meyer 2018).

Die Handlungsprobleme eines Sich-atmen-Lassens zeigen sich ebenso in der autoethnografischen Beobachtung, wenn der Ethnograf »in der Pause nach der Ausatmung auf den natürlichen Einatmen-Impuls« wartet und sein »Loslassen« in den Mittelpunkt rückt, bei welchem sich der Bauch von »ganz alleine weiter ausdehnen kann«. Die Selbstbeobachtung des Atems liegt an der Schnittstelle von Willkürlichkeit und Unwillkürlichkeit, Bewusstheit und Unbewusstheit und ließe sich etwas vereinfachend im Verhältnis von Körper-Haben und Leib-Sein verorten: „Das ‚Es atmet' gelassenen Atmens macht das Dasein als gegebenes, sich ereignendes Leben erfahrbar." (Baier 2007: 260).

An den leibphänomenologischen Beschreibungen fällt jedoch auf, dass diese sehr nahe an den Sichtweisen und Beschreibungen des Yoga bleiben. Auch im Einnehmen von *śavāsana* realisiere sich in ähnlicher Weise, wenn die Haltung völlig ruhig, stabil und bequem (*sthira-sukham-āsanam*) geworden sei, das »Ankommen« in der Präsenz im »Hier und Jetzt«, das ferner im »inneren Universum« bis zum »absoluten Bewusstsein« reiche bzw. hier seinen Ausgangspunkt nehme. Dies verweist zum einen auf die bereits erwähnten Parallelen von Phänomenologie und Yogaphilosophie (vgl. ferner Kap. 6). Zum anderen könnte man eher kritisch überlegen, inwiefern hierbei Tätigkeiten schlicht in leibphänomenologische Termini und Konzepte – wie etwa des „Leibbewusstseins" – übersetzt werden und nach dem konzeptuellen Mehrwert fragen. Eine andere Zugangsweise schlägt Smith (2007: 41) vor, der im Ausblick seines phänomenologisch orientierten Artikels über Asthanga-Yoga zu dem Schluss kommt, dass die Yogapraxis dazu dienen könne, eine Theoretisierung empirisch zu fundieren:

[T]he practice of yoga is itself a powerful phenomenological tool, allowing for the experience of aspects of our embodiment that might otherwise have remained predominantly conceptual. Here yoga can become a means of engaging with, developing and extending or critiquing pervious theorizations of embodiment.

Eine solche empirische Fundierung wird auch in diesem Kapitel angestrebt, geht allerdings mit einer Perspektivverschiebung einher, die das soziale Geschehen in seiner Wechselseitigkeit und Zeitlichkeit zu berücksichtigen sucht und sozusagen von einer „first person" zu einer „third person phenomenology" (Anderson/Sharrock 2018: 4) übergeht.

Dabei rückt die alltagsweltliche Einbettung der yogischen wie auch der phänomenologischen Beschreibungen in das Zentrum der Betrachtung, die sich zudem historisch in ihrer Kontingenz hinterfragen lässt.[56] Doch unabhängig von ihrer diskursiven und sozio-historischen Genese gehen alltagsweltliche Vorstellungen, wenn grob vereinfacht, zumeist von einer Gewissheit und Privatheit der eigenen Vorstellungswelt aus. Dieses innere Bewusstsein kann sich zwar im körperlichen Ausdruck äußern (bspw. als Wut oder sichtbare Gelassenheit), aber es ist von diesem ausgehend, dass die äußere Welt erschlossen wird. Bereits in diesen alltäglichen Selbst- und Weltverständnissen treten Körper und Geist auseinander. Die Innerlichkeit der anderen bleibt dabei letztlich unzugänglich, während die eigene vorausgesetzt wird und unmittelbar zugänglich erscheint.

Diese alltäglichen Konstruktionen des Selbst- und Weltzugangs spiegeln sich in der zentralen soziologischen Relevanz des Problems des Fremdverstehens. So klammert Schütz die Frage nach „der Konstituierung des alter ego im Bewußtsein des einsamen Ich" ([1932] 2004: 106) bewusst mit Verweis auf den *common sense* der natürlichen Einstellung aus, in welcher wir davon ausgehen, dass der andere ein ebenso beschaffenes Bewusstsein habe wie wir selbst. Doch bereits die Art der (ausgeklammerten) Frage setzt die zuvor genannten alltäglichen Annahmen voraus, womit zwar das Problem des Fremdverstehens bearbeitbar wird, das Selbstverstehen aber nicht

---

56 Die Subjektivierung und Individualisierung von Spiritualität, die bereits im Kontext des moralischen Individualismus angesprochen wurde (vgl. Kap. 4.5), ließen sich auch mit Blick auf die Überlegungen der Leibphänomenologie in ihrer sozio-historischen Kontingenz genauer betrachten, was hier allerdings nicht den Gegenstand der Untersuchung bildet. So verweist etwa Waldenfels (2004: 27 ff.) darauf, dass Gefühle in der Neuzeit ihre Weltläufigkeit einbüßen und sich die Sphäre der Privatheit neu differenziert. Dabei wird, ihm zufolge, die „Subjektivierung der Gefühle", Descartes' Trennung von Körper und Geist bzw. Seele als ein „Verlust der Eingebundenheit in die kosmische Lebenswelt" bedeutsam (vgl. hierzu auch Husserl ([1936] 1976). Die ‚Geschichte der Innerlichkeit' (vgl. bspw. Taylor 1996; Foucault 2004) verweist ferner auf die Relevanz einer ‚Soziologie der Innerlichkeit', die in diesem Buch der sozialen Praxis folgt.

problematisiert und somit auch nicht in seinem sozialen Zusammenhang zum Thema gemacht werden kann.[57]

Eine ganz ähnliche Problematik lässt sich auch in den oben dargestellten Beschreibungen identifizieren, wobei es im eigentlichen Sinne gerade eine der Stärken von leibphänomenologischen Perspektiven darstellt, die alltägliche Außen-Innen-Differenzierung grundsätzlich infrage zu stellen. Wenn der Mensch bereits leiblich als in-der-Welt-seiend begriffen wird, so befindet er sich immer auch schon in einem *sozialen* Selbstverhältnis, einer primären oder primordialen Sozialität, die – wie Waldenfels (2000: 229) treffend zusammenfasst – u. a. bei Scheler und Merleau-Ponty den Ausganspunkt bilde:

> Die komplizierte Ausgangsposition verwandelt sich, wenn wir von einem leiblichen Wesen ausgehen, das zur Welt gehört, das sich in der Welt bewegt und deshalb der Erfahrung des Anderen immer schon zugänglich ist. Verhalten bedeutet nicht, daß ein Innen mit dem Außen verbunden ist, sondern Verhalten hat eine Bedeutung, eine Richtung, die ich dem Verhalten des Anderen ansehen oder ablesen kann.

In diesem Sinne hinterfragt Scheler (1923: 288) die formulierten Grundannahmen einer rein inneren Vorstellungswelt sowie die Unterscheidung von Fremd- und Selbstwahrnehmung, da bei ihm: „1. zu jedem Akte möglicher innerer Wahrnehmung ein solcher möglicher äußerer Wahrnehmung gehört, 2. zum Akte äußerer Wahrnehmung aber faktisch auch eine äußerlich ,sinnliche' Grundlage."

Es ist der Darstellungsaspekt der Selbstwahrnehmung, der somit auf elementarer Ebene in den Blick gerät und der im Kapitel zuvor mit dem körperlichen Sich-selbst-Anzeigen hervorgehoben wurde. Er lässt sich auch anhand der Beschreibungen von *śavāsana* verdeutlichen. Auch das Lenken der Aufmerksamkeit »nach innen« strukturiert sich vermittels äußerlicher Wahrnehmung der Körperlichkeit, bspw. bei der Beobachtung des Hebens und Senkens des Bauches bei der Atmung. Die sinnlichen Grundlagen, von denen Scheler spricht, zeigen sich in den quasi-interaktiven Verhältnissen mit dem Boden, der Decke sowie den haptischen Korrekturen und

---

57 Obgleich Schütz in diesem Zusammenhang auch Scheler diskutiert, bleiben in seiner Konzeptionalisierung auch der Ausdruck und das Anzeichen, im Anschluss an Husserl, auf die Frage nach dem Fremdverstehen ausgerichtet (vgl. Schütz [1932] 2004: 17 f.). Die weiteren Ausführungen zu seiner Ausklammerung verweisen zwar auf einen Bruch mit Husserls Transzendentalphänomenologie, bleiben dieser aber – etwa im Gegensatz zur späteren Diskussion bei Gurwitsch (1941; 1964), an die Garfinkel anschließt – implizit verpflichtet, obgleich Schütz ([1932] 2004: 107) die Problematik zumindest benennt: „Wir müssen, wie gesagt, die eminent schwierigen Probleme, die mit der Konstitution des Du in der jemeinigen Subjektivität verknüpft ist, dahingestellt sein lassen. Wir fragen also nicht, wie sich das Du überhaupt in einem Ich konstituiere, ob Selbstbeobachtung ihrer Möglichkeit nach der Beobachtung des alter ego vorgegeben sei, ob die psychophysische Subjektivität ,Mensch' auf ein transzendentales ego rückverweise, in welchem das transzendentale alter ego bereits konstituiert ist, ob und in welcher Weise eine intersubjektive allgemeingültige Erkenntnis kraft der Konstitution des transzendentalen alter ego im transzendentalen ego möglich sei, usf."

Hilfestellungen durch Yogalehrende. Selbst die verbalen Anleitungen treffen als Schall äußerlich auf das Ohr der Teilnehmer/-innen. Scheler (1923: 291) führt das Problem der Selbstwahrnehmung noch weiter aus:

> Wie der Maler erst im Prozeß der Darstellung in die Farben-, Licht- und Schattenfülle seines äußeren Gegenstandes eindringt, nicht aber zuerst sieht, um dann darzustellen – so ist auch alle Selbstwahrnehmung daran gebunden, daß sich das Wahrzunehmende in Ausdruckstendenzen umsetze. Es wäre also eine ganz irrige Vorstellung, daß wir uns und unsere Erlebnisse zuerst einfach wahrnehmen, um dann in bloßer additiver Hinzufügung auch noch unsere Ausdruckstendenzen und -bewegungen und Handlungen, sowie ihre Wirkung auf unsere Leibzustände zu erfahren. Eine solch rein ,innerseelische' Selbstwahrnehmung ist eine bloße Fiktion.

In ähnlicher Manier spricht Merleau-Ponty ([1945] 1958: 193) davon, dass „the body expresses total existence, not because it is an external accompaniment to that existence, but because existence realizes itself in the body". Diese „total existence" aber ist, wie gezeigt wurde, zunächst die alltägliche natürliche Einstellung des Alltagskörpers, der in der Yogapraxis fortwährend mit konkreten Handlungsproblemen konfrontiert wird. Es bedarf allerdings einer weiteren Perspektivverschiebung – die im Folgenden im Anschluss an Mead und Wittgenstein vorbereitet wird –, um diese konkrete Arbeit in ihrer Sozialität auch analytisch genauer fassen zu können.

5.5.3 Vorbereitung einer Verschiebung der Perspektive

Für die Konzeptualisierung von körperlichen Handlungsproblemen im Yoga wurde bereits auf den Pragmatismus zurückgegriffen (vgl. Kap. 4), und auch für die Verhältnisbestimmungen von Körper und Matte, Decke, Sitzkissen, Gurt etc. sowie für die Betrachtung der Tätigkeit des »Ankommens« in *śavāsana* sind einige Überlegungen von Mead, insbesondere zum „physical thing" (1932), ebenso grundlegend wie weiterführend. Mead betrachtet die Ontogenese des Kleinkindes in der Auseinandersetzung mit der dinglichen Welt als konstitutiv für die Erfahrung der selbigen. Dabei bilde sich erst in der Auseinandersetzung mit anderen physischen Objekten die Wahrnehmung der eigenen Objekthaftigkeit als „having an inside" heraus, und zwar aus der *resistance* (der Widerständigkeit) der Dinge, die jedoch wiederum erst durch die eigene Anstrengung und Widerständigkeit in die Objekte hineingelange. In den Worten von Mead (1932: 122):

> The formula for this process is that the thing stimulates the organism to act as the thing acts upon the organism, and that the action of the thing is the organism's resistance to pressure such as arises when a hard object is firmly grasped in the hand. The resistance of the object is continuous with the effort of the hand. In the development of the infant this experience must come earlier than that of its own physical organism as a whole. The infant must be placing this effort of his inside of things before he is in a position to identify the effort as his own. [...] Meantime the

pressure of his body and the grasping of his hands have to localize things from an inside attitude, and he finally reaches himself as a thing through the action of other things upon him.

Die körperliche Wahrnehmung des eigenen Körpers verdeutlicht diesen Gedankengang par excellence: „When one hand presses against the other, each hand resists the other from the inside". Dies lässt sich nach Mead (1932: 137) auf folgende Formel bringen: „What is experienced is the resistance of the physical thing, and the experience of this resistance is itself resistance in the organism. [...] In contact experience the resistant character of the object is identical with the resistant character of the organism."

Betrachtet man dies aber, wie im Folgenden vorgeschlagen wird, nicht als einen Vorgang, der mit der kindlichen Entwicklung abgeschlossen ist, sondern als die Grundlage eines fortwährenden Prozesses, so eröffnet sich eine erweiterte Sichtweise auf das tägliche bewusste Wieder-und-wieder-Spüren des Kontakts zwischen eigenem Körper und Boden bzw. Yogamatte in *śavāsana* und anderen Körperstellungen. Diese stellen dann eine tätige Auseinandersetzung mit der Materialität und Widerständigkeit des eigenen Körpers und des Bodens dar, bei der etwa auch die Widerständigkeit der Decke oder die haptischen Korrekturen der Yogalehrer/-innen relevant werden. Zentral dafür ist auch der Bruch, den *śavāsana*, wie alle Körperstellungen, mit alltäglichen Vollzügen des Alltagskörpers darstellen.

Denn abgesehen von Ausnahmefällen, wie etwa bei schweren Erkrankungen des Bewegungsapparates, werden die Qualitäten spezifischer Körperhaltungen nicht über Monate oder Jahre hinweg kontinuierlich und regelmäßig über mehrere Minuten (bis zu Stunden in der Meditation) in einer solchen Intensität auf ihren spezifischen aktuellen Zustand und ihr Empfinden hin befragt. Es ist diese kontinuierliche Auseinandersetzung mit den Erfahrungsweisen des Körpers, die an der Hervorbringung eines erweiterten »inneren Raums« beteiligt sind.

Dabei sind es aber nicht allein die Handlungsprobleme und die Körperarbeit, vielmehr sind diese darüber hinaus nicht nur in Bezug auf Boden oder Decke, sondern in ihrem sozialen Verhältnis, im Sinne einer primären Sozialität, zu betrachten. Mead (1932: 138) deutet dies am Ende seines Aufsatzes zum *physical thing* an, wenn er ergänzt, dass die „relatively late abstraction of the physical object from the social object" noch zu berücksichtigen sei und damit die „necessity that the organism take the attitude of the other in order to become an object to himself". Die zunächst selbstverständlich erscheinende Trennung von Körper und Geist ist in diesem Sinne, wie auch Joas (1996: 182) zusammenfasst, „in fact the result of a process in which inanimate objects are gradually recognized as such".

Sich selbst erst mit den und durch die Augen der anderen zu sehen, ist, insbesondere für die Identitätsentwicklung, im Anschluss an Mead zum *common sense* der Soziologie geworden. Jedoch gewinnt die Überlegung beim Mit-geschlossenen-Augen-auf-dem-Boden-Liegen und mit Blick auf die im Alltag gebräuchliche Unterscheidung eines inneren und äußeren Wahrnehmungsraums an Brisanz, wenn man sie ebenso als einen fortwährenden sozialen Prozess konzeptualisiert. Denn auch für die körperliche Selbstwahrnehmung gewinnt der *Darstellungsaspekt des Verhaltens* im Sinne einer *primären Sozialität* an Bedeutung.[58] Die Unterscheidung von Innerem und Äußerem nimmt in den praktischen alltagsweltlichen sozialen Orientierungen ihren zentralen Ausgangspunkt.

Diese Überlegung ist allerdings von einem anderen Interpretationsvorschlag, der ebenso in Anlehnung an Mead von Collins (2010) für religiöse und mystische Praktiken wie die Meditation vorgeschlagen wurde, zu unterscheiden. Denn Collins geht nicht von der sozialen körperlichen Orientierung aus, sondern folgt der Innen-Außen-Unterscheidung, indem er Gedanken als einen „internal dialog" zwischen unterschiedlichen Teilen des sozialen Selbst begreift. Erfolgreiche Meditation führe zu einem hohen Grad an Selbstintegration, „carrying out an intense Durkheimian ritual but inside the self rather than in an external social assembly" (Collins 2010: 15). Es handle sich also, Collins folgend, um Interaktionsrituale, die *im Inneren* vollzogen werden, emotionale Energie erzeugen und – sofern sie erfolgreich sind – letztlich *Flow* (Csikszentmihalyi 1985) und „self-entrainment" ermöglichen.[59]

Demgegenüber nimmt die hier entwickelte Perspektive die Innen-Außen-Unterscheidung und ihre implizierten Körper-Geist-Trennung nicht als natürlich gegeben an, sondern fragt nach der konkreten Arbeit ihrer sozialen Hervorbringung. Dies betrifft in dieser Form grundlegende Fragen der Sozialtheorie und Epistemologie, die sich etwa auch im zuvor diskutierten Problem des Fremdverstehens zeigten. Es ist allerdings nicht die Zielsetzung (und wäre kaum möglich), die philosophische Diskussion und ihre Hintergründe umfänglich zu erörtern. Stattdessen sollen diese Fragen empirisch gewendet werden.

Die Überlegung: Sich selbst erst mit den Augen der anderen zu sehen, bildet dabei einen Referenzpunkt, der bei Mead ([1934] 1972: 57) bezüglich der vokalen Geste

---

58 Die Argumentationsfigur geht auf Cooleys (1902: 183) *looking-glass-self* zurück, dass nämlich die Vorstellungen, die wir von uns selbst haben, auf drei zentralen Elementen basieren: „the imagination of our appearance to the other person; the imagination of his judgment of that appearance, and some sort of self-feeling, such as pride or mortification." Er führt aus, dass die Analogie mit dem Spiegel, gerade mit Blick auf die zweite und dritte Dimension, zu kurz greife, da es sich nicht um eine Reflexion unseres Selbst, sondern um einen „imagined effect of this reflection upon another's mind" (Cooley 1902: 183) handle. Diese ‚äußerliche' ‚Selbst'-Einschätzung hänge von den bisherigen Erfahrungen mit sich, der Welt und den anderen ab, d. h. im Sinne der Darstellung hier: primär zunächst von den alltagsweltlichen Orientierungen und Praktiken des Alltagskörpers.

59 Eine Lesart von Mead, die stärker der in diesem Kapitel vorgeschlagenen Perspektive ähnelt, findet sich bei Joas (1992), der ebenso nach der sozialen Fundierung nicht-teleologischer Intentionalität fragt. Allerdings erscheint auch diese am Ende von Joas' Buch erneut als abgeschlossen und somit wird nicht ein prozessualer Vollzug verfolgt, wie im Folgenden vorgeschlagen wird, ebenso wenig wie die alltägliche Konstituierung und alltagskörperliche Einbettung von Intentionalität, obgleich sich diese mit Blick auf die Relevanz von Handlungsproblemen in Joas' (1992) Frage nach der Kreativität durchaus andeutet.

auch für die elementare und primäre Selbstwahrnehmung beschrieben wurde: „a vocal gesture, calls out the same gesture in the other, then that gesture in the other person will call out the same idea in him". Obgleich Mead die vokale Geste gerade von der körperlichen Darstellung wie Mimik und Gestik unterschieden hatte, findet sich bei ihm ein Instrumentarium dafür, diese Figur auf die körperlichen ‚Gesten' und ‚Formen' von Yogahaltungen zu übertragen: Die Darstellungsdimension, die anderen etwas anzeigt, ist dabei immer auch ein Sich-selbst-Anzeigen, ganz analog zur tätigen Auseinandersetzung mit der Widerständigkeit von Körper und Yogamatte. Die Innen-Außen-Unterscheidung wird zwar auch hierbei relevant, allerdings nicht im Sinne eines kognitiven internen Dialogs, sondern als eine tätige Auseinandersetzung in und mit der Welt sowie der sozialen Mitwelt.

Die zuvor genannten alltäglichen Annahmen einer privaten Innerlichkeit und einer damit korrespondierenden Orientierung in der Welt bilden auch den zentralen Gegenstand von Wittgensteins späten Überlegungen, die es im Folgenden ermöglichen sollen, die alltagssprachliche Einbettung dieser Problematik zu verdeutlichen oder zumindest zu illustrieren. In „Letzte Schriften über die Philosophie der Psychologie – Das Innere und das Äußere" hat Wittgenstein ([1949–51] 1993: 48) sich intensiv mit dieser Problematik beschäftigt, und seine Überlegungen erweisen sich für die vorliegende Analyse als weiterführend:

> Ich sage ‚Dieser Mensch verbirgt sein Inneres'. Woher weiß man, daß er es verbirgt? Es gibt also Anzeichen und auch Anzeichen für's Gegenteil. [...] Unter diesen Umständen weiß man, daß er Schmerzen hat, oder keine; unter jenen ist man unsicher. Frag dich aber: woran kann man ein Anzeichen für etwas Inneres als untrüglich erkennen? Man kann es doch nur wieder am Äußeren messen. Also kommt es auf den Gegensatz Innen und Außen nicht an.

Wittgenstein betrachtet das Sprachspiel von Innen und Außen, d. h. die konkreten sprachlichen Verwendungsweisen in alltäglichen Situationen. Zwar reden wir über die Innerlichkeit von Gefühlen, orientieren uns aber den anderen gegenüber nicht immer so, also ob wir nie wissen könnten, was in ihnen vorgeht. Ein weiteres Beispiel von Wittgenstein verdeutlicht ebenso diesen Umstand:

> ‚Ich weiß nicht, wie ärgerlich er war.' ‚Ich weiß nicht, ob er wirklich ärgerlich war.' – Weiß er's selbst? Nun fragt man ihn, und er sagt: ‚Ja ich war's.' Was ist denn das: die Unsicherheit darüber, ob der Andre ärgerlich war? Ist es ein Zustand der Seele des Unsicheren? Warum soll der uns beschäftigen? Sie liegt in dem Gebrauch der Aussage ‚Er ist ärgerlich.' Aber Einer ist unsicher, der Andre kann sicher sein: er ‚kennt den Gesichtsausdruck' dieses Menschen, wenn er ärgerlich ist. Wie lernt er dieses Anzeichen des Ärgers als solches kennen? Das ist nicht leicht zu sagen.
> (Wittgenstein [1949–51] 1993: 98 f.)

Wittgensteins z. T. aphoristische Beispiele verweisen auf die äußeren Anzeichen der Darstellung und die sprachliche Thematisierung des Inneren in alltäglichen Situationen. Obgleich sich diese Frage mit Blick auf die sprachlichen Evidenzpraktiken noch vertiefen lässt, könnte man etwas vereinfachend mit Wittgenstein [1949-51] 1993: 117) im Hinblick auf soziale Situationen festhalten: „Die Unsicherheit über das Innere ist eine Unsicherheit über etwas Äußeres."[60]

Demgegenüber erscheint die Entspannungslage auf dem Rücken mit geschlossenen Augen zunächst weniger als eine Interaktionssituation, in der die Frage nach der Zugänglichkeit von Gefühlsregungen der anderen eine Rolle spielen würde. Doch ist die Frage, die Wittgenstein bezüglich des Sich-Ärgernden stellt: „Weiß er es selbst?", mit Blick auf das Sich-selbst-Anzeigen und die mit Mead herausgearbeitete primäre Sozialität nicht zu unterschätzen, wie das abschließende Unterkapitel im Sinne einer praxeologische Re-Spezifizierung nochmals zusammenfassend verdeutlichen soll.

5.5.4 Praxeologische Re-Spezifizierung der Körperpraxis

Wenn wir uns selbst, wie mit Mead ausgeführt wurde, mit den (imaginierten) Augen der anderen betrachten – und diese Einschätzung von sozialen Erfahrungen, sprachlichen Gepflogenheiten und der konkreten praktischen (körperlichen) Orientierung im Alltag abhängt –, so ist dieses alltägliche Verhältnis zur Welt und zu den anderen der Spiegel für die Beobachtung unser selbst, und dies auch etwa bei ganz elementaren Tätigkeiten im stillen Liegen auf der Yogamatte. Die Einübung innerhalb sozialer Situationen, wie etwa die haptische Korrektur in einer Körperposition des Fisches oder das Feedback der Mitpraktizierenden in der Partnerübung und in Gesprächen, sind dabei ‚offensichtliche' Beispiele, in denen zugrunde liegende Praktiken expliziert und sichtbar gemacht sowie als soziale Verhältnisse auch körperlich sozialisiert und eingeübt werden.

Aber auch die quasi-interaktiven Verhältnisse mit Yogamatte/Boden, Decke, Stimme/Anleitung und (generalisierten) Korrekturen der Yogalehrenden sowie die Erwartungen und Erwartungserwartungen der (sozialen) Situation fußen auf dieser primären Sozialität unseres Selbst- und Weltverhältnisses, d. h., sie sind begründet in alltagssprachlichen und alltagskörperlichen Einbettungen. Betrachtet man Sozialität dabei nicht als etwas, das mit der kindlichen Entwicklung oder zu einem gewissen Zeitpunkt abgeschlossen ist, sondern prozessual kontinuierlich und für je spezifische Situationen und soziale Kontexte ganz im Sinne von Garfinkels „another first time" aktualisiert und hergestellt wird, dann gestaltet sich die Innen-Außen-Unterscheidung in einem neuen Licht.

Im Sinne der Leibphänomenologie wurde die Unterscheidung bereits brüchig und durch ein leibliches In-der-Welt-Sein ersetzt. Während der Leib oder auch das

---

60 In diesem Zusammenhang gilt mein Dank Klaus Amann, der mich auf eine weiterführende Hinterfragung der Innen-Außen-Unterscheidung aufmerksam gemacht hat; sowie Christian Erbacher, mit dem ich in zahlreichen philosophischen Gesprächen die Überlegungen von Wittgenstein mit Blick auf dieses Kapitel ausführlich diskutieren konnte.

Präsenzbewusstsein eher als konzeptuelle ‚Container-Begriffe‘ fungieren, wurde in den empirischen Analysen in diesem Kapitel die spezifische Arbeit ihrer Hervorbringung sichtbar. Dabei handelt es sich um die soziale Dimension in ihrer (inkrementellen) prozessualen Zeitlichkeit und interaktiven Wechselseitigkeit, die auch Garfinkel im Gegensatz zur Phänomenologie betonte, was ihn in diesem Sinne von einem produktiven „missreading" sprechen ließ. Dies ist keineswegs ein absichtliches Falschverstehen oder Hineininterpretieren, sondern hat eine empirische Wendung: im Fragen nach der praktischen Relevanz phänomenologischer Beschreibungen vermittels empirischer Kontexte und praktischer Tätigkeiten (vgl. hierzu ferner Kap. 6.3.2). Insofern erwies sich die Yogapraxis auch als ein *perspicuous setting* für die Hinterfragung der Leibphänomenologie und die Frage, inwiefern sich in der *Darstellung der Yogahaltungen* auch die *Herstellung der Yogahaltungen* realisiert und *umgekehrt*.

Ferner wurden mit Wittgenstein die alltagssprachliche Verortung und mit dem Pragmatismus und Mead die Widerständigkeit und Sozialität des Körpers auch analytisch zugänglich gemacht, wozu an die in den vorherigen Kapiteln ausgeführten Ethnomethoden der Sichtbarmachung, das Sich-selbst-Anzeigen und den Alltagskörper angeschlossen werden konnte. Diese Überlegungen kulminieren in der Frage nach einer ethnomethodologischen Sozialtheorie, die die Innen-Außen-Unterscheidung praxeologisch re-spezifiziert und Darstellung sowie Herstellung als zwei Seiten ein und derselben Medaille betrachtet.

Als Sozialtheorie wurde die Ethnomethodologie jedoch bisher kaum rezipiert, sondern meist in reduzierter Form, bspw. in der interaktionalen Linguistik oder als methodologischer Situationalismus oder Methode, sowie in Form von einzelnen theoretischen Figuren – etwa des *doing gender*.[61] Es sind aber weder die Rezeptionsgeschichte noch die Formulierung einer Programmatik, die in diesem Kapitel im Zentrum stehen, vielmehr ist es die analytische Explikation der Praktiken der Innerlichkeit. Dafür erwies sich die zunächst paradox anmutende Ausgangsfrage, was Spiritualität zu Spiritualität, die Yogapraxis zur Yogapraxis oder eben *śavāsana* zu *śavāsana* macht, als wegweisend.

Die Analyse der einzelnen Elemente der praktischen Arbeit des In-der-Welt-Seins auf der Yogamatte, die in diesem Kapitel beschrieben wurden, stellen das *doing* des Fischs (*śavāsana*), aber eben in gewisser Weise auch das *doing* von Bewusstseinszuständen der Innerlichkeit dar. Die Praktiken der Verfertigung eines praktischen Verständnisses vom Iliosakralgelenk in der Fisch-Position unterscheiden sich dabei in dieser Perspektive nicht notwendigerweise grundsätzlich von den Praktiken der

---

61 In diesem Zusammenhang sprechen Bergmann, Schüttpelz und Meyer anlässlich der „50 Jahre Studies in Ethnomethodology – 100 Jahre Harold Garfinkel" von der „Wiederentdeckung der Ethnomethodologie im Rahmen der Science and Technology Studies, der Praxistheorie oder der Akteur-Netzwerk-Theorie" sowie von der „ursprünglichen Intention der Studies als eines sozialtheoretischen Buchs" (URL: https://www.soziologie.uni-konstanz.de/meyer/ethnomethodologie-konferenz/ [Letzter Aufruf: 21.09.2021]).

Verfertigung eines »kosmischen Ozeans der Liebe«. Zwei Tätigkeiten, die, wie in der Sicht des Feldes, durchaus auch zusammenhängen können. Dabei geht es um die praktische Reflexivität und *accountability* der Yogapraxis, d. h. die praktische Interpretier- und Erklärbarkeit, welche die Innen-Außen-Differenz unterläuft, „da Erzeugung und Interpretation in eins fallen" (Meyer 2017: 14). In seinen Studienbriefen erläutert Bergmann (1987/88: 45 f.) diesen komplexen Sachverhalt überaus pointiert:

> Das ‚Account'-Konzept umfaßt also sowohl die sinnhaft-verstehende Aneignung eines Geschehens, als auch – in Umkehrung dieser Außen-Innen-Sequenz – dessen sprachliche Bezeichnung und Weiterverarbeitung. Eben diese elementaren Ordnungsleistungen des sinnhaften Wahrnehmens und Erkennens, des Identifizierens, Beschreibens und Erklärens will GARFINKEL mit seinem ‚Account'-Konzept erfassen. Von entscheidender Bedeutung dabei ist GARFINKELs Entscheidung, den Prozeß der subjektiven Sinngebung nicht als einen für sich gegebenen, individuellen, ‚privaten' Bewußtseinsvorgang, sondern – in anticartesianischer Manier – von Beginn an als ein soziales, ‚öffentliches' Geschehen zu konzeptualisieren.

Accountability ist dabei nichts, was von den Tätigkeiten selbst zu unterscheiden wäre, sondern realisiert sich in dessen Vollzug, obgleich die Phänomene dann „den Mitgliedern zugleich als externe Realitäten erscheinen" können (Meyer 2017: 20). Die praktische Reflexivität der *accountability* bezeichnet diesen Sachverhalt insofern, als

> the 'reflexivity' of descriptions is a collecting gloss for the innumerable ways in which descriptions can be parts of what they describe; the 'reflexivity' of questions is a collecting gloss for the innumerable ways in which questions can be parts of what they question. And so on for stories, quantities, lists, instructions, maps, photographs, and the rest.
>
> (Garfinkel 1976: 21 f.)[62]

Es sind vermutlich auch die Schwierigkeiten der Interpretier- und Erklärbarkeit solcher Aussagen in der Ethnomethodologie, die dazu beigetragen haben, dass die zugrunde liegende Sozialtheorie noch kaum in ihrer Bedeutung für eine allgemeine Soziologie rezipiert wurde. Das Garfinkel-Zitat lässt sich zunächst auch für die Yogapraxis und Innerlichkeit adaptieren und soll in dieser Hinsicht anschließend genauer erläutert werden: Die Reflexivität der Yogapraxis ist eine zusammenfassende Umschreibung für die unzähligen Weisen, in denen Yogapraxis Teil dessen sein kann, was sie praktiziert (oder was Yogapraxis praktisch ausmacht). Die Reflexivität der Innerlichkeit ist eine zusammenfassende Umschreibung für die unzähligen

---

62 Zitiert nach Czyzewski (1994: 163). In diesem Zusammenhang wird das Zitat zur Erläuterung von *practical reasoning* und mit Blick auf die externe Analysierbarkeit durch Ethnomethodolog/-innen diskutiert: „According to ethnomethodology, the phenomenon of ‚reflexivity' makes possible not only the concerted production of social interaction by members but also its analysis by the ethnomethodologist (Eglin, 1980: 130-2). In other words, the ethnomethodologist is able to reconstruct members' practical reasoning only due to the fact that members' practical reasoning is visibly displayed ‚in and through' members' interactional activity."

Weisen, in denen die Innerlichkeit Teil dessen sein kann, was sie innerlich macht (oder was Innerlichkeit erfahrbar macht).

Die Idee liegt darin, dass Tätigkeiten nicht unabhängig oder losgelöst von ihrer Identifizier- und Beschreibbarkeit zu betrachten sind und umgekehrt. Das sinnhafte Verstehen von Tätigkeiten ist in diesem Sinne nicht nur mit ihrer Interpretierbarkeit verbunden, sondern auch mit der Berichtbarkeit (vgl. auch Sacks 1984), weshalb in den Listen der Umschreibung von unterschiedlichen Aspekten von *accountability* prominent auch *reportable* und *tell-a-story-aboutable* genannt werden.[63]

Der individuelle Vollzug von *śavāsana* durch den Ethnografen wurde zu Beginn dieses Kapitels zu einem solchen Bericht, der in Form einer autoethnografischen Beschreibung wiedergegeben wurde. Diese Beschreibung ist ein Dokument sowohl als Beispiel für die „innumerable ways", in denen Innerlichkeit berichtbar gemacht wird, als auch für einige der „innumerable ways" von Körperbezügen, in die der Ethnograf mit Blick auf die Herstellung dieser Formen von Innerlichkeit sozialisiert und eingeübt ist. Im Vergleich mit den Anleitungen des Yogalehrers wurde dieses Beispiel eines spezifischen Erlebens im Hier und Jetzt als eine „for-all-practical-purposes" *typische* Tätigkeit im Yoga identifiziert und auch in ihrem Gelingen und Scheitern unterschiedlich bewert- und diskutierbar. Diese Typisierung, die sich auch in alltäglichen Gesprächen beobachten lässt, ist aber gerade Teil der Arbeit, mit der Yoga als Yoga, d. h. als typisches Dokument von etwas, für die Teilnehmer/-innen *praktisch erklärbar* wird.

Mit den unzähligen Weisen sowie mit dem „for-all-practical-purposes" kommt jedoch auch die Vagheit und Indexikalität der praktischen Reflexivität der *accountability* zum Tragen.[64] Es handelt sich um die strukturelle Sinn-Ungewissheit von

---

63 „Ethnomethodological studies analyze everyday activities as members' methods for making those same activities visibly-rational-and-reportable-for-all-practical-purposes, i.e., ‚accountable,' as organizations of commonplace everyday activities." (Garfinkel 1967: vii) „I mean observable-and-reportable, i.e. available to members as situated practices of looking-and-telling" (Garfinkel 1967: 1) „It has to do with treating ‚accountable-for-all-practical-purposes' as a discoverable matter, exclusively, only, and entirely. For members to be ‚interested' would consist of their undertaking to make the ‚reflexive' character of practical activities observable; to examine the artful practices of rational inquiry as organizational phenomena without thought for correctives or irony." (Garfinkel 1967: 9) „Detectable, countable, recordable, reportable, tell-a-story-aboutable, analyzable – in short, accountable" (Garfinkel 1967: 33) „storyable, proverbial, comparable, picturable, representable – i.e. accountable" (Garfinkel 1967: 34).

64 Die Formulierung einer „Indexikalität der Reflexivität der *accountability*" geht auf ein Gespräch mit Erhard Schüttpelz zurück. Die Abfolge dieser Dreier-Reihung ist in den „Studies in Ethnomethodology" (Garfinkel 1967: 4) folgendermaßen angelegt: „I want to specify the topic by reviewing three of its constituent, problematic phenomena. Wherever studies of practical action and practical reasoning are concerned, these consist of the following: (1) the unsatisfied programmatic distinction between and substitutability of objective (context free) for indexical expressions; (2) the ‚uninteresting' essential reflexivity of accounts of practical actions; and (3) the analyzability of actions-in-context as a practical accomplishment."

Handlungen und ihre umgangssprachliche wesensmäßige Vagheit, die – in der Ethnomethodologie – „gleichzeitig als die Bedingung der Möglichkeit von Verstehen
und Handeln konzeptualisiert wurden" (Bergmann 1987/88: 44). An dieser Stelle
wird auch der Bezug zu Wittgenstein nochmals deutlich. Die Anleitungen des Yogalehrers, »die Sinne nach innen zu richten«, auf der Yogamatte »bei sich anzukommen« oder »mit den Handflächen nach oben auf dem Rücken zu liegen«, sind in ihrer
alltäglichen Weise – für alle praktischen Notwendigkeiten – zunächst plausibel genug, um den meisten Teilnehmenden eine Ahnung davon zu geben, was jeweils zu
tun sei.

Gleichzeitig sind diese Anleitungen aber auch vage und offen genug, um unterschiedlichste Formen des je individuellen und spezifischen Erlebens (etwa des »Ankommens«) zu beschreiben. Denn wie vermeintliche Bewusstseinsinhalte, die Qualia
des Erlebens, wirklich ‚aussehen', bildet nicht nur in diesem Buch eine klare Grenze
der soziologischen Analyse, sondern bleibt auch für Gespräche und Vermittlungssi-
tuationen der Teilnehmer/-innen überaus fragil. Indexikale Bezüge auf ein *Mehr*, die
einen Ausdruck dieser Vagheit darstellen, ermöglichen insofern erst die intersubjektive Verständigung. Hinzu kommt, dass das, was eine subjektiv erfolgreiche Yogapraxis oder ein »spirituelles Erleben« im konkreten Vollzug ausmacht, erst retrospektiv
und damit rekonstruierend (vgl. Bergmann 1985) beschreib- und formulierbar wird.

Dies koinzidiert mit der Annahme und Aufforderungen im Feld, sich gerade solcher rekonstruierenden Beschreibungen und Einschätzungen der Praxis zu enthalten, da diese die Teilnehmer/-innen von der Zielsetzung, im Hier und Jetzt zu verweilen, und somit vom *Erfahren des konkreten Vollzugs*, wegführen würden. Es ist diese
Fokusverschiebung in der Yogapraxis, die der Perspektivverschiebung der Ethnomethodologie wesensverwandt ist und die dazu beiträgt, dass in der Yogapraxis Elemente der ansonsten meist „uninteresting essential reflexivity of practical actions"
(Garfinkel 1967: 4) zum Gegenstand der intensiven Auseinandersetzung werden können. Es zeigt sich also im Yoga (wenn auch mit anderem Vorzeichen) ein grundlegendes Interesse am Vollzugscharakter von Wirklichkeit, der auch mit Blick auf die Yogaphilosophie im anschließenden Kapitel weiter diskutiert wird.

Deutlicher wird dies bereits an offensichtlichen Brüchen mit alltäglichen Annahmen, wenn es, wie im Beispiel auf dem Yogafestival, darum geht, bei einer einfachen
Dehnübung spirituelle »innere Bewegungen« zu erspüren oder gar, wie beim
Fisch, einen »kosmischen Ozean der Liebe« zu erfahren. Damit werden auch Bedeutungshorizonte und Vokabularien eingeführt, die in der Praxis erst zu selbstverständ-
lichen Konzepten, *for-all-practical-purposes*, für die Mitglieder einer Kollektivität
werden müssen.[65]

---

[65] Dies lässt sich z. T. im Anschluss an Mills (1940) betrachten. Mitchell (2015: 4) beschreibt dies folgendermaßen: „Denn diese Sprechweisen über das Selbst sind in Analogie zu C. Wright Mills' Argumentation in dem Aufsatz Situated Actions and Vocabularies of Motive Vokabularien, mit denen das

Accountability verweist bei der Beobachtung von Praktiken zwar auf eine elementare, aber keineswegs vollständige oder allen zugängliche Intelligibilität, wie bereits an den Schwierigkeiten der Beobachtung der Beckendrehung im Fisch deutlich wurde.[66] Die Erläuterungen hingegen, die bei der Einführung von Konzepten Verwendung finden, benötigen zu ihrer praktischen Plausibilisierung gerade einen Bezug zu alltagsweltlichen Selbst- und Weltbeziehungen. So beschreibt etwa das »Beruhigen des Geistes« in unserem Kulturkreis eine zunächst nachvollziehbare Tätigkeit (etwa mit Blick auf den Stress des Berufslebens), die erst *im Vollzug der Praxis* mit aufkommenden Fragen – bspw.: Wie-ruhig-genau? Wie-lange-eigentlich-ich-hab-Hunger? Wer-ist-dieser-Geist-wenn-nicht-ich? – oder dem „vollständigen Zur-Ruhe-Kommen aller Geist-Modifikationen" (Yoga-Sūtra I.2.) zum praktischen Handlungsproblem werden kann.

Es sind solche Handlungsprobleme und Widerständigkeiten sozialisierter Körperlichkeit, die in der Yogapraxis auf der Tagesordnung stehen: Der Körper wird verfremdet, verlangsamt und soll ungewohnte und ungewöhnliche Bewegungen vollziehen, wie etwa die Position des Fisches einnehmen. Auch das ‚hilflose', mit ausgebreiteten Armen Auf-dem-Boden-Liegen in einer Gruppe, das Schließen der Augen und insbesondere das längere bewegungslose Halten lassen die Widerspenstigkeit des Alltagskörpers und soziale Erwartungen deutlich werden. Dabei werden alltagsweltliche Körperbezüge und ihre Erfahrungsmuster verlassen. Vom regungslosen Sitzen in einer Gruppe über Kopfstand bis zu schnaufendem Feuer-Atem oder dem Herausstrecken der Zunge werden neue Körper- und Weltbezüge nicht nur körperlich, sondern sozial eingeübt. In der Abschlussrunde der Yogalehrerausbildung thematisierte bspw. ein Teilnehmer die große Überwindung, der es bedurfte, um sich mit und vor den anderen nach dem Trinken von Salzwasser zu übergeben.[67]

Selbst in bestimmten Situationen hergestellt wird. Und, Mills folgend, gilt es nicht, diese Vokabularien terminologisch als ‚manifestations of subjective and deeper lying elements in individuals' (Mills 1940: 913) zu untersuchen, sondern dies in Bezug auf ihre Situiertheit zu tun: die Situationen, in denen sie verwendet werden, und die Situationen, auf die sie sich beziehen" (vgl. ferner Wright/Rawls 2005).

66 Dies etwa im Gegensatz zur prinzipiellen Öffentlichkeit und Intelligibilität sozialer Praxis bei Schmidt (2012: 249), der dies für das Programmieren durchaus problematisiert. Demgegenüber zeigen die überaus genauen und umfangreichen Analysen bei Mitchell (2022 fc.) diese (auch biographischen) Grenzen auf und ergänzen das „just how" um ein „just who".

67 Das Erbrechen von zuvor, auf leeren Magen, getrunkenem Salzwasser am Morgen stellt eine der Reinigungsübungen (kriyā) im Yoga dar, die in der Yogalehrerausbildung an einem Tag gemeinsam erlernt und praktiziert werden. Aber bereits das Schwitzen neben einer anderen Person, bei körperlich herausfordernden Yogapraktiken, kann in dieser Hinsicht betrachtet werden. In den dynamischen Meditationen bspw., die von Osho (fka Bhagwan) eingeführt und popularisiert wurden, wird dieser Aspekt zum Programm und findet eine Zuspitzung, wenn etwa der hemmungslose Ausdruck jeglicher Gefühls-, Laut- und Körperregungen in einer Gruppe, über fünfzehn Minuten hinweg, zur Zielsetzung der Yogapraxis erklärt wird.

Es lässt sich zusammenfassend festhalten, dass sich die Sozialität von Körperbezügen und Praktiken in ihren Selbst- und Weltverhältnissen nicht auf einzelne Dimensionen reduzieren lässt. Sie zeigt sich im darstellenden Vollzug der Körperlichkeit ebenso wie in einer verstehenden bzw. erfahrenden Ausrichtung und hängt ferner mit der Berichtbarkeit von Erfahrungen zusammen. Dabei kann selbst die Unaussprechlichkeit (vgl. Bergmann 2000) zum Kriterium für gelungenes Erleben werden, das ebenso von den Teilnehmer/-innen nachvollzogen, dar- und hergestellt, sprich: praktisch erklärbar gemacht, werden muss. Somit wurde in diesem Kapitel die konkrete Arbeit der Praktiken der Innerlichkeit in ihrer Sozialität zum Gegenstand.

Die ethnomethodologische Perspektivverschiebung, die mit der Leibphänomenologie, dem Pragmatismus und mit Wittgenstein anhand des empirischen Materials entwickelt wurde, ermöglicht es, die Sozialität der Praxis in ihrer konkreten verkörperten Arbeit als *ongoing accomplishment* zum Gegenstand der Analyse zu machen und ferner zu anderen sozialtheoretischen Überlegungen ins Verhältnis zu setzen. So tritt die Sozialität der Praxis in sozialen Situationen, in denen diese Praktiken eingeübt, gelernt, intersubjektiv bestätigt oder hinterfragt werden, ‚offensichtlich‘ und virulent zutage, ist aber auch etwa beim einsamen Kopfstand in einem dunklen Keller von Bedeutung. In dieser Hinsicht lassen sich somit auch Fragen des Zugangs zur sozialen Wirklichkeit in der Soziologie in einem anderen Licht betrachten.

Doch auch für die Yogapraktizierenden wird die Innen-Außen-Unterscheidung zum Problem, wenn die »westliche Körper-Geist-Trennung« kritisiert oder ein absolutes Bewusstsein, jenseits der Dualismen, zur Zielsetzung erklärt wird. Gleichzeitig fußt aber deren Erläuterung und Interpretierbarkeit – wie auch weitere Differenzierungen »innerer Wahrnehmung«: Energien, Farben, Töne, Chakras usw. – zunächst auf einer alltäglichen und alltagskörperlichen Einbettung. Damit stehen die Praktizierenden, wie anhand der Paradoxien der Yogaphilosophie im anschließenden Kapitel thematisiert wird, vor einem ähnlichen Problem wie Ethnomethodolog/-innen, die letztlich, trotz aller Bemühungen, einen *geschriebenen Text* und damit keine Vollzugswirklichkeit publizieren müssen.[68]

---

68 Ein Beispiel dieser Bemühungen ist „speaking tendentiously", d. h. das Versehen von Begriffen mit einem Sternchen (asterisk), das auf die zugrunde liegende Arbeit hinweisen soll, z. B. „by detail* is meant something other and different than the reader would explain or can explain with any of detail's many vernacular straightforward meanings" (Garfinkel 2002: 99, Fn. 15). Green (2009: 963) beschreibt Garfinkels Schreibweise in Anlehnung an Mystik und Poesie als Apophase, „[which] challenges the authority of words to express the truth of social things, as does EM inquiry in general. In summary, the apophatic pressures in Garfinkel's program are as follows: (1) the social can only be approached for inquiry through words; yet (2), the social is ineffably more than words can possibly say; therefore (3), the social can only be apprehended in unsaying words, more exactly words with the vernacular and/or technical authority to stand in its place. The question now is whether these pressures are evident in others for whom the social is a rigorous object of reflection."

Es wird somit deutlich, inwiefern Innen-Außen-Unterscheidungen in ihrer alltäglichen und alltagskörperlichen Einbettung einerseits notwendig sind und andererseits zeigen sich Praktiken, mittels derer sie hinterfragt werden (können).[69] Wenn Spiritualität (auch) als eine soziale Leistung betrachtet werden kann und damit die Spezifik, wie die Grenzen und Inhalte von Selbst- und Weltverhältnissen verortet werden, ein *ongoing accomplishment* darstellt, dann werden auch ganz elementare Fragen zur Selbst- und Weltverortung in ihrer Kontingenz sichtbar und beschreibbar.

Die Abgrenzung und Etablierung eines Individuums, mit einem eigenen Körper und einem eigenen Innenleben, stellt dann nicht nur historisch und kulturell, sondern ganz praktisch ein soziales Erzeugnis dar, das mit der kindlichen Sozialisation beginnt und im späteren Alltag zumeist als externe, natürliche Realität erscheint. Damit werden aber in der Regel die kontinuierlichen Hervorbringungsleistungen nicht mehr sichtbar. Sie sind aber nicht zu einem gewissen Zeitpunkt als abgeschlossen zu betrachten und bleiben in ihren spezifischen Konfigurationen auch weiterhin potenziell kontingent, d. h. mit Blick auf sozialen Wandel sowohl anpassungsfähig als auch im Prozess der möglichen kreativen Hervorbringung und Gestaltung. Somit werden nicht nur sogenannte spirituelle Selbst- und Weltverhältnisse konzeptuell greifbar, sondern auch andere Formen der gesellschaftlichen Organisation.

Ein zunächst vielleicht etwas abwegiges anderes Beispiel wäre das Verhältnis zu Werkzeugen oder den Dingen des Alltagslebens. So wie im fortwährenden Gebrauch von spezifischen Werkzeugen ein interkorporaler Umgang etwa beim Fräsen an der Werkbank (vgl. Böhle/Porschen 2011) beobachtbar wird, so lässt sich bspw. auch eine Gesellschaft denken, in welcher der Gebrauch von Dingen, vom Löffel bis zum Stuhl oder der Yogamatte, bereits ganz alltäglich und selbstverständlich als Teil des Selbst erlebt und beschrieben wird. Dieses Beispiel kann auch mit Blick auf die Wahrnehmung von Klima- und Umweltgefährdungen oder im Umgang mit Tieren weiterführende Relevanz gewinnen.

Ebenso: Wenn die Zielsetzung der Erleuchtung als Alleinheitserfahrung gerade die Grenzen eines Ichs grundsätzlich infrage stellt, so wird auch dies als praktisches Selbst- und Weltverhältnis, zumindest potenziell, praktisch beschreibbar (und nicht etwa als semantischer Überbau behandelt). Sätze wie: »Ich bin nicht mein Körper, ich bin nicht mein Geist, ich bin nicht meine Empfindungen, ich bin nicht mein Ego«, die in der Yogapraxis häufige Verwendung finden und im anschließenden Kapitel 6 in ihrer praktischen Aneignung bei der Ausübung von Yogaphilosophie beschrieben werden, können vor diesem Hintergrund nicht nur als *Kommunikation über* ein transzendentales Bewusstsein (etwa als religiöse Glaubenssätze) behandelt werden, sondern in ihrer *praktischen Sozialität* auch als mögliche und relevante Zugänge zur Wirklichkeit betrachtet werden.

---

69 Dabei gilt für die Unterscheidungswelt: Für die Außenseite ist die Innenseite eine Außenseite. Oder mit einem Titel von Peter Handke (1969): „Die Innenwelt der Außenwelt der Innenwelt."

6 Yogaphilosophie als soziale Praxis

„Eines ist das Sein, aber die Weisen benennen es auf verschiedene Art."
(Ṛg Veda I.164.46)

Die Yogaphilosophie bildet einen zentralen Bestandteil der Yogapraxis. Sie ermöglicht es nicht nur zu begründen, warum etwa spezifische Körperübungen mehr darstellen als bloße Gymnastik, sondern sie bietet grundlegende Orientierungen und Perspektiven auf die Wirklichkeit, das Selbst und die Bedingungen von Erkenntnis, die für Spiritualität im Yoga von Bedeutung sind. Das Streben nach Wissen, Erkenntnis, Wahrheit und Weisheit wird im Yoga als eine Form von »spiritueller Praxis«, als einer der zentralen Yogawege, beschrieben. Somit stellt die reflektierende, hinterfragende und philosophische Beschäftigung eine Form der Yogapraxis dar, die als Yoga der Erkenntnis (*jñāna-yoga*) bezeichnet wird und in vielzähligen Vorträgen, Büchern, Aus- und Weiterbildungen behandelt wird. White (2012: 6) beschreibt diese Dimension der Yogapraxis:

> as an analysis of perception and cognition. Yoga is an analysis of the dysfunctional nature of everyday perception and cognition, which lies at the root of suffering, the existential conundrum whose solution is the goal of Indian philosophy. Once one comprehends the cause(s) of the problem, one can solve it through philosophical analysis combined with meditative practice.

Eine solche Hervorhebung der philosophischen Analyse scheint zunächst im Kontrast zu stehen zu den vorherigen Kapiteln dieses Buches, die den Fokus der Betrachtung vom subjektiven, ideellen und kognitiven Bereich, sprich: von inneren Vorstellungen, Ideen, Theorien, Symbolen, Philosophie oder dem Glauben, weg und hin zu sozialen Tätigkeiten, Interaktionen, Ritualen und grundlegenden verkörperten Praktiken gelenkt haben.

Dieses Kapitel folgt aber dieser Perspektivverschiebung konsequent, indem es vorschlägt, auch das Betreiben von Yogaphilosophie als eine soziale Praxis zu begreifen, die ausgeübt, unterrichtet, gelernt, trainiert, besprochen, praktisch und körperlich vollzogen, infrage gestellt oder in einer sozialen Mitwelt (wie etwa im Aschram) zur ultimativen Zielsetzung des Lebens erklärt werden kann.[70]

---

70 Eine ähnliche Perspektivverschiebung schlagen auch Wright und Rawls (2005: 188) in ihrer Ethnografie dreier evangelikaler Kirchen in den USA vor: „We argue that focusing on religion as belief, which generally appears to be the essence of modern Western Protestant religions, misses the core of what religion is, both as an experience for its practitioners and also in terms of its broader social value." Wright und Rawls zeigen, inwiefern biblische Textstellen und Glaubenssätze prinzipiell zu unspezifisch und zu ambigue sind, um konkrete Praktiken anzuleiten. Entsprechend argumentieren sie entgegen religionssoziologisch verbreiteten Perspektiven, die von Konzepten oder dem Glauben

https://doi.org/10.1515/9783110652802-006

Allerdings gestaltet sich dieser Perspektivwechsel etwas voraussetzungsreicher, wenn man zum einen nicht (nur) Körperübungen oder (Interaktions-)Rituale, sondern auch die Yogatheorie und das ‚geistige' Reflektieren selbst zum Untersuchungsgegenstand der soziologischen Analyse erklären will. Zum anderen, wenn es nicht nur um die sozialen Vermittlungs-, Lern- und Aneignungssituationen als solche gehen soll, sondern ebenso der Gegenstandsbereich der Yogaphilosophie, d. h. die philosophischen Grundlagen, Perspektivierungen und Zielsetzungen, in der empirischen Untersuchung berücksichtigt werden sollen.[71] Denn es ist eine Sache, wenn auch eine sehr folgenreiche, zu argumentieren, dass Philosophie als eine soziale Praxis betrachtet werden kann. Eine andere ist es, zu zeigen, wie die spezifische Philosophie des Yoga hervorgebracht wird, die von der Begrenztheit des eigenen Philosophierens ausgeht, dieses selbst als eine Form von Praxis begreift, Wirklichkeit als eine Konstruktionsleistung betrachtet und ferner einen (transzendenten) Bereich begründet – der per definitionem nicht als Bereich identifiziert und beschrieben werden kann, aber als darüber hinausgehend und zugleich alledem zugrunde liegend angesehen wird.

Zudem handelt man sich mit einer solchen Vorgehensweise und der Frage nach der Philosophie und den epistemologischen Grundlagen der Yogatheorie die dieses

---

ausgehen, und betrachten religiöse Doktrinen stattdessen, im Anschluss an Mills (1940), als „retrospective justification of situated action" (Wright/Rawls 2005: 194), als „second order phenomena", deren geteiltes Vokabular erst in gemeinsamen Tätigkeiten etabliert und bedeutsam wird: „Members must develop a shared vocabulary of motive regarding how each tenet is to be fulfilled, and be able to use that vocabulary to justify their actions. But, they must also be able to reproduce practices in recognizable details before they can associate those practices with their shared vocabularies" (Wright/Rawls 2005: 195). Diese Perspektivverschiebung stellt in der religionswissenschaftlichen und religionssoziologischen Forschungslandschaft ein wichtiges Korrektiv dar. Dieses Kapitel geht allerdings anhand der empirischen Spezifik der Yogapraxis noch einen Schritt weiter und fokussiert auch die soziale Praxis und den praktischen Nachvollzug der Etablierung von Vokabularien als *first order phenomena*.

71 So zeigt bspw. Rendle-Short (2006) in einer sehr detailreichen konversationsanalytischen Studie anhand von Videoaufzeichnungen von Informatikseminaren, inwiefern akademische Präsentationen einen sich entfaltenden Prozess dialogischer Interaktion darstellen. Dabei wird die Geordnetheit und Multimodalität von Vorträgen und das Engagement beim „Kommunizieren von Ideen" deutlich und somit auch, wie Pausen, Blickrichtungen, Gesten und Körperbewegungen am „doing the academic seminar presentation" (Rendle-Short 2006: 155) beteiligt sind. Dieser überaus gewinnbringende analytische Perspektivwechsel auf die Art und Weise der Präsentation, dem auch hier gefolgt wird, verliert allerdings einen Teil des empirischen Gegenstands aus dem Blick, wenn die Frage, ob es etwas Spezifisches bei der Hervorbringung eines Vortrags über Informatik gibt (welche Konzepte/Theorien also kommuniziert werden und ob sich diese etwa von der PowerPoint-Präsentation eines Reiseberichts oder eines Vortrags über Philosophie unterscheiden), nicht gestellt wird. Entgegen der häufigen Kritik vonseiten der Ethnomethodologie (vgl. Kap. 2.3) wird in diesem Zusammenhang nicht nur das „Wie", sondern auch das „Was" zum *missing what* einer gegenstandsangemessenen empirischen Forschung.

Buch kontinuierlich begleitende Herausforderung ein, dass sich das eigene Reflektieren und Theoretisieren der Soziologie (und deren epistemologischer Grundlagen) zu den Praktiken des Feldes ins Verhältnis setzen muss (vgl. Kap. 6.3).

In diesem Sinne verfolgt dieses Kapitel drei Zielsetzungen: Erstens gilt es zu berücksichtigen, dass auch das Betreiben von Yogaphilosophie als eine soziale Praxis betrachtet werden kann und insofern, worauf bspw. auch Luhmann (1969: 129) hingewiesen hat, „die Arbeit an Theorien ein Handeln ist wie jedes andere Handeln auch."

Zweitens geht es um den konkreten Gegenstand und die Spezifika der Yogaphilosophie, deren praktischem Nachvollzug und fortlaufender Reflexivität konsequent gefolgt wird. Dies betrifft im Folgenden den Umgang mit Paradoxien, der All-Einheit (Brahman) und der Begrenztheit der begrifflichen Erkenntnis, die insbesondere am Beispiel eines Philosophievortrags im Aschram besprochen werden (Kap. 6.1), sowie die Feldannahme eines »spirituellen Konstruktivismus« (Kap. 6.2).

Drittens werden, im Anschluss an die Herausforderung einer potenziellen Verdopplung der Verhältnisbestimmungen von Theorie und Praxis im Yoga und in der Soziologie, die empirischen Grundlagen dieser Verhältnisbestimmung selbst – in der (alltäglichen) sozialen Orientierung (Kap. 6.3.1) und in der ethnomethodologischen Ethnografie (Kap. 6.3.2) – diskutiert.

6.1 »Ois is' Brahman«

Am letzten Tag der vierwöchigen Yogalehrerausbildung trugen einige der Teilnehmer/-innen ein am Abend zuvor per Hand beschriftetes T-Shirt mit dem Slogan: »Ois is' Brahman«. Bereits nach dem morgendlichen Schweigen, im Anschluss an die gemeinsame Meditation, wurde die Aufschrift von einigen freudig und amüsiert in Gesprächen aufgegriffen und wiederholt: »Das ist ja super: Ois is' Brahman ((lachen))«. Auch beim Mittagessen wurde das T-Shirt zum Gesprächsthema und wurde mehrfach als Motiv mit der Kamera festgehalten (vgl. Abb. 39). Viele konnten sich noch an den Hintergrund des Ausspruchs erinnern: In der ersten Woche hatte Michael, ein österreichischer Teilnehmer, in einem Vortrag Dharmanandas zur Yogaphilosophie auf dessen vielschichtige und langwierige Ausführungen zur Bedeutung der absoluten All-Einheit (Brahman), die als sehr komplex und schwer (bzw. letztlich denkerisch als überhaupt nicht) nachvollziehbar eingeführt wurde, in einer Rückfrage erwidert: »Des heißt also: Ois is' Brahman?« Während Dharmananda dies mit »ja, genau!« bestätigte, führte die Bemerkung auch zu heiterem Gelächter. Der Dialekt von »Ois is'« blieb für viele Teilnehmer/-innen zunächst unverständlich und bedurfte der Übersetzung: Ja, genau: Alles ist Brahman.«

(Yogalehrerausbildung, letzter Tag, 2013)

Im Verlauf der vierwöchigen Ausbildung wurde der Ausdruck »Ois is' Brahman« gelegentlich in Gesprächen verwendet. Dies geschah bspw. in Situationen, in denen Reflexionen über philosophische Begriffe eine größere Komplexität angenommen hatten und der ‚witzige' Ausspruch eine Erleichterung, Aufheiterung oder einen Themenwechsel ermöglichte: »A: Jaja, ois is' Brahman; B: hehe, stimmt.«

Abb. 39: »Ois is' Brahman«, Yogalehrerausbildung, 2013.

Der Slogan, bei dem es sich um keinen *terminus technicus* der Yogaphilosophie handelt, wurde zu einem geteilten Wissensbestand dieser spezifischen Ausbildungsgruppe. Anhand des T-Shirts (vgl. Abb. 39) lassen sich Formen der Adaption und Übersetzungsleistungen beobachten. Wie zum Abschluss einer Schulausbildung, etwa im Gymnasium ein Abitur-T-Shirt gestaltet wird, wurde auch hier ein Motiv für ein entsprechendes Kleidungsstück entworfen. Ebenso stellte man sich in ähnlicher Manier zu einem Gruppenfoto auf und teilte dieses Fotos, neben vielen anderen, im Anschluss an die Ausbildung mit den anderen Teilnehmenden.

»Ois is' Brahman«, das Lachen darüber und seine Verwendung als Abschluss-Slogan lassen sich noch weiter interpretieren. Mit dem Ausspruch entsteht ein Kontrast zwischen einer zunächst einfachen Aussage: »Alles ist Brahman« und der Unverständlichkeit des Dialekts »Ois is'«, der diese Aussage der Verständlichkeit entzieht und eine Übersetzung notwendig macht. Dies spiegelt den Kontrast zwischen der einfachen Formel und den ausführlichen und komplexen philosophischen Ausführungen zu Brahman in der Yogalehrerausbildung wider, die in diesem Kapitel noch ausführlich betrachtet werden. Denn auch jene entziehen sich (u. a. durch die Verwendung von Sanskrit-Begriffen und im Fall von Brahman, der absoluten All-Einheit, bereits per definitionem) der einfachen Zugänglichkeit und Verständlichkeit. Sie bedürfen spezifischer Formen der Übersetzung und Einübung, teilweise vermittelt durch die Yogalehrer/-innen im Unterricht, durch Vorträge, Bücher, Gespräche und letztlich im eigenen praktischen Nachvollzug, der im Yoga nicht nur ein ‚Verstehen‘ ermöglichen soll, sondern ein praktisches Erkennen und Erleben dessen, worauf diese Begriffe verweisen.

Als solches kann der Slogan auch mit Blick auf die konkreten Aneignungsprozesse, Herausforderungen und Zielsetzungen der Yogaphilosophie verstanden werden. Der Kontrast verweist u. a. auf die Krisen, Brüche, Widerständigkeiten und Spannungen, die in der Auseinandersetzung mit den Inhalten von den Auszubildenden erlebt wurden. So berichtet Stefan in einem Interview von »Stress« während der Ausbildung, der ihm zufolge aus einer ganzen Reihe von Gründen, insbesondere »Zeitknappheit«, erzeugt würde: »Und hier wird wirklich Stress erzeugt […]. Ja und dann natürlich dieses ständige, dieser ständige Stoff, mit dem man zugeballert wird, diese Vedānta-Begriffe, mit denen ich so gar nix anfangen konnte.« Stefan spricht eine Überforderung durch die Menge an philosophischen Auseinandersetzungen und deren Komplexität an, die er als ein »Zuballern« beschreibt. Er hebt insbesondere Begriffe der Vedānta-Philosophie hervor, zu denen Brahman gehört und die im Verlauf dieses Kapitels erläutert werden.

Anhand der vielschichtigen Bedeutung von Om, welches als Symbol (ॐ) ebenso auf das T-Shirt gemalt ist, hatte ich bereits von einer Art Komplexitätsreduktionsverweigerung im Yoga gesprochen. Die indexikal bleibenden Verweise auf ein *Mehr*, d. h. die kontinuierliche Bezugnahme auf noch tieferliegende und komplexere Bedeutungen, können dabei als ein Bestandteil der Herstellung von Spiritualität im Yoga betrachtet werden (vgl. Kap. 3). Ebenso kann auch das Gefühl der Überforderung, das auch von anderen in Gesprächen thematisiert wurde, als ein konkretes Handlungsproblem der Ausbildung mit Blick auf die Hervorbringung alternativer und neuer Formen des Erlebens gelesen werden (vgl. Kap. 4). Dies wurde insbesondere gegen Ende der Ausbildung sichtbar, als die mehrstündige theoretische Abschlussprüfung bevorstand, in welcher die Yogaphilosophie einen zentralen Prüfungsstoff bildete, der einige vor größere Herausforderungen stellte.

Mit der Abbildung von Om auf dem T-Shirt wiederholt sich, in der hier vorgeschlagenen Lesart, auch der Kontrast zwischen dem einfachen Symbol und den mannigfaltigen Bedeutungswelten, auf die es im Feld verweist. Als turīya (das Vierte) kann Om sogar mit Brahman gleichgesetzt werden (vgl. Māṇḍukya Upaniṣad; Deussen 1907) und bildet insofern eine zusätzliche Betonung des Slogans. Auch die alltägliche Verwendung von Om im Aschram für den Beginn und das Ende von Tätigkeiten stellt hier eine Art der Unterstreichung dar, wobei Om teilweise sogar für Spiritualität im Yoga im Allgemeinen stehen kann. Nichtsdestotrotz braucht es auch hier für Außenstehende eine Übersetzung dieses spezifischen Sonderwissens.

Die Verweisungsstruktur auf ein Mehr setzt sich auch bezüglich der für die T-Shirts ausgewählten Farben (Weiß und Gelb) fort. Im Sivananda-Yoga, wie bei Yoga Vidya, sollen Yogalehrende die Farben Gelb und Weiß tragen, welche (All-)Einheit oder Reinheit (Weiß) und Lernen (Gelb) symbolisieren und in ihrer Kombination zum Ausdruck bringen sollen, dass auch die Lehrenden weiterhin noch Lernende auf dem

»spirituellen Weg« sind.[72] Dass es als Motiv für ein Abschluss-T-Shirt ausgewählt wurde, verweist zudem auf die Zentralität der Auseinandersetzung mit indischer Philosophie. Es wäre ja auch möglich gewesen, den Kopfstand oder einen Kommentar zu schwierigen Atemtechniken als Motiv zu wählen.

In der Interpretation des T-Shirts werden folglich zentrale Dimensionen der Yogaphilosophie, ihrer Vermittlungssituation sowie der Aneignungsprozesse in dieser Ausbildung sichtbar. Es kann als eine kondensierte Zusammenfassung der – als äußerst komplex und relevant dargestellten und von vielen als herausfordernd erlebten – philosophischen Themen im Yoga gelesen werden.

Im Feld verweist die Yogaphilosophie ferner auch auf eine ‚Authentizität‘ der Praxis, die nicht selten mit einer Kritik an oberflächlicher westlicher Yogaaneignung einhergeht, die sich eben nicht mit den Grundlagen indischer Philosophie beschäftigen würde.[73] In diesem Sinne finden sich auch in jedem der zehn Interviews, die Tietke (2008) mit renomierten Yogalehrenden in Deutschland geführt hat, eine Kritik an einseitiger oder rein körperlicher Aneignung des Yoga sowie unterschiedliche Verweise auf die zugrunde liegende Philosophie und entsprechende Schriften, die ihrer Ansicht nach für den Yoga von Bedeutung sind. Neben schriftlichen Quellen und Büchern wird die Yogaphilosophie aber insbesondere in Form von Vorträgen oder im Frage-Antwort-Format mit spirituellen Lehrenden behandelt.

Die zentrale Relevanz von Vorträgen zur Yogaphilosophie zeigte sich bereits in der Vorstellung des Yogafestivals (vgl. Kap. 2.1), wo diese einen großen Teil des Rahmenprogramms darstellen. In der Yogalehrerausbildung stehen sie täglich mehrfach auf der Tagesordnung und sind im Aschram auch als Element des Satsang ein tagtäglicher Bestandteil der spirituellen Praxis. Im Folgenden soll nun insbesondere ein Vortrag exemplarisch genauer betrachtet werden, und zwar der, in dem Michael, der

---

72 In einem Onlinebeitrag mit dem Titel „Sivananda Yoga – Ganzheitlich in Weiss-Gelb" werden die Farben folgendermaßen erläutert: „Zuletzt klären wir nun noch das Mysterium der weiß-gelben Outfits der Sivananda-Yogis: Das Weiß steht für das Einssein mit der Quelle, mit dem wahren Selbst (im Yoga auch ‚Atman‘ genannt). Gelb ist die Farbe des offenen und lernbegierigen Einssein von Körper-Geist-Seele." (URL: http://www.yogaeasy.de/sivananda-yoga-ganzheitlich-in-weiss-gelb [Letzter Aufruf: 02.09.2021]).

73 Dies lässt sich auch anhand des ironischen Youtube-Videos „If Ghandhi Took A Yoga Class" (2015) veranschaulichen. Der gespielte Mahatma Ghandi, der sich etwa während der Körperübungen über die Hintergrundmusik der britischen Pop-Rock-Band Coldplay brüskiert oder von der Yogalehrerin wegen seines selbstgenähten Outfits kritisiert wird, steht schließlich vor den Yogapraktizierenden im Studio und hält eine kleine Statue, die zuvor den Altar im Zentrum des Raumes schmückte, hoch und fragt: „I will give anyone ten dollars, if they can tell me who this is? Anyone? No, I didn't think so hahaha (-). It's Krishna, eight incarnation of lord Vishnu, learn it!" Während dies die Kritik an (ignoranter) einseitiger westlicher Yogaaneignung unterstreicht, bringt das Video aber auch zum Ausdruck, dass diese Kritik selbst einen weit verbreiteten Topos im Feld des modernen Yoga darstellt. (URL: https://www.facebook.com/watch/?v=10155504207532807 [Letzter Aufruf: 02.09.2021]).

‚Österreicher' und mein Zimmermitbewohner im Aschram, »Ois is' Brahman« geäu-
ßert hatte.

6.1.1 »Das, was ich heute alles erzähle, ist alles nicht wahr.«

Dharmananda beginnt mit circa zwanzig Minuten Verspätung am Abend des zweiten
Tages der Yogalehrerausbildung seinen Vortrag, der mit dem Titel: »Gajananam.
Brahmarpanam. Vedanta Philosophie: Brahman, Maya, Ishwara, 3 Gunas. Sat Chid
Ananda« im Programm angekündigt wurde. Den Auftakt bildet das im Aschram
übliche gemeinsame Singen von Om und die Rezitation eines Eröffnungs-Mantras,
bevor Dhamananda mit einer kurzen »Vorwarnung« beginnt, wie im folgenden Transkript zu sehen ist.[74]

Transkript 19: Vortrag Yogalehrerausbildung, Tag 2, 2013, Segment 1.

```
01 D: Dann beginnen wir mit dreimal Om
02    ((gemeinsames dreimaliges Rezitieren von Om; Rezitation eines Mantras;
03    dreimal Om Shanti und Om Frieden))
04 D: Om namah shivaya, herzlich Willkommen, ne.
05    Die Zeit wird auch so reichen, ich hab das so vorbereitet,
06    dass wir das auf jeden Fall schaffen das Thema, ((Lachen)),
07    ähm weil ich davon ausgegangen bin (lacht).
08    Ja, also ich, äh, (-) muss Euch schon mal vorwarnen, das was ich heute
09    alles erzähle ist alles nicht wahr. ((gemeinsames Lachen)) mh,
10    das ist alles nicht die Wahrheit, (-) emhh. Es kann aber trotzdem Sinn
11    machen, jetzt zu bleiben und sich des anzuhören ((Lachen)) (.)
12 T: [Könn]en wir auch gehen? [(gem. Lachen)]
13 D: [weil]              [ Ne. (lacht)] Weil, des ist ein Konzept. (1)
14    Wenn man, jetzt mal ne, für eine für anderthalb Stunden sich da reindenkt,
15    ne, oder auch für länger, dann kann einem das helfen die Wahrheit
16    zu erkennen. Ja und insofern macht des schon Sinn sich mit diesen Konzepten
17    auseinanderzusetzen, aber mir ist es wichtig, bevor wir jetzt damit
18    anfangen, Euch zu sagen, dass das ein Konzept ist.
```

---

74 Da in diesem Kapitel keine konversationsanalytische Feinanalyse im Zentrum stehen soll, sondern insbesondere auch die inhaltliche Organisation der Yogaphilosophie (in der sozialen Situation)
betrachtet wird, werden die anschließenden Segmente des Vortrags zur besseren Lesbarkeit sowie
aus platzökonomischen Gründen nicht in der klassischen Transkriptform, sondern als eingerückte
Zitate dargestellt. Zudem wurde in diesem Transkript auch auf die Hervorhebungen der Betonungen
und Tonhöhen verzichtet und entsprechend auf normale Satzzeichen sowie Groß- und Kleinschrei-
bung zurückgegriffen.

19	Weil wie es im Yoga viele verschiedene Konzepte gibt,
20	die uns schon weiterhelfen, aber letztlich, wenn wir dann diesen letzten
21	Schritt, von dem ich auch gestern schon mehrfach gesprochen hab, machen
22	wollen, dann müssen wir die alle wieder loslassen. Ja und dann können wir
23	auch Vedānta wieder vergessen. Ja aber bis dahin kann uns des helfen und
24	kann uns eine Krücke sein, die uns, mh, auf den Weg bringt.
25	((schreibt an die Tafel: Vedanta)) […]
26	Vedānta ist eines ähm der Hauptphilosophiesysteme Indiens.
27	Ja es gibt die sogenannten sechs Darśanas, äh, also Philosophiesysteme und
28	eines dieser Philosophiesysteme ist eben Vedānta, ja, em, das erstmal um so
29	ne Oberkategorie zu schaffen […]
30	Vedānta ist die Philosophie der Einheit,
31	könnte man so sagen, ja, des Non-Dualismus.
32	Wir leben ja in einer We-, in einer dualistischen Welt, ja also.

Die Stimmung zu Beginn des Vortrags ist sichtbar heiter. Dies kann auch im Zusammenhang mit Dharmanandas Verspätung gesehen werden. In der Ausbildung wurde die Pünktlichkeit des Beginnens sehr stark betont und eingehalten, wobei am Ende manchmal ‚überzogen' wurde, was einige Teilnehmer/-innen am Nachmittag thematisiert hatten. Insbesondere aber die »Vorwarnung«: »Das, was ich heute alles erzähle, ist alles nicht wahr«, führt zu lautem Lachen und zu einer ironischen Rückfrage, ob man denn wieder gehen könne.

Die Vorwarnung erinnert dabei an die bekannte Paradoxie bei Epidemes, dem Kreter, der sagte: „Alle Kreter lügen." Das Lachen kann als Reaktion auf diese Aussage gedeutet werden, welche jedoch nicht als solche stehen bleibt, sondern vom Vortragenden weiter gerahmt wird, denn man dürfe schließlich nicht gehen, sondern »es kann aber trotzdem Sinn machen, jetzt zu bleiben«. Die Äußerung könnte als ein rhetorisches Stilmittel des Vortrags interpretiert werden, mit dem ein Spannungsbogen und Relevanz hergestellt werden, die die Zuhörenden einbindet und auf welche die Interaktionsteilnehmer/-innen entsprechend auch mit Lachen und einer Rückfrage reagieren.

Es handelt sich aber nicht nur um ein Stilmittel des Vortrags, sondern – wie im Folgenden gezeigt wird – um ein zentrales Thema der Yogaphilosophie, das im Verlauf des Vortrags von unterschiedlichen Blick- und Bezugspunkten ausgehend weiter umschrieben und fortwährend bearbeitet wird. Das im Zentrum stehende Bezugsproblem für Dharmananda und die Zuhörenden ist die Vermittlung und der Nachvollzug von Vedānta-Philosophie.

Entsprechend geht es auch um konkrete Kenntnisse und die Einordnung und Verortung des folgenden »Wissens« (vgl. auch Segment 2, unten). Doch noch bevor Dharmananda inhaltlich ausbuchstabiert, dass Vedānta eines der sechs Philosophiesysteme Indiens und des Non-Dualismus ist (Z. 26 f.), betont er, dass es sich nicht um

»die Wahrheit« (Z. 10) handele, sondern um ein »Konzept« (Z. 18 f.), von denen es im Yoga verschiedene gebe, die zwar bei der Erkenntnis wie eine »Krücke auf dem Weg helfen« könnten, die man aber letztlich wieder »loslassen« und »vergessen« müsse.

Was von Dharmananda als »Vorwarnung« und Eingangs als eine (scheinbare) Paradoxie oder ein Stilmittel der Rhetorik beschrieben wurde, betrifft aber zugleich den zentralen Gegenstandsbereich der Vedānta-Philosophie. Diese behandelt gerade die Frage nach der Wahrheit und die Begrenztheit von begrifflichen und konzeptuellen Vorstellungen sowie die Zielsetzung der Erkenntnis, den Weg, und die entsprechenden epistemologischen Grundlagen. Somit spiegeln sich bereits zu Beginn in der Rhetorik und Gestaltung des Vortrags, in der Art und Weise, wie hier ‚Wissen vermittelt' werden soll, die philosophischen Überlegungen darüber, was dieses ‚Wissen' und die ‚Vermittlung' selbst auszeichnet.[75]

Dabei gehe es nach Dharmananda eben (primär) nicht um eine ‚Wissensvermittlung', sondern um den »letzten Schritt« (Z. 20 f.): den eigenen praktischen Vollzug, d. h., die »Wahrheit zu erkennen« (Z. 15 f.). Wie diese Zielsetzung im Vortrag behandelt wird, sich dabei der Gegenstandsbereich mit der Art und Weise seiner Thematisierung und Darstellung verschränkt und im Vollzug kontinuierlich weiterbearbeitet und insofern auch für die Teilnehmer/-innen sichtbar und identifizierbar wird, soll entlang dieses Vortrags weiter herausgearbeitet werden.

---

75 Eine solche reflexive Verschränkung von Fragen der Vermittlung und dem Gegenstandsbereich, der sich auch mit Vermittlungsfragen beschäftigt, ist keineswegs spezifisch für die Yogaphilosophie, sondern lässt sich für die Geistes- und Sozialwissenschaften im Allgemeinen (aus der jeweiligen Fachperspektive heraus) formulieren. Luecken (2013: 8) diskutiert dies bspw. für das Verhältnis von allgemeiner Didaktik und Fachdidaktik im Fach Philosophie und der Frage, inwiefern es sich dabei um erziehungswissenschaftliche oder um philosophische Fragen handelt. Er argumentiert: „Wer Fragen stellt wie ‚Wie vermittelt man einen philosophischen Gedanken?' oder ‚Wie vermittelt man eine ethisch-moralische Einstellung?', hat es bereits mit einem philosophischen Problem zu tun, denn diese Fragen können gar nicht behandelt werden, ohne dass man eine philosophische Position dazu entwickelt, was ein philosophischer Gedanke, was eine moralische Einstellung ist. Daraus ergibt sich meine [...] These: Die Fachdidaktik der Philosophie und Ethik gehört zur Philosophie und nicht zur Erziehungswissenschaft. [...] (Denn) vielmehr geht es in der Fachdidaktik der Philosophie und Ethik um einen philosophisch reflektierten Umgang mit der Praxis des Philosophierens." Als Gegenbeispiel verweist Luecken auf die Mathematik, bei welcher man vorgegebene Regeln anwenden würde und sich somit dieses Problem nicht stellen würde. Dieses Gegenbeispiel übersieht allerdings, dass auch das Betreiben von Mathematik eine Praxis ist, die sich weder ohne erkenntnistheoretische (und damit philosophische) Überlegungen, noch als reine Regelbefolgung betreiben lässt (vgl. Heintz 2000). Vielmehr könnte man wohl argumentieren, dass alle Tätigkeiten auch mit Blick auf ihre philosophischen Dimensionen betrachtet werden können, wie dies am Beispiel der Yogaphilosophie in diesem Buch deutlich wird: »Alles ist Yoga«. Für die wissenschaftliche Beschreibung ist dieser Sachverhalt aber auch daher von zentraler Relevanz, da sich hier das Problem einer potenziellen Dopplung und die Frage nach der Verhältnisbestimmung zwischen den Perspektiven im Untersuchungsfeld und denen der soziologischen Beschreibung stellt.

6.1.2 Der Weg: »intellektuelle Gymnastik«

Im Vortrag folgt, etwa zwei Minuten später, erneut eine weitere »Vorwarnung«.

> D: ich muss euch noch so ein bisschen vorwarnen: Das ist alles sehr rational, jetzt, ja das ist ähm, mh ein Teil vom Yoga, äh, und der geht über ne sehr intellektuelle Schiene, ne. Ist aber wichtig diesen Weg mal zu gehen, um das Wissen mal so auf diese Weise zu bekommen. Ist aber nicht, äh, das Nonplusultra – der eine Weg, ne. Man kann auch zum Beispiel die Selbstverwirklichung ohne Vedānta erreichen. Ja, also die Philosophie des Vedānta setzt sich mit Fragen auseinander, zum Beispiel: Wer bin ich? Ja? Woher komme ich? Wohin gehe ich? Diese zentralen Seinsfragen oder auch: Was ist wirklich? Was ist unwirklich? Ne, damit setzt sich Vedānta auseinander und wenn wir dann irgendwann die Antwort auf alle diese Fragen kennen, mh, die Essenz von der Vedānta-Philosophie selbst erfahren haben, dann gibt es nichts weiter zu wissen. Ja und insofern ist es dann das Ende des Wissens. Ja, wenn wir diesen Punkt erreicht haben und, mh, deshalb Ende des Wissens und es ist halt, wie ich schon sagte, in den Upanischaden niedergeschrieben [...]. Ende des Wissens, Ende der Veden.
>
> (Vortrag Yogalehrerausbildung, Tag 2, Segment 2)

Die Vorwarnung bezieht sich nun auf »Rationalität« und die »intellektuelle Schiene«, die als ein möglicher Weg, aber »nicht das Nonplusultra«, weiter reflektiert und partiell auch problematisiert werden. So, wie zu Beginn des Vortrags »Konzepte« von »der Wahrheit« unterschieden wurden, wird nun die Unterscheidung zwischen rationaler Erkenntnis auf der einen Seite und persönlicher Verwirklichung auf der anderen Seite weiter ausgeführt. Die Zielsetzung (das »Kennen der Antworten« auf »die zentralen Seinsfragen«) wird – als zu »erreichender Punkt«, »irgendwann« (»letzter Schritt«), als »Erfahrung« der »Essenz von dieser Vedānta-Philosophie« – als unproblematisch angenommen und gesetzt. Demgegenüber werden aber der Intellekt und die Rationalität zu ambiguen Phänomenen, auf die auch verzichteten werden könnte, obgleich sie gerade das Thema des Vortrags und den Gegenstandsbereich der Vedānta-Philosophie ausmachen.

Vedānta wird als das »Ende des Veda« übersetzt, wobei sich dieses »Ende« sowohl auf die überlieferten Schriften (die Veden, an deren Ende die sogenannten Upanischaden stehen) als auch auf das ‚Wissen‘ (eine mögliche wörtliche Übersetzung von *veda*) beziehen kann.[76] Das Ende des Wissens wird als praktisch möglich und als persönliche Erfahrung eingeführt, während der Weg dorthin von Dharmananda weiter beschrieben, erläutert und gerahmt wird.

---

76 Diese Doppeldeutigkeit der Begrifflichkeit findet eine Parallele im Begriff der *Metaphysik* in der westlichen Tradition. Auch hier bezog sich die Bezeichnung zum einen auf die Bücher, die neben bzw. hinter der „Physik" in Aristoteles' Regal standen, sowie zum anderen darauf, dass diese darüber hinausweisen. Ganz ähnlich sind die Upanischaden am Ende der Veden verortet und verweisen über diese hinaus (vgl. Radhakrishnan 1990).

> D: Die Veden an sich sind schon ne Geheimlehre und die Upanischaden gelten dann nochmal als Geheimlehre in der Geheimlehre. [...] Es ist so::: tricky, so:::, ähm, essenziell auch dieses Wissen, mh, dass es als geheim eingestuft wird und dass es auch nicht jeder verstehen kann, ne. Aber es ist jetzt nicht so, dass es nicht einen breiten Zugang für die Öffentlichkeit gibt zu diesem Wissen.
>
> (Vortrag Yogalehrerausbildung, Tag 2, Segment 3)

Die Upanischaden, die am Ende der Veden stehen, lassen sich wörtlich mit „nahe sitzen bei/unter" übersetzen. Sie werden häufig als Geheimlehre übersetzt (so etwa Deussen 1907), da es sich bei diesem Sitzen um ein Sitzen zu den Füßen des Gurus handelt, der nur die Adepten in die Schriften und deren tieferen Bedeutungen einweihte (was sich z. T. mit den altgriechischen Mysterienschulen vergleichen lässt und in dieser Zeit nahezu ausschließlich männlichen Personen vorbehalten war). Dharmananda folgt dieser Interpretation mit der »Geheimlehre in der Geheimlehre«, die er aber mit »soooo tricky« und »soooo essenziell« (die Doppelpunkte im Transkript oben verweisen auf die sehr lange Dehnung des Vokals) deutlich zuspitzt. Es scheint sich hierbei um keine einfachen Überlegungen zu handeln. Obgleich die Texte (mittlerweile) der Öffentlichkeit zugänglich sind, könnte diese, so Dharmananda, trotzdem »nicht jeder verstehen«.

Zu Beginn dieses Kapitels wurde bereits auf die Komplexität der Yogaphilosophie – als ein Element von Spiritualität – verwiesen. Eine Komplexität, die gerade auch mit solchen Erläuterungen ganz explizit hergestellt wird. Sie zeigt sich bereits im Titel des Vortrags im Programm (oben) in einer Aneinanderreihung von Sanskrit-Begrifflichkeiten, die den Teilnehmenden zunächst kaum zugänglich sind. Die Frage des »Verstehens« oder »Nicht-Verstehens«, stellt dabei nicht nur die zentrale Herausforderung sowohl für die Teilnehmer/-innen als auch für den Vortragenden dar, sie bildet im Vedānta selbst einen wichtigen Gegenstand und wird im Vortrag mit Blick auf die *Verstehbarkeit überhaupt* noch weiterführend behandelt.

> D: Ja, also, Vedānta versucht, die Wirklichkeit zu beschreiben. Ich hab ja schon gesagt, die Wahrheit bring ich euch nicht, aber, ne. Aber ne Beschreibung der Wahrheit versuchen wir heute, ne. Wir versuchen das in Begriffe zu formen und zu erfassen, mh, und das kann durchaus hilfreich sein, nh ähm. Ja, also es heißt: es stammt aus einer höheren Erfahrung, mh, und dass man das logisch nachvollziehen kann, dass man das rational nachvollziehen kann, ich hoffe des sagt ihr am Ende des Vortrags auch, ähm. Aber insofern auch intellektuelles Yoga. Swami Sivananda, zum Beispiel, war kein Freund von ‚intellektueller Gymnastik', wie er's genannt hat. Aber es ist eben ein Teil des Verständnisses und er war eben auch im Grunde ein großer Vedāntin. Aber das ist eben nur ein Teil und, mh, des ist ein Teil ganz konkret, ihr habt ja gestern den Vortrag sechs Yogawegen gehabt. Welches Yogawegs? Was würdet ihr sagen?
> Teilnehmer/-in 1: Jñāna-Yoga
> Dharmananda: Jñāna-Yoga, sehr gut. Jñāna-Yoga war der Yoga des?
> Teilnehmer/-in 2: Wissens
> Dharmananda: Wissens, genau, ne, und also, ne. Es ist nicht Jñāna-Yoga gleich Vedānta, es ist ein Teil davon. Es ist die Grundlage von Jñāna-Yoga könnte man auch sagen, also die Basis, [...] aber des ist nicht rein intellektuell. Um den letzten Schritt im Jñāna-Yoga zu machen, den

kann ich nur intuitiv, ich sag jetzt mal in der Meditation klassischerweise erfahren [...]. Ich weiß
erstmal rational [...] und dann möglicherweise in der Meditation, hab' ich so ne Art Aha-Erlebnis,
ähm, da macht's dann Klick und ich erfahre intuitiv, dass es so ist. Ja und dann war's gut, dass
ich's vorher gehört habe, um zu verstehen, was ich da auf einmal bekomme, was ich dann erfahre, dann in der Meditation.

(Vortrag Yogalehrerausbildung, Tag 2, Segment 4)

In diesem Abschnitt greift Dharmananda einige der vorherigen Ausführungen seines
Vortrags erneut auf und verweist zudem, in einer Art Wissensprüfung, auf den Vortrag zu den unterschiedlichen Yogawegen vom Abend zuvor, in dem Arjuna ähnliche
Themen behandelt hatte. Die Wiederholung der als zentral herausgestellten Überlegungen der Yogaphilosophie wird dabei auch im Feld als wichtiges Element der Praxis behandelt und im nächsten Abschnitt als *śravaṇa* (Hören der Weisheit) und
manana (Durchdenken) weiter erläutert.

In diesem Segment (4) werden erneut Konzepte, Begriffe und Rationalität von
»höherer« und »intuitiver Erfahrung« unterschieden. Gleichzeitig wird aber auch der
Anspruch auf logische Konsistenz und »rationale Nachvollziehbarkeit« erhoben. Die
sich darin widerspiegelnde Ambiguität kommt auch bezüglich Swami Sivananda in
der Gegenüberstellung von »intellektueller Gymnastik« und »großem Vedāntin« zum
Ausdruck. In ähnlicher Weise werden auch Schriftgelehrte (Pandits) von Yogameistern (Gurus) unterschieden. Eine Aussage, die nicht nur von Swami Sivananda überliefert ist, bringt dies auf folgenden Punkt: »Ein Gramm Praxis ist besser als eine
Tonne Theorie.« Damit wird das Verhältnis von Theorie und Praxis relevant und
‚bloße Theorie' auch von der Theorie unterschieden, die aus »höherer Erfahrung«
stamme. Diese könne dann auch die Meditationspraxis insofern anleiten, als man
dann »verstehen« könne, was man in der Praxis als »eine Art Aha-Erlebnis« oder
»Klick« »auf einmal bekommt« oder »intuitiv versteht«.

Die Unterscheidung verweist hier auch auf eine Art Ebenendifferenzierung zwischen einer absoluten und einer relativen Weltsicht, die im Vortrag am Abend zuvor
von Arjuna folgendermaßen eingeführt wurde:

A: Es gibt so zwei große Formen von Wirklichkeit von Wahrheit: das ist einmal die relative und
die absolute Wahrheit. Ne, auf der relativen Ebene da sind wir als Individuum vorhanden, da
gibt es Dich und mich da gibt's ein Ich, ein Du, da gibt's dieses Harmonium, diese Shiva-Figur
als Figur und so weiter und so fort. Auf der absoluten Ebene gibt's das alles nicht, da ist das alles
eine Illusion, weil es im Grunde alles eins ist.

(Vortrag Yogawege, Tag 1, Yogalehrerausbildung)

Im Jñāna-Yoga (dem Yoga des Wissens/der Erkenntnis) gehe es, wie weiter ausgeführt wird (vgl. auch Segment 2 oben), um grundlegende und elementare philosophische Fragen nach der Konstitution von Wirklichkeit sowie der Selbst- und Weltwahrnehmung. Nicht nur die Beschäftigung mit diesen Seins- und Wahrheits-Fragen,
sondern auch der Vortrag selbst sowie die »theoretische« und »logische« Beschäftigung mit seinen Inhalten wird als Jñāna -Yoga und damit als eine Yogapraxis im Feld

betrachtet, die letztlich auch das Schreiben und Lesen dieses Textes betrifft. Trotz der Betonung von Rationalität und Logik, sowie Systematik und Philosophie, wird gerade die Begrenztheit eines solchen Zugangs thematisiert, die an den »Grenzen der Logik« erst in der Meditation eine Antwort finden soll.

Dabei wird eine relative Wahrheitsebene (*aparā vidya*) von einer absoluten oder ‚höheren' Wahrheitsebene (*parā vidya*) differenziert, von der aus das »Individuum«, »Ich« und »Du« sowie die gegenständliche Welt als eine »Illusion« (*māyā*) erscheinen. Dies ermöglicht eine Ent-Paradoxierung der Zielsetzung und zwar dahingehend, dass zwar »im Grunde alles eins« ist, uns dies aber im Alltag zumeist nicht als solches erscheint (vgl. auch Segment 1, Z. 32: »Wir leben ja in einer dualistischen Welt«). Während die Zielsetzung im Folgenden und die zugrundeliegenden unterschiedlichen Verhältnisse von Theorie und Praxis im abschließenden Kapitel nochmals differenzierter beleuchtet werden (vgl. Kap. 6.3), wird aber bereits an dieser Stelle die Relevanz der »spirituellen Praxis« für die Verhältnisbestimmung dessen deutlich, was Theorie, Vedānta und Jñāna-Yoga in der Yogaphilosophie bedeuten sollen.

Die Philosophie dient dabei unter anderem als eine Art Interpretations- und Bedeutungshorizont.[77] In diesem Horizont ist eine zentrale Figur die kontinuierliche Thematisierung des Grundproblems aller Vorträge, der gesamten Literatur und von Konzepten und Theorien überhaupt: die prinzipielle Begrenztheit von Sprache und Vernunft.[78] Die Zielsetzung wird als außerhalb des begrifflich Beschreibbaren verortet und lässt sich daher *per definitionem* nicht denken oder beschreiben. Gleichzeitig

---

77 Vedānta wird von Dharmananda als Grundlage und Basis von Jñāna-Yoga erläutert. Dabei gilt es zu ergänzen, dass dies eine sehr spezifische Lesart darstellt. Zum einen kann Yoga selbst als ein Philosophiesystem gesehen werden und zum anderen auch bspw. im Sinne der *Sāṃkhya*-Tradition, einer weiteren der sechs philosophischen Schulen (*darśana*) in Indien, interpretiert werden. Viele zentrale Yogakonzepte schließen explizit an diese Tradition an. So stammen bspw. die Konzepte von *puruṣa* und *prakṛti* aus dem Sāṃkhya und werden im Rahmen der Ausbildung in einem eigenen weiteren Vortrag behandelt. Aus ihnen lässt sich auch eine etwas andere Verhältnisbestimmung ableiten. Im Anschluss an Halbfass (1988) spricht De Michelis (2004) im Kontext des Neo-Hinduismus vom Neo-Vedānta des Brāhmo Samāj. Ram Mohan Roy gilt als Mit-Begründer oder Vorläufer dieser Tradition. Von seinen Schriften ausgehend wandelt sich nach De Michelis (2004: 46 ff.) der Neo-Vedānta mit seinen wichtigsten Vertretern Debendranath Tagore (1817–1905) über Keshubchandra Sen (1838–1884); zu Swami Vivekanandas (1863–1902) Version eines neo-vedāntischen Okkultismus, der zentral für den *Modernen Yoga* wurde. (Dabei gilt zu berücksichtigen, dass sich Vivekananda insbesondere auch auf Ramakrishna und auf Śaṅkara bezieht und somit im Kontext des Mönchsordens auf die Vedānta-Interpretation von Śaṅkara, die in der Auseinandersetzung mit dem Buddhismus und Nāgārjuna zu sehen ist). Insofern kann der Neo-Vedānta eher als eine – äußerst prominente – Lesart der Yogaphilosophie gesehen werden. Als solches bildet sie dann auch die Basis dieser (spezifischen) Auslegung von Yogaphilosophie im Aschram, wie Dharmananda ausführt.

78 „I am referring to Nāgārjuna and Śaṅkara, of the Mādhyamaka and Advaita-Vedānta respectively. One of the central insights and teachings of these sages is that we superimpose names and forms (nāma and rūpa, concepts and percepts) on a formless and nameless reality thereby generate categorial frameworks and categorial truths." (Puligandla 1997: 39)

soll es aber hier durch Begriffe und intellektuelle Nachvollziehbarkeit handhabbar und verstehbar gemacht werden. Dies ist nicht nur ein Problem für die Darstellung in diesem Text, sondern auch für die Teilnehmer/-innen im Feld, die sich mit dieser Paradoxie auseinandersetzen. Entsprechend wird die Paradoxie (auch im folgenden Unterkapitel) auf unterschiedlichen Ebenen entfaltet und mit verschiedenen Perspektivierungen um deren praktische Handhabbarmachung gerungen.

Ganz in diesem Sinne wird das »Lernen der Philosophie« von Dharmananda auch weiter didaktisch angeleitet und vier aufeinanderfolgende Schritte eingeführt, die in der indischen Philosophie diesbezüglich thematisiert werden.

> D.: Das Lernen im Jñāna-Yoga kann man in vier Schritte unterteilen [...]. Der erste Schritt des Lernens im Jñāna-Yoga wäre *śravaṇa*, mh, das heißt Hören oder auch Lesen. Vorzugsweise aus dem Mund eines Meisters, ja. Also erstmal beschäftige ich mich mit etwas, mh, intellektuell jetzt in dem Falle, mh. Der zweite Schritt wäre *manana*, mh, Nachdenken, ne oder auch Diskutieren dann über das Thema. Das heißt Jñāna-Yoga hat jetzt nichts mit blindem Glauben irgendwie zu tun, ne. [...] Ein ganz wichtiger Schritt auch. Gerade der westliche Mensch ist eben sehr skeptisch, ne. Des kann er hier bei *manana* eben auch voll einbringen, mh. Dritte Schritt wäre dann *nididhyāsana* des ist tiefe Meditation, das geht dann im Grunde ineinander über. Aus diesem Nachdenkprozess bei *manana* geh ich in die tiefe Meditation und des ist fließend [...]. [Damit] eröffne ich mir schon diese intuitive Ebene, von der ich gesprochen hab, ähm, und erschaue möglicherweise das vorher Gehörte, das vorher Reflektierte. [...] Vierter Schritt ist dann *anubhāva* die Selbstverwirklichung. Haben wir auch schon mehrfach drüber gesprochen, ne, ich hab dann dieses Gefühl der Einheit mit dem Absoluten. Zu diesem Absoluten kommt gleich noch ganz viel mehr. Aber erstmal so dieses Gefühl der Einheit erfahre ich dann.
> (Vortrag Yogalehrerausbildung, Tag 2, Segment 5)

Es werden vier Stufen der Auseinandersetzung vom Hören (λ1), über Reflektieren (λ2), Meditieren (λ3) bis zur Selbstverwirklichung (λ4) als Prozess der Praxis beschrieben, deren Übergänge insbesondere zur Meditation metaphorisch als »fließend« gerahmt werden.[79] Ähnlich der Unterscheidung von höherer und niederer Erkenntnis ermöglicht diese Ebenen-Unterscheidung einen Umgang mit und eine Verortung von Vorträgen, Meditationspraxis und einzelnen Konzepten sowie mit etwaigem – aus Sicht des Feldes – ‚noch vorhandenen' Unverständnis bzw. einer ersten Ahnung davon, worum es eigentlich gehe.

Dazu gehört auch die kontinuierliche Wiederholung des ‚Immergleichen', die als *repetitio* bereits anhand von Ritualhandlungen mit Blick auf die soziale Persuasion und kollektive Einbindung der Teilnehmenden diskutiert wurde (vgl. Kap. 5.2). Diese betrifft hier das Hören (*śravaṇa*) und wird in der Feldtheorie als eine besonders

---

79 In der christlichen Tradition findet sich eine ähnliche ‚Anleitung' als *lectio divina* (göttliche Lesung): *lectio* (Lesung) (λ1), *meditatio* (Meditation/Durchdenken) (λ2), *contemplatio* (Kontemplation) (λ3) und *visio dei* (Gottesschau) (λ4). Ungeachtet der begrifflichen Überschneidung entspricht das Meditieren im Yoga dabei eher dem was als Kontemplation bezeichnet wurde (vgl. Sturm 2019: 455).

relevante Praxis hervorgehoben.[80] Sie lässt sich ferner auch als Einübung eines entsprechenden Vokabulars betrachten. In meinen vielzähligen Interviews zeigte sich dies auch als eine Schwierigkeit der Interviewforschung. Denn die Praktizierenden beginnen häufig recht schnell, das im Yoga verbreitete Vokabular, die bekannten Topoi, Narrative und Metaphern des Feldes, in ihren eigenen Beschreibungen zu verwenden. So bspw. Markus, der in einem Interview während der Yogalehrerausbildung gerade seine eigene »individuelle Aneignung« betonte, dann aber auf meine Rückfrage wie er diese beschreiben würde erwiderte: »Ehm (2.0) schon, dass alles eins ist eben« (Interview 16).

Mit Blick bspw. auf Anleitungen in der Meditation (vgl. Kap. 2.2) lassen sich diese Vokabularien im Sinne von Mills (1940) einerseits als *situierte Vokabularien des Selbst* (vgl. Mitchell 2015) begreifen, die einen potenziellen Erfahrungsraum in der Meditation mit hervorbringen (vgl. Eisenmann/Oberzaucher 2019). Andererseits ermöglichen diese Vokabularien auch retrospektive Legitimierungen und Beschreibungen von spezifischen Erfahrungen, die in der gemeinsamen Praxis ihren Ausgangspunkt nehmen (vgl. Wright/Rawls 2005 und Fn. 85). In diesem Kapitel geht es aber primär weder um prä- noch post-theoretische Anleitungen oder Legitimierungen, sondern um die spezifischen Praktiken der Etablierung von Identifizierbarkeit und Nachvollziehbarkeit der Yogaphilosophie in einem Vortrag. Dabei erweist sich insbesondere die fortwährende Bearbeitung der Paradoxie als zentral, die auch im folgenden Unterkapitel im Zentrum steht. Ferner wird neben Wiederholungen und metaphorischen Umschreibungen auch das beim Ritual behandelte *Durchhalten* im Vollzug von Vorträgen relevant.

So werden nicht nur in diesem Vortrag oder am Abend zuvor, sondern auch in den nächsten Wochen und im tagtäglichen Satsang (sowie auf den Vorträgen beim Yogafestival und in anderen Kontexten) fortwährend diese »Konzepte und Begriffe«, die »versuchen«, die »Wirklichkeit und Wahrheit« zu »beschreiben« erläutert (vgl. auch Segment 3). Ebenso wird ihr prinzipielles Ungenügen, dies also letztlich nicht leisten zu können, kontinuierlich diskutiert. Vor diesem Hintergrund wird auch deutlich, inwiefern sich eine Aussage wie »Alles ist Brahman« auch als Abschluss-T-Shirt der Ausbildung anbietet. Dabei werden nicht nur Komplexität und Verweise auf ein *Mehr* hergestellt und zur Vertiefung wiederholt, sondern die Ausführungen sind

---

80 Auf der Yoga-Vidya-Website wird dies fast zu einem Werbe-Slogan: „Mit Shravana beginnt es. Du kannst es dir vornehmen, jeden Tag etwas Spirituelles zu lesen oder zu hören. Hören geht ja heutzutage durchaus einfach, du brauchst bloß auf die Yoga Vidya Internetseiten zu gehen und dann kannst du MP3-Dateien anhören, du kannst z. B. auf www.yoga-vidya.de gehen, dort kannst du eingeben, ‚Audio' oder ‚Podcast' oder ‚Video' oder ‚Vorträge' und so kannst du dir Vorträge anhören. Oder du kommst regelmäßig zu Yoga Vidya in die Ashrams und Yoga-Zentren zu Vorträgen. Nach dem du durch Shravana Kenntnisse von den Weisheiten bekommen hast, gehört es zu dem nächsten Schritt das Wissen in die Praxis umzusetzen. Hören allein reicht nicht aus. So gibt es eben im Bhakti Yoga weitere Praktiken." (https://wiki.yoga-vidya.de/Shravana [Letzter Aufruf: 29.01.2018]).

auch schlicht überaus umfangreich und redundant, wie die wenigen selektiven Passagen eines vergleichsweisen kurzen Abendvortrags in diesem Kapitel bereits verdeutlichen.

Obgleich ich die Ausführungen zur Yogaphilosophie im Vergleich zu früheren Fassungen dieses Textes bereits stark gekürzt und fokussiert habe, erfordert das Kapitel aber noch immer ein ähnliches Durchhalten aufseiten der Lesenden – also von Ihnen – wie der Vortrag für die Zuhörenden im sich entfaltenden Prozess der Interaktion (als welches auch der Monolog des Yogalehrers zu betrachten ist). Somit wird der Vollzug der Yogaphilosophie in einem gewissen Sinne an dieser Stelle ebenso performativ dargestellt. Denn auch für die Anwesenden im Vortrag wird – trotz kontinuierlicher Umschreibungen und Verweise – Brahman erst nach circa zwanzig Minuten explizit erläutert, wie der folgende Abschnitt zeigt.

6.1.3 Zielsetzung: »Jetzt wird's wieder paradox.«

Dharmananda: Brahman, ((schreibt es an die Tafel)) ja, das Absolute, mh, des is (2.0) und jetzt wird's wieder paradox und jetzt sind wir wieder bei Konzepten. Alles was ich euch jetzt sage, ich versuch den Begriff euch zu erklären, aber alles was ich euch jetzt sage ist Quatsch, weil Brahman ist das Absolute. Ja, Brahman ist alles was ist und wenn ich jetzt sage: Brahman ist das Absolute, ne. Brahman ist dies, Brahman ist das, begrenze ich's schon wieder, ne. Mit meinen Worten versuch ich's in ein Schema zu pressen, äh, obwohl es alles umfasst. Allein schon, dass ich sage: Es umfasst alles, ist auch ein Erklärungsversuch, und äh, ich hoffe ihr versteht, was ich meine. Em, das sind jetzt Hilfen, ne, sich das klarzumachen, das ist das Absolute, aber man muss eben auch, äh, verstehen, dass das jetzt so intellektuell überhaupt nicht greifbar ist dieser Begriff. Ja?

Michael: Soll des heißen Brahman is ois?
Dharmananda: Ja, genau
Tina: Was?
Susanne: Ois, (lacht) ((Lachen))
Thomas ((laut)): Alles quasi
Dharmananda: genau! (Tuscheln und Lachen) Also ne, wir könnten jetzt sagen das Universelle, das höchste Bewusstsein, ja das sind jetzt alles Erklärungsversuche, ne. Das Kosmische, ne, das Göttliche, ne, das Göttliche, wenn wir sagen das Göttliche, das [...] bedeutet [...] nicht diesen Mann mit Rauschebart, ne, sondern bedeutet wirklich dieses universelle Ganze, ne, dieses Große [...]. Jenseits aller Merkmale, jenseits aller Eigenschaften, jenseits von Objekten und Subjekt, frei von allen Gegensätzen. Wir haben ja gesagt: Philosophie des Non-Dualismus, Brahman fern ab von allen Dualitäten, ja. Die sind mit inbegriffen, aber es ist eben alles drin und es, mh, gibt nichts anderes als Brahman, mh. Also dieses ewige ungeteilte Brahman kann ich dann noch so auf drei Ebenen, drei Ebenen, bringen: [...] *sat chit ananada* ((schreibt die Begriffe an die Tafel)).

(Vortrag Yogalehrerausbildung, Tag 2, Segment 5)

»Jetzt wird's wieder paradox.« Man müsse eben schon »verstehen, dass das jetzt so intellektuell überhaupt nicht greifbar ist«. »Ois is' Brahman« wurde bereits in der Einleitung in dieses Kapitel als ethnografische Beschreibung eingeführt und anhand des Abschluss-T-Shirts in seiner zentralen Bedeutung für die Yogalehrerausbildung diskutiert. Auch wird in diesem Segment der bereits erläuterte Kontrast der einfachen Aussage: »Ois is' Brahman« mit den mannigfaltigen Ausführungen und Umschreibungen bezüglich der Bedeutung von Brahman wiederholt, „[which] transcends the conceptual and linguistic framework" (Puligandla 1997: 2).

Ich hatte ferner im ersten Unterkapitel, »Das, was ich heute alles erzähle, ist alles nicht wahr« (Kap. 6.2.1), von einer „(scheinbaren) Paradoxie" gesprochen. Vor dem Hintergrund der unterschiedlichen Arten und Weisen ihrer Bearbeitung, Umschreibung und weiterer Erläuterung im Verlauf des Vortrags (vgl. Kap. 6.2.2) lässt sich nun die *Entfaltung* dieser Paradoxie, im doppelten Sinne des Wortes, abschließend diskutieren.

Dharmananda hatte die Paradoxie bereits zu Beginn mit Blick auf seine eigenen Ausführungen zu Konzepten als »nicht wahr« eingeführt, was zunächst zum Lachen geführt hatte. Sie wird in diesem Segment 5 sogar als »Quatsch« und innerhalb des begrifflichen Denkens als prinzipiell unauflösbar weiter zugespitzt. Von Bedeutung ist in diesem Zusammenhang aber weniger die logische Problematik der Paradoxiekonstruktion, sondern vielmehr die Frage, wie diese Paradoxien nachvollziehbar werden und wie mit ihnen in diesem Vortrag im Besonderen und in der Yogaphilosophie im Allgemeinen umgegangen werden. Dabei identifiziert Puligandla (1997: 63), etwas überspitzt eine grundlegende Differenz gegenüber der gesamten westlichen Philosophie:

> a fundamental difference between the Western and Upaniṣadic [sic] traditions. It is this: Is there or is there not a mode of being wholly outside of language? The Upanisads and Śaṅkara maintain that there is indeed such a mode of being, whereas the Western philosophers maintain that there is no such mode and there, can in principle, be no such mode. [81]

Es ist die Fokussierung im Vortrag auf die Möglichkeit der Erkenntnis, den praktischen Nachvollzug der Wahrheit und die potentielle Erlebbarkeit des Absoluten, in der sich dieser „mode of being" letztlich als »Selbsterkenntnis«, in der Identität von Brahman und Atman (Selbst), als »Erleuchtung« ausdrückt. In den Begriffen, die

---

[81] Dies lässt sich exemplarisch bereits anhand des oben erwähnten Epidemes diskutieren, dem Kreter, der sagte: ‚Alle Kreter lügen.' So folgt etwa Russel (1908: 222) diesbezüglich mit definitorischen Entscheidungen einem Lösungsweg in Form von einer Typentheorie. Demgegenüber verfolgt die upanischadische Tradition – mit Sturm (2014: 590) gesprochen, der bei Russel eine Art „Denkverbot" sieht – die Reflexion zu Ende bzw. über dieses Ende hinaus. Sturm zeigt allerdings auch, dass dies keineswegs die gesamte westliche Philosophie betrifft und thematisiert unzählige Strukturähnlichkeiten unterschiedlichster Traditionen, wie bspw. in den Vorträgen zur Wissenschaftslehre bei Fichte (1805): „Absolut ist selbst ein relativer Begriff, nur denkbar im Gegensatze mit dem relativen; u. ich wünschte das K[un]ststück, den ersten ohne das lezte zu denken, angestellt zu sehen" (Fichte Gesamtausgabe 2.9.195: 5) und daher folgerte: „Daß mir darum keiner sagt: Was ist das Absolute" (Fichte Gesamtausgabe 2.7.30: 17, zitiert nach Sturm 2014: 302 f.).

Dharmananda am Ende von Segment 5 an die Tafel schreibt: als die Seiendheit (*sat*), Bewusstsein (*chit*) und Glückseligkeit (ānanda).

Mit Brahman sollen „die Grenzen meiner Sprache" (Wittgenstein 2003 [1921]: 5.6 f.) eben nicht mehr „die Grenzen meiner Welt" bedeuten, da über das, „wovon man nicht sprechen kann", eben im Vortrag nicht geschwiegen wird.[82] Dabei lässt sich weiterführend an Wittgenstein anschließen, da der Vortrag, zum einen, notgedrungen den Grenzen der Sprache verhaftet bleibt und eben diese Verhaftung sowie deren praktische Überschreitung selbst als zentrales Thema der Vedānta-Philosophie ausflaggt. Zum anderen, da Wittgenstein (2003 [1921]: 6.54 f.) mit der Leiteranalogie eine ganz ähnliche Figur verwendet.

> 6.54 Meine Sätze erläutern dadurch, dass sie der, welcher mich versteht, am Ende als unsinnig erkennt, wenn er durch sie – auf ihnen – über sie hinausgestiegen ist. (Er muss sozusagen die Leiter wegwerfen, nachdem er auf ihr hinaufgestiegen ist.) Er muss diese Sätze überwinden, dann sieht er die Welt richtig. 7. Wovon man nicht sprechen kann, darüber muss man schweigen.

Diese Figur[83] zeigte sich bereits ganz zu Beginn des Vortrags (in Segment 1) als die »unwahren Konzepte« als mögliche »Hilfsmittel« (upāya-kauśalya) (ent-)problematisiert wurden. Damit wird die Paradoxie auf einer ersten Ebene bereits praktisch handhabbar und »es kann Sinn machen, zu bleiben«. Damit endet allerdings, wie auch im Zitat von Wittgenstein, noch nicht die Paradoxie-Entfaltung, da auch die Unsinnigkeit (die Dharmananda als »Quatsch« benennt) erkannt und die Leiter weggeworfen werden soll. In diesem Sinne wird die Paradoxie im Verlauf des Vortrags sowohl in Bezug auf die Reflexion der Wahrheitsfrage als auch in Bezug auf die eigene Praxis und Positionierung weiter ausgeführt und bearbeitet wird.

Zuallererst wird berücksichtigt, dass die Paradoxie auch die Annahme und Setzung »einer Wahrheit« als Zielsetzung bei gleichzeitiger »Nicht-Wahrheit« des Konzeptes betrifft. Die Unterscheidung von Wahrheit und Un-Wahrheit ist allerdings im Bereich der Dualität und nicht im Bereich der Einheit zu treffen. Daher muss auch für die Aussage/Unterscheidung selbst Wahrheit beansprucht werden, was häufig

---

82 Parallelen zeigen sich ferner auch zu Wittgenstein (2003 [1921]) Philosophieverständnis: „4.112 Der Zweck der Philosophie ist die logische Klärung der Gedanken. Die Philosophie ist keine Lehre, sondern eine Tätigkeit. [...] Die Philosophie soll die Gedanken, die sonst, gleichsam, trüb und verschwommen sind, klar machen und scharf abgrenzen. [...] 4.114 Sie soll das Denkbare abgrenzen und damit das Undenkbare. [...] 4.115 Sie wird das Unsagbare bedeuten, indem sie das Sagbare klar darstellt."

83 vgl. auch Gunnarsson 2000. Ähnlich verwies bereits Schopenhauer (1844: 80) bezüglich der Philosophie auf das Bild einer Leiter: „Dem aber, der studiert, um Einsicht zu erlangen, sind die Bücher und Studien bloß Sprossen der Leiter, auf der er zum Gipfel der Erkenntnis steigt." Ein ganz ähnliches Bild ist bereits von Buddha überliefert, der die Lehre (*dhamma/dharma*) mit einem Floß vergleicht, welches man, auf der anderen Seite angekommen, nicht mehr mit sich auf dem Kopf herumtragen bräuchte (Majjhima Nikāya 22, Pāli Kanon).

vergessen wird, wenn allzu leichtfertig – entgegen den Ausführungen zur Yogaphilosophie – postuliert wird, dass es keine Wahrheit gebe. (Es handelt sich im Yoga um keinen *Wahrheitsrelativismus*, sondern eher um einen *Wahrheitsuniversalismus*.) Dabei geht es aber nicht nur um die logische Problematik, sondern diese wird als lebensweltlich und praktisch relevant behandelt. Dies zeigt sich auch darin, dass auch der Weg (die Leiter) der spirituellen Praxis dahingehend systematisch reflektiert wird und die eigene Praxis im Gegenstandsbereich nicht ausgeblendet wird.

In diesem Zusammenhang spricht Loy (1988: 127) von einem generellen „paradox of spiritual practice, for Atman, Brahman, nirvana, Buddhanature, and so forth are all unobjectifiable (because non-dual), unoriginated (that is, beyond causal and temporal relations), and hence unobtainable."[84] Insofern unterliegen auch die Hilfsmittel, die spirituelle Praxis sowie deren Begriffe und Entwicklungssemantik selbst dieser Paradoxie. Ganz in dem Sinne, wie auch Shankara (Ādi Śaṅkarācāryaḥ), einer der bedeutendsten Referenzen im Vedānta, in den „Thousand teachings" festhält, dass durch keinerlei Handlungen Erleuchtung erreicht werden kann.[85]

Ähnlich wie bei Zenons Schildkrötenparadox ist man, solange man auf dem Weg ist, eben noch nicht angekommen. Nicht Yoga zu praktizieren kann so zu einer möglichen Empfehlung der Yogaphilosophie werden, da man mit der Praxis letztlich nicht ans Ziel kommen könne. Es sind Figuren etwa des ‚Handelnden Nicht-Handelns', des ‚beredten Schweigens', oder des ‚wissenden Nichtwissens', die den Versuch unternehmen, auch die praktischen Konsequenzen handhabbar zu machen. Letztlich bleibt der Vortrag vollends im Bereich der dualen Wandelwelt der Erscheinungen, mit der er fortwährend ringt.

Dabei lässt sich die Erkenntnis dieser Begrenztheit und die argumentative Logik ihre Begründung durchaus verfeinern. Entsprechend werden auch Denkbewegungen (die fortwährend mit der Überwindung des Zirkelschlusses ringen) angeleitet, eingeübt und können für das eigene Leben relevant (oder auch irrelevant) werden. Die philosophische Praxis ist also keineswegs auf ihre Inhalte begrenzt. So schreibt etwa Sturm (2014: 24):

> Faktenwissen ist noch nicht Orientierungswissen und Orientierungswissen noch nicht das Sich-Orientieren selbst. Da es das alltägliche Denken oft nicht einmal auf den Punkt bringt,

---

84 „When we want something, normally we know well enough what needs to be done to get it. But what if the object I desire is something that can never become an object, because it is prior to the subject-object dichotomy? What if it can never be an effect, because it is always unconditioned? What means will enable me to attain an end that is impossible to grasp? I find myself in a dilemma. If I make no effort to do anything, it seems that the result will also be nothing, and there will be no progress towards the desired goal. But to the extent that I exert myself to attain it, I do not, for in this case all effort is self-defeating." (Loy 1988: 127)
85 „In fact action is incompatible with knowledge [of Brahman], since [it] is associated with misconception [of Ātman]. And knowledge [of Brahman] is declared here [in the Vedānta] to be the view that Ātman is changeless." (Upadeśasāhasrī I.1.12; zitiert nach Mayeda 1992: 104 Anm. i. O.)

gegebenenfalls gerade mal von Punkt zu Punkt zu springen und bestenfalls Linien zwischen diesen Punkten zu ziehen vermag, erfordert es einige Übung, die Schleifen der Reflexion auszuführen.

Was Sturm hier als Einübung in die „Schleifen der Reflexion" bezeichnet, lässt sich auch als eine Denkbewegung umschreiben, die im Verlauf und Vollzug des Vortrags deutlich wird und die in diesem Kapitel nachgezeichnet wurde. Dabei stößt (insbesondere der nicht eingeübte) Denkprozess immer wieder auf Aporien, Antinomien und Paradoxien, in denen sich sprichwörtlich die Katze in den Schwanz beißt, wie es etwa in der Symbolik des Ouroboros (der Schlange der Ewigkeit) metaphorisch dargestellt wird. Es geht also um die praktische Erklärbarkeit von Yogaphilosophie sowohl in ihrer inhaltlichen Bestimmung, als auch dahingehend, auf was sie letztlich verweist.

Die beschriebenen Methoden der Nachvollziehbarkeitsmachung lassen sich dabei in strukturell ähnlicher Weise in den unzähligen Einführungen, Satsangs, Vorträgen und Aus- und Weiterbildungen wiederfinden. Sie hätten ebenso (wenn auch in leicht unterschiedlicher Weise) bspw. anhand des Vortrags »Vedanta und Sprache« auf dem Yogafestival herausgearbeitet werden können und bauen auf der zentralen Annahme eines Transzendenzbereichs auf, der das Sprachliche und Denkbare überschreitet. In der Sicht des Feldes wird bereits das Wissen um diesen Transzendenzbereich als höchst komplex eingeführt. Es sei nur unter größter intellektueller Anstrengung nachvollziehbar und bedürfe des praktischen Nachvollzugs und der eigenen Erfahrung. Letztere könnten durch philosophische Perspektivierungen höchstens angeleitet werden und sollten gerade auch diese intellektuellen Bemühungen (und das Denken an sich) letztlich überwinden.

Im Vortrag beginnt der praktische Vollzug bereits mit dem Zuhören (śravaṇa), der Wiederholung und der gedanklichen Auseinandersetzung mit der Yogaphilosophie. Diese stellt als Jñāna-Yoga einen praktischen Yogaweg und damit eine konkrete Tätigkeit dar, die in der Yogalehrerausbildung eingeübt wird. Mit Blick auf die soziale Praxis lässt sich dies als ein *doing Yogaphilosophie* beschreiben. Das Machen der Yogaphilosophie bezieht sich auf die praktische Erklärbarkeit, das heißt auf die Identifizierbarkeit und Erkennbarkeit dessen, was in den Vorträgen behandelt wird. Diese ist aber keineswegs auf Vorträge (und ihre Inhalte) beschränkt, in denen Teilnehmer/-innen in die Formen der Reflexion, ein entsprechendes Vokabular und zugrunde liegende Denkbewegungen eingeführt und in diesen eingeübt werden. Vielmehr stabilisiert sich die Yogaphilosophie, wie gezeigt wurde, auch in anderen Interaktionssituationen, (Alltags-)Ritualen und spezifischen Körperpraktiken und Techniken (vgl. Kap. 4 und Kap. 5) und somit letztlich im ganz gewöhnlichen spirituellen Alltag.

Mit dem »spirituellen Konstruktivismus« (Kap. 6.2) und der Frage nach den Verhältnisbestimmungen von Theorie und Praxis (Kap. 6.3) setzen die folgenden

Unterkapitel diese Betrachtung der Yogaphilosophie als eine praktische und soziale Tätigkeit weiter fort.

6.2 »Spiritueller Konstruktivismus«

Es ist der zweite Schweigetag in der Yogalehrerausbildung und entsprechend habe ich seit gestern Abend mit niemandem ein Wort gewechselt. Da es ein warmer und sonniger Tag ist, suche ich mir zum Mittagessen einen Sitzplatz im Garten. Viele der Sitzplätze sind belegt und so geselle ich mich achtsam und schweigend an einen der größeren Tische. An diesem sitzen bereits einige Mitarbeiternde des Aschrams gemischt mit Teilnehmenden meiner Ausbildungsgruppe, die – wie auch ich – ein kleines Schweigeschildchen tragen. Die Mitarbeiter/-innen unterhalten sich angeregt und scheinbar mühelos an uns Schweigenden vorbei. Sie kommen auf einen Vortrag des Vorabends mit dem Titel »Ein Kurs in Wundern« zu sprechen. Dabei handelt es sich um einen von vielen unterschiedlichen Programmpunkten, die zusätzlich zum Yoga von einzelnen Mitarbeitenden aus persönlichem Interesse angeboten werden. Zwar blieb während der Ausbildung keine Zeit für zusätzliche Angebote dieser Art, aber ich hatte den Vortrag zum gleichnamigen, tausenddreihundertseitigen Buch bereits einige Monate zuvor besucht und lausche gespannt, um zu erfahren, wie erfahrene und fortgeschrittene Yogalehrer/-innen diesen »Kurs in Wundern« einschätzen.[86] Arjuna, einer der Yogalehrerausbilder unserer Gruppe, der auf das Thema zu sprechen kam, hat den Vortrag am Abend zuvor besucht, und eine andere Mitarbeiterin fragt ihn, ob es denn interessant gewesen sei. Er erwidert, dass es »im Prinzip nichts Neues«, sondern eher »eine Einführung in spirituellen Konstruktivismus« gewesen sei. Einige der Anwesenden nicken zustimmend und das Gespräch wechselt relativ schnell wieder das Thema. Wäre dies nicht ein Schweigetag, ich hätte sicherlich selbst nachgefragt, was sie denn konkret unter »spirituellem Konstruktivismus« verstehen. Das Schweigeschildchen verpflichtet mich aber zu einer strikt passiven Beobachterrolle, die mir hier die Möglichkeit einräumte zu beobachten, dass die anderen Mitarbeiter/-innen den Begriff sowie die Verortung des »Kurses in Wundern« wie ein selbstverständliches Alltagswissen zur Kenntnis nehmen.

(Schweigetag, Yogalehrerausbildung, 2. Woche)

Es sind kleine, ‚beiläufige' Interaktionssituationen dieser Art, in denen die Vielfalt an spirituellen Weltsichten im Aschram – mit ihren unterschiedlichen religiösen und philosophischen Traditionen und Methoden – wechselseitig diskutiert und häufig mit Bezug auf eigene Erfahrungen und Einschätzungen besprochen werden.

Zunächst ließe sich für die im Protokoll beschriebene Situation annehmen, dass eine Zusammensetzung von schweigenden und nicht-schweigenden Interaktions-

---

86 In der Kurzbeschreibung zum Buch heißt es: „Ein Kurs in Wundern ist aufgrund seiner Synthese von zeitlosen geistigen Einsichten und wesentlichen psychologischen Erkenntnissen einzigartig unter den spirituellen Traditionen der Welt. Er zeigt uns einen Weg zu innerem Frieden, zu einem Dasein, das in der Welt, aber nicht von der Welt ist. [...] Wunder im Sinne des Kurses haben nichts mit unerklärlichen Phänomenen in der Außenwelt zu tun, sondern sind ausschließlich innere Veränderungen, die uns daran erinnern, dass es tief in uns verborgen eine Identität der Liebe gibt, die keinen Angriff, sondern nur Frieden kennt" (URL: https://www.greuthof.de/gesamtverzeichn-is.php [Letzter Aufruf: 02.09.2021]).

teilnehmenden bei einem Mittagessen zu gewissen Irritationen – wenn nicht gar zu einem Krisenexperiment – führt. Jedoch schien diese den Mitarbeitenden, die die regelmäßige Anwesenheit von Schweigenden gewohnt sind bzw. zeitweise auch selbst ein Schweigeschildchen tragen, keinerlei Probleme zu bereiten. Auch bezüglich der Blickrichtungen wurden die Träger/-innen des Schweigeschilds ganz selbstverständlich als körperlich zwar anwesend und zuhörend, für den Gesprächsverlauf selbst aber als abwesend behandelt. Aus einer ähnlichen Selbstverständlichkeit heraus schien es auch nicht nötig zu sein, weiter darüber zu diskutieren, was denn »spiritueller Konstruktivismus« sei und warum ein zweistündiger Vortrag und ein über tausendseitiges Buch mit Hunderten von Übungen, die dazu anleiten sollen, spirituelle Erfahrungen zu machen, als »im Prinzip nichts Neues« bewertet werden können.

Es ist naheliegend, dass das Thema *Konstruktivismus* ein besonderes Interesse bei Soziolog/-innen weckt. Um was für eine Form von Konstruktivismus handelt es sich beim »spirituellem Konstruktivismus«? Anhand des beobachteten Gesprächs lässt sich diese Frage, die im Verlauf des Kapitels erörtert wird, zunächst nicht beantworten. Aber es lässt sich zeigen, wie dieses Konzept verwendet wird. Zum einen verweist es auf einen als geteilt angenommenen oder unterstellten Wissensbestand, der keiner weiteren Explikation zu bedürfen scheint (und mit der wechselseitigen Bestätigung der Gesprächsteilnehmer/-innen *in situ* hergestellt wird). Damit wird auch die Expertise der Mitarbeitenden *erkennbar* und hervorgebracht, da »spiritueller Konstruktivismus« (wie viele andere Konzepte) für sie ein ‚alter Hut‘ zu sein scheint. Zum anderen werden auch die in dieser Situation schweigenden Ausbildungsteilnehmer/-innen in solche Einschätzungen und Verortungen sozialisiert. Dies lässt sich anhand des Interesses des Ethnografen nachvollziehen und mit anderen Situationen vergleichen, bspw. wenn auf einer Soziologiekonferenz jüngere Mitarbeitende einem professoralen Gespräch über ein neues Buch beiwohnen und ihr gespanntes Zuhören zum Ausdruck bringen.

Ferner wird es mit dem »spirituellen Konstruktivismus« möglich, andere spirituelle Praktiken und Traditionen – hier den „Kurs in Wundern" – im Bedeutungshorizont der Yogaphilosophie zu verorten (und auch zu vereinnahmen). Eine ähnliche Verortung von religiösen Traditionen und Weltbildern zeigt sich auch im Yoga der Hingabe (Bhakti-Yoga), der am ersten Tag der Ausbildung in einem Vortrag über die unterschiedlichen Yogawege eingeführt wurde.

> A: Bhakti ist jetzt spezieller halt Hingabe an, an, auch an eine höhere Macht, ans Göttliche, an ein göttliches Prinzip und dabei spielt es im Grunde keine Rolle, ehm, wie dieses Göttliche jetzt aussieht. Auch da geht man eigentlich wird von ausgegangen, ähm, dass Gott auf absoluter Ebene ist nicht beschreibbar, hat keinen Namen […]. Kann man auch auf andere Traditionen übertragen: Bhakti-Yoga im Christentum, ne, die Gottesverehrung auch im Islam, in allen Religionen, das wäre alles Bhakti und alles in Ordnung.
>
> (Vortrag Yogawege, Tag 1, Segment 2)

Die Unterscheidung einer absoluten und relativen Ebene und die Unbeschreibbarkeit von Brahman, die im letzten Kapitel ausführlich diskutiert wurde (vgl. hierzu insbesondere Segment 5 im Brahman-Vortrag), wird für Formen der Gottesverehrung hier praktisch relevant. Dem Form- und Namenlosen könne man sich in den unterschiedlichsten Ausprägungen, etwa als Shiva, Christus oder Allah hingeben. Mit der Kontingenz der Erscheinungsformen des Göttlichen auf relativer Ebene wird ein inklusiver Universalismus formuliert, der »alle Religionen« unter dem Label des Bhakti-Yoga (zwangs-)inkludiert und aus der eigenen Position heraus legitimiert, da dies »alles in Ordnung« sei. Ganz in diesem Sinne hängt bspw. neben den Abbildungen von Swami Sivananda im Aschram eine Abbildung von Jesus, genauso wie etwa im gemeinsamen Gesang während des Satsang unterschiedlichste Traditionen gewürdigt werden (und z. B. auch mal ein Ave Maria gesunden werden kann).

Dabei eröffnet sich ein weites Interpretationsspektrum dahingehend, ob man dies, wie im Aschram, als Offenheit, Toleranz, Inklusivität und Universalismus einschätzt oder eher als Immunisierung gegen Kritik bis hin zu einer Übergriffigkeit gegenüber anderen Traditionen, da bspw. kaum alle Menschen muslimischen Glaubens Arjunas Lesart (im Vortrag oben, Segment 2) zustimmen würden (vgl. würdigend Hummel 1980 und überaus kritisch ebenso Hummel 1996). Die Universalismus-Annahme des »spirituellen Konstruktivismus« hat im Yoga eine lange Tradition. Sie findet sich bereits in Swami Vivekanandas Reden auf dem „World Parliament of Religion" (1893) in Chicago: „the Vedic order of sannyasins, a religion which has taught the world both tolerance and universal acceptance". Ein weiterer Ausgangspunkt liegt in den Diskussionen zur *philosophia perennis*, wie bspw. bei Karl Jaspers (1932) prominent diskutiert wird.[87]

In diesem Zusammenhang wird im Yoga häufig auf den R̥g Veda-Vers (I.164.46) verwiesen, der diesem Kapitel vorangestellt wurde: „Eines ist das Sein, aber die Weisen benennen es auf verschiedene Art." Das bringt die Grundidee auf den Punkt. Die universelle Perspektivierung erweist sich aber nicht nur für das Verhältnis zu anderen spirituellen und religiösen Traditionen als relevant, sondern auch für Verortung und Einschätzung von unterschiedlichen Ausprägungen der Yogapraxis selbst.

So lassen sich im Feld des Yoga unterschiedliche, sich z. T. diametral gegenüberstehende Traditionen, philosophische Schulen, Schriften, Wege, Techniken, Methoden und Stile finden. Da nun aber Yoga selbst als etwas Bezeichnetes und als ein Hilfsmittel eingeführt wird, lassen sich diese unterschiedlichsten Ausprägungen unter derselben Zielvorgabe als Yoga identifizieren, legitimieren und (nahezu)

---

[87] „Darum darf man sagen, dass [...] wir in einer *einzigen Philosophie* leben, der philosophia perennis, wenn wir unter ihr das Sichwissen des wahren Seins verstehen, daß aber niemand sie hat, sie vielmehr nur ist, wenn sie in jeder späteren Generation in Einzelnen zu neuem Leben in verwandelter Gestalt kommt, jeder trotz allen Wissens der vergangenen Gedanken aus seiner Gegenwart und seinem Grunde die Wahrheit in dieser von niemandem von außen gewußten Geschichtlichkeit hat." (Jaspers 1932: 284)

widerspruchsfrei kombinieren und praktizieren.[88] In diesem Sinne lässt sich bereits in der Selbstbeschreibung des Yoga von einem „Theorie- und Methodenpluralismus" sprechen, wie dies etwa Joas und Knöbl (2004) im Kontext von sozialen Konstruktivismen und unterschiedlichen Zugängen zur sozialen Wirklichkeit auch für die Soziologie festgehalten haben.

Mit dem Konzept eines »spirituellen Konstruktivismus« wird auch deutlich, inwiefern etwa die ‚erfundenen' Praktiken von Kumaré im vierten Kapitel problemlos als Yoga identifiziert werden konnten. Das zugrunde liegende Ordnungsprinzip fußt auf der Annahme eines unbeschreiblichen *Transzendenzbereiches* und einer Differenzierung von unterschiedlichen Ebenen, die in den folgenden Unterkapiteln auch mit Blick auf den sogenannten »Energiekörper« weiterführend betrachtet werden. Das Konzept erweist sich insofern nicht nur im Gespräch am Mittagstisch als ausreichend anschlussfähig, sondern ermöglicht auch eine Verortung von unterschiedlichen Yogapraktiken und deren reflexiven und philosophischen Selbstbeschreibungen.

6.2.1 Die Verwechslung von Schlange und Seil

In den Vorträgen und anderen Bezugnahmen auf die Yogaphilosophie finden sich vielzählige Metaphern, Analogien und Geschichten. Beispielsweise wird die anthropologische Transzendenzannahme des »wahren Selbst« oftmals mit einem Schatz am Grunde eines Sees verdeutlicht, der erst dann sichtbar werde, wenn sich die Wogen der Wasseroberfläche geglättet haben, d. h., wenn sich der Geist beruhigt habe. Diese und andere Metaphern – etwa der Rückkehr, des Ursprungs oder des Freilegens – zielen darauf ab zu verdeutlichen, dass das, was Spiritualität ausmache, bereits da sei und es (nur) darum gehe, dies zu erkennen.

Ein anderes Beispiel, das häufig angeführt wird, ist die Geschichte einer Person, die im Dunklen ein Seil fälschlicherweise mit einer Schlange verwechselt und zutiefst

---

88 Was Yogarichtungen und Praktizierende allerdings nicht davon abhält, an den unterschiedlichsten Ausprägungen des *Modern Yoga* auch vehement Kritik zu üben, wie bspw. bereits Boris Sacharow (1899–1959) in Bezug auf die Yogalandschaft in Deutschland äußerte: „Von Tag zu Tag schießen neue Yogapilze aus dem durch üppige Phantasie übersättigten Boden der Orientalistik, und es werden neue Namen zutage gefördert wie Sattva Yoga, Buddhi Yoga, Purna Yoga usw. – als ob die klassischen Yoga-Arten, wie man die ersten fünf zu nennen pflegt (nämlich Karma, Bhakti, Hatha, Raja und Jnana), nicht vollauf genügt hätten." Zu gegenwärtigen Kritiken siehe bspw. ein auf Facebook geteiltes Video von Swami Sivarama (von der *International Society for Krishna Consciousness*) mit dem Titel: „Yoga has lost its soul." Sivaram kritisiert zum einen das „80-Billion-Dollar-Yoga-Business" anhand der dieser Situation diametral gegenüberstehenden Werte im Yoga wie „austerity, simplicity, celibacy, renunciation of worldliness and bodily identification". Zum anderen thematisiert er die „varieties of Yoga", wie etwa „Naked-, Hot-, Dream-, Beer-, Sex-Yoga" etc.: „as numerous as they are embarassing" (URL: https://web.facebook.com/SivaramaSwami/?hc_ref=ARQPuJOa8zG-d1p2IqUWTeAm xtv5u3q0WjL4qjASHmu Ni-4vhGxeZr96ik0hEtrQ6ik [Letzter Aufruf: 11.01.2018]).

erschrickt. Die Seil-Schlange-Analogie (*rajju-sarpa nyāya*) erweist sich für die Grundannahmen eines »spirituellen Konstruktivismus« insofern als besonders aufschlussreich, als anhand dieses Beispiels das Verhältnis zur ‚Wirklichkeit' diskutiert wird. Die Aufregung, Angst oder Panik, einer Schlange gegenüberzustehen, sei durchaus real (insbesondere in Indien und anderen Ländern mit giftigen Schlangen). So wie auch die alltägliche Wahrnehmung von Wirklichkeit mit ihren Problemen und etwa dem Gefühl des Getrenntseins als real erscheint. Aus einer absoluten Perspektive (der Erleuchteten) handle es sich allerdings um eine Verwechslung, die genauso schnell verfliegen könne wie die Angst, wenn man erkennt, dass es sich nur um ein Seil gehandelt hat. Wenn also, im Sinne der zuvor diskutierten Vedānta-Philosophie, alles in Wirklichkeit Brahman ist, dann ist der gesamte ‚Rest' und somit die Wahrnehmung von Wirklichkeit eine Konstruktionsleistung (des Egos und unserer Sinneswahrnehmungen). Diese Wahrnehmung bildet (zu einem gewissen Grad) auch eine Illusion und Täuschung, die als *māyā* (Blend- und Zauberwerk) bezeichnet wird.

Die Frage der Wahrnehmung von Wirklichkeit wird allerdings – wie auch der nachfolgende Abschnitt diskutiert – im Yoga noch grundlegender gestellt und lässt sich ebenso anhand von Beispielen aus anderen Traditionen verdeutlichen. So etwa anhand eines bekannten Zen-Kōans: »Wenn im Wald ein Baum umfällt, und keiner ist da, um das zu hören, gibt es dann ein Geräusch?« Mit einem Beispiel aus der westlichen Tradition gehe es um die Schatten an den Wänden von Platons Höhle und das ‚Um-die-Wette-Deuten' dieser Schatten, das eine kontinuierliche Konstruktion von Wirklichkeit hervorbringt (vgl. Politeia 514a). Doch auch in Platons Gleichnis ist die Höhle keine reine Illusion, sondern durchaus eine konkrete Wirklichkeit, nur nicht *das Eine, Schöne, Wahre und Gute*. Denn in der Höhle werden nicht nur Abbilder hinter dem Feuer umhergetragen, sondern in ihr wird auch der Philosoph, der die Gefesselten von der Existenz einer Welt außerhalb der Höhle überzeugen will, letztlich von diesen ermordet.

In ähnlicher Weise ist auch die Analogie von Schlange und Seil weiterführend zu betrachten, und zwar bezüglich der Frage, wie sich die Wahrnehmung sowohl der Schlange als auch des Seils gestaltet. Puligandla und Matez (1986: 75 f.) diskutieren diesen Aspekt mit Blick auf Śaṅkaras Advaita-Vedānta-Position dahingehend, dass die Art und Weise, wie uns die Dinge erscheinen, weder die Wirklichkeit noch bloße Illusion sei: „appearance, or nāma and rūpa (name and form), is neither Real nor Unreal." Ein mögliches Missverständnis in der Rezeption der Schlange-Seil-Analogie liege nun darin, die zugrunde liegende Argumentation ontologisch zu lesen und nicht phänomenologisch. Der Punkt sei also nicht, dass die Wahrnehmung der Schlange durch die Wahrnehmung des Seils korrigiert werde, sondern vielmehr gehe es um die epistemologische Frage, wie es zur Wahrnehmung kommt.

Ob man nun eine Schlange oder ein Seil wahrnehme, beides vollziehe sich durch „superimposition" von Namen und Formen bzw. durch Konzepte und Empfindungen: „In a word, Appearance is generated when the mind tries to grasp reality by means of percepts and concepts." (Puligandla/Matez 1986: 78). Die relevante

Unterscheidung sei also eine epistemologische: „One Reality – two epistemological modes." Das Wissen um Seil und Schlange bleibe immer kontextgebunden und hänge von den Wahrnehmenden, der Situation, den Erfahrungen, Konzepten etc. ab. Demgegenüber ziele das Vedānta darauf ab, diese dualistischen und begrenzten Wahrnehmungen von Realität zu überwinden und zwar „via the realization of the truly all-comprehensive, non-dualistic cognitive state. Reality is knowledge without any particular point of view; in keen contrast, Appearance is always (and inevitably) knowledge from some point of view or other generated by *manas* (mind, intellect). Thus, Reality, unlike Appearance, is knowledge that is its own witness." (Puligandla/Matez 1986: 85).

Somit wird ersichtlich, wie sich Vedānta-Philosophie im Sinne eines »spirituellen Konstruktivismus« lesen lässt, mittels dessen die Wahrnehmung von Wirklichkeit grundlegend hinterfragt wird. Wie sich dies ferner mit dem sogenannten »Energiekörper« in Zusammenhang bringen lässt und in dieser Hinsicht auf verschiedenen Manifestationsebenen entfaltet, wird im Folgenden behandelt.

6.2.2 »Nicht ich, sondern mein *annamaya-kośa* ist hungrig!«

D: Des ist en großer Unterschied, ob ich jetzt sage: Ich bin stinksauer, hä? Oder ob ich sage: In meiner *sūkṣma śarīra* ((Lachen einiger Teilnehmer/-innen)). Ja, also in meiner meinem Astralkörper ist gerade – ich werd nachher die Hüllen ja noch näher erläutern – ist gerade die *manomaya-kośa rajasic* ((erneutes Lachen)). Des ist schon mal ein großer Unterschied! ((Einige beginnen zu tuscheln)). Ja also, wenn ich sag: ‚Ich bin total wütend!' Dann identifiziere ich mich vollständig damit, ja. Wenn ich jetzt aber sage: ‚Ne, in meiner *manomaya-kośa* ist *rajas* vorherrschend.' Ja, dann trete ich schon einen Schritt zurück und da bin ich nicht vollständig damit identifiziert. Ne, wäre schon mal günstig, das so, äh, in seinem Alltag, äh, anzuwenden. Mh und dann hab ich Möglichkeiten. Dann kann ich zum Beispiel sagen, naja die *manomaya-kośa* wird sich beruhigen, des hat se bisher immer getan. Wird se auch diesmal tun. Bin ich schon ein bisschen lockerer damit, bin ich vielleicht noch sauer aber mit diesem Wissen dann. Oder ich kann bewusst sagen: Ich stärke jetzt das *sattva* in der *manomaya-kośa* oder auch in allen *kośas* und dann wird sich des ja erst recht legen, und insofern komme ich dann auch so ein bisschen aus ner passiven Rolle raus. Es ist so leichter einfach, sich von seinen Identifikationen zu lösen und etwas daran zu ändern, mh. Weil je mehr wir uns damit identifizieren, desto schwieriger wird es, ne Veränderung zu bewerkstelligen.

(Vortrag: Drei Körper und fünf Hüllen,
Yogalehrerausbildung, 2012)

Neben absoluter und relativer Sicht werden im Yoga eine ganze Reihe von weiteren Ebenen unterschieden, etwa die physische, energetische, feinstoffliche, geistige, seelische oder kausale. In der Yogalehrerausbildung widmet sich der ausschnittsweise zitierte Vortrag mit dem Titel »Drei Körper und fünf Hüllen« der »feinstofflichen Physiologie«. Was im Alltag gewöhnlich als Körper bezeichnet wird, bildet hier nur den Ausgangspunkt als sogenannter *sthūla śarīra* (physischer Körper), in dem die

Nahrungshülle (*annamaya-kośa*) als äußerste Hülle verortet ist. In dem Modell, das Dharmananda im Vortrag oben vorstellt, kommen zwei weitere Körper und vier weitere innere Hüllen hinzu: der Astralkörper (*sūkṣma śarīra*) mit der Energiehülle (*prāṇamaya-kośa*), der psycho-mentalen Hülle (*manomaya-kośa*) und der intellektuellen Hülle (*vijñānamaya-kośa*); sowie der Kausalkörper (*kāraṇa śarīra*) mit der am innersten liegenden Wonnehülle (*ānandamaya-kośa*).

Die Fremdheit der Begrifflichkeit sowie der Konzepte erheitert zunächst die Yogalehrerauszubildenden sichtlich, und das Lachen in der Vortragssequenz setzt sich auch beim anschließenden Abendessen fort, als Dharmanandas Empfehlung zur Verwendung der Sanskrit-Terminologie aufgegriffen und mit großer Freude fortgeführt wird: »S: Nicht ich, sondern mein *annamaya-kośa* ist hungrig (lacht). [...] T: Ja, ich bin nicht auch nicht müde, sondern in meinem irgendwas-*kośa* herrscht *tamas* vor. K: Ja, ganz genau (gemeinsames Lachen).« Die Situation zeigt die spielerisch-praktische Aneignung der Konzepte in einer Ausbildung, in der diese Begrifflichkeiten am Ende auch in einer theoretischen Prüfung abgefragt werden.

Das, worauf sich diese Begrifflichkeiten beziehen, erweist sich aber für die meisten Teilnehmer/-innen als überaus (praktisch) relevant, da »spirituelle« Energien und Dimensionen durchaus als real und wirksam angenommen werden. (Man denke bspw. an die Diskussionen und Praktiken bezüglich der Energie des Handymastes auf dem Aschram-Gebäude in Kap. 2.2). Entsprechend liefert Dharmananda auch eine Anleitung zur möglichen Verwendung der Begrifflichkeiten in der alltäglichen Praxis. Dazu gehöre als zentraler Schritt die Herauslösung aus der Identifikation mit dem eigenen Ego und dessen Funktionen, die den unterschiedlichen Hüllen jeweils zugeordnet werden können. Zum Beispiel zeigen sich Emotionen, wie Wut oder Überforderung, in der psycho-mentalen Hülle. Diese Emotionen, wie auch andere Phänomene z. B. Nahrungsmittel, werden mit unterschiedlichen energetischen Qualitäten, den drei *guṇas*: *tamas* (Trägheit, Dunkelheit), *rajas* (Unruhe, Getriebenheit) und *sattva* (Reinheit, Harmonie) weiter spezifiziert. Somit wird ein Begriffsinstrumentarium, ein Vokabular, zur Verfügung gestellt, das neue Beschreibungsmöglichkeiten ermöglichen soll.

Auch die unterschiedlichen Yogawege lassen sich mit diesem Modell verorten. So beziehe sich bspw. der Haṭha-Yoga eher auf die äußeren Schichten, während sich der *Jñāna*-Yoga der letzten Kapitel im Besonderen auf den *vijñānamaya-kośa* (die intellektuelle Hülle) bezieht. Kuṇḍalinī-Yoga, wie auch Atemtechniken, setzen sich primär mit der Energiehülle (*prāṇamaya kośa*) auseinander usw. Das Modell mit seinen unterschiedlichen Ebenen ermöglicht es ferner, unterschiedlichste Phänomene, etwa Schwierigkeiten mit der Praxis, psychische und physische Wirkungen von einzelnen Yogaübungen oder auch Aspekte einer Krankheit, differenziert zuzuordnen und zu kategorisieren. In diesem Zusammenhang wird im Yoga die *Ganzheitlichkeit* betont und werden insbesondere auch materialistische und psychophysische Reduktionismen kritisiert, die sich oftmals nur mit einer einzigen von fünf Hüllen beschäftigen würden.

Dabei werden, analog zu den Ausführungen zur Vedānta-Philosophie, auch die feinstofflichen Körper und Hüllen im Vortrag in ihrer Konzepthaftigkeit und lediglich als mögliche Hilfsmittel auf dem spirituellen Weg interpretiert und dargestellt. Sie würden, fährt Dharmananda fort, im »*Jñāna*-Yoga im Grunde nur aus einem Grund behandelt werden, und zwar, um zu sagen: das, das, das, das, das ((deutet dabei auf die einzelnen Körper und Hüllen, die er auf einen Flipchart gemalt hat)) bin ich nicht«. Die einzelnen Schichten müssten abgetragen werden, um zum *Atman*, dem wahren Selbst, das mit *Brahman* identisch sei, vorzudringen.

Ein »spiritueller Konstruktivismus« betrifft in diesem Zusammenhang sowohl die Konstruiertheit der eigenen Modelle und Ethnotheorien als auch die gegenständliche Welt und den Körper, da die unterschiedlichen Hüllen energetisch durchlässig seien. Die Arbeit und Auseinandersetzung mit dem Kausalkörper bspw. können sich auch in der physischen Hülle und materiellen Welt widerspiegeln. Ähnliches gilt für die Energiezentren im Körper, die in der Energiehülle verortet werden und die im Folgenden thematisiert werden.

6.2.3 »Fünf oder sieben Chakras?«

In der Energiehülle werden die sieben Chakras (Energiezentren) und 72.000 *nādī* (Energiebahnen) verortet, die in der Yogapraxis insbesondere auch durch die Lenkung von Aufmerksamkeit und Energie in der Meditation sowie in Körperhaltungen (*āsana*) angesprochen werden (vgl. Kap. 5). In einem der Philosophievorträge fragte eine Teilnehmerin den Vortragenden, inwiefern es denn sein könne, dass die Buddhisten fünf und die Yogis sieben Chakras haben, und welche Tradition sich irren würde.

Die Frage wurde vom Yogalehrer als rhetorische Frage interpretiert und beiden Traditionen recht gegeben. Zwar gebe es Chakras durchaus, diese seien aber nicht unabhängig von unserer Beobachtung und der jeweiligen Praxis. Der Yogalehrer verwies zum einen auf die Heisenbergsche Unschärfe und den Welle-Teilchen-Dualismus, um zu argumentieren bzw. zu plausibilisieren, dass die Beobachterrolle auch bezüglich der feinstofflichen Wahrnehmung zentral sei. Zum anderen sprach er davon, dass spirituelle Praxis mit Visualisierungen, Vorstellungen und Konzepten arbeite und diese auch daran beteiligt seien, spirituelle Wahrnehmungen überhaupt erst als solche hervorzubringen. Ein anderer Teilnehmer fragte daraufhin, ob dann Chakras »*nur* konstruiert« seien, woraufhin der Yogalehrer antwortete: »Ja, sie sind auch konstruiert, aber deswegen nicht weniger real.«

Diese letzte Äußerung ähnelt sehr dem sogenannten Thomas-Theorem in der Soziologie (Thomas/Thomas 1928), das besagt, dass Dinge, die Menschen als wirklich annehmen, auch in ihren Konsequenzen wirklich sind. Auch an diesem Beispiel zeigt sich der doppelte Konstruktionscharakter eines »spirituellen Konstruktivismus«, und zwar sowohl bezüglich der eigenen Beschreibung also auch der Wirklichkeit. Zu

Letzterem ist es die mehrfach hervorgehobene Annahme im Feld, dass die spirituelle Praxis (*sādhana*) nicht nur spezifische Bewusstseinsphänomene hervorbringe, sondern auch die Wirklichkeit verändern könne. Dabei wird, in den Ausführungen des Yogalehrers, die besondere Rolle der Beobachtenden (auch mithilfe wissenschaftlicher Semantiken) weiter spezifiziert. Vor diesem Hintergrund wird etwa verständlich, inwiefern man, wie in einem anderen Vortrag erläutert wurde, im Tod derjenigen Gottheit begegnen würde, zu der man in seinem Leben gebetet habe. Gurdjieff ([1924] 1984), dessen Werke von einigen Aschram-Mitarbeitenden rezipiert werden, ging so weit, anzunehmen, dass ohne spirituelle Praxis und Entwicklung überhaupt keine Wiedergeburt stattfinden würde.

Es lässt sich also festhalten, dass sich der spirituelle Konstruktivismus im Feld zum einen auf die Konstruiertheit und Kontingenz der Beschreibungen und Konzepte bezieht. Diese seien durch ihre sprachlichen und rationalen Unterscheidungen bedingt, so dass sie letztlich die Wirklichkeit verfehlen. Zum anderen geht es aber auch um die Konstruktion der Wirklichkeit in der kontinuierlichen Praxis. So werden bspw. den einzelnen Chakras spezifische Vibrationen/Klänge, geometrische Formen und Farben zugeordnet. Diese sind weder arbiträr noch determiniert. Auch Swami Sivananda soll gesagt haben, dass es zwar in der Regel spezifische Farben seien, dass in der Meditation aber individuell auch andere Farben erlebt werden können. Ebenso könne man auch mit fünf anstelle von sieben Chakras arbeiten. Auch mit dem Singen von einsilbigen *bīja*-Mantras, wie *Om, Ham, Ram, Yam* etc., die den Chakras zugeordnet sind, sollen die Energiezentren durch die Vibrationen bzw. die Klangenergie aktiviert und gestärkt werden.

Im Yoga wird die ansonsten übliche Trennung von Bewusstseinsphänomenen und konkreter, materieller Welt (partiell) aufgehoben oder zumindest durchlässig. Die verschiedenen Hüllen, Körper und Energiezentren bilden letztlich verschiedene Manifestationen des Bewusstseins und unterschiedliche Dichtegrade von Energie – so wie auch Om, die Urschwingung und Urenergie, das gesamte Universum hervorgebracht habe (vgl. auch Kap. 3).

6.2.4 Einen Rahmen für spirituelle Erfahrungen schaffen

Einer der Aschram-Mitarbeiter erläuterte mir in einem Interview, dass sein persönlicher spiritueller Fortschritt aufgrund der »nicht-*sattvischen* Gewohnheit des Kaffeetrinkens«, die er nur sehr schwer abstellen und reduzieren könne, gehemmt sei. Die *sattvische* Lebensweise sei u. a. für die Reinigung der *nādīs* (der Energiekanäle) besonders wichtig, in denen *prāṇa* (die Lebensenergie) und auch die *kuṇḍalinī*-Energie aufsteigen würden. Zu ihrer Reinigung werden spezifische Atemtechniken (*prāṇāyāma*), zum Beispiel die Wechselatmung, Visualisierungen und weitere Techniken eingesetzt. Diese Methoden würden bei ihm aber leider nicht im vollen Umfang wirken, bis er es endlich schaffe, sich vom Kaffee zu lösen.

Aus der Sicht des Feldes werde mit der spirituellen Praxis eine Art Rahmen geschaffen, in dem sich spirituelle Fortschritte und konkrete Erfahrungen »einstellen« können. Ob sich diese einstellen, hänge allerdings auch vom individuellen Karma, Gnade, ungelösten Blockaden oder etwa schlechten Gewohnheiten ab. Kaffee wie auch Zigarettenkonsum gelten als *rajasic*, eine Energie, die für Unruhe und Getriebenheit steht und sich entsprechend in allen fünf Hüllen auswirken kann, wie es im vorletzten Unterkapitel bereits diskutiert wurde. Somit wird es auch möglich, das Ausbleiben von spirituellen Erfahrungen zu erklären und (ebenso gegenüber kritischen Stimmen) zu legitimieren.

In der dritten Woche der Yogalehrerausbildung, der sogenannten »Kundalini-Woche«, standen die zuvor im Interview genannten Yogatechniken und die damit korrespondierenden Erfahrungen im expliziten Zentrum des Lehrplans der Yogalehrerausbildung. Bereits im Eröffnungsvortrag der Ausbildung hatte Nirmala angekündigt: »Ihr werdet auch spirituelle Erfahrungen machen.« Kristallisieren sollten sich diese Erfahrungen im Rahmen einer mehrstündigen fortgeschrittenen *prāṇāyāma*-Übungseinheit, d.h. in der überaus intensiven Praxis von unterschiedlichen Atemtechniken, wie *kapālabhāti* (Feueratem) und *bhastrikā* (Blasebalg). Daran anschließend konnten die Teilnehmer/-innen ihre Erfahrungen teilen und mit Stefan (S), dem Yogalehrer, besprechen. Das folgende Transkript zeigt einen Ausschnitt, in dem Karina (K) ihre Erfahrung teilt.

Transkript 20: Erfahrungsaustausch Yogalehrerausbildung, 3. Woche, 2013.

```
01 S: (-) Okay ja?
02 K: wo man so auf trikuṭī [Punkt zwischen den Augenbrauen]
03 S: ja
04 K: konzentrieren sollte, hatte ich bei den ersten (.) beiden Konzentrationen
05    ein helles Licht im trikuṭī, also so nen Punkt.
06 S: mh (-)
07 K: Und das fand ich so toll und wollte des beim nächsten Mal wieder
08    herbeiführen und des ist dann, (.) hat dann nicht mehr funktioniert
09    ((leichtes Tuscheln))
10 H: Bei welcher Übung hattest du des gehabt?
11 K: Bei dieser ujjhāyi [Atemtechnik, mit Verschluss der Stimmritze]
12    äh ((schnippst))
13 S: bei der ujjhāyi, wo du dann, ähm wo du uḍḍīyāna bandha [Verschluss durch
14    nach Innen und Hochziehen des Bauches] gesetzt hast dann?
15 K: Genau.
16 Y: Mmhh, ja.
17 K: und also=also man kann dann, also ich konnte es dann nicht bewusst
18    herbeiführen es ist aber (.) spontan passiert.
19 S: Mh, genau des hatten wir ja gestern auch besprochen; passt ja ganz gut
```

20 rein, ne, dass man so nen Rahmen schafft, ne? Du gibst dem prāṇa nen PUSH
21 in die richtige Richtung ne, dieses uḍḍīyāna bandha, BUMM, prāṇa steigt auf
22 und dann kommt suṣumnā nāḍī [zentraler Energiekanal] und (.) dann äh (.)
23 wenn du dann loslässt, äh (-), dann taucht des Licht manch=manchmal auf
24 und wenn du (.) ähm ja sobald du sobald aber des mit dem Geist wirklich
25 bewegen willst ne? dann äh wird des wieder dichter, ne,
26 der Energiekörper wird wieder dichter, ne,
27 der Energiefluss ist nichtmehr frei des ist auch des was ich da zitiert
28 hatte aus der Spanda Kārikā äh (.) ne indem du dich über schaudernde
29 Realität niederlässt äh ähm trittst du ein in die Freiheit
30. als Meister des Rades der Energie ne, wenn du einfach ganz loslässt
31 und einfach nur des, was da is wahrnimmst ab nem bestimmten Zeitpunkt, ne.
32 Am Anfang visualisieren, ne, um des prāṇa hoch zu pushen
33 und dann lässt du los und DANN taucht des Licht auf
34 des halt auch WIRKlich da ist nicht des was du dir vorstellst so, ne,
35 äh genau ((mit breitem Lächeln)) schön, ja?

Karina erzählt von ihrer Erfahrung eines Lichtpunkts im »dritten Auge«. Der Yogaleh-rer bringt dies sogleich mit seinem Vortrag zu spirituellen Erfahrungen vom Vor-abend in Zusammenhang: »Genau, des hatten wir ja gestern auch besprochen; passt ja ganz gut rein« (Z. 19). In seinen theoretischen Erläuterungen ging es bereits darum, dass mit der Praxis ein »Rahmen« geschaffen werde. Die Energie (*prāṇa*) werde durch die Yogapraxis aktiviert – ein »PUSH« (Z 20) in die »richtige Richtung« – und prāṇa würde dann durch den zentralen Energiekanal nach oben steigen: »BUMM« (Z. 21). Die sprachliche Darstellung lässt sich hier als dramatisierend kennzeichnen und wird von Stefan auch gestisch mitinszeniert, indem er bspw. mit beiden Händen das Auf-steigen der Energie entlang seiner Körpervorderseite bis zur Stirn darstellt (vgl. zur Analyse der metaphorischen und gestischen Darstellungen von Energie ferner die Anleitungen auf dem Yogafestival in Kap. 5.3). In Stefans Interpretation von Karinas Erfahrung bedürfe es zusätzlich zur energetischen noch einer weiteren Komponente, und zwar einer »inneren Haltung« des Los- und Geschehen-Lassens: »und dann, wenn du dann loslässt«, stelle sich die entsprechende Erfahrung ein.

Im Vergleich zu den Bemerkungen des Yogalehrers sind Karinas Ausführungen zu Beginn relativ kurz, wenn sie erläutert, dass sie es »nicht bewusst herbeiführen« konnte, sondern es »spontan passiert« sei (Z. 17 f.). Stefan übersetzt dies in das zuvor beschriebene Modell des Energiekörpers (*prāṇamaya-kośa*), der durch den Versuch, ihn mit dem Geist zu bewegen, wieder »dichter« werden würde. Das freie Fließen der Energie stehe im Kontrast zu dichteren Energieformen der aktiven willentlichen Be-einflussung. Dabei verweist Stefan ferner auf die „Spanda Kārikā" (Z. 28 f.), eine tan-trische Schrift, die er am Vorabend erläutert hatte. Durch sie wird aus der relativ schlichten Wahrnehmung des Lichtpunktes letztlich eine »Freiheit als Meister des

Rades der Energie«, der sich über eine »schaudernde Realität« niederlasse. Es sei bereits alles da, und vermittelt über Visualisierungen könne man schließlich auch das Licht wahrnehmen, »des halt auch wirklich da ist« (Z. 34).

Mit Blick auf den »spirituellen Konstruktivismus« wird das z. T. auch ambige Wechselspiel von kontingenten Beschreibungen, der Hervorbringung durch konkrete Praktiken und der Wahrnehmung realer spiritueller Phänomene erneut in der Selbstbeschreibung sichtbar. Die spirituelle Praxis diene als ein Hilfsmittel zur Wahrnehmung der anthropologisch bereits vorausgesetzten Spiritualität, die einfach (nur) wahrzunehmen und da sei. Die zuvor diskutierten Modelle der Yogaphilosophie ermöglichen eine Beschreibungssprache, eine Interpretation und sehr spezifische Explikation der Praxis, die hier Karinas Erfahrungen als »spirituelle Erfahrungen« für sie und die anderen Teilnehmenden der Ausbildung auch als solche erkennbar, identifizierbar und beschreibbar macht.

In einer Untersuchung von Diskussionsrunden zur Reiki-Energie haben Esala und Del Rosso (2011) versucht zu zeigen, wie Teilnehmende die Interpretation von Empfindungen als „Reiki energy" in ganz ähnlichen Gesprächssituationen erlernen. Das Verständnis von Energie, die Esala und Del Rosso als „nonhuman actor" bzw. „nonhuman object" beschreiben, wandle sich im Verlauf, da diese sich auch als widerständig und eigensinnig erweisen kann. Zusammenfassend halten Esala und Del Rosso (2011: 510) fest: „we have argued that it is necessary to treat the capacities and capabilities of nonhuman actors as emerging over time, through practices, and in ways that may resist initial understandings of them."

Ferner bietet das Transkript eine Reihe weiterer Analysemöglichkeiten, bspw. bezüglich der rhetorischen Mechanismen in der Interaktionssituation. So lässt sich etwa die häufige Verwendung von »ne« (im Transkript elfmal), bei der die Stimme des Yogalehrers oftmals leicht fragend nach oben geht, genauer betrachten. »Ne« ist ein sprachliches Mittel, das zur Sicherung von Aufmerksamkeit oder als Rückfrage im Gespräch eingesetzt werden kann und eine gewisse Form von Bestätigung einfordert.[89]

Obgleich die Teilnehmer/-innen ihre Erfahrungen schildern sollen sowie sich melden und Fragen oder Widersprüche formulieren können, ist die soziale Situation nicht wie ein alltägliches Gespräch angelegt. Der Yogalehrer sitzt erhöht auf einem Podest (dem Altar) vor der Gruppe und vergibt im Format eines Frontalunterrichts nur zeitweise das Rederecht. So etwa in der ersten und letzten Zeile mit: »Ja?« Ein Rederecht, das er selbst jedoch kontinuierlich beanspruchen kann. Insofern handelt

---

89 Jefferson (1981) hat anhand von Audioaufzeichnungen von Bergmann gezeigt, dass das „abominable *Ne?*" in Gesprächen nicht nur als „tag question", sondern auch als „Post-Response-Initiation Response Solicitation" genutzt werden kann. Das heißt, dass das »ne« in Alltagsgesprächen bspw. auch die Unterbrechung oder Erwiderung auf eine unerwünschte oder dis-präferierte Antwort einleiten kann.

es sich eher um eine Lehrsituation, in der neben den monologischen Erläuterungen des Lehrers weder umfangreichere Diskussionen noch ein Gespräch stattfinden.

Dabei findet das bestätigungssuchende, rhetorische »Ne?« am ehesten mit dem Nicken des Kopfes (in Indien wäre es ein leichtes Schütteln mit dem Kopf) oder durch Herstellung von Blickkontakt und Darstellung von Aufmerksamkeit zumindest eine implizite Affirmation. Mit dieser sozial bereits erwarteten Zustimmung gewinnen die Ausführungen des Yogalehrers zudem an Gewicht. Neben der Verständnissicherung lässt sich das »ne« insofern auch als eine Technik der sozialen Persuasion betrachten.

Dabei müssen keineswegs alle Teilnehmenden mit der Deutung des Yogalehrers übereinstimmen. Einige könnten auch annehmen, dass nach einer halben Stunde Hyperventilation und einigen Minuten des Luftanhaltens nicht etwa *prāṇa*-Energie aufsteige und spirituelle Erfahrungen stattfinden, sondern dies eher physiologische Begleiterscheinungen einer Person, die fast in Ohnmacht gefallen wäre, sind. Doch auch diese Teilnehmenden folgen den Ausführungen des Yogalehrers aufmerksam. Im Ritualkapitel wurde diese interaktive Dimension im Kontext der Überwindung von kognitiven Dissonanzen bereits ausführlich diskutiert (vgl. Kap. 4.). Sie stellt auch hier eine Möglichkeit der Sozialisation in spirituelle Sichtweisen dar, die eine soziale Wirkmächtigkeit haben und daran beteiligt sind, spirituelle Selbst- und Weltwahrnehmungen mit hervorzubringen.

Eine Analyse von Besprechungssituationen alleine, hier des Sprechens über die Erfahrung von Karina, bleibt aber ohne die Kenntnis der konkreten Körpertechniken (in diesem Fall fortgeschrittenes *prāṇāyāma*) und deren Verortung sowohl in den Theorien des Feldes (der Yogaphilosophie) als auch in alltäglichen Interaktionssituation überaus limitiert. Es ist, wie dieses Buch zu zeigen sucht, gerade das Zusammenspiel dieser Dimensionen, das für Spiritualität von Bedeutung ist und das je nach Fokus unterschiedliche Interpretationsmöglichkeiten anbietet.

6.3 Theorie und Praxis im Yoga und in der Soziologie

Dieses Kapitel ging von der Überlegung aus, die Philosophie im Yoga als eine soziale Praxis zu betrachten. Entsprechend haben die beiden letzten Unterkapitel einige zentrale Konzepte der Yogaphilosophie sowohl inhaltlich als auch in ihrem Alltag sowie in Lehr- und Lernsituationen der Ausbildung als spezifische und überaus voraussetzungsreiche Hervorbringungsleistungen beschrieben, mit deren praktischem Nachvollzug Yogapraktizierende durchaus ringen.

Folgt man dieser Perspektive konsequent und begreift Philosophieren, Theoretisieren, Schlussfolgern und Konzeptualisieren – und deren elementare Grundlagen, etwas zu benennen, zu unterscheiden oder zu beschreiben – radikal als (soziale) Praktiken, dann lässt sich daraus ferner folgern, dass es keine Philosophie, Theorie, Konzepte oder Wissen gibt, die unabhängig von ihrem Gebrauch, quasi in einer separaten oder ideellen Welt, existieren würden. Selbst die Ausübung der formalen

Mathematik, die häufig als Sonderfall angeführt wird, bildet, wie Heintz (2000) gezeigt hat, letztlich keine Ausnahme.

In der Yogaphilosophie wird bezüglich des konzeptuellen, begrifflichen, sprachlichen und rationalen Denkens ein partiell ähnlicher Sachverhalt beschrieben, der in den letzten beiden Unterkapiteln expliziert wurde. Das Denken und die damit einhergehenden Konzepte und Theorien werden hier als überaus begrenzt verstanden, da sie nicht dazu in der Lage seien, die All-Einheit der Wirklichkeit zu beschreiben oder zu erfassen. Stattdessen erscheine die gesamte Wirklichkeit nur als eine unabhängige, objektivierte und vom Selbst (und der All-Einheit) getrennte Welt. Dies wird allerdings als ein ‚Sehfehler‘ (oder eine Illusion: *māyā*) verstanden, die auf der Annahme einer von der eigenen Wahrnehmungs-, Kategorisierungs- und Identifikationsleistung getrennten Wirklichkeit beruhe. Das Problem beginne mit dem eigenen Ich (bzw. Ego), das als vermeintlich unabhängige Identität eben jene Konstruktions- und Kategorisierungsleistungen (einschließlich der Unterscheidung von Ich und Welt) vollziehe, die dann wiederum dualistisch als getrennte und objektivierte Wahrnehmungen von Welt erlebt würden.

Das Theorieverständnis der Ethnomethodologie, dessen Grundlagen und Konsequenzen im übernächsten Unterkapitel noch genauer betrachtet werden, weist diesbezüglich einige Parallelen auf, die sich auch im Anschluss an Wittgenstein formulieren lassen. Zunächst handelt es sich um die eingangs formulierte und überaus folgenreiche Überlegung, dass es keine Theorien unabhängig von deren Gebrauch gibt. Dies besagt keineswegs, dass es keine Theorien, Konzepte, Begriffe (ebenso wie Symbole, Bedeutungen, Wissen etc.) gäbe oder auch nicht, dass diese nicht von Bedeutung wären, sondern dass diese jeweils in ihrer je spezifischen Situiertheit und Kontextgebundenheit und somit *indexikal* in Praktiken verortet (beginnend bereits mit dem intersubjektiven Sprachgebrauch) zu betrachten sind. Jenes gilt nicht nur für offensichtlich soziale Settings, hier etwa die Philosophievorträge in der Yogalehrerausbildung (vgl. Kap. 6.1) oder alltägliche Gespräche beim gemeinsamen Mittagessen (vgl. Kap. 6.2), sondern auch etwa für Bücher über Yogaphilosophie, die einen überaus spezifischen Kontext mit imaginierten Lesenden (einem *recipient design*), argumentativen ‚Gesprächspartner/-innen‘ (kommunikativen Anschlüssen) und einen spezifischen Aufbau (im Sinne einer sequenziellen Organisation) herstellen (vgl. Bjelic 1989), welcher wiederum konkrete Leser/-innen in spezifischen Kontexten benötigt (vgl. Krey 2020).

Diese Perspektive verfolgt bspw. Bjelic (1989: v) mit Blick auf die Frage nach der sozialen Konstitution von Logik und er argumentiert im Anschluss an Garfinkel, Sacks und Wittgenstein, dass Logik dem Denken nicht vorgängig sei, sondern als eine soziale Praxis verstanden werden kann: „Logic is no longer viewed as an a priori order

of thinking but, rather, as the ‚indexical' structure of social action.“[90] Liberman (2004a: 36) betont diesbezüglich anhand von Audio- und Videoaufzeichnungen öffentlicher Streitgespräche tibetischer Mönche:

> Ethnomethodology can carry us, in a rigorous way, to an identification and appreciation of the very practices that constitute logic and reason. But the object of such inquiries is not philosophy construed as a body of docile texts but as the locally produced orderliness of ordinary philosophical activities. The production of a local orderliness consists of the very practices with which indigenous philosophers make the work of their reasoning observable to each other.

Das Problem liege darin begründet, dass Theorien und Konzepte oftmals als eigenständige und unabhängige Phänomene betrachtet würden und aus dem Blick gerate, dass es spezifische Methoden und Praktiken benötigt, um diese überhaupt als solche zu identifizieren und hervorzubringen. Ähnlich der Überlegung im Yoga erscheinen diese (wie auch andere soziale Objekte und somit die Wirklichkeit) wiederum als externe natürliche Realität, deren praktische, soziale und kontinuierliche Hervorbringungsleistungen zumeist nicht mehr sichtbar werden.

Somit zeigen sich anhand dieser kurzen Skizzierung der beiden Zugänge Affinitäten, aber auch zentrale Unterschiede zwischen Yogaphilosophie und Ethnomethodologie, die anhand des Vergleichs der Beobachtungspraxis von Meditierenden und Forschenden bereits im zweiten Kapitel u. a. mit Blick auf die ethnomethodologische Indifferenz und *haecceitas* diskutiert wurden (vgl. Kap. 2.3.4).

Die Unterschiede betreffen hier zum einen die Betonung der wechselseitigen und verkörperten, sprich: sozialen Situiertheit und Kontextgebundenheit in der Ethnomethodologie gegenüber der primär am Individuum sowie an der anthropologischen und geistigen Natur und Beschaffenheit des Menschen orientierten Yogaphilosophie (die etwa als *Strukturtheorie der Reflexion* bezeichnet werden könnte, so Sturm 2014).

Ferner handelt es sich um unterschiedliche Zielsetzungen. Auf der einen Seite beim Yoga die Anstrengung, einen Weg zur »Erleuchtung« zu bestreiten, der durch die ‚richtige Wahrnehmung' – nämlich mit dem Zur-Ruhe-Kommen der konzeptuellen Beschäftigung – ein Ende oder einen Ausbruch aus der notwendigen Kontextgebundenheit unserer Ich-Identifikation anbietet sowie des damit einhergehenden Dualismus und Getrenntseins. Auf der anderen Seite die Konsequenz einer unheilbaren Indexikalität, einer strukturellen Sinn-Ungewissheit und wesensmäßigen Vagheit als Bedingung der Möglichkeit von Verstehen und Handeln in der Ethnomethodologie (vgl. Bergmann 1988), die sich dafür interessiert, wie Menschen in ihrem sozialen Alltag die spezifischen Kontexte und sozialen Tatsachen (einschließlich der Yogaphilosophie), ihr Selbst und die gesamte Welt, im sozialen Miteinander erkennen,

---

90 Bjelic (1989: 26 f.) zeigt dies u. a. anhand einer Analyse des Konzepts der Gerechtigkeit in Platons Politea, in der er darauf abzielt: „to view language as an activity, as a situational deed, in order to explicate the totality of the intersubjective situation within which certain concepts are learned.“

identifizieren, beschreiben, sprich: praktisch erklärbar machen und somit fortlaufend hervorbringen.

Es sind gleichermaßen diese Konvergenzen und Unterschiede, die einen möglichen Erkenntnisgewinn auf beiden Seiten anbieten: Auf der einen Seite die praktischen Probleme und Herausforderungen im Betreiben von Yogaphilosophie, die (erneut) auf die Relevanz einer ethnomethodologischen, an empirischen Phänomenen entwickelten Sozialtheorie verweisen – eine Sozialtheorie und Perspektive auf soziale Ordnung, die über den spezifischen Untersuchungsgegenstand hinaus auch einen Beitrag zur Soziologie leisten kann und in den folgenden Unterkapiteln anhand der empirischen Verhältnisbestimmung von Theorie und Praxis weiter reflektiert wird. Auf der anderen Seite der systematische Fokus auf die Sozialität und Kontextgebundenheit von Praktiken, der dazu beitragen kann, auch die spezifischen Herausforderungen im Yoga aus einer anderen Perspektive auszuloten und insofern auch einen potenziellen Beitrag für Yogapraktizierende zu leisten vermag.

6.3.1 Zu empirischen Verhältnissen von Theorie und Praxis im Yoga

> Denke nie, gedacht zu haben, denn wenn du denkst, du denkst,
> dann denkst du nicht, dann denkst du nur du denkst,
> denn das Denken der Gedanken ist gedankenloses Denken.

Es lässt sich wohl argumentieren, dass etwas zu tun und über dieses Tun nachzudenken sowie begrifflich darüber zu sprechen ganz verschiedene Dinge sind. Jedoch bedarf es, im Anschluss an die Überlegungen zur sozialen Praxis der Philosophie, sowohl des Nachdenkens als auch der Begrifflichkeit, um diese Unterscheidungen überhaupt zu treffen, und ihr Festhalten in diesem Text wird zum Darüber-Sprechen und bedient sich entsprechend der intersubjektiven Grundlagen und Verfahrensweisen aller drei Tätigkeiten. Betrachtet man Denken, Begreifen und Sprechen als Tätigkeiten, also als ein jeweiliges Tun, führt uns dies wiederum an den Beginn unserer Überlegung zurück, und zwar, dass das Denken und das Über-das-Denken-Nachdenken und Über-das-Denken-Sprechen verschiedene ‚Dinge' sind, die sich aber gegenseitig in ihrem Vollzug bedingen.

Dieses vielleicht eher an den eingangs zitierten Aphorismus erinnernde Gedankenspiel wirkt viel weniger abwegig, wenn man sich, wie in diesem und im nächsten Abschnitt, empirisch für die Verhältnisbestimmungen von Theorie und Praxis im Yoga, im Alltag und in der Soziologie interessiert, also dafür, wie diese Unterscheidungen in konkreten Kontexten gemacht und relevant werden.

Dabei sind es ganz unterschiedliche Verhältnisbestimmungen von Theorie und Praxis, die im Yoga jeweils als sinnvolle Unterscheidungen getroffen werden können: Sei dies etwa das Ende des Denkens, quasi das ‚gedankenlose Denken', das als Zielsetzung der Praxis formuliert wird und für dessen Formulierung wiederum Begriffe und Konzepte benötigt werden, die letztlich den Gegenstand verfehlen, so dass Dharmananda (in Kap. 6.1) seine eigenen Ausführungen zur Philosophie letztlich als »Quatsch« bezeichnet; oder etwa die Äußerung des Swami in Rishikesh in der Einleitung dieses Buches, in der er körperliche Verrenkungen und Gymnastik vom Jahrtausende alten Wissen und der Weisheit der Yogaphilosophie abgrenzt, auf die es eigentlich ankäme; oder Swami Sivananda, der im Aschram häufig mit der Äußerung zitiert wird, dass »ein Gramm Praxis mehr wert ist als Tonnen von Theorie«, und der auf die Rückfrage, warum er dann mehr als 200 Bücher über Yoga geschrieben habe, verschmitzt lächelnd geantwortet haben soll: »Manche Menschen brauchen Tonnen von Theorie, um zu einem Gramm Praxis angeregt zu werden.«

Betrachtet man diese und die in den folgenden Absätzen systematisierend aufgefächerten empirischen Verhältnisbestimmungen genauer, dann wird schnell deutlich, dass man es sich vermutlich zu einfach macht, von ‚der Theorie‘ oder ‚der Praxis‘ zu sprechen. Vielmehr werden unter diesen ‚Labels‘ unterschiedlichste Unterscheidungen und Phänomene subsumiert (vgl. zum *glossing* Sacks/Garfinkel 1970), die u. a. als Verhältnisse von theoretisch/empirisch, theoretisch/erfahrend, geistig/körperlich, subjektiv/objektiv, kognitiv/praktisch, abstrakt/konkret, allgemein/besonders, absolut/relativ, formal-analytisch/alltäglich, propositional/nicht-propositional etc. jeweils genauer spezifiziert werden können.

Dieser Vielzahl zum Trotz lässt sich in diesen Unterscheidungen eine gewisse Familienähnlichkeit identifizieren, die in der Unterscheidung von Innerem/Geistigem und Äußerem/Tätigem sowie in der alltäglichen sozialen Orientierung einen Ausgangspunkt nimmt. Somit begegnet uns erneut die Unterscheidung von Innen und Außen, die im letzten Kapitel bezüglich des spirituellen Erlebens in Körperhaltungen im Zentrum stand (vgl. Kap. 5) und deren fortlaufender praktischer Hervorbringung dieses Buch mit der Frage nach der sozialen Praxis von Spiritualität konsequent folgt, um diese genauer zu differenzieren.

Der folgende Abschnitt unternimmt nun den Versuch, die unterschiedlichsten empirisch relevanten Verhältnisbestimmungen im Yoga, die in den vorherigen Kapiteln bereits diskutiert wurden, mit Blick auf die zuvor genannten Dichotomien, unter dem Label von Theorie und Praxis zusammenfassend und zugespitzt zu systematisieren:

(1) Einen Kopfstand zu machen, ist etwas anderes, als über einen Kopfstand nachzudenken oder in einem Buch darüber zu lesen, wie Yogapraktizierende Kopfstände machen. Es fehlt die praktische Auseinandersetzung mit der eigenen körperlichen Orientierung, das konkrete Ausbalancieren von Gewicht und Gravitation, die potenzielle Angst, umzufallen, oder das freudige Erleben des ersten erfolgreichen Haltens. Aus einer solchen Perspektive geht es um die spezifische individuelle Erfahrung und das körperliche Empfinden, das sich einstellt, wenn man Tag für Tag mehrere Minuten lang die Welt bzw. sich selbst auf den Kopf stellt. Hier die konkrete Praxis, Erfahrung und das mannigfaltige bunte Erleben – dort nur graue Theorie.

(2) Es kann allerdings durchaus Sinn machen: darüber nachzudenken, wie man am besten einen Kopfstand macht; darüber zu reden, wie es anderen im Kopfstand ergeht, und aus dem Erfahrungsaustausch auch Empfehlungen für die eigene Praxis abzuleiten. Wie vermeide ich Gefahren der Verletzung, etwa eine zu große Belastung der Halswirbelsäule? Mit welchen Übungen bereite ich meine Muskulatur auf den Kopfstand vor und welche typischen Fehlstellungen kann ich vermeiden? Auf welche gesundheitlichen und spirituellen Effekte zielt der Kopfstand überhaupt ab und wie sind diese begründet? Hier wird Theorie zu einer wertgeschätzten Expertise und Kompetenz, deren Mangel als Problem gesehen wird und deren theoretische wie praktische Anleitung in der Yogalehrerausbildung im letzten Kapitel genauer betrachtet wurden (vgl. Kap. 5). Hier die kompetent angeleitete, theoretisch versierte Ausübung des Kopfstands – dort nur unreflektiertes oder gar stümperhaftes Tun.

(3) Doch auch wenn man den körperlichen Vollzug des Kopfstandes und andere Yogaübungen gemeistert hat, ist dies noch kein Garant für die richtige Ausübung, und zwar mit Blick auf die Frage, was Spiritualität im Yoga auszeichnet. Eine verbreitete Kritik im Feld bezieht sich auf diesen Punkt, dass man Verrenkungen und Gymnastik zwar lernen könne, dies aber oftmals mit Reduktionismen auf das Körperliche, die Gesundheit oder Wellness einhergehe und dabei die philosophische Rahmung und spirituelle Ausrichtung fehle. Der Kopfstand diene lediglich als ein Hilfsmittel oder Werkzeug (upāya-kauśalya) für eine geistige, philosophische Haltung, die als das Wesentliche verstanden wird und letztlich auch gänzlich auf den Kopfstand und andere Übungen verzichten könnte. Hier die Philosophie und Theorie als höchste Form der Praxis – dort das schlichte körperliche Tun, das höchstens zu deren Vorbereitung dient.

(4) Diesen ersten drei Verhältnisbestimmungen entgegen wird aber auch die Differenzierung selbst grundlegend kritisiert und infrage gestellt. Der Kopfstand, das gemeinsame Singen von Mantras oder die philosophische Beschäftigung werden hier allesamt zur radikalen Praxis, die darauf zielt, die Subjekt-Objekt-Trennung zu transzendieren sowie die Theorie-Praxis- und Körper-Geist-Dichotomien zu hinterfragen. Der Kopfstand oder der Gesang werden nicht etwa körperlich oder geistig vollzogen, sondern ganzheitlich von Körper-Geist-Seele, die sich nicht trennen lassen, so dass folglich auch die Unterscheidung oder unterschiedlichste Reduktionismen eine falsche (und oftmals als »westlich« oder »materialistisch« identifizierte) Sichtweise darstellen. Hier die konsequente ganzheitliche Praxis – dort der falsche Dualismus von Körper und Geist, Theorie und Praxis.

(5) Theorie wird aber ferner auch als eine Perspektive auf die Welt und den alltäglichen Lebensvollzug verstanden, die es ermöglicht, jegliche (geistigen und körperlichen) Tätigkeiten als Form und Ausdruck von Yoga und Spiritualität zu verstehen: »Alles ist Yoga«. Die Yogaphilosophie dient hier zur Begründung, Interpretation und Orientierung. Sie ermöglicht eine Sichtweise auf die Welt, welche die eigenen Identifikations-, Kategorisierungs- und Konstruktionsleistungen

sowie die sozialen Rollen und Erwartungen kontinuierlich reflektiert und hinterfragt und die dazu beitragen soll, die Welt stattdessen als das zu sehen, was sie wirklich sei. Hier die theoretisch reflektierte, die aufgeklärte, erleuchtete Sicht der Dinge – dort nur alltägliche Sichtweisen, die im Dunkel ihrer Ich-Anhaftung umhertappen.

(6) Doch selbst wenn man diese philosophischen Zusammenhänge theoretisch verstanden hat und sich das Wissen und die Reflexionsfähigkeit angeeignet hat, ist man noch keineswegs am Ziel. So etwa der Schriftgelehrte (der Pandit), der zwar die rhetorischen, kognitiven und theoretischen Wissensbestände der Tradition kenne, darüber durchaus ein im Sinne der logischen Kohärenz und Konsistenz wahres Buch schreiben könne, dem aber der eigene praktische Nachvollzug, die Umsetzung der Philosophie in der alltäglichen Lebenspraxis fehlt. Somit ähnelt dies der ersten dichotomen Gegenüberstellung (1), die zuvor beim Kopfstand diskutiert wurde: Hier die Theoretiker/-innen, die Doxograf/-innen – dort die Praktiker/-innen, die Weisen, die Erleuchteten, die die Yogaphilosophie leben.

(7) Auch die am Beispiel des Kopfstands diskutierte Gegenüberstellung aus Punkt (2) findet ihre Entsprechung in Bezug auf die Yogaphilosophie. Letztere wird auch als praktische Anleitung gesehen, und zwar sowohl für die Yoga- und Meditationspraxis als auch für den konkreten Lebensvollzug. Auf dem Sitzkissen, in der Yogahaltung, beim Mittagessen, im Gespräch, von Atemzug zu Atemzug geht es darum, den aufkommenden Empfindungen, Gedanken und Gefühlen nicht anzuhaften, sich nicht mit diesen zu identifizieren und somit die ‚falsche Sicht' zu überwinden und fortlaufend und immer wieder aufs Neue im Hier und Jetzt vollständig präsent zu sein. Hier die Theorie als konkrete praktische Anleitung – dort die Praxis als fortlaufender Vollzug, each next first time.

(8) Die folgende und letzte Verhältnisbestimmung dieser Auflistung wurde als potenzielle Paradoxie bereits mit Wittgensteins Leiteranalogie diskutiert bzw. mit Buddhas Metapher eines Floßes, welches man auf der anderen Seite des Flusses nicht mehr auf seinem Kopf herumtragen würde. In dieser Perspektive stellt die Theorie (evtl. noch hilfreich zu Beginn) letztlich das grundlegende Problem dar, das es zu überwinden gilt. Denn es sei das begriffliche und rationale Denken, das qua Definition dualistisch (im Sinne der notwendigen Unterscheidung und Grenzziehung, die immer auf etwas davon Unterschiedenes verweist) und mit der Identifikationsleistung des Ichs beginnt, das es zu beruhigen und zum Stillstand zu bringen gelte. Erst wenn das ich-behaftete, begriffliche Theoretisieren und Denken über die Welt und das Selbst aufhöre, können diese als das wahrgenommen werden, was sie wirklich seien. Die Erleuchteten können zwar durchaus Begriffe und Konzepte verwenden, allerdings unterlaufe ihnen nicht mehr der Fehler, diese für die Wirklichkeit zu halten, die sich vermittels von Konzepten und Theorien nicht beschreiben lasse. Hier wird das Schweigen zur Methode und die Theorie zum Problem, zum Sehfehler, zu dem, was es zu überwinden gilt – und was dort: der wahren Wirklichkeit, der All-Einheit (Brahman) gegenübersteht.

Es ist ferner auch die mögliche Gegenüberstellung von distanzierten und beschreibenden Forschenden und praktizierenden Yogis und Yoginīs, die sich in den acht kurzen Zusammenfassungen widerspiegelt und im anschließenden Unterkapitel diskutiert wird. Betrachtet man aber zunächst das jeweilige Hier und Dort in seiner Vielfalt, so geht es keineswegs darum, zu argumentieren, dass die Yogapraktizierenden (oder die diese Beschreibenden) widersprüchliche Vorstellungen hätten oder nicht kohärent wären. Bereits in Kap. 6.1. wurde gezeigt, mittels welcher Methoden und Praktiken – etwa der Ebenen-Unterscheidung von relativer (hier gibt es dich, mich, dieses Buch und seine Theorien) und absoluter (dort gibt es dies alles nicht) Erkenntnis – auch paradoxale Verhältnisse in der Yogapraxis handhabbar gemacht werden und so eine konsistente und rationale Erkenntnistheorie konstituieren. Ein zentraler Punkt, der mit dieser Liste aber deutlich wird, ist vielmehr der, dass sich in der Yogapraxis (entgegen der eigenen Zielsetzung) auch ganz alltägliche Verortungen (mit ihren Dichotomien von Theorie und Praxis) widerspiegeln, die auf dem alltäglichen Sprachgebrauch und dem praktischen In-der-Welt-Sein aufruhen. Dies betrifft nicht nur zentrale Topoi der Auflistung – bspw. ‚graue Theorie‘, die ‚versierten Praktiker/-innen‘ oder die ‚Überlegenheitsunterstellung von Bildung und Reflexion‘ –, sondern auch alltagsweltliche Orientierungen, z. B. eine Sache zu machen, darüber nachzudenken oder diese sprachlich anzuleiten.

In der Yogaphilosophie werden diese Verhältnisbestimmungen weniger in ihrer intersubjektiven sozialen Kontextgebundenheit als vielmehr in ihrer individuellen (phänomenologischen) Bedingtheit zum Gegenstand. Im Gegensatz zu einem intellektualistischen Bias oder dualistischen Vorstellungen sind Theorien sowie das Denken an sich im Yoga letztlich ungenügend und es bedarf einer geistigen wie körperlichen Arbeit, der Yogapraxis (etwa des Kopfstandes oder des Mantra-Singens, aber auch des Meditierens und Reflektierens), um die alltägliche Wahrnehmung und Kategorisierung nicht mit der Wirklichkeit zu verwechseln, sondern diese Zusammenhänge immer wieder aufs Neue zu erkennen.

Dabei werden in der Yogaphilosophie die verschiedenen Ebenen durchaus unterschieden, so dass es den Praktizierenden keineswegs so ergeht, wie es etwa Sharrock und Anderson (1991: 51) bezüglich der epistemologischen Skepsis als potenzielles Problem formulieren: „The epistemological sceptic, who denies that we can ever really know anything, has no interest in getting into dispute with someone who, say, claims to know where to find a good Chinese restaurant in a strange town" (vgl. ferner Lynch 1999). Auch den Yogapraktizierenden ist klar, dass sie, sobald sie auf Sprache und Kommunikation angewiesen sind und etwa Erklärungen, Theorien oder Anleitungen formulieren, sich notwendigerweise im Bereich dessen bewegen, was sie als dualistisch und begrenzt beschreiben. Gangadean (1998; 2008: 112) hat diesen Sachverhalt unter dem Begriff der *categorical frameworks* gefasst. Aus der kategoriengebundenen und dualistischen Bedingtheit des Verstandes gibt es aus dieser Sicht (außer für Erleuchtete) kein Entrinnen, weder für philosophische Yogatheoretiker/-innen oder Yogalehrer/-innen, die einen Kopfstand oder die Meditation erklären oder anleiten wollen, noch für die Yogapraktizierenden im Alltagsleben. Es bleibt in diesem Sinne nur die Einsicht in das sogenannte *Sokratische Nichtwissen*, eine Grenzziehung, die im Yoga immer auch auf das Jenseits dieser Grenze verweist.[91]

Die Praxis der Yogaphilosophie besteht folglich insbesondere darin, die individuellen Wahrnehmungen, Empfindungen, Gedanken, Annahmen, Bewertungen, Schlussfolgerungen, Vorstellungen und die damit zusammenhängenden unterschiedlichen Theorien und Weltbilder (die *categorical frameworks*) in der Reflexion, bei der Yogapraxis sowie im Alltag fortlaufend und immer wieder erneut im jeweiligen Hier und Jetzt darauf hin zu befragen, wie sie hergestellt werden.

Somit wird den Yogapraktizierenden mit der fortlaufenden Herstellungsleistung das zum Problem, was für die Ethnomethodologie, wenngleich mit einem anderen Bezugsproblem (der sozialen Ordnung), das grundlegende Erkenntnisinteresse bestimmt: die Methoden und Praktiken, mit denen Mitglieder die Welt (im gemeinsamen Tun) erkennbar, beschreibbar und praktisch erklärbar machen.

Aus Sicht des Yoga würde sich formulieren lassen, dass die Ethnomethodologie dabei aber das Wesentliche aus dem Blick verliere, nämlich das, was jenseits der Grenze des Denkbaren und Sagbaren liege. Aus ethnomethodologischer Perspektive könnte man hingegen argumentieren, dass anhand der Yogaphilosophie zwar zentrale Praktiken sichtbar werden, diese allerdings in ihrem sozialen Kontext (und ihrer sozialen Bedingtheit) genauer zu betrachten seien und mit ihrer Zielsetzung eines Ausbruchs aus der Kontextgebundenheit deren soziale Notwendigkeit und Nützlichkeit letztlich verdecken. Ähnlich hat dies Garfinkel etwa bezüglich der phänomenologischen und gestaltpsychologischen Analysen zur Wahrnehmung von Gurwitsch formuliert: „[it] is only a tremendously powerful initiative, but doesn't take us where we want to go" (Garfinkel [1993] 2021: 21 f.).

6.3.2 Theorie und Praxis in der ethnomethodologischen Ethnografie

Möchte man Theorie und Praxis in der Soziologie diskutieren, so betrifft dies insbesondere die Verhältnisbestimmung von Empirie (sozialer Wirklichkeit) und

---

91 Halfwassen (2006: 225) beschreibt diesen Zusammenhang mit Blick auf den Platonismus in strukturell analoger Weise, wie dies auch im Yoga diskutiert wird: „So wissen wir das Absolute, das aller Erkenntnis den Grund gibt, gerade weil Es selbst jenseits aller Erkenntnis ist, nur im Nichtwissen – freilich in einem Nichtwissen, das sich selbst als Nichtwissen weiß und das sich darum nur durch das Wissen des Wißbaren hindurch erreicht, indem es dieses transzendiert. Alles Denken und Sprechen über das absolut Transzendente muß sich darum ständig selbst widerrufen und ins Unsagbare aufheben: dies ist der Sinn der ‚negativen Theologie', deren Begründer Platon ist. So ist das sich wissende Nichtwissen des Absoluten das Ziel der Platonischen Philosophie; das Wissen des Wißbaren (der Ideen) schließt sich nicht in sich selbst, sondern weist über sich hinaus auf ein Jenseits alles Wissens."

(soziologischer) Theorie(-Bildung) (vgl. Kalthoff/Hirschauer/Lindemann 2008). In diesem Diskussionszusammenhang werden Ethnomethodologie und Konversationsanalyse häufig als theorieabstinent oder gar theoriefeindlich – als rein empiristische Unterfangen und höchstens noch als Methoden verortet (vgl. demgegenüber jedoch bereits Rawls 1989 sowie z. T. Kalthoff/Hirschauer/Lindemann 2008). Der Umstand, dass es auch für methodologische Programme zumindest sozialtheoretischer Grundannahmen bedarf, wird dann zuweilen als blinder Fleck oder bewusste Ignoranz von Ethnomethodolog/-innen kritisiert, die sich ihrerseits nicht mit fundamentaler Kritik an soziologischen Theorieprogrammen unterschiedlichster (bzw. jeglicher) Provenienz zurückgehalten haben.

Ich möchte mich abschließend mit einigen der Grundlagen und Hintergründen dieser Theoriediskussion auseinandersetzen. Diese schließen einerseits an die empirischen Verhältnisbestimmungen von Theorie und Praxis aus dem letzten Unterkapitel an und betreffen andererseits einige der sozialtheoretischen und methodologischen Prinzipien der *ethnomethodologischen Ethnografie,* mit denen dieses Buch, durch die spezifische Perspektivierung von Yoga und Spiritualität, begonnen hat (vgl. Kap. 2.3).

Ein möglicher Ausgangspunkt für den ethnomethodologischen Umgang mit dem Verhältnis von Theorie und Praxis findet sich in Garfinkels Auseinandersetzung mit dem Phänomenologen Aron Gurwitsch, mit dem er seit den vierziger Jahren im intensiven Austausch stand. In einem Seminar äußert Garfinkel ([1993] 2021: 22), dass „for the serious initiatives of ethnomethodological investigations, of what I'm calling radical phenomena of order, that Gurwitsch is a theorist we cannot do without".

In „Field of Consciousness" hatte Gurwitsch (1964) u. a. den (impliziten) Dualismus unterschiedlichster philosophischer und psychologischer Theorien der Wahrnehmung kritisiert. Nach Gurwitsch ([1964] 2010: 86) beginne dieser bereits mit der Unterscheidung von Sinnesempfindungen (*sensation*) und Wahrnehmungen (*perception*) und der Fragestellung, wie aus diffusen Empfindungen und mannigfaltigen Sinnesreizen geordnete und bedeutsame Wahrnehmungen werden. Demgegenüber konstatierte Gurwitsch: „Organization is inherent and immanent in immediate experience, and not brought about by any special organizing principle, agency or activity" (1964] Gurwitsch 2010: 8). Etwas überspitzt formuliert lösen diese Theorien somit das, was sie durch ihre Ausgangssetzung erst als Problem geschaffen haben. Dazu führen sie zusätzliche (superveniente), abstrakte interne (z. B. geistige Schemata) oder externe Faktoren (z. B. Strukturen und Selektionsprinzipien) ein, die aber letztlich nicht erklären können, wie sich die Organisation von Wahrnehmung ganz konkret als „actual achievement" vollziehe.

Für Gurwitsch geht es um die deskriptive Beschreibung der endogenen bzw. inhärenten Re-Organisation und Rekonstruktion des Kontexts (bspw. ein Ton in einer Melodie oder eine Figur vor einem Hintergrund) im Akt der Wahrnehmung, die bereits (mehr oder weniger) geordnet ist und auch als solche wahrgenommen werden. Somit steht die Ordnung und deren Organisation als ein „autochtonous feature" als

Teil des Bewusstseinsvollzugs (*in the stream of conciousness*) im Zentrum seiner phänomenologischen Untersuchung der Wahrnehmung.

Obgleich Garfinkel nicht auf die Frage individueller Wahrnehmung fokussiert, sondern sich mit dem Problem der *sozialen Ordnung* und Organisation (im gemeinsamen Tun und somit im sozialen Geschehen) beschäftigt, zeigen sich einige Parallelen zu Gurwitschs Argumentation und Kritik (vgl. Eisenmann/Lynch 2021). Garfinkel zielt in analoger Weise nicht auf abstrahierte externe Eigenschaften (etwa Regeln, Normen, Werte, Theorien) und erachtet es genauso wenig als sinnvoll, in den Köpfen von Individuen nach Organisationsprinzipien (Schemata, subjektivem Sinn etc.) zu suchen. Für Garfinkel ist auch *die soziale Welt* bereits eine *geordnete Welt*, deren Methoden, Praktiken und Ordnungsprinzipien es anhand des konkreten Vollzugs sozialer Wirklichkeit zu explizieren gilt.

In dieser Hinsicht übt Garfinkel (1988: 106) dahingehend Kritik an seinem Doktorvater, dass für Parsons nämlich soziale Ordnung erst das Ergebnis von analytischen Unterscheidungen, „of administering the policies and methods of formal, constructive analysis" darstelle.[92] Zielsetzung der Ethnomethodologie sei es stattdessen, die endogene, lokal hergestellte und für die Teilnehmer/-innen reflexiv erkennbare ‚natürliche' Ordnung im Detail herauszuarbeiten.[93]

Damit führt Garfinkel nicht nur eine Perspektivverschiebung ein, sondern formuliert eine fundamentale Kritik, die auch den Anspruch auf Theoriebildung betrifft. Vereinfachend gesagt solle Theorie die Welt nicht ordnen, sondern die Ordnung der Welt beschreiben. Wenn Theorien ferner, wie zu Beginn des Kapitels ausgeführt, nur im Kontext ihrer sozialen Praxis zu begreifen sind, so gilt dies ebenso für soziologische Theorien. Das Problem, das sich für Garfinkel in diesem Zusammenhang stellt, ist ein zweifaches:

Erstens sind dann auch soziologische Konzepte, Generalisierungen und Abstraktionen daraufhin zu befragen, wie sie praktisch erklärbar gemacht werden. Damit hat man aber potenziell einen zweiten Untersuchungsgegenstand hinzugefügt, wobei die Zielsetzung darin bestehen würde, soziale Phänomene ohne externe kategoriale Theoretisierung zu beschreiben, wie dies Garfinkel ([1993] 2021: 27) in seinem Gurwitsch-Seminar erläutert:

---

92 „To review: from *The Structure of Social Action* we could learn there was no orderliness in the plenum. We could learn from *The Structure* ... how to distinguish between actions provided for concretely and actions provided for analytically, and we could learn how to administer this distinction over the vicissitudes and local contingencies of research and argument." (Garfinkel 988: 139)

93 „To summarize: It is ethnomethodological about these studies that they show for ordinary society's substantive events, in material contents, that and just how members concert their activities to produce and exhibit the coherence, cogency, analysis, consistency, order, meaning, reason, methods, – which are locally, reflexively accountable orderlinesses – in and as of their ordinary lives together, in detail." (Garfinkel 1988: 108)

You don't need a theory of categories to recognize phenomenal appearances. You do need other things, but the work of description, just in any actual case, can be carried out without theorizing. That is to say, without theorizing the details by categorical specification. That does not mean, then, that the great transcendental categories, space, time, and so on, are useless. It's only that just in any actual case, they're not to be imported into the stream of perception, into the stream of work. Not that that's a sin, but that what that does is to replicate the world. It gets you two objects you're looking at, when in fact you're only inspecting one.

Zweitens ruhen auch soziologische Theorien und ihre Konzepte bereits auf den Interpretationen und Generalisierungen der Gesellschaftsmitglieder (und deren Alltagsorientierung) auf, wie bereits Schütz ([1953] 1971) ausgeführt hatte. Garfinkel radikalisiert diese Überlegung insofern, als er zeigt, wie externe Theorien (zweiter Ordnung) die konkreten Hervorbringungen und Praktiken der sozialen Ordnungsbildung reduzieren, die diese Interpretationen für die Mitglieder aber erst möglich machen. Somit sind es die zugrunde liegenden Praktiken (erster Ordnung), die den Gegenstand ethnomethodologischer Untersuchungen bilden. Das Argument wird auch in Bezug auf rekonstruktive Verfahren der qualitativen Sozialforschung relevant, wenn man sich für die *logic-in-use* interessiert, wie Bergmann (1987) mit dem Bezugsproblem der Flüchtigkeit des Sozialen ausgeführt hat. In diesem Sinne wird deutlich, worauf Garfinkel (1988: 141) abzielt, wenn er festhält: „the reported phenomena cannot be reduced by using the familiar reduction procedures in the social science movement without losing those phenomena."

Stattdessen streben ethnomethodologische Beschreibungen eine sogenannte praxeologische Validität an. Als praxeologische Beschreibungen zielen sie, im Sinne der Ausführungen dieses Kapitels, nicht auf externe, generalisierende Überlegungen, sondern sollen selbst einen Teil des Phänomens bilden, das sie beschreiben. Die Beschreibungen werden in diesem Sinne *hybrid* und lassen sich einerseits als eine Anleitung, eine Pädagogik oder ein Tutorial im Feld lesen, andererseits auch als eine wissenschaftliche Beschreibung der konkreten situierten Arbeit, die notwendig ist, um solchen Anleitungen zu folgen (vgl. auch Kap. 2.3).

Garfinkel spitzt die Problematisierung soziologischer Theorie mit Blick auf die Theorielandschaft der Nachkriegssoziologie (vgl. Rawls 2018) weiter zu. Zum einen dahingehend, dass theoretische und methodische Vorannahmen oftmals den Gegenstand bereits vor Beginn der Untersuchung dergestalt bestimmen würden, dass die konkrete Praxis überhaupt nicht mehr sichtbar werden könne (vgl. Kap. 2.3). Zum anderen in Bezug darauf, dass sich Soziolog/-innen zuweilen sogar so verhalten würden, als müsse sich die soziale Wirklichkeit an ihre theoretischen Modelle und Konzepte anpassen.

Eines der Beispiele, anhand derer Garfinkel diese Kritik formuliert, ist der konkrete praktische Umgang mit Theorien, Modellen und „mock-ups", die er in seiner Forschung für die Air Force von 1942 bis 1946 in *Gulf Port Field* beobachtet hatte (Garfinkel [1945] 2019). Aufgrund von Zeit- und Materialmangel bei gleichzeitig geringen Vorkenntnissen der Rekruten wurde in der Ausbildung der Flugzeugreparateure ein praktischer Learning-by-doing-Ansatz favorisiert, der *hands-on* mit Modellen und Attrappen operierte. Wenn diese Rekruten nun aber ein echtes Flugzeug betreten, so würden sie (anders als die kritisierten Soziolog/-innen) keineswegs auf die Idee kommen, das Flugzeug an ihre zuvor genutzten Attrappen und Modelle anpassen zu wollen:

> They know that (the mock-up) is not the way it is on the airplane; that it is as specifically false feature [...], but they allow that there is an actual situation in the service of coming to practical terms with, of dealing effectively with, that they consult this thing on the board and appreciate its specifically false features, with the additional provision that they are ready at any time when they crawl up into an actual airplane to let what is going on in the airplane make the mock-up right; not the other way around.
>
> (Garfinkel 1963: 1, zitiert nach Rawls/Lynch 2019: 3)

Insofern bildet der spezifische Kontext der Ausbildung für Garfinkel ein *perspicuous setting*[94] für die Analyse eines möglichen praktischen Umgangs mit dem Verhältnis von Theorie und Praxis in der Ethnomethodologie, insofern: „theoretical models in sociology be held accountable to actual details of social actions the same way mock-ups were for Army recruits" (Rawls/Lynch 2019: 3).

Es lässt sich in diesem Sinne verstehen, dass auch die Yogaphilosophie in diesem Kapitel ein *perspicuous setting* für die soziologische Reflexion des Verhältnisses von Theorie und Praxis darstellt. Allerdings – und dies macht den Gedanken der praxeologischen Re-Spezifizierung in diesem Kapitel ebenso spannend wie prekär – betrifft dies im Yoga nicht (nur) offensichtlich praktische Probleme, wie die Reparatur eines Flugzeugs oder die Anleitung und das Einnehmen einer spezifischen Körperhaltung, sondern auch den praktischen Umgang mit der Yogaphilosophie, den Paradoxien, unterschiedlichen Ebenen der Reflexion sowie den erkenntnistheoretischen Grundlagen des praktischen In-der-Welt-Seins.

In seiner Kritik an Gurwitsch und der Phänomenologie fragt Garfinkel ([1993] 2021: 27): „How in the world does the work of a transcendental perceiver work? What would be its worksite? Where in the world would you go to see just how it is done?". Die Fragen zielen darauf, empirische Kontexte zu finden, wo diese Tätigkeiten, wie die *phänomenologischen Reduktion*, für Mitglieder eines Kollektivs zu einem konkreten Problem bzw. praktisch bewältigt werden und sich praxeologisch re-spezifizieren ließen (vgl. zu diesem Argument auch „Sacks' gloss" in Garfinkel/Wieder 1992). Garfinkels Fragen sind in diesem Zusammenhang eher rhetorischer Natur und dienen der Kritik an der Phänomenologie mit der entsprechenden soziologischen Perspektivverschiebung. Mit der Yogapraxis findet sich aber, wie dieses Buch gezeigt hat, ein

---

94 „A perspicuous setting makes available, in that it consists of, material disclosures of practices of local production and natural accountability in technical details with which to find, examine, elucidate, learn of, show, and teach the organizational object as an in vivo work site." (Garfinkel 2002: 181)

überaus spezifisches praktisches Setting, in dem genau diese phänomenologische Arbeit sichtbar wird. Das gemeinsame Schweigen, das Erlernen neuer Körper- und Weltbezüge in Yogahaltungen und Ritualen, die Hinterfragung alltäglicher und sozialer Selbst- und Weltwahrnehmungen oder die Meditation auf dem Sitzkissen sowie die fortwährende Reflexion dieser Tätigkeiten zielen im Yoga allesamt auf die Arbeit des „transcendental perceiver", die in ihrer sozialen Kontextgebundenheit in diesem Buch beschrieben wurde.

Dabei erweist sich die Diskussion der unterschiedlichen Verhältnisbestimmungen von Theorie und Praxis im Yoga nicht nur als aufschlussreich für die Analyse der Yogapraxis, sondern auch für die Soziologie. Denn Ethnograf/-innen und Ethnomethodolog/-innen sind, wenngleich mit unterschiedlicher Zielsetzung, mit ganz ähnlichen Theorie-Praxis-Verhältnissen konfrontiert, wie die Parallelisierung ihrer Tätigkeiten mit denen der Yogapraktizierenden bereits an mehreren Stellen gezeigt hat.

Dazu lassen sich die acht Verhältnisbestimmungen im Yoga aus dem letzten Unterkapitel in nahezu analoger Weise auch für den ethnomethodologischen Zugang zur sozialen Wirklichkeit identifizieren. Die bereits ausgeführte Kritik an Parsons und der formalen Soziologie als Kritik an primär theoretischen Zugängen: (1) und (6), die auch den Ausgangspunkt für die Kritik von Gurwitsch bilden. Die Betonung des *unique adequacy requirment of methods*, mit dem die Expertise und das verkörperte praktische Know-how der Praktizierenden in den Mittelpunkt gerückt wird: (2), (3), (5) und (7). Die Parallelisierung von Laien- und Berufssoziologie, die das Theorie-Praxis-Verhältnis radikal infrage stellt (4). Die Zielsetzung von praxeologischen Beschreibungen, die diese Infragestellung konsequent fortsetzt (7), partiell zu unterlaufen sucht bzw. zum Gegenstand macht. Obgleich soziologisch Forschende nicht das Ziel verfolgen, die absolute Wirklichkeit (*brahman*) zu beschreiben, so ringen sie dennoch mit dem strukturell ähnlichen Problem, dass ihre Beschreibungen, Protokolle, Transkripte, Analysen etc. letztlich die soziale Vollzugswirklichkeit nicht abbilden können und somit verfehlen (8).

Dabei sind auch ethnomethodologisch Forschende mit dem grundlegenden Bezugsproblem konfrontiert, dass ihre Beschreibungen, Perspektivierungen, Modelle etc. notwendigerweise auf der alltagsweltlichen Praxis und ihren sozialen Orientierungen sowie ihrem Sprachgebrauch aufruhen, die sie zwar alle zum Gegenstand machen können, aus denen es aber letztlich kein Entrinnen gibt. Auch eine radikal alternative Konzeptionierung von Theorie und Praxis oder eine alternative Beschreibung des Phänomens der Innerlichkeit bedürfen einer praktischen sozialen Mitwelt, in der diese jeweils Sinn ergeben, d. h. überhaupt identifizierbar, erkennbar, verstehbar, sprich: praktisch erklärbar sind.

Abschließend möchte ich einen zentralen Punkt der vorgeschlagenen Parallelisierung weiterführend diskutieren. Wie in diesem Kapitel deutlich wurde, bildet das „practical sociological reasoning" eben nicht (nur) eine Ressource der Soziologie zur Analyse sozialer Sachverhalte. Stattdessen bildet das „lay and professional sociological reasoning" den Gegenstand der Untersuchung. Dabei stehen professionellen

Soziolog/-innen, wie die Parallelisierung zeigt und auch in der Diskussion zur ethnomethodologischen Ethnografie ausgeführt wurde (vgl. Kap. 2.3), keine grundsätzlich
anderen Methoden und Praktiken zur Verfügung als diejenigen, mit denen sich Menschen in ihrem Alltag (und hierzu gehören Flugzeugingenieurinnen ebenso wie Yo-
gaphilosophen, also unterschiedlichste Formen des Alltags von Gruppierungen, Pro-
fessionen etc.) orientieren, diesen bewältigen, ordnen und praktisch erklärbar
machen.

Untersucht man Laien- und Berufssoziologie entsprechend als soziale Praktiken
und tut dies mit der hier vorgeschlagenen radikalen Konsequenz, so lässt sich auch
die Frage stellen, ob dem Begriff der *sozialen Praxis* dann noch analytische Trennschärfe zukommt oder ob sich die zu Beginn infrage gestellte Theoriefeindlichkeit der
Ethnomethodologie letztlich nicht doch bewahrheitet? Demgegenüber argumentiert
Lynch (1999: 219 f.):

> Despite his disclaimers about theorizing, Garfinkel again and again enunciates a comprehensive
> vision of how 'the ordinary society' organizes itself. It organizes itself through its members' use
> of methods of all kinds, and the stress is on all kinds: formal and informal, tacit and explicit,
> expert and ordinary, efficient and inefficient, rational and nonrational, methods for analyzing
> other methods, etc. and etc. It is a paradoxical vision, because the society's methodic operations
> include all of the practical and intellectual resources that sociology might want to claim for its
> own.

Ein Gegenargument liegt folglich darin, die unterschiedlichen Formen sozialer Praxis
als je spezifische soziale Phänomene in ihren Methoden und Praktiken der Ordnungsbildung zu re-spezifizieren. Insofern lässt sich argumentieren, dass auch die ‚analytische Trennschärfe' jeweils bezüglich der unterschiedlichen sozialen Praktiken zu
justieren ist. In diesem Buch hat die praxeologische Re-Spezifizierung von Spiritualität verdeutlicht, inwiefern soziale Interaktionssituationen und (Alltags-)Rituale
(Kap. 4) sowie Körperpraktiken und innere Wahrnehmungen (Kap. 5) genauso zur sozialen Praxis von Spiritualität gehören wie das Betreiben von Yogaphilosophie oder
die Hinterfragung des Dualismus von Theorie und Praxis (Kap. 6).

Das Verhältnis von Theorie und Praxis wird nicht nur für Yogapraktizierende
oder Flugzeugingenieur/-innen zum praktischen Problem und in der Ethnomethodologie auf spezifische Weise zum Gegenstand, sondern betrifft, wie deutlich wurde,
eine der Grundfragen soziologischer Theoriebildung. Dabei rang die Fundamental-
kritik der überwiegend jüdischen Soziolog/-innen um Garfinkel und Sacks in gewisser Weise auch mit einem ‚Überlegenheitsgestus' einer ‚ethnozentrischen', ‚white'-
und ‚malestream'-Soziologie ihrer Zeit. Sofern sich aber nicht nur die Soziologie, sondern auch die gesellschaftlichen Verhältnisse (in denen etwa auch *Modern Yoga* nicht
mehr primär in einer Kastengesellschaft verortet ist) gewandelt haben, bieten sich
m. E. Möglichkeiten für einen zwar nicht weniger konsequenten, aber moderateren
und konstruktiveren wechselseitigen Austausch in der gegenwärtigen Theorielandschaft.

7 Fazit

Dieses Buch hat in einem Yoga-Aschram in Indien und mit der Forschungsfrage begonnen, wie im Yoga Spiritualität in der sozialen Praxis her- und dargestellt und somit praktisch erklärbar werden kann. Es wurde deutlich, dass es sich dabei um eine sehr voraussetzungsreiche Frage handelt. So gibt es nicht nur die diversesten Verständnisse davon, was Spiritualität im Yoga bedeuten soll, sondern auch das subjektive Erleben von Spiritualität entzieht sich der externen wissenschaftlichen Beobachtung. Insofern zeichnen sich soziologische Betrachtungen in der Regel nicht durch ein genuines Interesse an Körperübungen, philosophischen Konzepten und inneren spirituellen Bewusstseinszuständen aus, die aber beim Yoga im Zentrum stehen. Liberman (1999: 55) hat nicht ohne Grund einmal etwas provokativ formuliert, dass „the very topic of meditation can turn social scientists green in the face, to the point that there is a professional pressure to ignore it as a phenomenon".

In Hinblick auf diese Herausforderungen liegt ein zentraler Erkenntnisgewinn dieser Forschungsarbeit bereits darin, Spiritualität im Yoga als einen soziologischen Untersuchungsgegenstand in seinen analytischen Dimensionen und in der methodologischen Betrachtungsweise zugänglich gemacht zu haben. Dazu bedurfte es an zentralen Stellen einer (ethnomethodologischen) Perspektivverschiebung, welche die alltäglichen Tätigkeiten der Teilnehmer/-innen, ihren körperlichen Vollzug sowie ihre praktischen Probleme und methodischen Lösungen radikal ernst nimmt. Es sind die sozialen Praktiken der Akteur/-innen, ihr konkretes, alltägliches und praktisches In-der-Welt-Sein, das im Zentrum dieser Betrachtung steht und als grundlegender Referenz- und Ausgangspunkt für alle weiteren Überlegungen in diesem Buch diente. In diesem Fazit möchte ich abschließend die zentralen Ergebnisse zusammenfassen und weiterführend diskutieren, was man mit einer solchen Perspektive gewinnen kann.

Entgegen den Selbst- und Fremdbeschreibungen von reiner Körpertechnik, religiösem Glaubenssystem oder anthropologischer und höchst subjektiver Transzendenz habe ich mit diesem Buch den Versuch unternommen, Spiritualität als ein soziales und in seinen Praktiken beobachtbares Phänomen zu beschreiben. Anstelle von subsumptionslogischen Zuordnungen bin ich dabei von mehrdeutigen Sinnzuschreibungen und konkreten Handlungsproblemen ausgegangen und habe gefragt, wie diese in konkreten sozialen Situationen identifiziert, relevant und bearbeitet werden. Das *doing* von Spiritualität, d. h. die soziale Praxis von Spiritualität, wurde in den einzelnen Kapiteln insbesondere anhand von drei analytischen Fokussierungen betrachtet:

(1.) Die verbalen und nonverbalen Interaktionsordnungen, vielfältigen (Alltags-) Rituale und Darstellungspraktiken der Teilnehmer/-innen, die sich in spezifischen Atmosphären und im Umgang miteinander ausdrücken.

https://doi.org/10.1515/9783110652802-007

(2.) Die konkreten Körperübungen, etwa der Kopfstand oder das Auf-dem-Boden-Liegen und Sitzen in Stille, die in sozialen Situationen erlernt und in ihren Wahrnehmungsmöglichkeiten verfeinert werden.

(3.) Die Relevanz und das Erlernen sowie die Aushandlungsprozesse im Umgang mit der Yogaphilosophie, d. h. die in der indischen Philosophie begründeten (Ethno-)Theorien des Feldes die in der Praxis relevant werden.

Diese drei Dimensionen der Yogapraxis strukturieren auch die Gliederung des Buches und bilden die zentralen Kapitel 4 bis 6. Sie lassen sich in der konkreten Praxis aber faktisch keineswegs trennen. Vielmehr lag der Blick darauf, wie Rituale und Interaktionsordnungen (Kap. 4), Körpertechniken (Kap. 5) sowie Ethnotheorien und Yogaphilosophie (Kap. 6), überhaupt als solche und noch spezifischer als Yoga und als Ausdruck von Spiritualität beschreibbar und analysierbar werden. Das heißt, sie wurden mit Blick auf ihre konkreten Praktiken und Methoden in spezifischen Kontexten und Vollzügen betrachtet, die sie erst als (soziale) Phänomene (*sui generis*) erscheinen lassen.

Da schweigende und bewegungslose Körper (etwa in der Meditation oder im Kopfstand) den Beobachtenden doch recht wenig über die Praxis von Spiritualität verraten, hatte ich einen Ausbildungskontext als einen der beiden empirischen Fälle ausgewählt. In der Yogalehrerausbildung sollen auch spirituelle und innerliche Praktiken vermittelt und praktisch erlernt werden. Somit verschiebt sich das Beschreibungs- und Beobachtungsproblem von soziologischen Beobachter/-innen zu den Yogalehrenden und Teilnehmenden der Ausbildung, die sich mit der Lehr- und Lernbarkeit von Spiritualität – „as their days work" (Garfinkel 2002: 182) – auseinandersetzen. Darüber hinaus ermöglichte das öffentliche und medienwirksame Yogafestival, als zweiter Fall der Untersuchung, über die eine Yogatradition der Ausbildung und das sehr spezifische Aschram-Setting hinaus, Praktiken der Spiritualität auch in einem breiteren Zusammenhang zu beobachten und im Feld des Yoga zu verorten. Neben den fortgeschrittenen Teilnehmenden der Ausbildung sollen auf dem Yogafestival zudem Noviz/-innen an den Yoga herangeführt werden, somit wird auch hier die Yogapraxis in besonderer Weise für die Beobachtung zugänglich.

Praktische Handlungsprobleme und das Erleben von Spiritualität werden ferner beim eigenen Erwerb von Teilnahmekompetenzen sowie beim Scheitern derselben teilweise nachvollziehbar. Daher habe ich selbst die Yogalehrerausbildung absolviert und autoethnografische Beobachtungen in der Analyse berücksichtigt, die zudem einen Einblick in meine Positionierungen in der Feldforschung ermöglichen. Ebenso wichtig scheint mir dabei das Argument, dass sich die methodische Reflexion des eigenen Nachvollzugs auch für die Auswahl und Interpretation von (Video-) Aufzeichnungen und Dokumenten als zentral erweist. Eine Praxis als Praxis erkennen kann nur, um eine Figur von Amann und Hirschauer (1997) zu adaptieren, wem die Oszillation zwischen pragmatischer Involvierung und soziologischer Beschreibung zugänglich ist.

Dabei war auch von Interesse, dass die Forderung nach dem eigenem Nachvollzug (*becoming member*) sowie die Bemühung um eine Hybridisierung der Perspektiven nicht nur abstrakte Postulate der Ethnomethodologie darstellen, sondern im Yoga als Anforderung des Feldes gesehen werden können. Yoga wird u. a. als eine »Erfahrungswissenschaft« beschrieben, in der die eigene Erfahrung von Spiritualität und dessen Bewährung im gewöhnlichen Alltag für die Teilnehmer/-innen als praktische Prüfsteine ihrer Praxis gelten. Die achtsame Präsenz im »Hier und Jetzt« ist für die spirituelle Praxis das Nadelöhr, das in der Soziologie die soziale Interaktion bildet. Laut den Formulierungen von Yogapraktizierenden erscheine eine Doktorarbeit zu Spiritualität im Yoga, die nur vom Intellekt und nicht auch vom Herzen komme und deren Autor/-in sich der rigorosen Auseinandersetzung mit den Empfindungen im Hier und Jetzt entziehe, wie eine Doktorarbeit zu einem Apfel von jemandem, der noch nie einen Apfel gegessen habe.

Auch in diesem Sinne erwies sich Yoga als ein idealer Forschungsgegenstand (*perspicuous setting*), um die methodologischen Empfehlungen und analytischen Überlegungen der Ethnomethodologie zu prüfen und grundlegend zu reflektieren. In dieser Hinsicht lässt sich diese Studie auch in Hinblick auf ihren Beitrag zur sozialwissenschaftlichen Methodendiskussion und Reflexion lesen und kann Anregungen auch für andere Forschungsfelder bieten. Was allerdings nicht davon entlastet – und dies kann als ein weiteres Ergebnis festgehalten werden –, die Herangehensweise und Perspektivierung am jeweiligen spezifischen empirischen Gegenstand „for ‚another first time'" (Garfinkel 1967: 9) zu entwickeln. Die Konsequenzen einer solchen Vorgehensweise, die sich auf die spezifische Praxis einlässt und ihre Forschungsmethoden aus den Methoden und Praktiken des Feldes ableitet, habe ich als *ethnomethodologische Ethnografie* beschrieben (vgl. Kap. 2.3 und Kap. 6.3.2).

Einige der zentralen Ergebnisse dieser *ethnomethodologischen Ethnografie der Yogapraxis* möchte ich im Folgenden entlang der einzelnen Kapitel des Buches abschließend zusammenfassen. Das zweite Kapitel entwickelte die beschriebene methodologische Perspektive anhand meines konkreten Feldzugangs und stellte mit dem Aschram und dem Yogafestival die beiden zentralen Untersuchungsfälle dieser Studie vor. Das Kapitel bot in dieser Hinsicht auch einen ersten Einstieg in die Welt des Yoga.

Kapitel 3 eröffnete daran anschließend mit dem gemeinsamen Tönen von Om das gesamte Spektrum der vorliegenden Untersuchung. Die drei zuvor dargestellten analytischen Dimensionen wurden anhand der Tätigkeit des Singens empirisch diskutiert und systematisch eingeführt. Om markiert Beginn und Ende von Yogastunden und rahmt im Aschram auch andere soziale Situationen. Om, die Urschwingung, aus der das gesamte Universum hervorgegangen sein soll, kann dabei *pars pro toto* für Spiritualität im Yoga stehen. Insofern ist mit „Am Anfang war das Om" ein mehrfacher Beginn zu verstehen, der auf die Hervorbringung des gesamten Universums und den Beginn der Yogastunde ebenso verweist wie auf den Beginn der Darstellung von Spiritualität in der Yogapraxis.

Bereits an der Betrachtung von Om wurde deutlich, inwiefern Spiritualität im Sinne eines indexikalen Verweisungszusammenhangs betrachtet werden kann. Das heißt, dass mit Spiritualität oftmals Bezüge auf ein nicht weiter spezifiziertes *Mehr* hergestellt werden, die sich durchaus unterscheiden können, je nachdem, ob Yoga bspw. von Sport, Wellness oder Religion unterschieden wird. Damit einher geht nicht selten eine Kritik an einseitigen, westlichen und oberflächlichen Yogarezeptionen, die dieses »Mehr« nicht ausreichend berücksichtigen würden. Häufig finden sich Verweise auf die zugrunde liegende Yogaphilosophie, die mit einer Vielzahl von Sanskrit-Begriffen auch eine Form von Komplexität einführt. Selbst ganz alltägliche Tätigkeiten im Aschram werden dabei so beschreibbar, dass ihnen noch tiefere Bedeutungen und (spirituelle) Zusammenhänge zugrunde liegen und sie dahingehend noch weiter hinterfragt und in der Ausübung und Wahrnehmung verfeinert werden können: »Alles ist Yoga«.

Om kann auch in diesem Sinne, erstens, als ein elementarer Baustein der Ethnotheorien betrachtet werden, zu welchem philosophische Abhandlungen zitiert und diskutiert werden. Zweitens handelt es sich beim Om um ein klassisches Ritual in sozialen Situationen mit kollektiver Einbindungskraft und sozialer Wirkmächtigkeit und drittens kann Om auch als eine Körpertechnik betrachtet werden, die Handlungsprobleme aufwerfen kann und praktischer Übung und sozialer Überwindung bedarf. Somit konnte anhand des gemeinsamen *Chantens* (des Singens von heiligen Silben oder sogenannten Mantras) bereits auf grundlegende Aspekte der Her- und Darstellung von Spiritualität aufmerksam gemacht werden, die die anschließenden Kapitel und die Frage nach einer spirituellen Wirklichkeitskonstruktion strukturieren und in diesem Kapitel in ihrem Zusammenhang und Zusammenspiel deutlich wurden.

Kapitel 4 lenkte den Blick auf (Alltags-)Rituale, Interaktionsordnungen und Darstellungspraktiken, d. h., in den Fokus rückte nicht nur das, was häufig als Yogaatmosphäre bezeichnet wurde, sondern die ganz alltäglichen Umgangsweisen untereinander ebenso wie traditionelle Rituale und rituelle Eröffnungssituationen. In Ritualen werden u. a. Formen des körperlichen Erlebens, Verhaltens und ihre Bedeutungen eingeübt, die sich auch in alltäglichen Interaktionssituationen wiederfinden, insofern bspw. die rituelle wechselseitige Verbeugung mit gefalteten Händen im Namaste beim Eröffnungsritual zugleich eine alltägliche Begrüßungsform im Aschram darstellt. Ausgangspunkt bildete die Betrachtung des rhetorischen und dialogischen Charakters der monologischen Festivaleröffnung. An dieser konnten bereits, wie im weiteren Verlauf auch bei der Yogalehrerausbildung, Mechanismen der kollektiven Einbindung und sozialen Persuasion von Ritualen beobachtet werden. Dabei konnte zudem beobachtet werden, wie Formen von *Ritualdistanz* an der Hervorbringung einer Mehrdeutigkeit von Spiritualität beteiligt sind. Die Yogapraxis kann dabei zwischen religiöser Ernsthaftigkeit und ironischer Selbstdistanzierung changieren, was einem heterogenen Publikum divergierende Interpretationsmöglichkeiten eröffnen.

Im Zentrum der Betrachtung von Ritualen stand, neben dem öffentlichen Status-wechsel zum/zur Yogalehrerauszubildenden, insbesondere der konkrete praktische Handlungsvollzug von Ritualen. Ungewohnte, verlangsamte, zerstückelte, repetitive und/oder verfremdete körperliche Tätigkeiten lassen sich als konkrete Handlungs-probleme betrachten, die an der Hervorbringung neuer Sinneseindrücke beteiligt sein können, die bis zu tranceartigen Zuständen reichen und auch mit Blick auf ihr Vermögen, gemeinschaftliche Erregungen, sprich: kollektive Efferveszenz (Durkheim ([1912] 1981: 290 ff.), zu erzeugen, betrachtet wurden.

Anhand der genaueren Analyse des Handlungsvollzugs konnten anthropologi-sche Ritualtheorien diskutiert und empirisch gezeigt werden, inwiefern die soziale Wirkmächtigkeit des Rituals vielmehr im inkrementellen Vollzug als in Bedeutungen oder strukturierten Handlungsabfolgen gesehen werden kann. In diesem Zusammen-hang wurde ferner diskutiert, inwiefern sich die Handlungsprobleme in einer Form von *Dauerliminalität* äußern können, die sich für die Herauslösung und Etablierung neuer und alternativer Selbst- und Weltverhältnisse als zentral erweist.

Anhand der Festivalatmosphäre und der Selbstdarstellung des vermeintlichen Gurus Kumaré konnten nicht nur Darstellungsformen von Spiritualität beschrieben, sondern auch gezeigt werden, wie diese an der sozialen Hervorbringung von Spiritu-alität beteiligt sein können – ganz im Sinne eines: „if you act like a guru, you can become a guru, you know?" Die Anerkennungs-, Ehrerbietungs- und Demutsprakti-ken wurden abschließend mit Blick auf Durkheims ([1898] 1986) moralischen Indivi-dualismus betrachtet, an den bereits Goffman (1967) angeschlossen hatte. Von be-sonderer Relevanz war dabei auch die Überlegung, dass eine solche Interpretation weniger das Ergebnis der soziologischen Analyse darstellt, als vielmehr den Teilneh-menden selbst zu einem gewissen Grad als Interpretationsfolie dient; eine Reflexivi-tät des Feldes, die sich ebenso bei der Diskussion von Ritualtheorien gezeigt hatte.

Denn Rituale werden im Feld nicht nur mit überaus elaborierten theoretischen Überlegungen angeleitet, sie werden auch gezielt und reflexiv eingesetzt, bspw. um intellektualistischen Überinterpretationen entgegenzuwirken oder um Gemeinschaft sowie Liebe und Mitgefühl gegenüber anderen hervorzubringen. Somit wurden in diesem Kapitel weitere Methoden und Praktiken herausgearbeitet, mit denen eine Mehrdeutigkeit von Spiritualität hergestellt werden kann. Diese ermöglichen eine Vermittlung und Gleichzeitigkeit von traditionellen religiösen Ritualen, etwa der Guru- und Gottesverehrung, und säkularen ritualtheoretischen Erläuterungen, die auch die Betonung der eigenen inneren Selbstverantwortung umfassen. Im Zentrum standen dabei das »Umlernen« und die »Akzeptanz von (bisher) nicht Versteh- oder Erklärbarem« als eine zentrale Zielsetzung der Yogalehrerausbildung und damit die Einübung in spirituelle Selbst- und Weltkonstruktionen, die sich zugleich im wech-selseitigen Umgang der Teilnehmer/-innen untereinander ausdrücken bzw. dadurch mitkonstituiert werden.

Auf die vielen Formen der reflexiven Verortung von Yogapraxis habe ich im Laufe der Arbeit immer wieder hingewiesen. Mit der Betonung des »Umlernens« werden

Rituale, aber auch philosophische Konzepte und Körpertechniken gezielt verwendet, um die Alltagswelt und ihre Bezüge und alltäglichen Orientierungen zu hinterfragen. Die Befremdung der eigenen Kultur ist dann aber nicht mehr ein Unterscheidungsmerkmal der ethnografischen Perspektive (vgl. Amann/Hirschauer 1997), sondern beschreibt eine zentrale Praxis von Spiritualität im Yoga, zu der sich die soziologische Beschreibung ins Verhältnis setzen muss.

Ferner leistete das vierte Kapitel einen Beitrag zur Verhältnisbestimmung von Goffmans Interaktionssoziologie, anthropologischen Ritualtheorien und Garfinkels Ethnomethodologie. So wurde die Guru-Darstellung von Kumaré mit Blick sowohl auf ein episodenhaftes *impression management* (Goffman 1963) als auch auf das fortwährende *passing* (Garfinkel 1967) betrachtet und es konnte gezeigt werden, dass es sich bei der jeweiligen Verortung um empirische Fragen handelt, die fallspezifisch zu prüfen und kontextsensitiv zu entscheiden sind. Bezüglich der Etablierung alternativer Selbst- und Weltverhältnisse wurde anhand dieser Analysen auch die Relevanz einer stärkeren Berücksichtigung anthropologischer Forschungen deutlich, welche ein Korrektiv für allzu leichtfertig formulierte universalistische Theorieannahmen bieten können.

In Kapitel 5 befanden wir uns schließlich auf der Yogamatte. Das Kapitel folgte der Perspektive des Feldes zur Relevanz von Körperübungen im Yoga, die als maßgeblich für die Etablierung von Spiritualität betrachtet werden. Dabei ging es auch in diesem Kapitel um soziale Situationen, in denen Körperübungen angeleitet und körperliche Korrekturen gezeigt, eingeübt und gelernt werden. Anhand einer »Rücken-und-Gelenke«-Yogastunde auf dem Festival wurde u. a. deutlich, wie körperliche Positionierungen und »innere Erfahrungen« in ihrem Zusammenhang angeleitet und als solche interpretierbar werden. Performative Darstellungen sowie verbale und insbesondere haptische Korrekturen bilden dabei einen zentralen Bestandteil der Yogapraxis und des Yogaunterrichts, in denen die praktische Lehr- und Lernbarkeit von Yoga und Spiritualität in den Mittelpunkt der Betrachtung rückte und beobachtbar wurde.

Dies habe ich anhand des Erlernens und Korrigierens von körperlichen Korrekturen bei der Yogahaltung »Fisch« in der Yogalehrerausbildung beschrieben. Dabei geht es nicht nur für die Teilnehmer/-innen um den eigenen Nachvollzug, sondern dieser erwies sich auch methodologisch für die Perspektivierung der Yogapraxis im Sinne von autoethnografischen Beschreibungen fruchtbar. Ferner konnte an die zentrale Relevanz von konkreten Handlungsproblemen aus dem Ritualkapitel angeschlossen werden. Die Verfremdung und Verlangsamung in ungewohnten und ungewöhnlichen Bewegungen und Körperhaltungen verweist dabei auf einen Alltagskörper, der als Ausgangspunkt für die Anleitung und Korrektur sowie für den eigenen Vollzug fungiert. In Anlehnung an die zumeist als fraglos hingenommene Alltagswelt (Schütz ([1945] 1971) bezeichnete ich damit einen bis auf Weiteres mit Idealisierungen wechselseitig unterstellten Bestand an Körperhaltungen,

Orientierungen und Bewegungen, die von den Körpern (der Mitglieder einer Kollektivität) erwartbar werden können.

Ähnlich wie mit dem Fokus auf Spiritualität im Yoga die Alltagswelt zum Problem erklärt werden kann, die entsprechend zu hinterfragen sei, wird auch der Alltagskörper mit seinen Widerständigkeiten zum Gegenstand intensiver und kontinuierlicher Auseinandersetzung in der Yogapraxis. Diese tätige Auseinandersetzung gestaltet sich vor dem Hintergrund eines Āsana-Ideals (der Vorstellung einer perfekten Yogahaltung), einer Gesamt-Gestalt (d. h. in der Art und Weise, wie der gesamte Körper auch an der kleinsten Bewegung beteiligt ist) sowie in den Verhältnisbestimmungen mit gesundheitlichen, medizinischen und spirituellen Körper-Konzepten bzw. Körper-Bildern. Dabei ging es mir aber weniger um die idealtypische Rekonstruktion dieser Konzepte, sondern um den praktischen Vollzug, in dem diese zum Tragen kommen.

Die Methoden und Praktiken beim Erlernen eines praktischen Verständnisses von Yogahaltungen, etwa bezüglich des Iliosakralgelenks bei der Yogastellung »Fisch«, wurden dabei mit den Praktiken der Hervorbringung von »inneren Erfahrungen«, etwa eines »kosmischen Ozeans der Liebe«, parallelisiert, welche auch im Feld zusammenhängen. Jedoch wurden die darin zum Ausdruck kommende Innen-Außen-Unterscheidung und ihre implizierte Körper-Geist-Trennung nicht als natürlich gegeben angenommen, sondern nach der konkreten Arbeit ihrer sozialen Hervorbringung gefragt.

Damit wurde in Kapitel 5 ein grundlegender Perspektivwechsel vollzogen, den ich im Anschluss an Garfinkel als eine praxeologische Re-Spezifizierung beschrieben habe. Ganz in diesem Sinne hatte ich bereits im zweiten Kapitel bezüglich auf dem Kopf stehender Körper und des schweigsamen Bewusstseins von einem *missing what* vieler soziologischer Theorieangebote und daraus resultierender Beschreibungen gesprochen. Dabei bedarf es keines Kopfstandes, um die Methoden und Praktiken des körperlichen Vollzugs in den Blick zu nehmen. Diese habe ich anhand des vermeintlich ‚einfachen‘ Auf-dem-Rücken-Liegens beim Ankommen auf der Yogamatte beschrieben. Das »Ankommen« bezieht sich sowohl auf das physische Eintreffen und soziale Einrichten auf der Yogamatte als auch auf den kollektiven wie »innerlichen Vollzug« eines sich »Einstimmens« und »Einlassens« auf die Yogapraxis. Die Perspektivverschiebung bezog sich insbesondere darauf, die konkreten Praktiken der Innerlichkeit in ihrem körperlichen Vollzug und ihrer Sozialität zum Gegenstand der soziologischen Betrachtung zu machen.

Die zugrunde liegende Überlegung bestand darin, dass Innerlichkeit nicht nur historisch soziokulturell formatiert ist, etwa als eine Erfindung des Subjekts, sondern in der ganz alltäglichen Praxis fortwährend als solche hervorgebracht, stabilisiert und bestätigt werden muss (oder auch infrage gestellt wird). Mit der Frage nach Spiritualität wird sichtbar, wie auch innere Erfahrungen in soziale Selbst- und Weltverhältnisse eingebunden sind. Diese betreffen die Auseinandersetzung mit der eigenen Körperlichkeit, der Yogamatte, dem Boden, der Überdecke, der Stimme, den (generalisierten) Anleitungen und Korrekturen der Yogalehrer/-innen sowie den Erwartungen und Erwartungserwartungen der sozialen Situation. Sie sind alltagssprachlich und alltagskörperlich eingebettet, so dass Anleitungen wie »Schließe deine Augen und richte nun deine Sinne nach innen« zunächst verständlich sind, aber zugleich indexikal auch darüber hinaus auf ein Mehr verweisen.

Im Anschluss an Mead habe ich dabei von einer primordialen bzw. primären Sozialität gesprochen, die dem Selbstverstehen und der Individuierung vorgeordnet ist. Auch die eigene (körperliche) Selbstwahrnehmung ist z. T. an den Darstellungsaspekt der Körperlichkeit im Sinne eines Sich-selbst-Anzeigens gebunden und lässt sich insofern als ein sozial formatiertes Verhältnis verstehen. In Begriffen der Ethnomethodologie geht es um praktische Reflexivität und *accountability* der Yogapraxis, d. h. um die praktische Interpretier- und Erklärbarkeit, welche die Innen-Außen-Differenz unterläuft, „da Erzeugung und Interpretation in eins fallen" (Meyer 2017: 14; vgl. Bergmann 1987/88: 45 f.). *Accountability* ist dabei nichts, was von den Tätigkeiten selbst zu unterscheiden, ihnen vor- oder nachzuordnen wäre, sondern realisiert sich in deren Vollzug, obgleich die praktisch hervorzubringenden Phänomene in ihren stabilisierten, z. B. institutionalisierten oder diskursiven Formen den Teilnehmer/-innen als eine externe Realität erscheinen (können).

Spiritualität und andere Formen von Innerlichkeit werden somit als soziale Leistungen und als *ongoing practical accomplishment* beschreibbar. Die Formen des Innenlebens beginnen bereits mit der kindlichen Sozialisation und erscheinen später zumeist als eine natürliche Realität, deren praktische und kontinuierliche Hervorbringung in der Regel nur in Ausnahmesituationen und in der Abweichung, etwa bei schwerer Krankheit, sichtbar und zum Gegenstand wird. Anhand der empirischen Analysen und Beschreibungen konnte in dieser Untersuchung das Hinterfragen dieser Realität im Yoga ethnomethodologisch re-formuliert und sozialtheoretisch fundiert werden.

Studien, die sich für das körperliche In-der-Welt-Sein und innere Erfahrungen interessieren, greifen für die theoretische Beschreibung sehr häufig auf die Leibphänomenologie zurück. Diese bietet u. a. ein begriffliches Instrumentarium, um Phänomene zu sortieren und zu beschreiben. Auch aufgrund der Parallelen von Yoga und Phänomenologie habe ich im fünften Kapitel zunächst an phänomenologische Beschreibungen der Yogapraxis angeschlossen. Mit der Analyse habe ich aber gezeigt, dass die Sozialität von Praktiken der Innerlichkeit über die Phänomenologie hinausweist. Letztere identifiziert zwar zentrale Themen und adressiert relevante Fragen, kann aber deren soziale Verfertigung nur sehr bedingt beschreiben. Im Anschluss an Mead, Wittgenstein und die Ethnomethodologie habe ich daher entlang der empirischen Analysen und Beschreibungen versucht, die für eine solche Verortung notwendige sozialtheoretische Fundierung herauszuarbeiten, die an zentrale Annahmen der Ethnomethodologie anschließt.

Diese sozialtheoretischen Überlegungen können auch über das Feld des Yoga hinaus einige Anregungen für ähnlich schwer zu fassende Phänomene liefern, bspw.

in der Lehr- und Lernforschung, in der Arzt-Patient/-innen Interaktion oder in der Körper- und Psychotherapie. Im Kontext der Medizin und Psychotherapie zeigt sich bspw. ein vermehrtes Interesse u. a. an der Achtsamkeitspraxis (vgl. Grossman 2008; Eisenmann/Oberzaucher 2019). Auch im Tätigkeitsfeld der Psychotherapie selbst lassen sich möglicherweise einige Konzepte und empirische Phänomene, wie Übertragung und Gegenübertragung, mit einer an der Yogapraxis geschärften theoretischen Optik in einem neuen Licht betrachten (vgl. bspw. zur Relevanz der Konversationsanalyse für die Psychotherapie Peräkylä et al. 2008 sowie zur Familienaufstellung Nazarkiewicz/Oberzaucher/Finke 2016). Angebote zum Trauma-sensiblen Yoga (Dunemann/Weiser/Pfahl 2017) oder Yoga für Psychotherapeuten (Valente/Marotta 2005) deuten dabei bereits auf solche Überschneidungen der Perspektiven hin, die m. E. insbesondere auch in der körperorientierten Psychotherapie fruchtbar gemacht werden könnten.

Ferner lässt sich die vorliegende Studie mit Blick auf die sozialtheoretischen Überlegungen allgemeiner als Beitrag zur gegenwärtigen Diskussion der Praxistheorien lesen und bietet im Besonderen in diesem Bereich Anschlüsse für die Lern- und Sozialisationsforschung sowie für die Körpersoziologie. So hoffe ich, dass dieses Buch u. a. darauf hinweisen kann, dass sich im Anschluss an die Ethnomethodologie auch über diese Studie hinaus eine Sozialtheorie und ein Forschungsprogramm formulieren lassen, deren Möglichkeiten noch nicht in vollem Umfang ausgeschöpft und realisiert wurden.

Im sechsten und abschließenden Kapitel wurden die Ethnotheorien des Feldes, die Yogaphilosophie, zum Gegenstand der Untersuchung. Ausgangs- und Endpunkt der Betrachtung bildete die yogaphilosophische Annahme der prinzipiellen Begrenztheit von Sprache, Verstand, Theorien und Konzepten. Diese können aus Sicht des Feldes nur relative und dualistische Aussagen treffen, die letztlich das, worum es im Yoga und in der Spiritualität eigentlich gehe, verfehlen. Im Alltag gebe es zwar ein Ich und Dich sowie eine unterscheidbare Welt, die allerdings aus absoluter Sicht im Sinne einer All-Einheit (Brahman) grundsätzlich infrage zu stellen sei. Das Kapitel zeigt nicht nur, wie Praktizierende mit den erkenntnistheoretischen Überlegungen z. T. ringen und inwiefern diese eine zentrale Relevanz erlangen können, sondern auch, wie sich im Sinne des beschriebenen »spirituellen Konstruktivismus« (vgl. Kap. 6.2) ein praktisches Interesse an alltäglichen Selbst- und Weltkonstruktionen im Yoga konstituiert.

Dabei erweist sich für die praktische Zielsetzung der (absoluten) Erkenntnis das Verhältnis von Theorie und Praxis als zentral. Dieses verweist auch auf das anhand der Körperhaltungen diskutierte Verhältnis von Innen und Außen und fußt auf der alltäglichen Dichotomie von Körper und Geist. Entsprechend konnte das abschließende Unterkapitel zum Verhältnis von Theorie und Praxis (vgl. Kap 6.3) an zentrale Argumentationsstränge der vorherigen Kapitel anschließen und die Forschungsarbeit mit der Frage nach den Möglichkeiten und Grenzen theoretischer Beschreibungen im Yoga und in der Soziologie abschließen.

Die wichtigsten Erkenntnisse dieses Kapitels beruhen darauf, das Erlernen, Verstehen und Betreiben, also den Umgang mit der Yogaphilosophie und das Philosophieren selbst, weniger als eine rein geistige Tätigkeit zu betrachten, sondern ebenso als eine soziale Praxis zu fassen. Als *jñāna*-Yoga (Yoga der Erkenntnis) korrespondiert dies mit der Sicht des Feldes. Yogaphilosophie wurde entsprechend nicht als ein Hintergrund oder ein Überbau der spirituellen Praxis behandelt, sondern es wurde gefragt, wie spirituelle Vorstellungen und philosophische Reflexionen im Yoga hervorgebracht und praktiziert werden. Somit wurde das *doing* von Yogaphilosophie beschreibbar.

Dieser Analyseschritt erwies sich auch insofern als bedeutsam, als die Betonung der Praxis gegenüber den Semantiken, Diskursen etc. auch die potenzielle Gefahr beinhalten kann, die Vorstellungen und Theorien der Praktizierenden in ihrer Relevanz aus dem Blick zu verlieren und den Dualismus von Theorie und Praxis mit neuem Vorzeichen, nun mit dem Fokus auf körperliche Tätigkeiten, zu wiederholen. Das Kapitel bietet diesbezüglich ein wichtiges Korrektiv und verweist auch in diesem Sinne auf den Beitrag dieser Forschungsarbeit zur Praxistheorie sowie zur Religionssoziologie. So lässt sich, eingedenk der verbreiteten wissenschaftlichen Fokussierung auf Glauben und Glaubenssysteme, die sich bspw. auch in religionspsychologischen und semantischen Analysen zeigt (vgl. exemplarisch Streib/Hood 2016), der Fokus konsequent auf die konkrete religiöse und spirituelle Praxis verschieben.

Im letzten Unterkapitel dieser Arbeit wurden die Ergebnisse des Yogaphilosophie-Kapitels bereits konzis zusammengefasst und die Relevanz der herausgearbeiteten empirischen Theorie-Praxis-Verhältnisse für die soziologische Theoriebildung im Allgemeinen und die ethnomethodologische Ethnographie im Besonderen diskutiert. Somit möchte ich abschließend nur zwei weitere Aspekte aus dieser Diskussion herausgreifen, die ebenso über diese Studie hinausweisen.

Die verbreitete Kritik von Körper-Geist-Dualismen, etwa als kognitivistischer Bias, lässt sich, wie auch andere wichtige Kritiken an soziologischen Theorien (etwa des Ethnozentrismus), wenn man der vorgeschlagenen Argumentation folgt, auf einen weiteren, nämlich den alltäglichen Bias soziologischer Theorie zurückführen. Bereits Cicourel (1974) hat kritisch festgehalten: „Social scientists working in their own country take for granted their own vocabulary and common sense or implicit conceptions of others, places, and things, and also take for granted the vocabulary and implicit conceptions of the people they study." Entsprechend ist es auch der alltägliche Sprachgebrauch von Innen und Außen sowie von Theorie und Praxis, der sich in der Theoriearchitektur sowohl im Yoga als auch in der Soziologie widerspiegelt. Dieser Bias lässt sich m. E. nicht als ein Problem überwinden, sondern ist in seiner Notwendigkeit weiterführend zu reflektieren.[95] Ein Ansatz, dem in diesem Buch

---

95 Bhawuk (2011: xxii) beschreibt ein ganz ähnliches Problem bei seiner Bemühung, mit Blick auf Spiritualität in Indien indigene psychologische Konzepte zu entwickeln: „Thus, starting with such a

gefolgt wurde, liegt zum einen darin, theoretische Konzeptionen zunächst einzu-
klammern und das „practical sociological reasoning" (Garfinkel 1967: 1) der Teilneh-
mer/-innen zum grundlegenden empirischen Ausgangspunkt zu nehmen.

Zum anderen betrifft eine Reflexion des alltäglichen Bias soziologischer Theorie
auch die eigene Konstruktionsleistung. Alkemeyer, Schürmann und Volbers
(2015: 19) formulieren dieses Problem auch bezüglich gegenwärtiger Praxistheorien:

> Die Praxistheorien verstehen sich selbst als anti-metaphysisch und betonen daher die Kontin-
> genz und Situiertheit des Denkens und Handelns. Wie kann dann der praxistheoretische Zugriff
> auf diese Praxis, der ja selbst „kategorial formatiert" (Schürmann) ist, sich selbst verorten? Das
> Grundproblem ist, die Bedingtheit des eigenen Denkens in dieses Denken einzuholen.

Wenn auch in einem anderen Begründungszusammenhang, so stellte diese Problematik einen zentralen Gegenstand in der Behandlung der Yogaphilosophie dar. Aus
den *categorical frameworks*, wie Gangadean (1998, 2008: 112) sie mit Blick auf die indische Philosophie nennt, gibt es im Bereich der Theorien im Yoga ebenso wenig ein
Entrinnen wie in der Soziologie. Die Reflexion der Begrenztheit der eigenen Konstruktionsleistung bildet somit einen wichtigen Punkt sowohl von Spiritualität im Yoga als
auch in der soziologischen Beschreibung. Carlos Castaneda (1993: xiv) hatte diese
Grenzen letztlich aus dem Blick verloren, als er sich von den „adäquaten akademischen Normen abgewandt" hatte und von der „anthropologischen Datenerhebung"
zur „Verinnerlichung der neuen kognitiven Prozesse in der Welt der Schamanen"
übergegangen war, ohne jedoch wieder zurückzukehren. „Ein wirkliches Internali-
sieren solcher Prinzipien geht mit einer Transformation einher, mit einer anderen Re-
aktionsweise gegenüber der alltäglichen Welt" (Castaneda 1993: xiv).[96]

---

theoretical position invariably leads to the pseudoetic approach in which theories are necessarily
Western emics. To avoid this Procrustean bed of Western-theory-driven research, it is necessary to
start with insights offered by indigenous cultures."

96 Die zitierten Passagen stammen aus einem neuen Vorwort zur dreißigjährigen Jubiläumsausgabe
von „Die Lehren des Don Juan – Ein Yaqui-Weg des Wissens". In dieser dankt Castaneda (1993: xii f.)
seinen akademischen Lehrern Clement Meighan und insbesondere Harold Garfinkel, der ihm das
„höchst bedeutsame ethno-methodologische Paradigma vermittelte". Nach seiner eigenen Einschätzung war Castaneda „den eigenen Gesetzmäßigkeiten und Strukturen des Phänomens" so weit gefolgt, dass es ihm letztlich versagt blieb „sicheren Boden zu gewinnen. [...]. Ich tauchte so tief in die
Feldforschung ein, daß ich mir sicher bin, gerade die Leute, die mich förderten, am Ende enttäuscht
zu haben" (Castaneda 1993: xiii). Castanedas Arbeit ist überaus umstritten. In seinen populären Büchern findet sich eine schamanische Metaphorik, die sich auf einige der in diesem Buch verhandelte
Phänomene beziehen lässt. So spricht Castaneda bspw. von einem Montagepunkt (*assemblage point*)
im leuchtenden Energiefeld des Menschen, den er als eine *energetische Tatsache* beschreibt, die man
mit entsprechender Übung sehen könne. Dieser Montagepunkt lege fest, was wir als wahr und wirklich wahrnehmen und erleben und was nicht. Bei den meisten Menschen, zu einer jeweiligen Zeit und
Kultur, läge dieser an einem ähnlichen Ort und sei in der Alltagswirklichkeit nahezu unverrückbar.
Diesen Montagepunkt gelte es nun aber zu verschieben und kohärent aufrechtzuerhalten, wofür es

Mit dem Konstruktionscharakter von Wirklichkeit, dessen Pendant sich im »spirituellen Konstruktivismus« des Yoga findet, möchte ich abschließend noch auf einen weiteren Aspekt zu sprechen kommen.[97] Während Yoga häufig im Kontext von Individualisierung, Subjektivierung und moderner Konsumkultur verortet wird (vgl. bspw. Knoblauch 2009; Jain 2015), zeigt meine Untersuchung, wie sich Yogapraktizierende reflexiv zu solchen Einschätzungen positionieren. Es lohnt sich daher, darüber nachzudenken, inwiefern Yoga für Praktizierende weniger eine Antwort auf Fragen der Selbstoptimierung oder Selbstverwirklichung darstellt als eine mögliche Antwort und Auseinandersetzung mit einem Zweifel an der Wirklichkeit. Ausgehend von einer zunehmenden Pluralisierung und u. a. in Diskussionen zu Konstruktivismus, Postmoderne oder reflexiver Modernisierung (bspw. Hacking 1999; Feyerabend 1986; Baumann 1992; Beck/Giddens/Lash 1996) zeigen sich in der gegenwärtigen Gesellschaft vermehrt die Grenzen alltäglicher wie auch wissenschaftlicher Wirklichkeitskonstruktion. Hierauf verweisen auch die im Yoga verbreiteten Kritiken an westlich, dualistisch, wissenschaftlich, reduktionistisch und materialistisch gerahmten Weltbildern.

Mit Blick auf den theoretischen Konstruktivismus hat Knorr-Cetina (2008: 55) auf diesen Umstand und damit auf „Veränderungen der Infrastruktur unserer Wahrheitsproduktion" hingewiesen: „Was heute offensichtlich wird, sind Veränderungen in der traditionellen epistemischen Infrastruktur, die sich in radikalen Bedenken gegenüber Objektivität, Kausalität, empirischer Entscheidbarkeit usw. manifestieren" (Knorr-Cetina 2008: 51). Bedenken, die sich in gegenwärtigen Diskussionen etwa zum Post-Faktischen oder im Rahmen der Einschätzungen der Covid-19-Pandemie und möglicher Impfangebote z. T. weiter zuspitzen (vgl. Eisenmann/Koch/Meyer 2021). Man könnte überlegen, inwiefern zu Freuds ([1917] 1999) Kränkungen der Menschheit in den letzten Jahren noch eine konstruktivistische Kränkung hinzugefügt wurde, die sich nicht nur in z. T. überaus problematischen Gegenpositionen zeigen kann,

---

langwieriger Übung und spezifischer Praktiken bedürfe. Die Terminologie seines Gesprächspartners und Lehrers Don Juan erinnert dabei an nicht wenigen Stellen an Harold Garfinkel selbst (vgl. Bergmann 1974: 145 f.).

97 Bezüglich der Konstruktion okkulter Wirklichkeit im New Age stößt auch Stenger (1993: 257) auf dieses Problem: „Die Konstruktion von Realität zu analysieren und in der Analyse eben diese Konstruktion zu vollziehen." Stenger untersuchte insbesondere Dokumente und Interviews und gelangte diesbezüglich ebenso zu einer Parallelführung von wissenssoziologischem Konstruktivismus und der Konstruktion okkulter Wirklichkeit: „Zweifeln, Prüfen, Suchen, Forschen – in diesen und ähnlichen Aktivitäten dokumentieren sich psychologische und soziale/ gesellschaftliche ‚Grenzlinien' der Wirklichkeit; dies ist das Übergangsfeld, in dem der Kosmos anthropologischer Möglichkeiten in ‚feste' Strukturen der Realität überführt wird. Dies ist daher auch in doppelter Weise Gegenstand der Arbeit gewesen."

sondern die mit Spiritualität im Yoga auch eine mögliche Form der praktischen Bearbeitung findet.[98]

Anstatt aber wie Freud von einem narzisstischen Weltbezug auszugehen, ließe sich dies anstelle einer Kränkung auch als eine bescheidenere und demütigere, vielleicht sogar adäquatere Beschreibung von Wirklichkeit denken. Infolge eines solchen Zweifels an der Wirklichkeit und der systematischen praktischen Hinterfragung des Alltags stellt sich für Yogapraktizierende auch die bereits am Ende der Einleitung aufgeworfene Folgefrage, in was für einer Welt wir leben wollen. Wenn Hartmut Rosa (2016) bspw. in modernen Weltbeziehungen sucht, die Inseln und Formen der „Resonanz" zu identifizieren, auch um mögliche Antworten auf die anhaltende Beschleunigung und Entfremdung zu finden, so bietet die Analyse der Hervorbringung spiritueller Selbst- und Weltverhältnisse vielleicht ebenso eine Möglichkeit, solche Überlegungen praktisch wie empirisch zu kontextualisieren. Um eine Argumentationsfigur von Adorno (1962) zu adaptieren: Erst wenn die überaus voraussetzungsreiche Annahme plausibel erscheint, dass eine andere Wahrnehmung der Wirklichkeit möglich ist, kann diese überhaupt zum Problem werden. Erst dann lässt sich sinnvollerweise danach fragen, wie diese Wirklichkeit sozial hergestellt werden kann oder wird. So hoffe ich, dass mit diesem Buch nicht nur Soziolog/-innen etwas über Yoga und Yogapraktizierende etwas über Soziologie lernen können, sondern dass die empirische Untersuchung von Spiritualität im Yoga auch ein Beitrag zur Soziologie, zum Yoga und vielleicht sogar zu einem besseren Verständnis unserer alltäglichen Wirklichkeiten leisten kann. *Oṃ svāhā.*

---

98 Zu den drei „narzisstischen Kränkungen" zählte Freud ([1917] 1999: 11) neben Darwins Evolutionstheorie und der kopernikanischen Wende auch die Psychoanalyse. Sowohl die Menschen als auch ihr Planet Erde stünden somit nicht mehr im Mittelpunkt der Wirklichkeit, und mit der Psychoanalyse müsste der Mensch sich damit auseinandersetzen, „daß das Triebleben der Sexualität in uns nicht voll zu bändigen ist und daß die seelischen Vorgänge an sich unbewußt sind und nur durch eine unvollständige und unzuverlässige Wahrnehmung dem Ich zugänglich und ihm unterworfen werden". Eine Kränkung der Eigenliebe, „dass das Ich nicht Herr sei in seinem eigenen Haus". Zu diesen Kränkungen wurden bspw. „technologische Kränkungen" (Rohbeck 1993), die Erkenntnis der Unbeherrschbarkeit der Natur als „ökologische Kränkung" (Vollmer 1999) oder etwa eine „digitale Kränkung" (Lob 2014) ergänzt. Potenzielle Kränkungen durch die Geistes- und Sozialwissenschaften beobachtet ferner Hirschauer (2015: 129), der davon spricht, dass es scheint, „als habe die Soziologie den drei Kränkungen von Freud [...] drei weitere hinzugefügt: eine interaktionistische, eine organisationssoziologische und eine techniksoziologische". Diese haben den Menschen, so Hirschhauer, „aus dem Zentrum seiner Handlungen verdrängt, ihn seines Handlungsmonopols beraubt". Ich denke, dass (im Sinne der interaktionistischen Kränkung) vom Sozialkonstruktivismus sowie von der Rezeption des *doing*-Konzeptes, etwa als *Doing Gender*, noch tiefgreifendere Einflüsse auf gegenwärtige gesellschaftliche Selbst- und Weltverortungen ausgehen. Dass heute etwa mit Transgender-Kategorien auch institutionelle Folgen dieser sozialwissenschaftlichen Einsichten realisiert werden ist eine Situation, die in den 1950er und 1960er Jahren, als Garfinkel (1967) die Agnes-Studie durchführte, noch nahezu undenkbar gewesen wäre.

Danksagung

Gerne bleibe ich im Kino am Ende eines Filmes sitzen und staune über die Namens- und Firmenlisten, die an der nur anderthalbstündigen Unterhaltung beteiligt waren. In wissenschaftlichen Büchern findet sich demgegenüber häufig nur ein einziger Name auf dem Cover einer sogenannten Monografie. Nun handelt es sich aber beim vorliegenden Buch auch um eine Ethnografie, deren Darstellungen und Beschreibungen ohne all die vielen Menschen, die mich an ihren Leben teilhaben ließen und mir ihr Vertrauen geschenkt haben, nicht denkbar wären. Mein besonderer Dank gebührt somit dem ‚Ethnos‘, den unzähligen Hauptdarsteller/-innen, Informant/-innen und Statist/-innen dieses Buches, die sich die Zeit genommen haben, mit mir zu sprechen, meine vielen Fragen und beobachtenden Blicke sowie Aufnahmegerät und Kamera erduldeten und mich in meinem Vorhaben bestärkt haben. Im Rahmen der Anonymisierung kann ich sie hier nicht eigens nennen, aber ich möchte ihnen, wie auch den vielen Lehrenden und Lernenden des Yogafeldes, denen ich begegnen durfte, ganz herzlich danken.

Es war die grundlegende Idee dieses Buches, dass Spiritualität nicht nur ein einsames, isoliertes und individuelles Phänomen ist. In diesem Sinne fällt auch der Beginn dieser Forschungsarbeit nicht mit dem Schreiben meines ersten Exposés in Bielefeld zusammen. Daher danke ich allen Wesen, vor allem denen, die mit mir gemeinsam gedacht, gelitten, gelebt und gelacht haben. Stellvertretend möchte ich meinen verstorbenen Großeltern Mathilde und Gottfried Schlereth gedenken, die mir zudem ihre unterschiedlichen Formen der Glaubenspraxis vorgelebt haben. Mit Liebe widme ich dieses Buch meinen Eltern Maria und Felix Eisenmann sowie meiner Schwester Julia.

Die Ausübung von Wissenschaft stellt ebenso kein individuelles oder isoliertes Phänomen dar, sondern auch sie lässt sich als eine soziale Praxis verstehen. In diesem Zusammenhang habe ich zwar die Möglichkeit, einige Namen zu nennen, aber kann das, was man mit Fleck ([1935] 1980: 53 ff.) als „Denkkollektive" bezeichnen könnte, letztlich nur andeuten. Dabei sind es unterschiedliche „Denkstile", denen ich Inspiration, Denkanstöße, Ideen, Korrekturen, Unterstützung und Aufmunterung verdanke, wenngleich ich nicht allen gerecht werden konnte.

An erster und wichtigster Stelle gilt mein herzlichster Dank meinen beiden Gutachter/-innen Bettina Heintz und Jörg Bergmann, die diese Forschungsarbeit begleitet und betreut haben. Beide leben eine Art und Weise, Wissenschaft zu betreiben, die sich nicht (nur) auf ihre wissenschaftliche Expertise und Brillanz reduzieren lässt. Der intensive Arbeitsaufwand, das Vertrauen und Verständnis, welche gute Betreuungsverhältnisse (vor allem auch menschlich) auszeichnen und die ich über viele Jahre erleben durfte, lassen sich hier ebenso nur andeuten. Danke.

Mein Dank gilt ferner der Bielefeld Graduate School for History and Sociology sowie der Deutschen Forschungsgemeinschaft, insbesondere auch für die Finanzierung

https://doi.org/10.1515/9783110652802-008

dieses Forschungsprojekts in Form eines Stipendiums, der Fakultät für Soziologie der Universität Bielefeld, an der ich während meiner Dissertation in den Arbeitsbereichen „Theorie" und „Qualitative Methoden" unterrichten durfte, meinen Kolleg/-innen, die mich in Bielefeld und in der Soziologie sehr herzlich aufgenommen hatten, sowie den Studierenden. Von diesem Kontext ausgehend gilt mein Dank (alphabetisch): u. a. Thomas Abel, Jelena Adeli, Gleb Albert, Felix Albrecht, Beat Bächi, Stefan Beher, Hannah Bennani, Naby Berdjas, Annette Bochmann, Mai-Anh Boger, Julia Breittruck, Paul Buckermann, Martin Bühler, Sophia Cramer, Melanie Dejnega, Anna Demidova, Naveen Duby, Franz Erhard, Eva Fenn, Eric Fischer, Jan Fuhse, Inka Fürtig, Sandrine Gukelberger, Paul Goerigk, Linda Groß, Stephanie Hagemann-Wieholt, Lieselotte Hasselhoff, Simon Hecke, Gudrun Hessler, Christian Hilgert, Sarah Hilterscheid, Sarah Hitzler, Thomas Hoebel, Boris Holzer, Jan Hodina, Sebastian Winnie Hoggenmüller, David Kaldeway, Barbara Keller, Sven Kette, André Kieserling, Constantin Klein, Andrea Kretschmann, Barbara Kuchler, Marianne Langstrof, Frank Leitenberger, Vera Linke, Dana Mahr, Christian Meier zu Verl, Marius Meinhof, Cornelis Menke, Christian Meyer, Verena Molitor, Marion Müller, Frank Oberzaucher, Ulf Ortmann, Peter Parkinson, Jan Peter, Martin Petzke, Chiara Pierobon, Jeannette Prochnow, Ole Pütz, Ralf Rapior, Kai Rainhardt, Britta Richter, Caterina Rohde, Diob Sambalaje, Kornelia Sammet, Sebastian Sattler, Marén Schorch, Susanne Schultz, Zoltán Simon, Ajit Singh, Sonja Sobiraj, Gunnar Stollberg, Heinz Streib, Miriam Tag, Rory Tews, Hartmann Tyrell, Ulrich von Wedelstaedt, Thomas Welskopp, Andreas Wenninger, Tobias Werron, Alexandra Wiebke, Kristina Willjes, Pauline Worley, Joachim Wöll und Ramy Youssef.

Ausgangspunkt für mich war die Universität Augsburg, an der ich im Magisterstudiengang Soziologie, Philosophie und Psychologie studieren durfte. Die besondere Atmosphäre der Gelassenheit, Neugierde und des wissenschaftlichen Austauschs unter den Studierenden (u. a. mit Nassrin Achatz, Kathrin Baumgärtner, Laura Behrmann, Sina Birkholz, Ulf Bohman, Saša Bosančić, Susann Dettmann, Marc Grimm, Tobias Hartmann, Heiko Helbig, Marc Hollfelder, Bodo Kahmann, Benjamin Matthies, Henrik Ohlsen, Eva Pörnbacher Steffi Rubenbauer, David Runschke, Bernhard Schiller, Nagi Siam, Daniela Singer, Janka Schmeißer, Thorsten Schmidt, Laura Schröder, Philipp Spranger, Katja Teich, Gisela Thorneycraft, Steffi Übel, Barbara Umrath, Andreas Wiebel und Michael Zeilinger), die ich dort erleben durfte, sowie viele der Fragen und Themen, mit denen ich mich in dieser Zeit beschäftigte – u. a. bei Fritz Böhle, Hans P. Sturm, Manfred Bartl-Dönhoff, Carola Schmid und Stefan Böschen –, begleiten mich noch heute und werden z. T. in diesem Buch verhandelt.

Wenn ein Forschungsprojekt – wie dieses – über viele Jahre an unterschiedlichen Orten durchgeführt und fortgesetzt wird, dann multiplizieren sich auch die Kontexte, von denen ich noch einige weitere nennen möchte, die mich in unterschiedlichsten Formen unterstützt und inspiriert haben: die Universität Siegen und der Sonderforschungsbereich „Medien der Kooperation" (SFB-1187), der in den letzten Jahren mein

Leben bereicherte. In diesem Umfeld danke ich insbesondere: Klaus Amann, Gabi Basten, Felix Carros, Kathrin Englert, Christian Erbacher, Lene Faust, Inka Fürtig, Anja Höse, Susanne Kokel, Jochen Lange, Christoph Ledwig, Bina Mohn, Wolfgang Reißmann, Cornelius Schubert, Erhard Schüttpelz, David Sittler, Tristan Thielmann, Ehler Voss, Jutta Wiesemann, Erik Wittbusch, Volker Wulf und Martin Zillinger. Ferner der Fachbereich „Geschichte und Soziologie" der Universität Konstanz, an dem ich im Bereich „Allgemeine und Kultursoziologie" bei Christian Meyer tätig bin und u. a. auch an Kontexte aus Bielefeld anschließen durfte.

Beginnt man – wie ich in diesem Abspann – auch Personen für ihre indirektere Inspiration oder herzliche Aufmunterung zu danken, dann wird man notwendigerweise Wichtiges vergessen. Ähnlich zum Feld der Spiritualität tendieren auch wissenschaftliche Identitäten dazu, als natürliche Realität zu erscheinen, deren wechselseitige Verfertigung nicht mehr sichtbar wird. Daher möchte ich noch ein paar etwas entferntere Kontexte nennen. Im Umfeld von Mainz: u. a. Tobias Boll, Stefan Hirschauer, Bjorn Krey, Robert Mitchell und Larissa Schindler; Berlin: u. a. Michael Jeitler, Christian Kessler, Hubert Knoblauch, Claudia Rühle, Bernt Schnettler und Rene Tuma; Luzern: u. a. Andrea Glauser, Karin Stieger, Vera Tauber, Luca Tratschin und Markus Unternährer; Oldenburg: u. a. Thomas Alkemeyer, Kristina Brümmer, Thomas Pille und Jürgen Streeck.

Hinzu kommen eine Reihe internationaler Kontakte, die mich und dieses Buch sehr bereichert haben, so dass ich Waverly Duck, Kenneth Liberman, Michael Lynch, Peter K. Manning, Anne W. Rawls und Jason Turowetz meinen Dank aussprechen möchte. Ohne Waverly und Jason wäre die Pandemie kaum ertragbar gewesen, danke für die tägliche Unterstützung. Auch die inspirierende Zusammenarbeit mit Christian Meyer, Robert Mitchell, Frank Oberzaucher und Anne W. Rawls möchte ich hervorheben. Sebastian Spiering danke ich für das gründliche Lektorat und die vielen guten Hinweise, die zur Lesbarkeit dieses Textes beigetragen haben, ebenso danke ich Susann Dettmann für die sorgfältige Lektüre und Max Wagner und Erik Wittbusch für weitere Unterstützung. Maximilian Geßl, Sorina Moosdorf und dem Team von De Gruyter möchte ich zudem für die gute Zusammenarbeit und große Geduld danken.

Abschließend gilt mein besonderer Dank allen Teilnehmer/-innen des Doktorandenkolloquiums von Bettina Heintz (das „Gipfeli-Treffen") an der Universität Luzern sowie den Teilnehmenden unterschiedlicher ethnografischer Forschungswerkstätten, zahlreicher Datensitzungen, der Kolloquien von Jörg Bergmann und Christian Meyer, weiterer EM/CA-Treffen sowie im Nachwuchsnetzwerk Videoanalyse. Die gemeinsame, konkrete und kooperative Arbeit an empirischen Datenmaterialien und am Text sowie der freundschaftliche Austausch in diesen Kontexten haben dieses Buch erst möglich gemacht. Danke auch an Dhyanu, Frank, Sven, Marcel, Martin, Ines, Anna, Pamina, Alberto und Mark.

Im „Yoga Wiki" von Yoga Vidya findet sich ein mehrseitiger Eintrag zum Thema Dankbarkeit, welche als eine sehr wichtige Tugend beschrieben wird, die man kultivieren solle. In ähnlicher Manier betonte ein Yogalehrer auf dem Festival am Ende seiner Yogastunde drei Dinge, die die Teilnehmer/-innen als »homework« täglich nach dem Aufstehen praktizieren sollen: »Lächeln, Atmen und Dankbarkeit«. Der Zusammenhang von Dankbarkeit mit Spiritualität im Yoga soll hier abschließend hervorgehoben werden. Denn es war ein Anliegen dieses Buches, dass die zentralen Themen und Praktiken – zwar notwendigerweise gefärbt und befremdet durch die Analyse und Interpretation des Autors – dem Untersuchungsfeld selbst folgen sollten. Eine der ersten geführten Meditationen, an der ich in Indien teilgenommen hatte, widmete sich dem Thema der Dankbarkeit und weitete den Umfang an Personen, Dingen und Gegebenheiten, für die wir dankbar sein dürfen und können, über eine Stunde hinweg weiter und weiter aus. Danke für all dies. Es ist daher eine Affirmation der Dankbarkeit aus dem Yoga, mit der ich schließen möchte: »Ich danke dafür, dass ich jeden Tag dankbarer werde.«

Clemens Eisenmann
Newburyport, Oktober 2021

Literaturverzeichnis

Adorno, Theodor W. (1962): „Zur Logik der Sozialwissenschaften." In: *Kölner Zeitschrift für Soziologie und Sozialpsychologie* 14, S. 233–248.

Aldred, Lisa (2004): „Money is just Spiritual Energy." In: *The Journal of Popular Culture* 35 (4), S. 61–74.

Alkemeyer, Thomas (2006): „Rhythmen, Resonanzen, Missklänge. Über die Körperlichkeit der Produktion des Sozialen im Spiel." In: Gugutzer, Robert (Hrsg.): *Body turn*. Bielefeld, S. 265–295.

Alkemeyer, Thomas (2013): „Subjektivierung in sozialen Praktiken. Umrisse einer praxeologischen Analytik." In: Alkemeyer, Thomas/Budde, Gunilla/Freist, Dagmar (Hrsg.) (2013): *Selbst-Bildungen. Soziale und kulturelle Praktiken der Subjektivierung*. Bielefeld, S. 33–68.

Alkemeyer, Thomas/Schürmann, Volker/Volbers, Jörg (2015): *Praxis denken. Konzepte und Kritik*. Wiesbaden.

Alter, Joseph (2004): *Yoga in Modern India. The Body between Science and Philosophy*. Princeton.

Alter, Joseph (2008): „Yoga Shivir: Performativity and the Study of Modern Yoga." In: Singleton, Mark/Bryne, Jean (Hrsg.): *Yoga in the Modern World*. New York/London, S. 36–48.

Amann, Klaus/Hirschauer, Stefan (1997): „Die Befremdung der eigenen Kultur. Ein Programm." In: Hirschauer, Stefan/Amann, Klaus (Hrsg.): *Die Befremdung der eigenen Kultur*. Frankfurt a. M., S. 7–52.

Anderson, Bob/Sharrock, Wes (2018): *Action at a Distance: Studies in the Practicalities of Executive Management*. London.

Aravamudan, Srinivas (2005): *Guru English. South Asian Religion in a Cosmopolitan Language*. Princeton.

Asad, Talal (1993): *Genealogies of Religion*. Baltimore.

Audehm, Kathrin (2001): „Die Macht der Sprache. Performative Magie bei Pierre Bourdieu." In: Wulf, Christopf/Göhlich, Michael/Zirfas, Jörg (Hrsg.): *Grundlagen des Performativen*. Weinheim/München, S. 101–128.

Baier, Karl (1998): *Yoga auf dem Weg nach Westen*. Würzburg.

Baier, Karl (2007): „Sitzen. Zur Phänomenologie einer spirituellen Grundübung." In: Baier, Karl/Sinkovits, Josef (2007): *Spiritualität und moderne Lebenswelt*. Münster, S. 241–260.

Baier, Karl (2009): *Meditation und Moderne. Zur Genese eines Kernbereichs moderner Spiritualität in der Wechselwirkung zwischen Westeuropa, Nordamerika und Asien. Zwei Bände*. Würzburg.

Baier, Karl (2012): „Modern Yoga Research. Insights and Questions."
URL: http://modernyogaresearch.org/wp-content/uploads/2016/05/Baier-Modern-Yoga-Research-Review-2012.pdf (Letzter Aufruf: 10.07.2021).

Baumann, Zygmunt (1992): *Intimations of Postmodernity*. London/New York.

Beck, Urlich/Giddens, Antony/Lash, Scott (1996): *Reflexive Modernisierung: Eine Kontroverse*. Frankfurt a. M.

Becker, Howard (1953): „Becoming a Marihuana User." In: *The American Journal of Sociology* 59 (3), S. 235–242.

Behnke, Elizabeth A. (1997): „Ghost Gestures: Phenomenological Investigations of Bodily Micromovements and Their Intercorporeal Implications." In: *Human Studies* 20, S. 181–201.

Berger, Peter L. (1992): *Der Zwang zur Häresie*. Freiburg.

Berger, Peter L. (1998): *Erlösendes Lachen*. Berlin/New York.

Berger, Peter L./Luckmann, Thomas (1966): *The Social Construction of Reality. A Treatise in the Sociology of Knowledge*. New York.

https://doi.org/10.1515/9783110652802-009

Bergmann, Jörg R. (1974): *Der Beitrag Harold Garfinkels zur Begründung des ethnomethodologischen Forschungsansatzes*. Diplomarbeit Universität Konstanz.

Bergmann, Jörg R. (1985): „Flüchtigkeit und methodische Fixierung sozialer Wirklichkeit." In: Bonß, Wolfgang/Hartmann, Heinz (Hrsg.): *Entzauberte Wissenschaft*. Göttingen, S. 299–320.

Bergmann, Jörg R. (1987/88): *Ethnomethodologie und Konversationsanalyse. Studienbrief mit 3 Kurseinheiten*. Fernuniversität Hagen.

Bergmann, Jörg (1991): „Über Erving Goffmans Soziologie des Gesprächs und seine ambivalente Beziehung zur Konversationsanalyse." In: Hettlage, Robert/Lenz, Karl (Hrsg.): *Erving Goffman - ein soziologischer Klassiker der zweiten Generation*. Bern/Stuttgart, S. 301–326.

Bergmann, Jörg R. (1999): „Diskrete Exploration: Über die moralische Sinnstruktur eines psychiatrischen Frageformats." In: Bergmann, Jörg R./Luckmann, Thomas (Hrsg.): *Kommunikative Konstruktion von Moral. Band 1*. Opladen, S. 169–190.

Bergmann, Jörg R. (2000): „Reinszenierungen in der Alltagsinteraktion." In: Streeck, Ulrich (Hrsg.): *Erinnern, Agieren und Inszenieren: Enactments und szenische Darstellungen im therapeutischen Prozess*. Göttingen, S. 203–221.

Bergmann, Jörg R. (2005): „Studies of Work." In: Rauner, Felix (Hrsg.): *Handbuch Berufsbildungs-forschung*. Bielefeld, S. 639–646.

Bergmann, Jörg R. (2006): „Qualitative Methoden der Medienforschung – Einleitung und Rahmung." In: Ayaß, Ruth/Bergmann, Jörg R. (Hrsg.): *Qualitative Methoden der Medienforschung*. Reinbek bei Hamburg, S. 13–41.

Bergmann, Jörg R. (2007 [1985]): „Flüchtigkeit und methodische Fixierung sozialer Wirklichkeit – Aufzeichnungen als Daten der interpretativen Soziologie." In: Hausendorf, Heiko (Hrsg.): *Gespräch als Prozess. Studien zur deutschen Sprache*. Tübingen, S. 22–68.

Bergmann, Jörg R. (2013): „Die Trivialität der Katastrophe – Situationen als Grenzobjekte." In: Hörster, Reinhard et al. (Hrsg.): *Grenzobjekte – Soziale Welten und Ihre Übergänge*. Wiesbaden, S. 285–299.

Bergmann, Jörg R./Luckmann, Thomas (1995): „Reconstructive Genres of Everyday Communication." In: Quasthoff, Uta (Hrsg.): *Aspects of Oral Communication*. Berlin/New York, S. 289–304.

Bettelheim, Bruno (1960): *The Informed Heart*. Glencoe.

Bharati, Agehananda (1970): „The Hindu Renaissance and its Apologetic Patterns." In: *The Journal of Asian Studies* 29 (2), S. 267–287.

Bhawuk, Dharm P. S. (2011): *Spirituality and Indian Psychology. Lessons from the Bhagavad-Gita*. International and Cultural Psychology. New York/Dordrecht/Heidelberg/London.

Birch, Jason (2013): „Evidence for the Practice of Many Āsanas in the Seventeenth and Eighteenth Centuries." Vortrag auf der Tagung: *Yoga in Transformations*. Wien.

Bjelic, Dusan I. (1989): *On the Social Origin of Logic*. Dissertation. Boston University.

Bochinger, Christoph (1994): *‚New Age' und moderne Religion*. Gütersloh.

Böhle, Fritz/Porschen, Stephanie (2011): „Körperwissen und leibliche Erkenntnis." In: Keller, Reiner/Meuser, Micheal (Hrsg.): *Körperwissen*. Wiesbaden, S. 53–67.

Böhle, Fritz/Weihrich, Margit [Hrsg.] (2010): *Die Körperlichkeit sozialen Handelns*. Bielefeld.

Böhle, Fritz (2017): *Arbeit als Subjektivierendes Handeln. Handlungsfähigkeit bei Unwägbarkeiten und Ungewissheit*. Wiesbaden.

Böhme, Gernot (2014): *Bewusstseinsformen*. Paderborn.

Bollnow, Otto Friedrich (1960): „Der erlebte Raum." In: *Universitas* 15 (8), S. 397–412.

Bollnow, Otto Friedrich (1962): „Der Bergende Raum." In: *Duitse Kroniek*, 14, S. 49–62.

Boslaugh, Sarah (2012): „Urbanization: 1900 to Present: South, Central, and West Asia." In: Stanton, Andrea L. et al. (Hrsg.): *Cultural Sociology of the Middle East, Asia, & Africa: An Encyclopedia*. Thousand Oaks, S. 162–163.

Bourdieu (1993): *Sozialer Sinn. Kritik der theoretischen Vernunft*. Frankfurt a. M.

Bourdieu, Pierre (2001): *Meditationen. Zur Kritik der Scholastischen Vernunft*. Frankfurt a. M.

Bourdieu, Pierre (2005): *Was heißt sprechen? Zur Ökonomie des sprachlichen Tausches*. Wien.

Bruce, Steve (2002): *God is dead: Secularization in the West*. Oxford.

Brümmer, Kristina/Mitchell, Robert (2014): „Becoming Engaged. Eine praxistheoretisch- empirische Analyse von Trainingsepisoden in der Sportakrobatik und dem Taijiquan." In: *Sport und Gesellschaft* 11 (3), S. 157–186.

Brümmer, Kristina (2009): „Praktische Intelligenz – Überlegungen zu einer interdisziplinären Systematisierung." In: Alkemeyer, Thomas et al.: *Ordnung in Bewegung*. Bielefeld, S. 21–49.

Brümmer, Kristina (2010): „Action and Practice: Approaching Concepts of Sport Science from a Praxeological Perspective." In: *Sport und Gesellschaft* 7 (3), S. 191–212.

Burke, Kenneth (1969): *A rhetoric of motives*. Berkeley.

Burke, Kenneth (1970): *The Rhetoric of Religion. Studies in Logology*. Berkeley.

Campbell, Colin (2007): *The Easternization of the West*. Boulder/London.

Cassirer, Ernst (1955): *The Philosophy of Symbolic Forms. Vol. II: Mythical thought*. New Haven.

Castaneda, Carlos (1993): *Die Lehren des Don Juan – Ein Yqui-Weg des Wissens*. Frankfurt a. M.

Cicourel, Aaron (1974): *Cognitive Sociology Language and Meaning in Social Interaction*. New York.

Clifford, James (1993): „Über ethnographische Autorität." In: Berg/Fuchs (Hrsg.): *Kultur, soziale Praxis, Text. Die Krise der ethnographischen Repräsentation*, S. 109–157.

Coffey, Amanda (1999): *The Ethnographic Self. Fieldwork and the Representation of Identity*. London/Thousand Oaks/New Delhi.

Collins, Harry (2001): „What is tacit knowledge?" In: Schatzki, Theodore et al. (Hrsg.): *The Practice Turn in Contemporary Theory*. London, S. 107–119.

Collins, Randall (2004): *Interaction Ritual Chains*. Princeton.

Collins, Randall (2010): „The Micro-sociology of Religion: Religious Practices, Collective and Individual." In: *Guiding Papers Series. The ARDA*. Online verfügbar, URL: http://www.thearda.com/rrh/papers/guidingpapers/Collins.pdf (Letzter Aufruf: 24.09.2021).

Cooley, Charles H. (1902): *Human Nature and the Social Order*. New York.

Cramer, Holger/Pokhrel, Bijay/Gass, Florian/Eisenmann, Clemens/Lauche, Romy/ Meier, Beate/Walz, Martin K./Dobos, Gustav/ Langhorst, Jost (2014): „Hatha Yoga for Patients with Colorectal Cancer: A Randomized Controlled Mixed-Methods Study." In: *The Journal of Alternative and Complementary Medicine* 20 (5), S. 52–53.

Csikszentmihalyi, Mihály (1985): *Das Flow-Erlebnis: Jenseits von Angst und Langeweile: im Tun aufgehen*. Stuttgart.

Czyzewski, Marek (1994): „Reflexivity of Actors versus Reflexivity of Accounts." In: *Theory, Culture and Society* 11, S. 161–168.

Damasio, Antonio (1995): *Descartes' Irrtum. Fühlen, Denken und das menschliche Gehirn*. München.

Datt, Stefan (2013): *Veröffentlichtes Interview*. URL: https://www.pr4you.de/pressefaecher/yogafestival/dokumente/yoga-festival_interview-mit-organisatoren_08042008-1.pdf (Letzter Aufruf: 10.07.2021)

Davidson, Ronald M. (2002): *Indian Esoteric Buddhism: A Social History of the Tantric Movement*. New York.

De Michelis, Elizabeth (2004): *A History of Modern Yoga*. London/New York.

Deussen, Paul (1921): *Sechzig Upanishad's des Veda. Aus dem Sanskrit übersetzt und mit Einleitungen und Anmerkungen versehen*. 3. Auflage. Leipzig.

Deussen, Paul (1907): *Geheimlehre des Veda. Ausgewählte Texte aus den Upanishad's*. Leipzig.

Devereux, Georges (1984): *Angst und Methode in den Verhaltenswissenschaften*. Frankfurt a. M.

Dewey, John (1916): *Democracy and Education: an introduction to the philosophy of education*. New York.

Dingwall, Robert (1981): „The Ethnomethodological Movement." In: Payne, Geoff/Dingwall,
  Robert/Payne, Judy/Carter, Mick (Hrsg.): *Sociology and Sociological Research*. London,
  S. 124–138.
Douglas, Mary (1966): *Purity and Danger – An analysis of concepts of Pollution and Taboo*. London.
Du Bois, William E.B. ([1903] 2015): *The Souls of Black Folk*. New Haven, CT.
Dunemann, Angela/Weiser, Regina/Pfahl, Joachim (2017): *Traumasensibles Yoga – TSY.
  Posttraumatisches Wachstum und Entwicklung von Selbstmitgefühl*. Stuttgart.
Durkheim, Émile ([1893] 1992): *Über soziale Arbeitsteilung. Studie über die Organisation höherer
  Gesellschaften*. Frankfurt a. M.
Durkheim, Émile ([1898] 1986): „Der Individualismus und die Intellektuellen." In: Bertram, Hans
  (Hrsg.): *Gesellschaftlicher Zwang und moralische Autonomie*. Frankfurt a. M.
Durkheim, Émile ([1912] 1981): *Die elementaren Formen des religiösen Lebens*. Frankfurt a. M.
Durkheim, Émile ([1912] 1995): *The Elementary Forms of Religious Life*. New York.
Dworschak, Manfred (2013): „Erlösung ohne Erlöser." In: *Der Spiegel* 31, S. 96–101.
Eck, Diana L. ([1998] (2007): *Darsan. Seeing the Divine Image in India*. Delhi.
Egidy, Holm von (2007): *Beobachtung der Wirklichkeit: Differenztheorie und die zwei Wahrheiten in
  der buddhistischen Madhyamika-Philosophie*. Heidelberg.
Eglin (1975): *Terms for Canadian doctors: Language and sociology, ethnosemantics and
  ethnomethodology*. University of British Columbia.
Ehler, Voss (2011) *Mediales Heilen in Deutschland. Eine Ethnographie*. Berlin.
Eisenmann, Clemens (2008): *Zur Bedeutung des Menschenbilds in der soziologischen Theorie*.
  Unveröffentlichte Magisterarbeit: Universität Augsburg.
Eisenmann, Clemens/Klein, Constantin/Swhajor-Biesemann, Anne/Drexelius, Uwe/Streib,
  Heintz/Keller, Barbara (2016): „Dimensions of 'Spirituality': The Semantics of Subjective
  Definitions." In: Streib, Heintz/Hood, Ralph W. (Hrsg.): *Semantics and Psychology of
  'Spirituality'. A Cross-cultural Analysis*. Heidelberg, S. 125–151.
Eisenmann, Clemens/Oberzaucher, Frank (2019): „Das Selbst kultivieren. Praktiken der
  Achtsamkeit in spirituellen und psychotherapeutischen Handlungsfeldern." In: Niebel,
  Victoria/Straub, Jürgen (Hrsg.): *Schwerpunktheft »Achtsamkeit«. Psychosozial* 42 (158),
  S. 31–48.
Eisenmann, Clemens/Peter, Jan/Wittbusch, Erik (2019): „Ethnomethodological Media Ethnography:
  Exploring Everyday Digital Practices in Families with Young Children." In: *Media in Action: An
  Interdisciplinary Journal on Cooperative Media* 1 (3), S. 63–80.
Eisenmann, Clemens/Koch, Sebastian/Meyer, Christian (2021): „Rhetoriken skeptischer
  Vergemeinschaftung : Die öffentlichen Auftritte und Reden bei den Corona-Protesten in
  Konstanz." In: Reichardt, Sven (Hrsg.): *Die Misstrauensgemeinschaft der »Querdenker«: Die
  Corona-Proteste aus kultur- und sozialwissenschaftlicher Perspektive*. Frankfurt a. M.,
  S. 185–224.
Eisenmann, Clemens/Lynch, Michael (2021): „Introduction to Harold Garfinkel's
  Ethnomethodological 'Misreading' of Aron Gurwitsch on the Phenomenal Field." In: *Human
  Studies* 44 (1), S. 1–17.
Eliade, Mircea ([1938] 1969): *Yoga – Immortality and Freedom*. London.
Elwert, Georg (2003): *Feldforschung. Orientierungswissen und kreuzperspektivische Analyse*.
  Berlin.
Esala, Jennifer J./Del Rosso, Jared (2011): „Emergent Objects, Developing Practices: Human-
  Nonhuman Interactions in a Reiki Training." In: *Symbolic Interaction* 34 (4), S. 490–513.
Fateh-Modghadam, Bijan (2014): „Sakralisierung des Strafrechts?" In: Kracht, Hermann-Josef Große
  (Hrsg.): *Der moderne Glaube an die Menschenwürde. Philosophie, Soziologie und Theologie im
  Gespräch mit Hans Joas*. Bielefeld.

Feldenkrais, Moshe (1978): *Bewußtheit durch Bewegung*. Frankfurt a. M.

Feyerabend, Paul (1986): *Wider den Methodenzwang*. Frankfurt a. M.

Fleck, Ludwig ([1935] 1980): *Entstehung und Entwicklung einer wissenschaftlichen Tatsache. Einführung in die Lehre vom Denkstil und Denkkollektiv*. Frankfurt a. M.

Foucault, Michel (2004): *Hermeneutik des Subjekts*. Frankfurt a. M.

Freud, Sigmund ([1917] 1999): „Eine Schwierigkeit der Psychoanalyse." In: *Gesammelte Werke XII*. Frankfurt a. M.

Fromm, Erich ([1956] 1993): *Die Kunst des Liebens*. München.

Fuchs, Christian (1990): *Yoga in Deutschland*. Stuttgart/Berlin/Köln.

Gangadean, Ashok K. (1998): *Between Worlds. The Emergence of Global Reason*. New York/ Washington/Boston/Bern/Frankfurt a. M./Berlin/Wien/Paris.

Gangadean, Ashok K. (2008): *Meditations of Global First Philosophy. Quest for the Missing Grammar of Logos*. New York.

Garfinkel, Harold ([1943] 2019): *The History of Gulfport Field 1942*, Volume II, Part II (a report written by Garfinkel for the Army Airforce in 1943), published by the University of Siegen.

Garfinkel, Harold (1956): „Some Sociological Concepts and Methods for Psychiatrists." In: *Psychiatric Research Reports* 6, S. 181–198.

Garfinkel, Harold ([1959] 1973): „Das Alltagswissen über Soziale und innerhalb sozialer Strukturen." In: Arbeitsgruppe Bielefelder Soziologen (Hrsg.): *Alltagswissen, Interaktion und gesellschaftliche Wirklichkeit*. Reinbek bei Hamburg.

Garfinkel, Harold (1963): „A Conceptions of and Experiments with 'Trust' as a Condition of Concerted Actions." In: Harvey, O. J. (Hrsg.): *Motivation and Social Interaction: Cognitive Approaches*. New York, S. 187–238.

Garfinkel, Harold (1967): *Studies in Ethnomethodology*. Englewood Cliffs, New Jersey.

Garfinkel, Harold (1976): *A Manual for the Study of Naturally-Organized Activities*. Unveröffentlichtes mimeo, cited in Czyzewski, M. 1994: „Reflexivity of Actors versus Reflexivity of Accounts." In: *Theory, Culture and Society* 11, S. 161–168.

Garfinkel, Harold (1988): „Evidence for Locally Produced, Naturally Accountable Phenomena of Order, Logic, Reason, Meaning, Method, etc. In and as of the Essential Quiddity of Immortal Ordinary Society, (I of IV): An Announcement of Studies." In: *Sociological Theory* 6 (1), S. 103–109.

Garfinkel, Harold ([1993] 2021): „Ethnomethodological Misreading of Aron Gurwitsch on the Phenomenal Field." In: *Human Studies* 44, S. 19–42.

Garfinkel, Harold (2002): *Ethnomethodology's Program. Working out Durkheim's Aphorism*. Anne W. Rawls (Hrsg.). Lanham, MD.

Garfinkel, Harold ([1967] 2020): Studien zur Ethnomethodologie. Englewood Cliffs/Frankfurt a. M.

Garfinkel, Harold/Sacks, Harvey (1970): „On Formal Structures of Practical Actions." In: McKinney, John C./Tiryakian, Edward A. (Hrsg.): *Theoretical Sociology: Perspectives and Developments*. New York, S. 337–366.

Garfinkel, Harold/Wieder, Lawrence D. (1992): „Two Incommensurable, Asymmetrically Alternate Technologies of Social Analysis." In: Watson, Graham/Seiler, Robert M. (Hrsg.): *Text in Context – Contributions to Ethnomethodology*. New York, S. 175–206.

Gebauer, Gunter (2009): *Wittgensteins anthropologisches Denken*. München.

Geertz, Clifford (1973): *The Interpretation of Cultures*. New York.

Geertz, Clifford (1983): *Dichte Beschreibung. Beiträge zum Verstehen kultureller Systeme*. Frankfurt a. M.

Gieryn, Thomas F. (1994). „Boundaries of Science." In: Jasanoff, Sheila et al. (Hrsg.): *Handbook of Science and Technology Studies*. London, S. 393–443.

Goffman, Erving (1959): *The Presentation of Self in Everday Life*. New York.

Goffman, Erving (1961a): *Asylums*. New York.
Goffman, Erving (1961b): „Role Distance." In: Goffman, Erving (Hrsg.): *Encounters. Two Essays on the Sociology of Interaction*. Indianapolis, S. 75–135.
Goffman, Erving (1963): *Stigma. Notes on the Management of Spoiled Identity*. New York.
Goffman, Erving (1967): *Interaction Rituals. Essays on face-to-face behavior*. New York.
Goffman, Erving (1969): *Where the action is*. London.
Goffman, Erving (1971): *Interaktionsrituale*. Frankfurt a. M.
Goffman, Erving (1974): *Frame Analysis*. Boston
Goffman, Erving (1977): *Rahmen-Analyse. Ein Versuch über die Organisation von Alltagserfahrung*. Frankfurt a. M.
Goffman, Erving (1979): *Gender Advertisements*. London/Basingstoke.
Goffman, Erving (1983 [1982]): „The Interaction Order." In: *American Sociological Review* 48, S. 1–17.
Goodwin, Charles (2001): „Practices of Seeing Visual Analysis: an Ethnomethodological Approach." In: van Leeuwem, Theo/Jewitt, Carey (Hrsg.): *Handbook of Visual Analysis*. London/Thousand Oaks/New Delhi, S. 157–182.
Graf Dürkheim, Karlfried (1966): *Transzendenz als Erfahrung*. Weilheim.
Green, Bryan (2009): „The Social beyond Words: The Case of Harold Garfinkel." In: *New Literary History. Reexamining Literary Theories and Practices* 39 (4), S. 957–969.
Greschke, Heike Mónika (2007): „Bin ich drin? – Methodologische Reflektionen zur ethnografischen Forschung in einem plurilokalen, computervermittelten Feld." In: *FQS* 8 (3).
Griera, Mar (2017): „Yoga in Penitentiary Settings: Transcendence, Spirituality, and Self-Improvement." In: *Human Studies* 40, S. 77–100.
Grimm (2015): „Warum Wiederholungen im Yoga gut sind." (URL: http://www.yogan-om.de/warum-wiederholungen-im-yoga-gut-sind/ [Letzter Aufruf: 25.04.2016]; nicht mehr verfügbar).
Groebner, Valentin (2012): *Wissenschaftssprache*. Konstanz.
Grossman, P. (2008): „On Measuring Mindfulness in Psychosomatic and Psychological Research." In: *Journal of Psychosomatic Research* 64(4), S. 405–408.
Gugutzer, Robert (2006): *Body Turn. Perspektiven der Soziologie des Körpers und des Sports*. Bielefeld.
Gunnarsson (2000): *Wittgensteins Leiter. Betrachtungen zum Tractatus*. Berlin.
Gurdjieff, George ([1924] 1984): *Views from the Real World: Early Talks of Gurdjieff in Moscow, Essentuki, Tiflis, Berlin, London, Paris, New York and Chicago as Recollected by his Pupils*. Arkana.
Gurwitsch (1941): „A Non-egological Conception of Consciousness." In: *Philosophy and Phenomenological Research* 1 (3), S. 325–338.
Gurwitsch, A. (1964). *The field of consciousness*. Pittsburgh.
Gurwitsch, A. (2010). *The collected works of Aron Gurwitsch (1901–1973), Volume III. The field of consciousness: Theme, thematic field, and margin*. Zaner, R. M./Embre, L. (Hrsg.). Dordrecht/New York.
Hacking, Ian (1999): *The Social Construction of What?* Cambridge.
Hadot, Pierre (2005): *Philosophie als Lebensform. Antike und moderne Exerzitien der Weisheit*. 2. Auflage. Frankfurt a. M.
Hahn, Alois (2003): „Aufmerksamkeit und Normalität." In: Link, Jürgen et al. (Hrsg.): *„Normalität" im Diskursnetz soziologischer Begriffe*. Heidelberg.
Halbfass, Wilhelm (1988): *India and Europe. An Essay in Understanding*. New York.
Halfwassen, Jens (2006): *Der Aufstieg zum Einen*. München/Leipzig.
Handke, Peter (1969): *Die Innenwelt der Aussenwelt der Innenwelt*. Frankfurt a. M.
Hanegraaff, Wouter J. (1996): *New Age Religion and Western Culture*. Leiden/New York/Köln.

Hart, William/Goenka, Satya N. (1987): *The Art of Living. Vipassana Meditation as taught by S. N. Goenka*. Onalaska.

Hartfiel, Ned/Havenhand, Jon/Khalsa, Sat B./Clarke, Graham/Krayer, Anne (2010): „The effectiveness of yoga for the improvement of well-being and resilience to stress in the workplace." In: *Scandinavian Journal for Work Environment and Health* 37 (1), S. 70–76.

Hauser, Beatrix (2013): *Yoga Traveling*. Cham/Heidelberg.

Hegel, W. Friedrich. (1835): *Vollständige Ausgabe Band 17*. Berlin.

Heintz, Bettina (2000): *Die Innenwelt der Mathematik. Zur Kultur und Praxis einer beweisenden Disziplin*. Wien/New York.

Heintz, Bettina (2014) „Die Unverzichtbarkeit von Anwesenheit. Zur weltgesellschaftlichen Bedeutung globaler Interaktionssysteme." In: Heintz, B./Tyrell, H. (Hrsg.): *Interaktion – Organisation – Gesellschaft revisted: Anwendungen, Erweiterungen, Alternativen*. Sonderheft: *Zeitschrift für Soziologie*, 229–250.

Heintz, Bettina/Leisering, Britta (2015): *Menschenrechte in der Weltgesellschaft – Deutungswandeln und Wirkungsweise eines globalen Leitwerts*. Frankfurt a. M./New York.

Heritage, John/Greatbach, David (1986): „Generating Applause: A Study of Rhetoric and Response at Party Political Conferences." In: *American Journal of Sociology* 92 (1), S. 110–157.

Hester/Francis (2007): *Orders Of Ordinary Action*. Hampshire.

Hettlage, Robert/Lenz, Karl (1991): *Erving Goffman ein soziologischer Klassiker der zweiten Generation*. Bern.

Hirschauer, Stefan (1999): „Die Praxis der Fremdheit und die Minimierung von Anwesenheit. Eine Fahrstuhlfahrt." In: *Soziale Welt* 50, S. 221–246.

Hirschauer, Stefan (2001) „Ethnographisches Schreiben und die Schweigsamkeit des Sozialen." In: *Zeitschrift für Soziologie* 30 (6), S. 429–451.

Hirschauer, Stefan (2004): „Praktiken und ihre Körper. Über materielle Partizipanden des Tuns." In: Hörning, Karl H./Reuter, Julia (Hrsg.): *Doing Culture*. Bielefeld, S. 73–91.

Hirschauer, Stefan (2016): „Verhalten, Handeln, Interagieren. Zu den mikrosoziologischen Grundlagen der Praxistheorie." In: Schäfer, Hilmar (Hrsg.): *Praxistheorie. Ein soziologisches Forschungsprogramm*. Bielefeld, S. 45–68.

Hirschauer, Stefan (2017): „Kap. 5: Agnes revisited: Gender am Beginn und nach der Ethnomethodologie." Vortrag auf der Tagung: „Harold Garfinkel's ‚Studies in Ethnomethodology' – Fifty Years After." 26.–28. Oktober 2017. Konstanz.

Hitzler, Ronald (2011a): „Man kommt aus keinem Feld so heraus, wie man in es hineingeht." In: Honer, Anne (Hrsg.): *Kleine Leiblichkeiten*. Wiesbaden, S. 267–280.

Hitzler, Ronald (2011b): *Eventisierung*. Wiesbaden.

Hitzler, Ronald/Gothe, Miriam (2015): *Ethnographische Erkundungen. Methodische Aspekte aktueller Forschungsprojekte*. Wiesbaden.

Hitzler, Roland/Eisewicht, Paul (2016): *Lebensweltanalytische Ethnographie – im Anschluss an Anne Honer*. Weinheim/Basel.

Hitzler, Sarah (2013): „Recipient Design in institutioneller Mehrparteieninteraktion." In: *Gesprächsforschung - Online-Zeitschrift zur verbalen Interaktion* 14, S. 110–132.

Hitzler, Sarah/Böhringer, Daniela (2021): „‚Conversation is simply something to begin with': Methodologische Herausforderungen durch Videodaten in der qualitativen Sozialforschung am Beispiel der Konversationsanalyse." In: *Zeitschrift für Soziologie* 50 (2), S. 79–95.

Höhn, Hans-Joachim (2007): *Postsäkular: Gesellschaft im Umbruch – Religion im Wandel*. Paderborn.

Honer, Anne (1996): Lebensweltanalyse in der Ethnographie. Ein Vorschlag zur Ergänzung ‚Dichter Beschreibungen'. Konstanz.

Horkheimer, Max/Adorono, Theodor W. (1947): *Die Dialektik der Aufklärung*. Amsterdam.

Hummel, Reinhart (1980): *Indische Mission und neue Frömmigkeit im Westen*. Stuttgart/Berlin.

Hummel, Reinhart (1996): *Gurus, Meister, Scharlatane. Zwischen Faszination und Gefahr*. Freiburg.

Humphrey & Laidlaw (1994): *The Archteypal Actions of Ritual*. Oxford.

Husserl, Edmund ([1905] 2004): *Wahrnehmung und Aufmerksamkeit. Texte aus dem Nachlass (1893–1912)*. Vongehr, Thomas/Giuliani, Regula (Hrsg.). Dordrecht.

Husserl, Edmund (1929): *Cartesianische Meditationen. Husserliana I*. Den Haag.

Husserl ([1936] 1976): *Die Krisis der Europäischen Wissenschaften und die Transzendentale Phänomenologie, 2. Auflage*. Den Haag.

Husserl, Edmund ([1910/11] 1985): *Logische Untersuchungen, 2. Band, 1. Teil. Husserliana XIX/1*. Den Haag.

Iyengar, B. K. S. (1966): *Light on Yoga*. London.

Jäger, Ulle (2004): *Der Körper, der Leib und die Soziologie. Entwurf einer Theorie der Inkorporierung*. Königstein.

Jaspers, Karl (1932): *Philosophische Weltorientierung*. Berlin.

Jain, Andrea R. (2015): *Selling Yoga. From Counterculture to Pop Culture*. Oxford.

James, William ([1902] 2012): *The Varieties of Religious Experience: A Study in Human Nature*. Oxford.

Jefferson, Gail (1981): „The abominable 'Ne?' An exploration of post-response pursuit of response." In: Shroder, P. (Hrsg.): *Sprache der Gegenwart*. Düsseldorf, S. 53–88.

Jenkins, K. Neil (2009): „Studies in and as Ethnomethodology: Garfinkel and his Ethnomethodological 'Bastards' Part Two: Review." In: *Sociology* 43 (4), S. 775–781.

Joas, Hans (1992): *Die Kreativität des Handelns*. Frankfurt a. M.

Joas, Hans (1996): *The Creativity of Action*. Chicago.

Joas, Hans (2004): *Braucht der Mensch Religion? Über Erfahrung der Selbsttranszendenz*. Freiburg/Basel/Wien.

Joas, Hans (2011): *Die Sakralität der Person*. Berlin.

Joas, Hans/Knöbl, Wolfgang (2004): *Sozialtheorie. Zwanzig einführende Vorlesungen*. Frankfurt a. M.

Jung, C. G./Shamdasani, S. ([1932] 1996): *The Psychology of Kundalini Yoga: notes of a seminar by C. G. Jung*. Princeton.

Kalthoff, Herbert (2003): „Beobachtende Differenz. Instrumente der ethnografisch-soziologischen Forschung" *Zeitschrift für Soziologie* 32 (1), S. 70–90.

Kalthoff, Herbert/Hirschauer, Stefan/Lindemann, Gesa (2008): *Theoretische Empirie. Zur Relevanz qualitativer Forschung*. Frankfurt a. M.

Kegan, Robert (1982): *The Evolving Self*. Cambridge.

Keller, Reiner/Meuser, Michael (2011): *Körperwissen*. Wiesbaden.

Kertzer, David (1988): *Ritual, Politics & Power*. New Haven/London.

Kleine, Christoph (2016): „Niklas Luhmann und die Religionswissenschaft: Geht das zusammen?" In: *ZfR* 24 (1), S. 47–82.

Klinger, Cornelia (2014): *Die Erfindung des Subjekts*. Frankfurt a. M.

Knoblauch, Hubert (1991): *Die Welt der Wünschelrutengänger und Pendler*. Frankfurt a. M./New York.

Knoblauch, Hubert (1999): *Einführung in die Religionssoziologie*. Berlin/New York.

Knoblauch, Hubert (2001): „Fokussierte Ethnographie." In: *sozialersinn* 1, S. 123–141.

Knoblauch, Hubert (2003): *Qualitative Religionsforschung: Religionsethnographie in der eigenen Gesellschaft*. UTB-Verlag.

Knoblauch, Hubert (2006): „Soziologie der Spiritualität." In: Baier, Karl (Hrsg.): *Handbuch Spiritualität: Zugänge, Traditionen, interreligiöse Prozesse*. Darmstadt, S. 91–111.

Knoblauch, Hubert (2009): *Populäre Religion*. Frankfurt a. M./New York.

Knoblauch, Hubert (2012): *Begegnungen mit dem Jenseits*. Freiburg.

Knorr-Cetina, Karin (1981): *The Manufacture of Knowledge*. Oxford.

Knorr Cetina, Karin (2008): „Theoretischer Konstruktivismus. Über die Einnistung von Wissensstrukturen in soziale Situationen." In: Kalthoff/Hirschauer/Lindemann (Hrsg.): *Theoretische Empirie*. Frankfurt a. M., S. 35–78.

Konecki, Krzystof T. (2015): *Is the Body the Temple of the Soul? Modern Yoga Practice as a Psychosocial Phenomenon*. Lodz-Krakow.

Konecki, Krzystof T. (2016): „The Process of Becoming a Hatha-Yoga Practitioner." In: *QSR* XII (1), S. 6–40.

Krey, Björn (2020): *Textarbeit. Die Praxis des wissenschaftlichen Lesens*. Berlin/Boston.

Krech, Volkhard (1999): *Religionssoziologie*. Bielefeld.

Lakoff, George/Johnson, Mark (1980): *Metaphors we live by*. Chicago.

Latour, Bruno (1995): *Wir sind nie modern gewesen. Versuch einer symmetrischen Anthropologie*. Berlin.

Lea, Jennifer (2009) „Liberation or Limitation? Understanding Iyengar Yoga as a Practice of the Self." In: *Body & Society* 15, S. 71–92.

Leledaki, Aspasia/Brown, David (2008): „Eastern Movement Forms as Body-Self Transforming Cultural Practices in the West: Towards a Sociological Perspective." In: *Cultural Sociology*, 4 (1), S. 123–154.

Lettau, Antje/Breuer, Franz (2006): „Kurze Einführung in den qualitativ- sozialwissenschaftlichen Forschungsstil." Münster. URL: http://wwwpsy.uni-muenster.de/imperia/md/content/psychologie_institut_3/ae_breuer/publikationen/alfb.pdf) (Letzter Aufruf: 24.09.2021).

Levi-Strauss, Claude (1975): *L'homme nu* (dt. v. Eva Moldenhauer): *Mythologica IV. Der nackte Mensch*. 2 Bände. Frankfurt a. M.

Liberman, Kenneth (1994): „A Case for Convergence in Tibetan and Vedantin Meditative Practice." In: *Journal of the Indian Council for Philosophical Research* 11 (2), S. 55–68.

Liberman, Kenneth (1999): „From Walkabout to Meditation: Craft and Ethics in Field Inquiry." In: *Qualitative Inquiry* 5 (1), S. 47–63.

Liberman, Kenneth (2004a): *Dialectical Practice in Tibetan Philosophical Culture: An Ethnomethodological Inquiry Into Formal Reasoning*. Lanham, Maryland.

Liberman, Kenneth (2004b): „Yoga Tourism in India." In: *Yoga Life* 35 (7), S. 23–32.

Liberman, Kenneth (2007): *Husserl's Criticism of Reason: With Ethnomethodological Specifications*. Lanham, Maryland.

Liberman, Kenneth (2008): „The Reflexivity of the Authenticity of Hatha Yoga." In: Singleton, Mark/Bryne, Jean (2008): *Yoga in the Modern World*. New York/London, S. 7–100.

Lindemann, Gesa (2005): „Die Verkörperung des Sozialen." In: Schroer, Markus (Hrsg.): *Soziologie des Körpers*. Frankfurt a. M., S. 114–138.

Lindemann, Gesa (2009): *Das Soziale von seinen Grenzen her denken*. Weilerswist.

Livingston, Eric (1986): *The Ethnomethodological Foundations of Mathematics*. London.

Lob, Sascha (2014): „Abschied von der Utopie – Die digitale Kränkung des Menschen." In: *Frankfurter Allgemeine Zeitung*. 11.01.2014.

Lopez, Alan (1992): *Reality Construction in an Eastern Mystical Cult*. New York/Garland.

Loy, David (1988): „The Path of No-Path: Śankara and Dōgen on the Paradox of Practice." In: *Philosophy East and West* 38 (2), S. 127–146.

Luckmann, Thomas (1967): *The invisible Religion. the problem of religion in modern society: The problem of religion in modern society*. New York.

Luckmann, Thomas (1980): „Über die Grenzen der Sozialwelt." In: Luckmann, Thomas: *Lebenswelt und Gesellschaft*. Paderborn, S. 56–92.

Luhmann, Niklas (1969): „Die Praxis der Theorie." In: *Soziale Welt* 20 (2), S. 129–144.

Luhmann, Niklas (1981): „Grundwerte als Zivilreligion. Zur wissenschaftlichen Karriere eines Themas." In: Luhmann, Niklas: *Soziologische Aufklärung 3*. Wiesbaden, S. 293–308.

Luhmann, Niklas (1982): *Liebe als Passion*. Frankfurt a. M.

Luhmann, Niklas (1984): *Soziale Systeme. Grundriß einer allgemeinen Theorie*. Frankfurt a. M.

Luhmann, Niklas (2000a): *Die Religion der Gesellschaft*. Kieserling, André (Hrsg.). Frankfurt a. M.

Luhmann, Niklas (2004): *Ökologische Kommunikation. Kann die moderne Gesellschaft sich auf ökologische Gefährdungen einstellen 4. Auflage*. Wiesebaden.

Lynch, Michael (1985): *Art and artifact in laboratory science. A study of shop work and shop talk in research laboratory*. London.

Lynch, Michael (1999): „Silence in context: ethnomethodology and social theory." In: *Human Studies* 12 (2-4), S. 211–233.

Lynch, Michael (1999): „Archives in formation: Privileged spaces, popular archives, and paper trails." In: *History of the Human Sciences* 12 (2), S. 65–87.

Lynch, Michael (2000): „Against Reflexivity." In: *Theory, Culture & Society* 17 (3), S. 26–54.

Lynch, Michael (2013): „Ontography: Investigating the production of things, deflating ontology." In: *Social Studies of Science* 43 (3) S. 444–462.

Lyotard, Jean-Fracois (1979): *La Condition postmoderne: Rapport sur le savoir*. Paris.

Maclean, Kama (2008): *Pilgrimage and Power: The Kumbh Mela in Allahabad, 1765–1954*. Oxford.

Mannheim, Karl (1956): Essays on the Sociology of Culture. New York.

Manning, Philip (1992): *Erving Goffman and Mondern Sociology*. Cambridge.

Marx, Karl (1845): „Thesen über Feuerbach." In: *Marx-Engels Werke MEW* (1969): Band 3, Berlin.

Maslow, Abraham (1977): *Motivation und Persönlichkeit*. Walter, Olten.

Mauss, Marcell (1935): „Die Techniken des Körpers." In: *Journal de Psychologie Normale et Pathologique* 32 (3–4), S. 271–293.

Mayeda, Sengaku ([1979] 1992): *A Thousand Teachings*. New York.

Mead, George Herbert (1932): „The Physical Thing." In: Murphy, Arthur E. (Hrsg): *The Philosophy of the Present*. LaSalle, Illinois, S. 119–139.

Mead, George Herbert ([1934] 1972): *Mind Self and Society from the Standpoint of a Social Behaviorist* (Edited by Charles W. Morris). Chicago.

Mead, George Herbert (1964): *Selected Writings*. Idianapolis.

Mead, George Herbert (1987a): „Wissenschaft und Lebenswelt." In: Joas, Hans: *George Herbert Mead. Gesammelte Aufsätze. Band 2*. Frankfurt a. M., S. 14–87.

Mead, George Herbert (1987b): „Körper und Geist." In: Joas, Hans: *George Herbert Mead. Gesammelte Aufsätze. Band 2*. Frankfurt a. M., S. 88–185.

Meier zu Verl, Christian (2018): *Daten-Karrieren und epistemische Materialität. Eine wissenschafts-soziologische Studie zur methodologischen Praxis der Ethnografie*. Stuttgart:

Meier zu Verl, Christian/Kreplak, Yaël/Eisenmann, Clemens/Dennis, Alex (2020): „Introduction." In: *Ethnographic Studies* (17), S. i–iv.

Merleau-Ponty ([1945] 1958): Phenomenology of Perception. London/New York.

Merleau-Ponty, Maurice ([1961] 2007): *Zeichen*. Hamburg.

Meuser, M. (2006): „Körper-Handeln." In: Gugutzer, Robert (Hrsg.): *Body turn*. Bielefeld, S. 95–118.

Meyer, Christian (1998): *Das Sprechen der Geister. Eine Untersuchung zur Rhetorik in der brasilianischen Umbanda*. Magisterarbeit. Darmstadt.

Meyer, Christian (2007): „Ritual." In: Ueding, Gert (Hrsg.): *Historisches Wörterbuch der Rhetorik. Band 8*. Tübingen, S. 246–260.

Meyer, Christian (2010): *Self, sequence and the senses Universal and culture-specific aspects of conversational organization in a Wolof social space*. Habilitationsschrift. Bielefeld.

Meyer, Christian (2011): „Körper und Sinne bei den Wolof Nordwestsenegals. Eine mikroethnographische Perspektive." In: *Paideuma. Zeitschrift für Kulturkunde* 57, S. 97–120.

Meyer, Christian (2013): „Wechselnde agencies: Virtuelle Akteure in der rituellen Medialität." In: Thielmann, Tristan/Schüttpelz, Erhard (Hrsg.): *Akteur-Medien-Theorie*. Bielefeld, S. 307–337.

Meyer, Christian (2015a): „Mikroethnographie: Praxis und Leib als Medien der Kultur." In: Bender, Cora/Zillinger, Martin (Hrsg.): *Handbuch Medienethnographie*. Berlin, S. 57–76.

Meyer, Christian (2015b): „Neopraxiology: Ethnographische und konversationsanalytische Praxisforschung mit ethnomethodologischer Perspektive." In: Schäfer, Franka/Daniel, Anna/Hillebrandt, Frank (Hrsg.): *Methoden einer Soziologie der Praxis*. Bielefeld, S. 91–119.

Meyer, Christian (2017): „Ethnomethodologie." In: Moebius, Stephan/Nungesser, Frithjof/Scherke, Katharina (Hrsg.): *Handbuch Kultursoziologie. Band 2: Theorien – Methoden – Felder*. Wiesbaden, S. 1–26.

Meyer, Christian (2018): „The Grammar of Practice. Structure, Agency, and their Social-Theoretical Middle." In: Girke, Felix/Smidt, Wolbert G. C./Thubauville, Sophia (Hrsg): *Anthropology as Homage. Festschrift for Ivo Strecker*. Köln, S. 149–169.

Meyer, Christian/Meier zu Verl, Christian (2013): „Hermeneutische Praxis. Eine ethnomethodologische Rekonstruktion sozialwissenschaftlichen Sinnrekonstruierens." In: *sozialersinn* 14 (2), S. 207–34.

Meyer, Christian/Schareika, Nikolaus (2009): „Neoklassische Feldforschung: Die mikroskopische Untersuchung sozialer Ereignisse als ethnographische Methode. Mit vier Kommentaren und einer Replik." In: *Zeitschrift für Ethnologie* 134 (1), S. 79–129.

Meyer, Christian/von Wedelstaedt, Ulrich (2017): „Zur Herstellung von Atmosphären: Stimmung und Einstimmung in der ‚Sinnprovinz‘ Sport." In: Pfaller, Larissa/Wiesse, Basil (Hrsg.): *Zur Affektivität des Sozialen*. Wiesbaden, S. 233–262.

Meyer, Christian/Streeck, Jürgen/Jordan, Scott (2017): *Intercorporeality*. Oxford.

Meyer, Christian/Schüttpelz, Erhard (2019): „Warum gibt es überhaupt Medien, und nicht vielmehr nicht?" Sprachtheorie nach fünfzig Jahren Ethnomethodologie und Konversationsanalyse." In: Halász, Hajnalka/Lőrincz, Csongor (Hrsg.): *Sprachmedialität. Verflechtungen von Sprach- und Medienbegriffen*. Bielefeld, S. 359–383.

Michaels, Axel (2011): „Yoga als Erzeugnis eines fortgesetzten Kulturaustauschs. Auf der westöstlichen Übungsmatte." In: *Neue Züricher Zeitung*. 21.05.2011.

Michalsen, Andreas/Grossman, Paul/Acil, Ayhan/Langhorst, Jost/Lüdtke, Rainer/Esch, Tobias/Stefano, George B./Dobos, Gustav J. (2005): „Rapid stress reduction and anxiolysis among distress women as a consequence of a three-month intensive yoga program." In: *Med Sci Monit* 11 (12), S. 555–561.

Middendorf, Ilse (1990): *Der Erfahrbare Atem in seiner Substanz*. Paderborn.

Mills, C. Wright (1940): „Situated actions and vocabularies of motive." In: *American Sociological Review* 5, S. 904–913.

Mitchell, Robert (2010): *Im Panopticon der Bewegung. Eine ethnographische Betrachtung von Ballettproben*. Magisterarbeit. Mainz.

Mitchell, Robert (2015). „(Im)mobiles Selbst. Bewegungen zwischen Ballett und Tajiquan." Vortrag auf dem Workshop „Genealogie des Subjekts". Oldenburg. 03.12.2015.

Mitchell, Robert (2022 fc.): *Ballet and Taiji in Practice: A Comparative Autoethnography of Movement Systems*. Bielefeld.

Mitchell, Robert/Eisenmann, Clemens (2015a): „(Ab)Wege bei der Forschung mit dem ‚eigenen‘ Körper: Ein Bericht aus der Erforschung von Taiji- und Yoga-Praxis" gemeinsamer Vortrag auf der Frühjahrstagung der DGS-Sektionen „Soziologie des Körpers und des Sports" und „Methoden der Qualitativen Sozialforschung." Frankfurt a. M. 06.03.2015.

Mitchell, Robert/Eisenmann, Clemens (2015b): „Ethnomethodology's Body Making Moves in Taijiquan and Yoga Research Practice." Gemeinsamer Vortrag auf der IIEMCA Conference. Kolding. 06.08.2015.

Morley, James (2008): „Embodied Consciousness in Tantric Yoga and the Phenomenology of Merleau-Ponty." In: *Religion and the Arts* 12 (1), S. 144–163.

Müller, Marion (2009): *Fußball als Paradoxon der Moderne: Historische und ethno-graphische Analysen zur Bedeutung ethnischer, nationaler und geschlechtlicher Differenzen im Profifußball.* Wiesbaden.

Müller, Marion (2014): „Kopräsenz und Körperlichkeit im Sport: Zum Verhältnis von face-to-face-Interaktion und sozialer Praxis am Beispiel des Fußballspiels." In: Heintz, Bettina/Tyrell, Hartmann (Hrsg.): *Interaktion - Organisation – Gesellschaft revisited. Anwendungen, Erweiterungen, Alternativen.* Sonderheft: *Zeitschrift für Soziologie*, S. 346–368.

Müller, Marion (2015): „Fußball als interaktive Praxis – Zum Verhältnis von Praxistheorie und Face-to-face Interaktion." In: *Sport und Gesellschaft* 11 (3), *Schwerpunktheft: Sport als kulturelle Praxis*, S. 187–211.

Müller, Sophie Merit (2015): „Fabrikation körperlicher Zugehörigkeit: Das Ritual des Balletttrainings." In: Gugutzer, Robert/Staack, Michael (Hrsg.): *Körper und Ritual. Sozial- und kulturwissenschaftliche Zugänge und Analysen.* Wiesbaden, S. 311–334.

Müller, Sophie Merit (2016): *Körperliche Un-Fertigkeiten. Ballet als unendliche Perfektion.* Velbrück.

Nadai, Eva/Maeder, Christoph (2009): „Contours of the Field(s): Multi-sited Ethnography as a Theory-driven Research Strategy for Sociology." In: Falzon, Mark A. (Hrsg): *Multi-Sited Ethnography. Theory, Practice and Locality in Contemporary Research.* Farnham/Burlington, S. 233–250.

Nazarkiewicz, Kirsten/Oberzaucher, Frank/Finke, Holger (2016): „Zweierlei Blick. Vom Nutzen der ethnomethodologischen Konversationsanalyse für die Aufstellungsarbeit." In: *Praxis der Systemaufstellung (PdS) – Beiträge zu Lösungen in Familien und Organisationen* 2, S. 151–161.

Nervin, Klas (2007): „Transcending the Individual and Resisting Modernity: Empowerment and Sacralization in Modern Postural Yoga." Vortrag auf der Tagung: „Religion on the Borders: New Academic Challenges to the Study of Religion". Södertörn University College (Sweden).

Nevrin, Klas (2008): „Empowerment and Using the Body in Modern Postural Yoga." In: Singleton, Mark/Byrne, Jean (Hrsg.): *Yoga in the Modern World: Contemporary Perspectives.* London/New York, S. 119–139.

Newcombe, Suzanne (2008): *A Social History of Yoga and Ayurveda in Britain, 1950-1995.* Dissertation: Faculty of History. University of Cambridge.

Nicolini, Davide (2012): *Practice Theory, Work, and Organization. An Introduction.* Oxford.

Nikhilananda, Swami (1953): *Vivekananda The Yoga and Other Works.* New York.

Nishizaka, Aug (2007): „Hand Touching Hand: Referential Practice at a Japanese Midwife House" In: *Human Studies* 30, S. 199–217.

Oberzaucher, Frank (2014): *Übergabegespräche. Interaktionen im Krankenhaus. Eine Interaktionsanalyse und deren Implikationen für die Praxis.* Reihe Qualitative Soziologie. Stuttgart.

Oberzaucher, Frank (2018): „Konversationsanalyse und Studies of Work." In: Habscheid, Stephan/Müller, Andreas/Thörle, Britta/Wilton, Antje (Hrsg.): *Handbuch Sprache in Organisationen, Band 14.* Berlin, S. 307–326.

Olivelle, Partrick (1993): *The āśrama System: The history and hermeneutics of a religious institution.* Oxford.

Otto, Rudolf (1917): *Das Heilige.* Breslau.

Oevermann, Ulrich/Franzmann, Manuel (2006): „Strukturelle Religiosität auf dem Wege zur religiösen Indifferenz." In: Franzmann, Manuel et al. (Hrsg.): *Religiosität in der säkularisierten Welt*. Wiesbaden, S. 49–82.

Palmo, Tenzin (1999): *Cave in the Snow*. New York.

Peräkylä, Anssi/Antaki, Charles/Vehviläinen, Sanna/Leudar, Ivor (2008): *Conversation analysis and psychotherapy: Psychotherapy in practice*. Cambridge.

Pille, Thomas (2013): *Das Referendariat. Eine ethnographische Studie zu den Praktiken der Lehrerbildung*. Bielefeld.

Pitsch, Karola/Ayass, Ruth (2008): „Gespräche in der Schule." In: *Lehr(er)buch Soziologie*. Wiesbaden, S. 959–982.

Platon: *Politeia*. In: Übersetzung von Schleiermacher, Friedrich (2004): *Sämtliche Werke Band 2*. Reinbek bei Hamburg.

Plessner ([1928] 1975): *Die Stufen des Organischen und der Mensch. Einleitung in die philosophische Anthropologie*. Berlin/New York.

Poincaré, Henri (1914): *Wissenschaft und Methode*. Berlin.

Polanyi, Micheal (1967): *The Tacit Dimension*. New York.

Pollack, Detlef (2009): *Rückkehr des Religiösen*. Tübingen.

Pollner, Melvin/Emerson, Robert M. (2001): „Ethnomethodology and ethnography." In: Atkinson, Paul/Coffey, Amanda/Delamont, Sara (Hrsg.): *Handbook of Ethnography*. London, S. 118–135.

Popper, Karl R. (1966): *Die Logik der Forschung*. Tübingen.

Preston, David (1988): *The Social Organization of Zen Practice. Constructing Transcultural Reality*. Cambridge.

Puligandla, Ramakrishna (1997): *Reality and Mysticism – Perspectives in the Upanisads*. New Delhi.

Puligandla/Matez (1986): „Appearance and the Laws of Logic in Advaita Vedānta." In: *International Philosophical Quarterly* 26 (1), S. 75–86.

Radhakrishnan, Sarvepalli (1990). *Indian Philosophy*. Volume I. 2. Auflage. London.

Rawls, Anne W. (1987): „The Interaction Order Sui Generis: Goffman's Contribution to Social Theory." In: *Sociological Theory* 5 (2), S. 136–149.

Rawls, Anne W. (1989): „An Ethnomethodological Perspective on Social Theory." In: Helm, David (Hrsg.): *Interactional Order: New Directions in the Study of Social Order*. New York.

Rawls, Anne W. (2002): „Editor's introduction." In: Garfinkel, Harold: *Ethnomethodology's program: Working out Durkheim's aphorism*. Lanham, MD, S. 1–64.

Rawls, Anne W. (2003): „Orders of interaction and intelligibility: intersections between Goffman and Garfinkel by way of Durkheim." In: Treviño, A. Javier (Hrsg.): *Goffman's Legacy*. Lanham, S. 216–253.

Rawls, Anne W. (2004): *Epistemology and Practice: Durkheim's The Elementary Forms of Religious Life*. Cambridge.

Rawls, Anne W. (2018): „The wartime narrative in US sociology, 1940–1947: stigmatizing qualitative sociology in the name of 'science'." In : *European Journal of Social Theory* 21 (4), S. 526–546.

Rawls, Anne W./Duck, Waverly (2020): *Tacit racism*. University of Chicago Press.

Rawls, Anne/Lynch, Michael (2019): „Harold Garfinkel's *History of Gulfport Field 1942, Part II, The Aircraft Mechanics School*: Mocking-up and Making-do in the Midst of Wartime Urgency." In: Harold Garfinkel ([1943] 2019) *The History of Gulfport Field 1942, Part II: The Aircraft Mechanics School, Section II Part II*. Siegen.

Rawls, Anne W./Turowetz, Jason (2019): „'Discovering culture' in interaction: solving problems in cultural sociology by recovering the interactional side of Parsons' conception of culture." In: *American Journal of Cultural Sociology* 9 (3), S. 293–320.

Rebstein, Bernd/Rabl, Marlen/Schnettler, Bernt (2011): „Communicating Knowledge across Language Borders. 'Moderating' as a Communicative Form at Bilingual Social Events among

Spanish Speaking Migrants in Bavaria." In: Busse, Miriam et al.: *Innovating Qualitative Research: New Directions in Migration*. München, S. 53–69.

Reckwitz, Andreas (2003): „Grundelemente einer Theorie sozialer Praktiken." In: *Zeitschrift für Soziologie* 32 (4), S. 282–301.

Rendle-Short, Johanna (2006): *The Academic Presentation: Situated Talk in Action*. Aldershot.

Riesebrodt, Martin (2001): *Die Rückkehr der Religionen*. München.

Rohbeck, Johannes (1993): *Technologische Urteilskraft. Zu einer Ethik technischen Handelns*. Frankfurt a. M.

Rosa, Hartmut (2016): *Resonanz. Eine Soziologie der Weltbeziehung*. Berlin.

Roy, Abhik/Rowland, Robert C. (2009): „The rhetoric of Hindu nationalism: A narrative of mythic redefinition." In: *Western Journal of Communication* (67) 3, S. 225–248.

Russell, Bertrand (1908): „Mathematical Logic as Based on the Theory of Types." In: *American Journal of Mathematics* 30 (3), S. 222–262.

Ryle, Gilbert (1969): *Der Begriff des Geistes*. Stuttgart.

Sacks, Harvey (1984): „On Doing 'Being ordinary'." In: Atkinson, J. Maxwell/Heritage, John (Hrsg.): *Structures of social action. Studies in conversational analysis*. Cambridge, S. 413–440.

Sacks, Harvey (1992): *Lectures on Conversation*, Vol. I und II. Oxford.

Sacks, Harvey/Schegloff, Emanuel/Jefferson, Gail (1974): „A Simplest Systematics for the Organization of Turn-Taking for Conversation." In: *Language* 50 (4), S. 696–735.

Said, Edward (1981): *Orientalismus*. Berlin.

Samuel, Geoffrey (2008): *The Origins of Yoga and Tantra: Indic religions to the thirteenth Century*. Cambridge.

Saraswati, Satyananda Swami ([1969] 2001): *Asana Pranayama Mudra Bandha*. Ratzeburg.

Schatzki, Theodore R./Knorr Cetina, Karin/Savigny, Eike (2001): *The Practice Turn in Contemporary Theory*. London/New York.

Schegloff, Emanuel A. (1988): „Goffman and the analysis of conversation." In: Wootton, Anthony J./Drew, Paul (Hrsg.): *Erving Goffman: Exploring the Interaction Order*. Cambridge, S. 89–135.

Scheler, Max (1923): *Wesen und Formen der Sympathie*. 2. Auflage. Bonn.

Scheler, Max (1926): *Die Wissensformen und die Gesellschaft*. Leipzig.

Schenkein, Jim (1978): *Studies in the Organization of Conversational Interaction*. New York.

Scherer, Burkhard (2012): „Vertikale Hierarchie und archaische Sakralität: Zur mythopoësis des Fußes." In: *Paragrana: Internationale Zeitschrift für Historische Anthropologie* 21, S. 1–20.

Schindler, Larissa (2011a): *Kampffertigkeit. Eine Soziologie praktischen Wissens*. Stuttgart.

Schindler, Larissa (2011b): „Teaching by doing: Zur körperlichen Vermittlung von Wissen." In: Meuser, Michael/Keller, Reiner (Hrsg.): *Körperwissen. Über die Renaissance des Körperlichen*. Wiesbaden, S. 335–350.

Schindler, Larissa (2018): „The Ethnomethods of Ethnography: A Trans-situational Approach to the Epistemology of Qualitative Research." In: *Human Studies* 41, S. 103–120.

Schink, Alan (2014): „'Mein Körper ist mein Tempel' – Überlegungen zur Beziehung von Körper, Leib und Materialität im modernen Yoga." Vortrag. Erschienen 2017 in: Karstein, Uta/ Schmidt-Lux, Thomas (Hrsg.): *Architekturen und Artefakte. Zur Materialität des Religiösen*. Wiesbaden, S. 289–303.

Schmidt, Robert (2012): *Soziologie der Praktiken*. Berlin.

Schmidt-Leukel, Perry (2012): „Der methodologische Agnostizismus und das Verhältnis der Religionswissenschaft zur wissenschaftlichen Theologie." In: *Berliner Theologische Zeitschrift* 29, S. 48–72.

Schnäbele, Verena (2009): *Yogapraxis und Gesellschaft*. Hamburg.

Schnäbele, Verena (2013): „The Useful Body: The Yogic Answer to Appearance Management in the Post-Fordist Workplace." In: Hauser, Beatrix (Hrsg.): *Yoga Traveling*. Cham/Heidelberg.

Schnettler, Bernt (2001): „Vision und Performanz." In: *sozialersinn* 2 (1), S. 143-163.

Schnettler, Bernt (2004): *Zukunftsvisionen. Transzendenzerfahrung und soziale Wirklichkeit.* Konstanz.

Schopenhauer, Arthur (1844): *Die Welt als Wille und Vorstellung.* Zweiter Band, Ergänzungen zum ersten Buch. URL: https://opacplus.bsb-muenchen.de/Vta2/bsb10927136/bsb:BV011177450? queries=Leiter&language=de&c=default (Letzter Aufruf: 24.09.2021).

Schüttpelz, Erhard (2010): „Animism meets Spiritualism. Edward Tylor's 'Spirit Attack' (London 1872)." In: Franke, Anselm (Hrsg.): *Animism. Volume I.* Berlin/New York, S. 155–169.

Schüttpelz, Erhard (2017): „Kap. 3: Der Kurzschluss von Typisierung und Okkasionalität. Die dokumentarische Methode und die Ethnomethoden der Soziologie." Vortrag auf der Tagung: „Harold Garfinkel's ,Studies in Ethnomethodology' – Fifty Years After." 26.–28. Oktober 2017. Konstanz.

Schütz, Alfred ([1932] 2004): *Der Sinnhafte Aufbau der sozialen Welt. Eine Einleitung in die verstehende Soziologie.* Konstanz.

Schütz, Alfred ([1945] 1971): „Über die mannigfaltigen Wirklichkeiten." In: *Gesammelte Aufsätze I. Das Problem der sozialen Wirklichkeit.* Dordrecht, S. 237–298.

Schütz, Alfred ([1953] 1971): „Wissenschaftliche Interpretation und Alltagsverständnis menschlichen Handelns." & „Begriffs- und Theoriebildung in den Sozialwissenschaften." In: *Gesammelte Aufsätze I. Das Problem der sozialen Wirklichkeit.* Dordrecht, S. 3–54 und S. 55–76.

Schütz, Alfred/Luckmann, Thomas (2003): *Strukturen der Lebenswelt.* Konstanz.

Selting, M. (2004). „Listen: Sequenzielle und prosodische Struktur einer kommunikativen Praktik – eine Untersuchung im Rahmen der Interaktionalen Linguistik." In: *Zeitschrift für Sprachwissenschaft* 23, 1–46.

Sharrock, Wes/Anderson, Bob (1991): „Epistemology: professional scepticism." In: Button, Graham (Hrsg.): *Ethnomethodology and the Human Sciences*, S. 51–76.

Shove, Elizabeth/Pantzar, Mika/Watson, Matt (2012): *The Dynamics of Social Practice. Everyday Life and how it Changes.* London.

Singh, Ajit (2013): „Die Qualität der Spannung." In: *Soziale Welt* 64, S. 97–113.

Singh, Ajit (2019): *Wissenskommunikation im Nachwuchstraining. Zur kommunikativen Konstruktion von Körperwissen im Nachwuchstraining.* Wiesbaden.

Singleton, Mark (2010): *Yoga Body – The Origins of Modern Posture Practice.* Oxford.

Smith, Benjamin Richard (2007): „Body, Mind and Spirit? Towards an Analysis of the Practice of Yoga." In: *Body & Society* 13 (2), S. 25–46.

Snart, Ninian (1969): *The Religious Experience of Mankind.* New York.

Sogyal Rinpoche (1996): *Das tibetische Buch vom Leben und Sterben.* München.

Spranger, Philipp (2011): *Handlungstheorie jenseits des Rationalismus: Plädoyer für die Überwindung des intellektualistischen ,bias'.* Berlin.

Staal, Fritz (1989): *Ritual and Mantras. Rules Without Meaning.* Delhi.

Stenger, Horst (1993) *Die soziale Konstruktion okkulter Wirklichkeit. Eine Soziologie des ,New Age'.* Opladen.

Sterzenbach, Katja (2010): *30 Minuten Business Yoga.* Offenbach.

Stollberg, Gunnar (2001): „Asian medical concepts in Germany and the United Kingdom. Sociological reflections on the shaping of Ayurveda in Western Europe." In: *Traditional South Asian Medicine* 6, S. 1–9.

Störig, Hans J. (2006): *Kleine Weltgeschichte der Philosophie.* Überarbeitete Neuausgabe. 5.Auflage. Frankfurt a. M.

Strauss, Sarah (2002): „The Master's Narrative: Swami Sivananda and the Transnational Production of Yoga." In: *Journal of Folklore Research* 39 (2–3), S. 217–241.

Strauss, Sarah (2005): *Positioning Yoga. Balancing Acts Across Cultures.* Oxford/New York.

Strauss, Sarah (2008): „'Adapt, Adjust, Accommodate': the Production of Yoga in a Transnational World." In: Singleton, Mark/Bryne, Jean (Hrsg.): *Yoga in the Modern World: Contemporary Perspectives.* London/New York, S. 49–75.

Strauss, Sarah/Mandelbaum (2013): „Consuming Yoga: the Commodification of Bodily Practice." In: Hauser, Beatrix (Hrsg.): *Yoga Traveling.* Cham/Heidelberg.

Streck, Bernhard (1998): „Ritual und Fremdverstehen." In: Schäfer, Alfred/Wimmer, Michael (Hrsg.): *Rituale und Ritualisierungen.* Opladen, S. 49–60.

Streeck, Jürgen (2009): *Gesturecraft. The manu-facture of meaning.* Amsterdam.

Streib, Heinz/Hood, Ralph W. (2016): *Semantics and Psychology of Spirituality. A cross-cultural analysis.* Heidelberg.

Sturm, Hans P. (1996): *Weder Sein noch Nichtsein. Der Urteilsvierkant (catuṣkoṭi) und seine Korollarien im östlichen und westlichen Denken.* Würzburg.

Sturm, Hans P. (2002): *Urteilsenthaltung – oder Weisheitsliebe zwischen Welterklärung und Lebenskunst.* Freiburg/München.

Sturm, Hans P. (2003): „'Yoking' or Yoga in the Philosophy of Plato." In: Hoffman, Frank J./Mishra, Godabarisha/Montalvo, David (Hrsg.): *Breaking Barriers. Essays in Asian and Comparative Philosophy in Honor of Ramakrishna Puligandla.* Fremont (CA), S. 237–252.

Sturm, Hans P. (2014): *Die vier Stadien des Ent-Setzens (ausgehend von) der buddhistischen Mittelweg-Philosophie Ārya Nāgārjuna's, nebst Parallelen aus den »Wissenschaftslehren« von J. G. Fichte. Eine Grundlegung der Strukturtheorie der Re–flexion.* Augsburg.

Sturm P. Hans (2019): *Altindische Vierfüßler: Bhārata's antik-philosophische Prinzipienlehre(n) oder Wie man aufrecht auf allen Vieren geht = (Catuṣpāt).* Augsburg.

Sudnow, David (1978): *Ways of the Hand: The Organization of Improvised Conduct.* New York.

Sutcliffe, William (1998): *Are you experienced?* London.

Suzuki, Shunryu (2001): *Zen-Geist Anfänger-Geist: Einführung in Zen-Meditation.* Freiburg.

Vishnudevananda, Swami ([1960] 2011): *Das Große Illustrierte Yogabuch.* New York.

Syman, Stefanie (2010): *The Story of Yoga in America – The Subtle Body.* New York.

Szakolczai, Arpad (2009): „Liminality and Experience: Structuring transitory situations and transformative events." In: *International Political Anthropology* 2 (1), S. 141–172.

Taimni, L. K. (1961): *The Science of Yoga – The yoga-sutras of Patanjali in Sanskrit with transliteration in Roman, translation in English and commentary.* Illinois/Chennai.

Tändler, Maik (2017): *Das therapeutische Jahrzehnt. Der psychoboom in den siebziger Jahren.* Göttingen.

Taylor (1996): *Quellen des Selbst: die Entstehung der neuzeitlichen Identität.* Frankfurt a. M.

Thomas, William I./Thomas, Dorothy S. (1928): *The Child in America: Behavior Problems and Programs.* Knopf.

Tietke, Mathias (2008): *Yoga in seiner Vielfalt. Interviews mit Lehrenden.* Stuttgart.

Tietke, Mathias (2011): *Yoga im Nationalsozialismus.* Kiel.

Tuma, Rene/Knoblauch, Hubert/Schnettler, Bernt (2013): *Videographie. Einführung in die interpretative Video-Analyse sozialer Situationen.* Wiesbaden

Turner, Stephen (1994): *The Social Theory of Practices. Tradition, Tacit Knowledge, and Presuppositions.* Chicago.

Turner, Victor (1964): „Betwixt and Between. The Liminal Period in Rites de Passage." In: Helm, June (Hrsg.): *Symposium on New Approaches to the Study of Religion. Proceedings of the 1964 Annual Spring Meeting of the American Ethnological Association.* Washington.

Turner, Victor (1969): *The Ritual Process: Structure and Antistructure.* New York.

Turner, Victor (1974): *Dramas, Fields, and Metaphors: Symbolic Action in Human Society.* Ithaca/London.

Turowetz, Jason/Rawls, Anne W. (2020): „The development of Garfinkel's 'Trust' argument from 1947 to 1967: Demonstrating how inequality disrupts sense and self-making." In: *Journal of Classical Sociology*, Online first: January 5, 2020, S. 1–35.

Tyrell, Hartmann (2008): „'Individualismus' vor der 'Individualisierung'. Begriffs- und theoriegeschichtliche Anmerkungen." In: Gräb, Wilhelm/Charbonnier, Lars (Hrsg.): *Individualisierung – Spiritualität – Religion. Transformationsprozesse auf dem religiösen Feld in interdisziplinärer Perspektive*. Berlin/Münster, S. 59–86.

Ulmer, Bernd (1988): Konversionserzählungen als rekonstruktive Gattung. Erzählerische Mittel und Strategien bei der Rekonstruktion eines Bekehrungserlebnisses. In: *Zeitschrift für Soziologie* 17 (1), S. 19–33.

Utsch, Michael (2005): „Ganzheit, Erfolg, Erneuerung, Orientierung – vier Versprechen der Psychoszene." In: Hempelmann, Reinhard et al. (Hrsg.): *Panorama der neuen Religiosität*. Gütersloh, S. 97–112.

Valente V./Marotta A. (2005): „The impact of yoga on the professional and personal life of the psychotherapist." In: *Contemporary Family Therapy: An International Journal* 27 (1), 65–80.

Van Gennep, Arnold ([1909] 2005): *Übergangsriten*. Frankfurt a. M.

Viveka (2002): „Mythos Kopfstand." In: *Viveka Hefte für Yoga* 17, S. 4–11.

Vivekanandas, Swami (1893): *Reden auf dem World Parliament of Religion*.

Vollmer, Gerhard (1999): „Die vierte bis siebte Kränkung des Menschen." In: Franzke, Hans-Hermann (Hrsg.): *Mensch – Technik – Umwelt*. Schriftenreihe Technik und Gesellschaft 3, S. 67–85.

Vološinov, Valentin ([1929/1930] 1975): *Marxismus und Sprachphilosophie*. Frankfurt a. M./Berlin/Wien.

Wacquant, Luï (2005): „Carnal Connections: On Embodiment, Apprenticeship, and Membership." In: *Qualitative Sociology* 28 (4), S. 445–474.

Wahsner, Roderich (2002): *Yoga – Lebensphilosophie und Erfahrungswissenschaft: Indiens Beitrag zur philosophia perennis und zur Transpersonalen Psychologie*. Berlin.

Waldenfels, Bernhard (2004): „Das Fremde im Eigenen. Der Ursprung der Gefühle." In: *Der blaue Reiter* 2, S. 27–31.

Waldenfels, Bernhard (2000): *Das leibliche Selbst*. Frankfurt a. M.

Wallace, Vesna (2011): „Mahayana Insights into the Origins of Yoga and Tantra." In: *International Journal of Hindu Studies* 15 (3), S. 333–337.

Weber, Max (1904): „Die protestantische Ethik und der 'Geist' des Kapitalismus." In: *Archiv für Sozialwissenschaft und Sozialpolitik* 20, S. 1–54.

Weber, Max ([1920] 1972): *Gesammelte Aufsätze zur Religionssoziologie. Band I*. Tübingen.

Weber, Max ([1921] 1972): *Gesammelte Aufsätze zur Religionssoziologie. Band II*. Tübingen.

Welsch, Wolfgang (2008): *Unsere Postmoderne*. Akademie Verlag.

White, David (2012): *Yoga in Practice*. Princeton.

Wieder, Lawrence/Pratt, Steven (1990): „On being a recognizable Indian among Indians." In: Carbaugh, Donal (Hrsg.): *Cultural communication and intercultural contact*. Hillsdale, S. 45–64.

Wiesemann, Jutta (2000): *Lernen als Alltagspraxis. Lernformen von Kindern an einer Freien Schule*. Bad Heilbrunn.

Wildcroft, Theodora (2020): *Post-lineage Yoga – From Guru to #MeToo*. Sheffield.

Wittgenstein ([1921] 2003): *Tractatus Logico-Philosophicus – Logisch-philosophische Abhandlung*. Frankfurt a. M.

Wittgenstein ([1949-51] 1993): *Letzte Schriften über die Philosophie der Psychologie – Das Innere und das Äußere*. Frankfurt a. M.

Wolz-Gottwald (2006): *Yoga-Philosophie-Atlas*. Petersberg.

Wright, Bonnie/Rawls, Anne W. (2005): „The Dialectics of Belief and Practice: Religious Process as Praxis." In: *Critical Sociology* 31 (1–2), S. 187–211.

Yoga Journal (1997): „Iyengar blickt zurück. Interview mit B.K.S. Iyengar." Dezember.

YogalehrerInnen Handbuch (2011): Berufsverband der Yoga Vidya Lehrer/innen e.V. Horn-Bad Meinberg.

Yogananda, Paramahansa (1946): *Autobiography of a Yogi*. New York.

Zebroff, Kareen (1973): *Joga für jeden*. Düsseldorf/Wien/Wiesbaden.